工場抵当及び工場財団に関する登記

五十嵐 徹 [著]

日本加除出版株式会社

はしがき　I

は し が き

　筆者が公証人をしていたとき，S社から「事実実験公正証書」作成の嘱託がありました。事実実験公正証書とは，公証人が，直接体験し，認識した事実を記載して作成する公正証書をいいます。これは，裁判所の証拠保全調書と同じようなものですが，その記載内容には，高い実質的証拠能力が認められています。

　S社は，海外にあるX社から，製品の製造工程などがX社の特許権を侵害しているとして，現地の裁判所に訴訟を提起されたが，S社の製品は，独自の製造工程等によっていることを証明したいということでした。

　このケースは，極めて専門性が高いため，公証人が工場に赴き，その流れを理解し，公正証書を作成するには，度重なる打合せが必要でした。その中で「話は変わりますが，融資を受けるための担保をどうすればよいでしょうか。」と聞かれ，検討の結果「工場財団」にたどり着き，それなりのアドバイスをしました。

　本書の1：1の新聞報道は，このケースの延長線にあるものといえましょう。思いがけない出会いでした。

　工場抵当法は，明治38年に制定された法律であり，現在も片仮名で表記されている数少ない法律です。このほかには，抵当証券法，漁業財団法，鉱業抵当法，商法（543条以下），小切手法，手形法，供託法，公証人法などがあります。

　工場抵当法は，平成16年の不動産登記法の大改正に伴って，改正されました。それから12年が経過しました。一般の登記手続においては，登記記録が記録される登記簿は，磁気ディスクで調整され，平成20年3月に完成しました。また，同年1月，オンライン申請の特例方式（添付情報は書面で提出することができる。）が可能となっています。

II

　これに対して，工場抵当法に関する登記手続は，ほとんどが改正前のままとなっており，経過措置として，旧規定により生じた効力を妨げない，あるいは旧規定を適用するとしています（2：4）。そのため，工場抵当法による登記手続をする場合などには，現行法のほか，旧工場抵当法及び旧工場抵当登記取扱手続並びに改正前の不動産登記法及び不動産登記法施行細則などをチェックする必要があります（ただし，平成27年4月1日から工場財団（第三条目録を含む。）の登記簿，目録，工場図面などはコンピュータシステムに登録されている画像データを利用して謄抄本を作成することができるようになっています。）。

　ところが，法改正後に発刊された工場抵当法に関する書籍は，皆無に近い状況が続いていることが分かりました。これには，年間の登記件数が，平成17年に7,100件あったものが，平成26年には3,147件に激減していることと関係があると考えます。購読見込み者の減少につながっています。

　しかし，「マンション登記法」，「まちづくり登記法」，「土地区画整理の登記手続」と執筆してきた者としては，いわゆる特殊登記シリーズの仕上げとして採り上げるべきではないかと考え，執筆を決意しました。

　そうはいっても，工場抵当法に関する登記実務をほとんど経験していない筆者は，先輩方の執筆された著書・論文等に頼らざるを得ませんでした。特に香川保一氏編著の「新訂不動産登記書式精義上・下」からは，多くの貴重な御示唆をいただき，なんとか完成することができました。

　しかし，法の建前と実際との乖離は，今も続いており，どのように説明をすれば理解していただけるか判断に迷うことが多くありました。そのため，記述が中途半端になっている箇所も少なからずあるのではないかと考えます。そのときは，読者の皆様には，筆者あてにお知らせください。一緒に考え，本書の完成に近づければと思います。

　財団の登記制度は，いろんな問題点を抱えており，プロジェクトファイナンス手法による資金調達にも十分な対応ができていないと指摘されています。法務省及び経済産業省などでは，研究会を通じて検討を重ねましたが，

具体的な方策は講じられないまま中断しているようです（5：1～）。早期に抜本的な改正案を提出し，財団の登記制度の全面改正ができるようにと願っています。

　執筆に当たっては，日本加除出版の宮崎貴之部長には，前著に引き続き，内容のチェックのほか資料の検索・作成にも協力していただきました。有り難うございました。

　　平成 28 年 11 月

　　　　　　　　　　　　　　五十嵐　徹

【本書の記述方法】

1 見出しを細分化し，その箇所には，どういうことが書いてあるかを明らかにしました。見出しは，目次であると同時に索引としても利用できます。

2 文章は，次の公用文及び法令に関する通達等に従いました。ただし，法令を引用する場合は，そのまま表記しました。

  a 公用文作成の要領（昭27.4.4内閣甲第16号，昭56.10.1改訂）

  b 公用文における漢字使用等について（平22.11.30内閣訓令第1号）

  c 法令における漢字使用等について（平22.11.30内閣法制局総総第208号）

3 疑問を生じそうなところ又は本文の補足説明などについては，（注）により，又はQ&Aのコーナーを設けて，説明の仕方を変え，あるいは関連する事項を説明しました。

4 関係する通達・回答は，法務省民事局のほか国税庁発出のものなど，なるべく引用するようにしました。

5 索引は，ページではなく，項目ごとに区分し，利用しやすいようにしました。用語及び条文は，申請書記載例並びに申請情報の内容及び添付情報については，原則として掲載せず，参照すべき箇所を限定しました。

6 引用条文は，次のように表記しました。

  1条，2条→1条又は2条　　　1条及び2条

  10条・1条，2条→10条が準用する1条及び（又は）2条

  10条；1条→10条又は1条　　　10条及び1条　　　10条が準用する1条

7 申請書記載例及び登記記録例は，各一部（抄）のみを表記しました。

凡　例　**VII**

【凡　例】

　本稿において引用する主な法令，通達・通知等及び用語の略称並びに参考・引用文献の略称は，次のとおりです。

〈主な法令〉

民法

不登法：不動産登記法

旧不登法：不動産登記法（明治 32 年法律第 24 号）

不登令：不動産登記令

旧不登令：不動産登記法施行令

不登規則：不動産登記規則

旧不登細則：不動産登記法施行細則

整備法：不動産登記法の施行に伴う関係法律の整備等に関する法律

工抵法：工場抵当法

工抵規則：工場抵当登記規則

工抵手続：工場抵当登記取扱手続（旧）

企業担保法

動登法：動産及び債権の譲渡の対抗要件に関する民法の特例等に関する法律

動登令：動産・債権譲渡登記令

不動産の管轄登記所等の指定に関する省令

電子情報処理組織による登記事務処理の円滑化のための措置等に関する法律

信託法

商法

会社法

VIII

担信法：担保付社債信託法

商登法：商業登記法

民執法：民事執行法

税法：登録免許税法

租特法：租税特別措置法

登記手数料令

〈主な通達〉

不登準則：不動産登記事務取扱手続準則（平17.2.25民二456号通達）

旧不登準則：旧不動産登記事務取扱手続準則（昭52.9.3民三4473号通達）

不登法施行通達：不登法施行に伴う登記事務の取扱いについて（平17.2.25民二457号通達）

新申請書様式：新不動産登記法の施行に伴う登記申請書等の様式について（法務省ホームページ）

記録例：不動産登記記録例について（平21.2.20民二500号通達）

財団準則：財団登記事務取扱手続準則（平17.3.2民二582号通達）

旧財団準則：財団登記事務取扱手続準則（昭41.5.17民事甲955号通達）

国税徴収法基本通達（昭41.8.22国税庁長官）

〈参考文献〉（発行日順）

我妻総則・我妻栄：新訂民法総則（岩波書店　1965.5）

我妻物権・我妻栄：新訂物権法（岩波書店　1983.5）

我妻担物・我妻栄：新訂担保物権法（岩波書店　1971.1）

注民・新版注釈民法（1）〜（28）（有斐閣　1991〜）

現行登記総覧　不動産登記の書式と解説（日本加除）pf, text1〜7（D）

不動産登記総覧（新日本法規　2002.5）

精義・新訂不動産登記書式精義上・下（テイハン1994.4・1998.4）

凡　例　**IX**

山野目・山野目章夫：不動産登記法（商事法務 2009.8）

清水・清水響編著：Q&A 不動産登記法（商事法務 2007.6）

実務登記法令研究会編：新不動産登記実務必携（民事法研究会 2007.7）

日本司法書士連合会編：全訂 Q&A 不動産登記オンライン申請の実務―特例
　方式（日本加除出版 2013.5）

民事局第三課：不動産登記法の一部を改正する法律の施行に伴う登記事務の
　取扱いについて―細則，準則及び基本通達の解説―（登記研究 551-1）

杉浦：杉浦直己：工場財団の登記の関係省令の整備についての解説（平成
　16 年改正不動産登記法と登記実務（解説編））（テイハン 2005.11）

香川・香川保一：工場及び鉱業抵当法・新訂版（港出版社 1965）

津島一雄：工場財団の登記―その設定から消滅まで―1～9（商事法務研究
　506～522，1969.12～1970.5）

津島・津島一雄：工場抵当・財団抵当の実務（商事法務 1971）

浅野・浅野裕司：財団抵当制度の問題点―観光施設財団抵当法を中心として
　―（大東法学 183-201・1976.3）

平野・平野忠昭，岩崎平八郎：鉱業抵当法，観光施設財団抵当法（第一法規
　1976.6）

飛沢・飛沢隆志：工場抵当・各種財団抵当の内容および効力（担保法体系第
　3 巻 186，1985）

酒井・酒井榮治：工場抵当法（特別法コンメ）（第一法規 1988.1）

登記研究編集部：実務から見た不動産登記の要点 II 第 3 工場財団登記
　（1994.8），III 第 3 各種財団登記，第 4 船舶（テイハン 2000.2）

舟橋哲：工場抵当法の特別法的意義―2 条，3 条を中心として（法学政治学
　論叢 29-141，1996）

池田・池田雅則：集合財産担保に関する基礎的考察（七）―日独諸制度の横
　断的比較―（北大法学論集 47-1 -245，1996.5）

坂本・坂本昭：工場抵当と登記（新不動産登記講座各論 IV 59，日本評論社

1998.8）

川内・川内紀彰ほか：工場財団と登記（新不動産登記講座各論Ⅳ 79，日本評論社 1998.8）

杉浦・杉浦直己：工場財団等の登記の関係省令の整備についての解説（平成16年改正不動産登記法と登記実務（解説編）641，テイハン 2005.11）

大山提言・大山和寿：狭義の工場抵当に関する立法論的考察—抵当権の効力の及ぶ物件を記した目録を公示する制度を維持する場合に関する提言—（青山法学論集 48-3-39，2006）

小林三条・小林秀年：３条目録の効力について（現代民法学の理論と課題・第一法規 2002.9）

小林抵当・小林秀年：抵当権と工場抵当法３条目録との関係について—優先弁済権の対抗力を中心として—（東洋法学 44-1-1，2009.1）

大山Ⅱ・大山和寿：Ⅱ工場抵当（新担保・執行法講座第３巻 47・民事法研究会 2010.5）

坂巻・坂巻豊：Ⅲ各種の財団抵当（新担保・執行法講座第３巻 89・民事法研究会 2010.5）

黒沢泰：工場財団の鑑定評価（プログレス 2011.8）

道垣内・道垣内弘人：工場抵当法３条の抵当物件目録記載と対抗要件—最高裁平成６年７月14日第一小法廷判決—（典型担保法の諸相 235，有斐閣 2013.7）

鈴木龍介ほか：太陽光発電と登記実務（登記情報 621-33，2013.8）

鈴木龍介ほか：工場抵当の効力の及ぶ範囲—太陽光発電事業担保をモチーフに—（登記情報 632-6，2014.7）

鈴木龍介ほか：工業・その他産業と担保権設定—工場抵当，工場財団抵当，建設機械ほか—（市民と法 93-85，2015.6）

経産省企業法制研究会（担保制度研究会）報告書：第４節　包括的な資産の担保化に関連する法制度について財団抵当制度の問題点 p52（2003.1

http://www.meti.go.jp/report/downlordfiles/g30128bj.pdf）

松田・松田佳久：企業価値の減少を防ぐための包括担保化と短期資金ニーズ
への対応に関する一考察（鳥取環境大学紀要 3 -85, 2005. 2 ）

金融法務事情編集部：法務省，企業担保・財団抵当法制の見直しに着手（金
融法務事情 1763-8, 2006. 2 .25)

ABL（AssetBasedLending）研究会報告書：第 3 章 ABL への取り組み方
（動産・債権の譲渡登記制度の概要），第 5 章 2 関連法制度について
（2006. 3 ）

小林企業・小林秀年：企業担保制度とその法的構造—新財団抵当制度の立法
的課題に関する検討（東洋法学 50- 1 ／ 2 -24, 2007. 3 ）

大阪市立大学証券研究センター：担保法，動産・債権譲渡法整備の検証とこ
れからの課題（瀬川基金記念シンポジウム 2008.12）

http://www.ur-plaza.osaka-cu.ac.jp/shouken/pdf/sympo24.pdf

植垣勝裕・小川秀樹：一問一答 動産・債権譲渡特例法（ 3 訂増補版，商事
法務 2010)

横山真弓：動産譲渡制度を利用した集合動産担保の実務について（民事月報
65- 6 , 8 , 2010. 6 , 8 ）

日司連：動産・債権譲渡登記の実務（キンザイ 2012. 2 ）

伊藤隆：動産・債権譲渡登記手続の実務的対応 Q&A（キンザイ 2012.10)

初瀬智彦：新担保の利用（月報司法書士 503-6, 2014. 1 ）

民事局：動産譲渡登記制度について 2015. 4 http://www.moj.go.jp/MINJI/
minji97.html

田山依里：動産・債権譲渡登記の現場より（月報司法書士 456-45, 2010.
2 ）

詳細目次　XIII

【詳細目次】

1　はじめに …………………………………………………………… 1

1：1　平成24年8月25日の新聞報道 ………………………………… 1

1：2　工場抵当法についての基本的知識 …………………………… 1

1：2：1　民法の特別法………………………………………………… 1

1：2：2　2種類の抵当権………………………………………………… 2

1：2：2：1　狭義の工場抵当 ………………………………………… 2

1：2：2：2　工場財団 ………………………………………………… 3

1：2：2：2：1　工場財団の登記簿 ………………………………… 3

[記録例1] 工場財団の登記記録（登記用紙）……………………………… 5

1：2：2：2：2　工場財団の設定手続 …………………………………… 6

1：2：2：2：3　注意点 …………………………………………………… 7

1：2：2：2：4　メリット ………………………………………………… 7

1：2：3　工場抵当法と民法の関係──抵当権の効力の及ぶ目的物

────────────────────────────── 8

1：2：3：1　物 …………………………………………………………… 8

1：2：3：2　主物と従物，付合物と付加一体物 ……………………… 9

1：2：3：3　集合物 ………………………………………………………13

1：2：3：4　設備資産 ……………………………………………………14

1：2：3：5　民法の特別法としての工場抵当法 ……………………16

2　工場抵当制度 ………………………………………………………17

2：1　意義 ……………………………………………………………17

2：2　工場抵当制度の立法理由 ……………………………………19

2：3　工場抵当と工場財団 …………………………………………21

XIV

2：4　不登法の改正に伴う工場抵当関係法令の整備 ……………22
　2：4：1　工場に備え付けた機械，器具等及び工場財団目録に記録
　　される事項を登記事項とする改正等 ………………………22
　2：4：2　登記簿及び目録を磁気ディスクによって調製することを
　　前提とした規定への改正 ……………………………………22
　2：4：3　電子申請の導入に合わせた表現 ………………………23
　2：4：4　経過措置 ………………………………………………23
2：5　工場抵当法における工場の意義 ………………………………26
2：6　工場抵当権の効力の及ぶ範囲 …………………………………29
　2：6：1　意義と作用 ……………………………………………29
　2：6：2　工場抵当権の効力の及ぶ範囲 …………………………30
　2：6：2：1　付加一体物及び供用物件 ………………………30
　2：6：2：2　付加一体物及び供用物件の公示 ………………31
　2：6：2：3　付加一体物及び供用物件への追及力 …………32
　2：6：2：4　工場に属する土地・建物と付加一体物・供用物件との
　　一体性 …………………………………………………………32
　2：6：2：5　抵当権の附従性の緩和 …………………………33
　2：6：2：6　解釈上の問題 ……………………………………34

3　工場抵当に関する登記 ……………………………………………37

3：1　意義 …………………………………………………………………37
3：2　工場抵当の目的となる土地又は建物 …………………………37
3：3　工場抵当の成立 …………………………………………………40
　3：3：1　普通抵当権設定後に土地又は建物が工場に属した場合 ……41
　3：3：2　土地又は建物が工場でなくなった場合 ………………42
　3：3：3　工場に属する土地又は建物の共有持分 ………………43
3：4　工場抵当権の効力 ………………………………………………43

詳細目次　**xv**

3：4：1　効力の及ぶ物件と及ばない物件……………………43

3：4：2　抵当権の追及効……………………44

3：4：3　付加物又は備付けの機械，器具等に対する抵当権の消滅

………………45

3：4：4　差押え，仮差押え又は仮処分の特則……………45

Q&A 1　差押えの効力が及ばない財産 ………………46

3：5　工場抵当権の設定登記 ………………47

3：5：1　対抗要件としての登記………………47

3：5：2　第三条目録の意義………………47

3：5：3　工場抵当と通常抵当の関係………………50

3：5：4　第三条目録に記録すべきもの………………51

［参照判例］第三条目録と第三者対抗要件（最一小判平6.7.14民集

48-5-1126)………………52

3：5：5　工場抵当権の設定登記の申請手続………………57

3：5：5：1　申請人 ………………57

3：5：5：2　申請情報の内容 ………………59

Q&A 2　管轄登記所を異にする共同担保の抵当権設定 ………………66

3：5：5：3　添付情報 ………………67

3：5：5：4　登録免許税 ………………72

3：5：6　根抵当権の設定登記の申請情報の内容として記載すべき

特別の事項………………74

3：5：7　工場抵当権の設定登記手続………………76

［記録例2］工場抵当法第2条の設定の場合（記録例460)………………78

Q&A 3　工場抵当権の実行の場合の物件目録の記載例 ………………78

3：6　第三条目録とその変更登記 ………………80

3：6：1　第三条目録………………80

3：6：1：1　意義 ………………80

3：6：1：2　作成方法 ………………81

XVI

［様式１］「第三条目録」（工抵規則13条，40条１項別記第一号）⋯⋯⋯83

 3:6:1:3 第三条目録の記録（登記）の効力 ⋯⋯⋯⋯⋯⋯⋯⋯⋯84

 3:6:2 第三条目録の記録の変更登記⋯⋯⋯⋯⋯⋯⋯⋯⋯⋯⋯84

 3:6:2:1 意義 ⋯⋯⋯⋯⋯⋯⋯⋯⋯⋯⋯⋯⋯⋯⋯⋯⋯⋯⋯84

 3:6:2:2 第三条目録の記録の変更登記の性質 ⋯⋯⋯⋯⋯⋯⋯85

 3:6:2:3 第三条目録の変更登記をすべき場合 ⋯⋯⋯⋯⋯⋯⋯86

 3:6:2:3:1 記録物件の表示に変更を生じたとき（表示変更）⋯⋯⋯86

 3:6:2:3:2 新たに機械，器具その他工場の用に供する物を備え

   付け，抵当権の効力が及んだとき（追加）⋯⋯⋯⋯⋯⋯86

 3:6:2:3:3 記録物件が滅失したとき ⋯⋯⋯⋯⋯⋯⋯⋯⋯⋯⋯87

 3:6:2:3:4 記録物件につき抵当権が消滅したとき ⋯⋯⋯⋯⋯87

 3:6:2:3:5 第三条目録の記録の更正登記をすべきとき ⋯⋯⋯⋯87

 3:6:2:3:6 普通抵当権が工場抵当となったとき ⋯⋯⋯⋯⋯⋯88

 3:6:2:3:7 工場抵当権が普通抵当権となったとき ⋯⋯⋯⋯⋯89

 3:6:2:4 第三条目録の記録の変更登記の申請手続 ⋯⋯⋯⋯⋯90

 3:6:2:4:1 申請人 ⋯⋯⋯⋯⋯⋯⋯⋯⋯⋯⋯⋯⋯⋯⋯⋯⋯⋯90

 3:6:2:4:2 変更登記の一部申請 ⋯⋯⋯⋯⋯⋯⋯⋯⋯⋯⋯⋯⋯92

 3:6:2:4:3 変更登記の申請情報 ⋯⋯⋯⋯⋯⋯⋯⋯⋯⋯⋯⋯⋯92

 3:6:2:4:4 変更登記の添付情報（不登令７条）⋯⋯⋯⋯⋯⋯⋯94

 3:6:2:5 第三条目録の変更登記の実行手続 ⋯⋯⋯⋯⋯⋯⋯⋯99

 3:6:2:6 第三条目録の記録の変更登記の効力 ⋯⋯⋯⋯⋯⋯100

 3:6:2:6:1 表示変更による変更登記 ⋯⋯⋯⋯⋯⋯⋯⋯⋯⋯100

 3:6:2:6:2 滅失による変更登記 ⋯⋯⋯⋯⋯⋯⋯⋯⋯⋯⋯⋯100

 3:6:2:6:3 分離による変更登記 ⋯⋯⋯⋯⋯⋯⋯⋯⋯⋯⋯⋯101

 3:6:2:6:4 追加による変更登記 ⋯⋯⋯⋯⋯⋯⋯⋯⋯⋯⋯⋯101

 3:6:2:7 普通抵当権から工場抵当権への変更登記の申請 ⋯⋯⋯103

［記録例３］普通抵当権を工場抵当法第２条による抵当権に変更する場

 合（記録例461）⋯⋯⋯⋯⋯⋯⋯⋯⋯⋯⋯⋯⋯⋯⋯⋯⋯⋯⋯104

詳細目次　**XVII**

　　3：6：2：8　工場抵当権から普通抵当権への変更登記の申請 ……… 105

［記録例4］工場抵当法第2条による抵当権を普通抵当権に変更する場合（記録例462）……………………………………………………… 106

　3：7　工場抵当に関する登記申請書 ……………………… 106

　　3：7：1　工場抵当権の設定登記の申請………………………… 107

［様式2］「委任状」…………………………………………………… 114

　　3：7：2　普通抵当権から工場抵当権への変更登記の申請………… 115

　　3：7：3　工場抵当権から普通抵当権への変更登記の申請………… 117

　　3：7：4　機械，器具の分離による第三条目録の記録の変更登記の申請……………………………………………………………… 118

　　3：7：5　機械，器具の追加による第三条目録の記録の変更登記の申請……………………………………………………………… 120

4　工場財団 ……………………………………………………… 123

　4：1　工場財団の意義…………………………………………… 123

　　4：1：1　不動産としての工場財団………………………………… 123

　　4：1：2　工場財団登記簿及び管轄登記所……………………… 125

　　　4：1：2：1　工場財団登記簿 ………………………………… 125

　　　4：1：2：2　管轄登記所 ………………………………………… 127

　　　4：1：2：2：1　所有権の保存登記の管轄登記所 ……………… 127

　　　4：1：2：2：2　工場財団の合併登記の管轄登記所 …………… 128

　　　4：1：2：2：3　その他の工場財団に関する登記の管轄登記所 ……… 129

　　　4：1：2：2：4　管轄転属 ……………………………………… 129

　4：2　工場財団の設定……………………………………………… 130

　　4：2：1　工場財団設定の範囲……………………………………… 130

　　　4：2：1：1　1個又は数個の工場についての設定 …………… 130

　　　4：2：1：2　工場の追加 ………………………………………… 131

XVIII

4:2:1:3　各別の所有者に属する数個の工場についての設定 …… 131

4:2:1:4　工場の一部についての設定 ……………………… 132

4:2:1:5　組成物件の「場所」……………………………… 132

4:2:1:6　工場財団の設定時期 …………………………… 133

4：2：2　工場財団の組成物件………………………………… 133

4:2:2:1　組成物件の選定 ………………………………… 133

4:2:2:2　組成物件の種類 ………………………………… 134

4:2:2:2:1　工場に属する土地及び工作物 ………………… 134

4:2:2:2:2　機械，器具等 …………………………………… 135

4:2:2:2:3　地上権 …………………………………………… 135

4:2:2:2:4　物に関する賃借権 ……………………………… 136

4:2:2:2:5　工業所有権 ……………………………………… 137

4:2:2:2:6　ダム使用権 ……………………………………… 139

4:2:2:3　第三者の権利の登記又は登録の抹消 ……………… 139

Q&A 4　2個以上の工場の共用物件の所属 ………………………… 140

4:2:3　組成物件の要件…………………………………………… 141

4:2:3:1　他人の権利の目的となっていないこと ………………… 141

4:2:3:1:1　要件の登記手続上の審査 ……………………… 142

4:2:3:1:2　要件に違反する工場財団の所有権の保存登記又は工
場財団目録の記録の変更登記の効力等………………… 144

4:2:3:1:2:1　他人の権利の目的である物を組成物件として工場
財団の所有権の保存登記又は追加による工場財団目録の記録の
変更登記がされた場合………………………………… 144

4:2:3:1:2:2　工場財団の所有権の保存登記の効力 ………… 145

4:2:3:1:2:3　第三者の権利の消長 ………………………… 146

4:2:3:1:2:4　仮登記又は仮登録のある物件 ……………… 147

4:2:3:2　差押え，仮差押え又は仮処分の目的となっていないこ
と……………………………………………………… 147

詳細目次　XIX

4:2:3:2:1　差押え等の意義 ………………………………………… 148

4:2:3:2:2　登記，登録又は公告期間中の権利の申出のない場合

………………………………………………………………………… 148

4:2:3:2:3　差押債権者等の権利 …………………………………… 148

4:2:3:2:4　登記申請後登記がされるまでの差押え等 ………… 149

Q&A 5　各別の所有者に属する工場を含む工場財団に対する差押え … 149

4:2:3:3　他の財団に属していないこと ………………………… 150

4:2:3:4　既登記又は既登録であること ………………………… 150

4:2:4　組成物件の処分制限 ………………………………………… 152

4:2:4:1　所有権の保存登記がされるまでの間の処分制限 ……… 152

4:2:4:1:1　登記，登録の制度があるものの処分制限 …………… 152

4:2:4:1:2　動産についての処分制限 …………………………… 155

4:2:4:2　所有権の保存登記後の処分制限 ……………………… 155

4:2:4:2:1　処分制限 ……………………………………………… 155

4:2:4:2:2　処分制限の第三者対抗要件 ………………………… 156

4:2:4:2:3　譲渡及び所有権以外の権利の目的とすることの禁止

………………………………………………………………………… 158

4:2:4:2:4　抵当権者の承諾を得た賃貸借 ……………………… 159

4:2:4:2:5　差押え，仮差押え又は仮処分の禁止 ……………… 160

4:2:4:3　工場財団の所有権移転と組成物件の権利移転 ……… 160

4:3　工場財団目録及び工場図面 ……………………………… 161

4:3:1　工場財団目録 ………………………………………………… 161

4:3:1:1　工場財団目録の意義 …………………………………… 161

4:3:1:2　工場財団目録の作成 …………………………………… 162

4:3:1:2:1　工場ごとに作成 ……………………………………… 162

4:3:1:2:2　工場財団の組成物件 ………………………………… 162

4:3:1:2:3　工場財団の記録方法 ………………………………… 163

4:3:1:2:4　工場財団目録の提出 ………………………………… 167

xx

4:3:1:2:5 工場財団目録の処理 ………………………… 168

[様式3]「工場財団目録」（工抵規則25条別記第二号）………… 169

4:3:1:3 効力 ……………………………………………… 173

4:3:1:3:1 工場財団目録等の経過措置（工抵規則附則6条，7条1項）……………………………………………… 173

4:3:1:3:2 登記簿の一部とみなされる意義 ………………… 174

4:3:1:3:3 登記としての効力 ……………………………… 175

4:3:1:3:4 工場財団目録の改製 …………………………… 176

4:3:2 工場図面 …………………………………………… 177

[様式4]「工場図面」（財団準則30条附録第17号）……………… 178

4:4 工場財団の所有権の保存登記 …………………… 179

4:4:1 所有権の保存登記の申請手続 …………………… 179

4:4:1:1 管轄登記所 ……………………………………… 179

4:4:1:2 申請情報の内容 ………………………………… 180

4:4:1:3 添付情報 ………………………………………… 181

[様式5]「工場財団管轄登記所指定申請書」（財団準則2条1項）……… 185

[様式6]「管轄登記所指定書」（財団準則5条附録第1号）………… 187

4:4:2 所有権の保存登記の実行手続 …………………… 188

4:4:2:1 登記実行前の手続 ……………………………… 188

4:4:2:1:1 却下事由の審査 ……………………………… 188

4:4:2:1:2 登記・登録があるものについての手続 ………… 189

[様式7]「通知書」（財団準則13条附録第9号）〔略〕…………… 191

[様式8]「送付書」（財団準則14条附録第10号）〔略〕…………… 191

4:4:2:1:3 公告手続 ……………………………………… 191

[様式9]「官報公告」（財団準則8条1項附録第5号）〔略〕……… 192

4:4:2:1:4 申請の却下 ………………………………… 192

4:4:2:1:5 却下した場合の手続 ………………………… 194

4:4:2:2 所有権の保存登記の実行手続 …………………… 195

4:4:2:2:1	所有権の保存登記の時期	195
4:4:2:2:2	工場財団登記簿への記録（記載）	196
4:4:2:2:3	工場財団目録及び工場図面への記録	197
4:4:2:2:4	工場財団に属した旨の登記	198
4:4:2:2:5	登記識別情報の通知（登記済証の交付）	198

4：5　工場財団目録の記録の変更登記 198

4：5：1　意義 198

4：5：2　「工場財団ニ属スルモノニ変更ヲ生シ」たときの登記手続（組成物件の変更） 200

4:5:2:1	変更による工場財団目録の変更登記をすべき場合	200
4:5:2:2	表示変更による目録の変更更正登記の申請手続	200
4:5:2:2:1	申請情報の内容	200
4:5:2:2:2	添付情報	202
4:5:2:3	表示変更更正登記の実行手続	203
4:5:2:3:1	従前の目録への記録	203
4:5:2:3:2	変更更正後の工場図面の記載	203

4：5：3　「新ニ他ノモノヲ財団ニ属セシメタル」ときの登記手続（組成物件の追加） 203

4:5:3:1	追加による工場財団目録の記録の変更登記をすべき場合	203
4:5:3:2	追加による目録の記録の変更登記の申請手続	204
4:5:3:2:1	管轄登記所	204
4:5:3:2:2	申請情報の内容	204
4:5:3:2:3	添付情報	205
4:5:3:3	追加による目録の記録の変更登記の実行手続	206
4:5:3:3:1	却下事由の審査	206
4:5:3:3:2	変更登記の手続	207
4:5:3:3:3	公告手続	207

XXII

4:5:3:3:4 通知又は公告後に却下したときの手続 ………… 208

4:5:3:3:5 変更登記の実行 ……………………………… 208

4:5:3:3:6 工場財団に属した旨の記録 ………………… 208

4:5:3:3:7 失効した登記の抹消手続 …………………… 209

4:5:4 組成物件が「工場財団ニ属セザルニ至リタル」場合の登
記手続（組成物件の分離）……………………………… 209

4:5:4:1 分離による工場財団目録の記録の変更登記をすべき場
合……………………………………………………… 209

4:5:4:2 分離による工場財団目録の記録の変更登記の申請手続 210

4:5:4:2:1 申請情報の内容 …………………………… 210

4:5:4:2:2 添付情報 …………………………………… 211

[様式10]「抵当権者の承諾証明情報」……………………… 212

4:5:4:3 分離による工場財団目録の記録の変更登記手続 ……… 214

4:5:4:3:1 工場財団目録への記録 …………………… 214

4:5:4:3:2 所有権の保存登記の申請があった旨及び工場財団に
属した旨の記録の抹消……………………………… 214

4:5:4:3:3 管轄登記所への移送手続 ………………… 215

4:5:4:4 工場財団の表題部の変更登記をすべき場合 ………… 215

4:5:5 「工場財団ニ属シタルモノカ滅失シ」た場合の登記手続
（組成物件の滅失）……………………………………… 215

4:5:5:1 滅失による工場財団目録の記録の変更登記をすべき場
合……………………………………………………… 215

4:5:5:2 組成物件の滅失と工場財団の消滅 ………………… 215

4:5:5:3 滅失による工場財団目録の記録の変更登記の申請手続 216

4:5:5:3:1 申請情報の内容 …………………………… 216

4:5:5:3:2 添付情報 …………………………………… 216

4:5:5:4 滅失による変更登記の手続 ………………………… 217

4:5:5:5 滅失により工場財団の表題部の変更登記をすべき場合

詳細目次　**XXIII**

　　　　　…………………………………………………………………… 217

　　4:5:5:6　工場財団の消滅登記を申請すべき場合 ……………… 217

　4:5:6　工場財団目録の記録の更正登記……………………… 218

　　4:5:6:1　更正登記をすべき場合 ………………………… 218

　　4:5:6:2　工場財団目録の記録の更正登記の申請手続 ………… 218

　　4:5:6:2:1　申請情報の内容 …………………………… 218

　　4:5:6:2:2　添付情報 ………………………………… 219

　　4:5:6:3　工場財団目録の記録の更正登記の手続 ………… 219

　4:5:7　工場財団目録の記録の変更更正登記の効力……………… 220

　　4:5:7:1　表示の変更又は滅失による変更登記 ……………… 220

　　4:5:7:2　分離による変更登記 ……………………………… 220

　　4:5:7:3　追加による変更登記 ……………………………… 220

　　4:5:7:4　更正登記の効力 ………………………………… 220

4:6　　工場財団の表題部の変更更正登記 ………………………… 221

　4:6:1　工場財団の表題部の変更更正登記をすべき場合………… 221

　　4:6:1:1　工場財団の組成工場の表示事項の変更 ……………… 221

　　4:6:1:2　組成工場の追加 ………………………………… 222

　　4:6:1:3　組成工場の減少 ………………………………… 223

　4:6:2　工場財団の表題部の更正登記をすべき場合……………… 223

　　4:6:2:1　工場の表示事項の誤り又は遺漏 ………………… 223

　　4:6:2:2　工場の個数の誤り ……………………………… 223

　4:6:3　工場財団の表題部の変更更正登記の申請手続…………… 224

　　4:6:3:1　申請情報の内容 ………………………………… 224

　　4:6:3:2　添付情報 ……………………………………… 225

　4:6:4　表題部の変更更正登記の実行手続…………………… 225

4:7　　工場財団の分割………………………………………… 225

　4:7:1　工場財団の分割の意義……………………………… 226

　4:7:2　工場財団の分割の要件……………………………… 226

XXIV

4:7:2:1 数個の工場について設定されている工場財団であること‥‥‥‥‥‥‥‥‥‥‥‥‥‥‥‥‥‥‥‥‥‥‥‥ 226

4:7:2:2 抵当権者が分割後の特定の工場財団を除く他の工場財団について抵当権の消滅を承諾すること‥‥‥‥‥‥‥‥ 227

4:7:3 工場財団の分割登記の申請手続‥‥‥‥‥‥‥‥‥ 228

4:7:3:1 申請情報の内容 ‥‥‥‥‥‥‥‥‥‥‥‥‥‥‥‥ 228

4:7:3:2 添付情報 ‥‥‥‥‥‥‥‥‥‥‥‥‥‥‥‥‥‥‥ 230

[様式11]「抵当権者の承諾証明情報」‥‥‥‥‥‥‥‥‥‥‥‥‥ 230

4:7:4 工場財団の分割登記の実行手続‥‥‥‥‥‥‥‥‥ 232

4:7:4:1 分割登記の実行手続 ‥‥‥‥‥‥‥‥‥‥‥‥‥ 232

4:7:4:1:1 表題部の登記 ‥‥‥‥‥‥‥‥‥‥‥‥‥‥‥ 232

4:7:4:1:2 権利部（甲区事項欄）の登記 ‥‥‥‥‥‥‥‥ 233

4:7:4:1:3 工場財団目録の分離 ‥‥‥‥‥‥‥‥‥‥‥‥ 234

4:7:4:1:4 工場図面の処理 ‥‥‥‥‥‥‥‥‥‥‥‥‥‥ 234

4:7:4:2 移送手続 ‥‥‥‥‥‥‥‥‥‥‥‥‥‥‥‥‥‥‥ 234

4:8 工場財団の合併 ‥‥‥‥‥‥‥‥‥‥‥‥‥‥‥‥‥‥ 235

4:8:1 工場財団の合併の意義‥‥‥‥‥‥‥‥‥‥‥‥‥‥ 235

4:8:2 工場財団の合併の要件‥‥‥‥‥‥‥‥‥‥‥‥‥‥ 235

Q&A 6 工場財団の抵当権が各財団ごとに設定されている場合の合併
‥‥‥‥‥‥‥‥‥‥‥‥‥‥‥‥‥‥‥‥‥‥‥‥‥‥‥‥‥ 237

4:8:3 工場財団の合併登記の申請手続‥‥‥‥‥‥‥‥‥ 237

4:8:3:1 管轄登記所 ‥‥‥‥‥‥‥‥‥‥‥‥‥‥‥‥‥‥ 237

4:8:3:2 申請情報の内容 ‥‥‥‥‥‥‥‥‥‥‥‥‥‥‥‥ 238

4:8:3:3 添付情報 ‥‥‥‥‥‥‥‥‥‥‥‥‥‥‥‥‥‥‥ 239

4:8:4 工場財団の合併登記の実行手続‥‥‥‥‥‥‥‥‥ 240

4:8:4:1 工場財団が数個の登記所の管轄に属する場合の他の登記所への通知及び他の登記所からの移送手続‥‥‥‥‥‥ 240

4:8:4:1:1 他の登記所への通知 ‥‥‥‥‥‥‥‥‥‥‥‥ 240

詳細目次　**xxv**

4:8:4:1:2　通知を受けた登記所の移送手続等 ……………………… 240

4:8:4:2　合併登記の実行手続 ……………………………………… 241

4:8:4:2:1　合併登記をする登記記録（登記用紙）…………… 241

4:8:4:2:2　表題部の登記 ……………………………………… 241

4:8:4:2:3　権利部（甲区事項欄）の登記 …………………… 242

4:8:4:2:4　他の登記記録の閉鎖 ……………………………… 243

4:8:4:2:5　工場財団目録 ……………………………………… 243

4:8:4:2:6　工場図面 …………………………………………… 243

4:9　工場財団の抵当権に関する登記 ………………………… 243

4:9:1　工場財団の抵当権に関する特則………………………… 243

4:9:2　抵当権の設定登記手続…………………………………… 245

4:9:2:1　申請時期 ……………………………………………… 245

4:9:2:2　申請情報の内容 ……………………………………… 245

4:9:2:3　添付情報 ……………………………………………… 249

4:9:3　抵当権の設定登記の実行手続…………………………… 250

4:9:3:1　却下事由の有無の審査 ……………………………… 250

4:9:3:2　登記の実行 …………………………………………… 251

4:9:4　担保付社債のための抵当権の設定登記………………… 252

4:9:4:1　抵当権についての特則 ……………………………… 253

4:9:4:2　担保付社債全額発行の抵当権設定 ………………… 254

4:9:4:2:1　申請情報の内容 ………………………………… 254

4:9:4:2:2　添付情報 ………………………………………… 255

4:9:4:3　担保付社債分割発行の場合の社債総額についての抵当
権設定……………………………………………………… 256

4:9:4:3:1　申請情報の内容 ………………………………… 256

4:9:4:3:2　添付情報 ………………………………………… 257

4:9:4:4　担保付社債分割発行の場合の発行ごとの付記登記 …… 258

4:9:4:4:1　申請情報の内容 ………………………………… 258

XXVI

4:9:4:4:2　添付情報 …………………………………………… 258

4:9:5　工場財団の根抵当権設定登記……………………………… 259

4:9:5:1　根抵当権の設定登記手続 ………………………………… 259

4:9:5:1:1　申請情報の内容 …………………………………… 259

Q&A 7　追加担保の場合の既登記共同根抵当権の表示 …………… 261

4:9:5:1:2　添付情報 ……………………………………………… 262

4:9:5:2　登記の実行 …………………………………………… 263

4:9:6　(根) 抵当権の抹消 …………………………………… 263

4:9:6:1　申請情報の内容 …………………………………… 263

4:9:6:2　添付情報 ……………………………………………… 264

[様式12]「抵当権弁済証書」(登記原因証明情報) …………………… 264

4:10　工場財団の所有権の移転登記 ……………………… 265

4:10:1　意義 ……………………………………………………… 265

4:10:2　工場財団の所有権の移転登記の申請 ………………… 266

4:10:2:1　申請情報の内容……………………………………… 266

4:10:2:2　添付情報……………………………………………… 267

[様式13]「登記原因証明情報」………………………………………… 267

4:10:3　所有権の移転登記の実行手続 ………………………… 268

4:10:4　登記名義人の表示変更の登記 ………………………… 268

4:11　工場財団の競売 (又は公売) による登記 …………… 269

4:11:1　工場財団の一括競売 (又は公売) の場合 …………… 269

4:11:2　工場財団を個々のものとして競売 (又は公売) した場合

………………………………………………………………………… 269

4:12　工場財団の消滅 ……………………………………… 269

4:12:1　工場財団の消滅する場合 ……………………………… 269

4:12:1:1　工場財団の所有権の保存登記後6箇月内に抵当権の設

定登記をしないとき ……………………………………………… 270

Q&A 8　「抵当権の設定登記」にその仮登記を含むか………………… 272

詳細目次　**XXVII**

Q&A 9　抵当権の登記のない工場財団の合併と工抵法 10 条の関係 … 273
　　4:12:1:2　工場財団の抵当権の登記が全部抹消された後 6 箇月内
　　に新たな抵当権の設定登記をしないとき………………………… 273
　　4:12:1:3　工場財団の分割により抵当権が消滅した後 6 箇月内に
　　新たに抵当権の設定登記をしないとき………………………… 273
　　4:12:1:4　工場財団の消滅登記をしたとき……………………… 274
　4:12:2　工場財団の消滅登記手続 …………………………………… 274
　　4:12:2:1　意義………………………………………………………… 274
　　4:12:2:2　消滅登記の要件………………………………………… 275
　　4:12:2:3　消滅登記の申請手続…………………………………… 275
　　4:12:2:3:1　申請情報の内容………………………………………… 275
　　4:12:2:3:2　添付情報……………………………………………… 276

[様式 14]「登記原因証明情報（抄）」………………………………… 276
　　4:12:2:4　消滅登記の実行手続…………………………………… 277
　4:13　工場財団に関する登記申請書 ……………………………… 277
　　4:13:1　工場財団の所有権の保存登記 …………………………… 277
　　4:13:2　分離又は滅失による工場財団目録の記録変更 ………… 282
　　4:13:3　工場財団の表題部の変更・更正（分割，合併を除く。）284
　　4:13:3:1　主たる営業所又は工場の名称の変更…………………… 284
　　4:13:3:2　組成工場の追加又は減少……………………………… 285
　　4:13:4　工場財団の分割 …………………………………………… 286
　　4:13:5　工場財団の合併の登記 …………………………………… 288
　　4:13:6　工場財団の所有権の移転登記 …………………………… 289
　　4:13:7　工場財団の抵当権に関する登記 ………………………… 290
　　4:13:7:1　抵当権設定…………………………………………… 290
　　4:13:7:2　根抵当権設定………………………………………… 292
　　4:13:7:3　担保付社債分割発行の場合の社債総額についての抵当
　　権設定……………………………………………………………… 293

XXVIII

4:13:7:4　社債を分割発行した場合の付記登記……………… 295

4:13:7:5　抵当権の抹消登記……………………………………… 296

4:13:8　工場財団の消滅登記　………………………………… 297

5　工場抵当法の問題点と改正案 ……………………… 299

5：1　工場抵当の課題 …………………………………………… 299

5：2　工場財団制度の課題………………………………………… 301

5：3　企業担保権 …………………………………………………… 302

5：4　動産譲渡登記制度 …………………………………………… 303

5：4：1　制度の趣旨…………………………………………… 303

5：4：2　動産譲渡登記を取り扱う登記所………………… 304

5：4：3　登記の対象及び効力………………………………… 305

5：4：4　動産の特定方法について…………………………… 305

5：4：5　問題点………………………………………………… 306

5：5　プロジェクト・ファイナンス ………………………… 307

5：6　経産省モデルの検討………………………………………… 309

5：7　企業資産の包括担保化 …………………………………… 310

5：8　登記事務処理方法に関する提案 ……………………… 311

資　料 ……………………………………………………………… 313

＊工場抵当法改正経過………………………………………………… 315

＊工場抵当登記取扱手続・工場抵当登記規則（対照表）…………… 341

＊主要条文索引………………………………………………………… 357

＊判例索引……………………………………………………………… 362

＊先例索引……………………………………………………………… 363

＊事項索引……………………………………………………………… 365

1　はじめに

1：1　平成24年8月25日の新聞報道

　S社の主力取引銀行であるM銀行が，S社に対する追加融資の実行に際し，同社の工場の土地や建物だけでなく，機械設備なども一括して担保にする「工場財団」を組成することが分かった。個別に資産評価するより評価が高くなり，追加融資がしやすくなる。だが，工場財団は知的財産権も差し出す苦肉の手法で，S社の苦境がより鮮明になりそうだ。

　M銀行は，8月末，S社に対する1,500億円の融資枠を設定。同時に同社の本社や主要な工場の土地など，ほぼ全ての拠点を対象に極度額計1,500億円の根抵当権の仮登記を行った。しかし，S社は借入金の借り換え資金の確保で追加融資が必要だ。

　このため，M銀行は，仮登記した根抵当権を抹消。工場財団を組成して改めて根抵当権を設定し，極度額を大幅に引き上げて追加融資に応じることにした。

1：2　工場抵当法についての基本的知識

1：2：1　民法の特別法

　工抵法が成立した背景には，資本主義の発達に伴う企業規模の拡大と資金調達の必要性がある。

　企業が出資以外の資金調達を行うためには，土地建物や機械設備を担保に入れる必要があるが，そのために民法が認める担保制度としては質権と抵当権がある。

　質権は，主に動産をその目的とするものであり，目的物の占有を債権者に移す必要があるため，企業を構成する機器器具等の動産については事実上質権設定をすることができず，仮に譲渡担保の形式によっても担保権が薄弱となってしまう。

抵当権は，主に不動産をその目的とし，質権のように目的物の占有を債権者に移すことなく，債務者は自由に使用収益できるが，個々の不動産について抵当権設定契約を行い，その設定登記を一つ一つの不動産についてしなければならないため，手続が著しく煩雑となり，不動産を多く抱える大企業には大きな負担となる。

また，一つの企業を構成する土地建物機械器具等は，互いに有機的に結合して不可分の一体物となることによってその機能を発揮し，担保価値を高めるものであり，これを個々に分離しては，その価値は大きく低下してしまう。したがって，企業を構成する土地建物機械器具等を担保として事業資金を調達するには，企業設備を単一体として担保化することが合理的であり，これによって，資金調達の円滑化が図られ，その信用を増大することができるようになる。

そこで，企業に関する土地建物機械器具等を一括し，単一体として担保化するために，民法の特別法として工場抵当法等の法律が制定されたのである。

1:2:2 　2種類の抵当権

工場抵当法は，2種類の抵当権を定めている。一つは，個々の不動産を対象とする抵当権，いわゆる「狭義の工場抵当」である。一つは，工場財団を組成して，これに抵当権を設定する「工場財団抵当」である。

1:2:2:1 　狭義の工場抵当

狭義の工場抵当は，工場財団抵当を設定するよりも簡便な手続で，民法上の抵当権よりも強化された効力を得ようとするもので，手続や効力の点で，民法上の抵当権と工場財団抵当の中間に位置付けられるものといえる。具体的には，工場抵当の効力の及ぶ範囲についての工場抵当法2条及び3条，追及力についての5条，抵当目的物の分離についての6条，さらに機械器具の個別差押えを禁じた7条などが，民法上の抵当権と異なった定めをしている。

1:2:2:2 工場財団

① 工場財団は，工場財団登記簿にその所有権の保存登記をすることによって設定される（工抵法9条）。土地や建物といった不動産は，所有権の保存登記の有無にかかわらず，それ自体が不動産として存在しているのに対し，工場財団は，その所有権の保存登記によって創設される。

② 工場財団は，工場の建物のほか，次の工場の設備等から構成され（同法11条），工場財団登記簿に登記することで一つの不動産とみなされる（同法14条1項）。

　a　工場に属する土地及び工作物

　b　機械，器具，電柱，電線，配置諸管，軌条その他の附属物

　c　地上権

　d　賃貸人の承諾あるときは物の賃借権

　e　工業所有権

　f　ダム使用権

③ 工場の所有者は，抵当権の目的とするために1個又は数個の工場について工場財団を設定することができ，また，数個の工場が別々の所有者に属する場合にも工場財団を設定することができる（同法8条1項）。しかし，工場財団の所有権の保存登記後6か月以内に抵当権設定登記をしないと，所有権の保存登記は，その効力を失う（同法10条）。

1:2:2:2:1 工場財団の登記簿

① 工場財団は，工場財団の登記を行うことにより設定されるので，工場財団は，工場財団の登記簿により確認することになる。登記簿の構成は，次のようになっている（工抵法20条）。

　a　工場財団の登記簿

　　　表題部（財団表示）

　　　権利部（甲区）

　　　権利部（乙区）

　b　財団目録

表紙

土地の部

建物の部

工作物（建物を除く）の部

機械器具等の部

② 工場財団の登記簿と財団目録はもともと別つづりのものであるが，工場財団の登記簿に記録する項目だけでは，工場財団を構成する個々の物件が明らかでないため，登記簿と財団目録とはセットで扱われることになる。

それぞれの記録例（登記事項証明書について）は，次のとおりである。

(1) 工場財団の登記記録

a 表題部

土地建物等の個々の不動産の所在地番等ではなく，工場財団の表示として，どこの工場のものか，工場財団を所有している会社の主たる営業所の場所等を記録する。

b 権利部（甲区）

工場財団として所有権の保存登記を記録する。

c 権利部（乙区）

工場財団に設定された（根）抵当権の表示を記録する。

(2) 工場財団目録

a 表紙

財団目録である旨，工場財団の所有者，工場の名称，受付の日・番号及び登記番号などを記録する。

b 土地の部

財団に組成されている土地の所在地番を記録する。

c 建物の部

財団に組成されている建物の所在と家屋番号を記録する。

d 工作物（建物を除く）の部

財団に組成されている建物以外の工作物の所在地・種類・構造・数量

等を記録する。

e　機械器具の部

　　財団に組成されている機械器具の種類・構造・数量・製作者・製造年月等を記録する。

f　その他の組成物件

[記録例1]　工場財団の登記記録（登記用紙）

××	登記番号

財団表題部（表示）

表示番号	表示欄	
壱	平成○年○月○日受付 工場の名称及び位置 株式会社○○　□□工場 ○市○町○番地 主たる営業所 ○市○町○番地 営業の種類 □□の製造	

甲区（所有権）

順位番号	表示欄	
壱	所有権保存 平成○年○月○日受付 第○○○○号 所有者　○市○町○番地 　　　　株式会社○○ 平成○年○月○日登記	

順位番号	乙　区　(抵当権)	
		壱
表　示　欄		抵当権設定 平成○年○月○日受付 第○○○○号 原因　平成○年○月○日金銭消費貸借同日設定 債権額　金何万円 利息　年何% 損害金　年何% 債務者　○市○町○番地 　　　　株式会社○○ 抵当権者　○市○町○番○号 　　　　株式会社甲銀行

(**注**)　本記録例は，第三条指定を受けていない登記所におけるもの（工抵規則附則3条，旧工抵手続3条）。後述する。

1:2:2:2:2　工場財団の設定手続

工場財団は，登記により設定される。その設定手続の概略は，次のとおりである。

① 財団の組成物件の選択

工場財団は，抵当権を設定し，資金を調達するために設定するものであるから，調達資金に見合う価値の担保となる物件を選択する。その際，所有権の保存登記がされていない土地又は建物については，工場財団の設定前に所有権の保存登記をしておかなければならない（工抵法12条）。

② 財団目録の作成

工場財団の所有権の保存登記を申請する場合には，工場財団目録に記録すべき情報を提供しなければならない（同法22条）。

③ 工場図面の作成

工場財団の所有権の保存登記の申請に当たっては，工場図面も併せて提供しなければならない（工抵規則21条，22条）。

④ 管轄登記所の決定

工場財団を組成する工場が異なる登記所の管轄地にまたがっている場合などは，工場財団の所有者の申請により，法務局が管轄登記所を指定する（工抵法17条2項）。

⑤　所有権の保存登記

所有者は，必要書類（添付情報）を添えて（提供して），工場財団の所有権の保存登記を申請し，その登記が行われる。

工場財団の所有権の保存登記が申請されたときは，土地建物の登記簿の甲区に「本物件は工場財団に属すべきものとしてその財団につき所有権の保存登記の申請があった」という記載が，また，所有権の保存登記が完了したときには，「本物件は工場財団に属した」と記録される。

また，登記，登録のない動産については，工場財団の所有権の保存登記の申請があった際に公告がされる（同法24条1項）。

1:2:2:2:3　注意点

工場財団の対象となっている工場の登記簿を調べる場合には注意が必要である。それは，工場財団に設定されている（根）抵当権は，工場財団の登記簿の「乙区」に記録されているだけで，個々の土地や建物の登記簿には記録されないことである。

通常，抵当権の設定されている土地や建物の登記事項証明書を見ると，「乙区」にその（根）抵当権設定の旨が記録されている。しかし，工場財団に属している土地や建物の場合，個々の登記記録の「乙区」には何も記録がなく，「甲区」に工場財団に属している旨の記録があるだけなので，（根）抵当権の設定登記の存在を見逃してしまうおそれがある。

また，工場財団の財産目録は，土地や建物の所在や家屋番号のみが記録されているだけであるから，その土地や建物の地目や面積，構造等については，個々の登記記録を調べる必要がある。

1:2:2:2:4　メリット

工場財団は，工場の土地と建物だけではなく，機械設備も一括して抵当権の対象とし，工場全体を一つの不動産とみなしたものといえる。これに

より，土地や建物だけではなく機械設備も担保とすることができ，担保価値の増大及び抵当権や質権設定手続の簡素化が図れるのである。

工場財団は，抵当権以外の担保権を排除しており，競合の問題は生じない。短期賃貸借の対象ともなり得ないので，債権者は安全である。

また，担保としての評価についても，普通抵当の場合は，個別資産の評価額の総和になるが，財団抵当の場合は，工場としての収益性が評価され，一般に評価額が上昇する。例えば，土地10億円，建物10億円，工作物及び機械装置合わせて10億円の場合，普通抵当ならば合計30億円であるが，財団抵当であれば合計40億円と評価される場合がある。

抵当権設定登記をする場合，登録免許税が安く済むという利点もあるが，手続が厳格であるため，手間と経費と時間が掛かるというデメリットもある。

1：2：3　工場抵当法と民法の関係——抵当権の効力の及ぶ目的物——

抵当権の効力の及ぶ目的物の範囲について，民法370条は，抵当不動産に「付加して一体となっている物」の上にも及ぶとし，工抵法2条も「附加シテ之ト一体ヲ成シタル物」の上にも及ぶとしている。どのような物を「付加一体物（付加物）」というかを理解するために，その前提として，民法及び工抵法に登場する抵当権の効力の及ぶ目的物に関係する基本用語を中心として，その意義について説明しておきたい。

1：2：3：1　物

民法において「物」とは，「有体物」をいう（民法85条）。有体物は，本来（物理学上）は，有形的に存在する物であるが，そのとおりであるとすると不都合を生ずることから，「法律上の排他的支配が可能な物」という意義に解して，物の定義を拡大したうえで，物であるためには，外界の一部であること及び人が支配できるものであることが必要であるとしている（我妻総則202）。

① 不動産及び動産

土地及びその定着物は，不動産とする（民法86条1項）。不動産以外の物

は，すべて動産とする（同条2項）。

　土地の定着物とは，土地に付着する物であって，継続的に一定の土地に付着し，使用されることが，その物の取引上の性質であると認められるものである。したがって，機械が土地又は建物に造り付けられたときは，定着物となる。ただし，工場内においてコンクリートの土台にボルトで固着させられた程度では定着物といえない。定着物であれば，その土地の上の権利が及ぶのに対し，定着物でなければ，独立の動産として別個の権利の客体となる点に重要な差を生ずる。樹木は，一般に定着物であるが，仮植中のものは，動産である（我妻総則212）。

　定着物は，すべて不動産（の一部）であるが，その不動産としての取扱いには，次のような差異がある。

a　土地とは別の独立の不動産とみられるもの。建物は，その典型的なものである。

b　その定着する土地の一部分とされ，土地に関する権利の変動に随伴するもの。石垣・溝渠などである。

c　樹木

　aは，独立して物権の客体となるが，bは，原則として，土地に定着したままでは独立の物権の客体となることができず，債権関係が成立し得るだけである。cは，その中間に位する。立木法による立木，立木法の適用を受けない樹木の集団，個々の樹木がある。

1:2:3:2　主物と従物，付合物と付加一体物

　民法上の抵当権及び工場抵当権の効力の及ぶ範囲に関連する概念には，次のものがある。すなわち，民法では，87条の定める「従物」，242条の定める「付合物」，370条の定める「付加一体物」，及び，工場抵当法では2条の定める「付加一体物」と「供用物件」である。

　物の所有者が，その物の常用に供するために，自己の所有に属する他の物を附属させたときは，その附属させた物を従物とする。従物は，主物の処分に従う（民法87条）。

物が客観的・経済的関係において，一方（従物）が他方（主物）の効用を助ける立場にあって結合しているときは，その法律的関係においても，これを同一の物として取り扱い，その結合を破壊しないようにする。これにより，物の社会経済上の意義が全うされることになる。しかし，このような物の結合は，各個の物の独立的存在を失わせるほど強固なものではないから，当事者が，法律的関係を別々にしたいときは，これを認めなければならない。また，主物・従物を同一の法律的関係にすることによって，従物上の他人の権利を消滅させるべきではない。

主物・従物の理論は，経済的関係における物の主従的結合を人の権利を不当に侵害しない範囲で，同一の法律的関係に従わせようとする制度であるといえよう。

① 従物の要件

　a　主物の常用に供されること。社会通念上，継続して主物の効用を全うさせる働きをすると認められることである。その標準は，専ら客観的に定まるのであって，附属させる者の意思は，客観的に現われない限り，積極的にも消極的にも影響しない。

　b　特定の主物に附属すると認められる程度の場所的関係にあること。

　c　主物・従物が共に独立の物と認められること。一方が他方の構成部分となり，又は，合して単一の物になるときは，従物について別の物としての地位を認めることはできない。

　d　主物・従物が共に同一の所有者に属すること。法律的関係を共通にすることによって，第三者の権利を侵害することのないようにしようとする趣旨である。しかし，物の経済的効用においては，所有者を異にする物についても客観的に結合するから，このような物の結合にも主物・従物の関係を認め，第三者の権利を害しない範囲において，従物を主物の法律的関係に従わせることが適当である。この範囲において，民法87条1項は，その趣旨を拡張して解釈されている（我妻総則223）。

　e　主物の所有者が自ら附属させたことは，必要でない。民法87条1項

は，主物・従物の所有者が同一人であることを要求しているにすぎない。

f　主物・従物が共に動産であると不動産であるとを問わない。2個の不動産の間にも，この関係は成立する。例えば，納屋・茶室等も従物となり得る。

② 従物は，主物の処分に従う。

民法87条2項は，従物は主物と法律的関係を共にするという原理を述べたものであるから，次のような適用を示す。

a　主物について売買・貸借その他の債権契約がされたときは，別段の意思表示のない限り，従物も契約対象に含まれると解するべきである。

b　主物の上の抵当権は，当然に従物に及ぶ（最二小判昭44.3.28民集23-3-699（石灯籠及び庭石についての例））。設定当時の従物はもちろん，設定後の従物にも及ぶ。公示方法としては，登記（不登法3条8号）をもって足りる。ただし，当事者が，特に従物を除外する意思を表示するときは，これを認めるべきである。不動産所有権の譲渡・差押えについても抵当権と同様である。

c　当事者は，従物だけを処分できる。しかし，債権者が，従物のみに対して強制執行をすることはできない。このような行為は，物の経済的結合を理由なく破壊することになるし，これを禁止しても，個人の権利を不当に制限することにはならないからである。

③ 付合物と付加一体物

付合物には，「不動産に従として付合した物」（民法242条）と「数個の動産が付合により分離することができなくなったときの合成物」（民法243条）とがあるが，抵当権の効力の及ぶ範囲として問題となるのは，前者である。

付合物は，付加一体物「付加して一体となっている物」（民法370条）に含まれ，当然に抵当権の効力が及ぶ。付合物は，不動産の所有権に吸収されるからである（民法242条本文）。付合した時点は，抵当権設定の前後に

関わらない。ただし，他人が所有権を留保して付合させた付合物は，他人の所有物であるため，抵当権の効力は及ばない（同条ただし書）。

当事者の合意（特約）により，特定の付合物に抵当権の効力が及ばないとすることもできるが，その旨の登記をしないと，転抵当権者などの第三者に対抗できない。また，抵当権の目的物である不動産に動産を付加させることが詐害行為になるような場合は，その付合物には抵当権の効力は及ばない（民法370条ただし書）。

抵当権の効力が及んでいる付合物が抵当不動産から分離して付合物の状態でなくなった場合において，その分離が抵当不動産の通常の使用収益によって生じたときは，抵当権の効力は分離物に及ばないことになる。しかし，分離によって抵当権の効力が侵害されたときは，分離物が抵当不動産の上に存在し，登記により公示されている限り，その効力を第三者に対抗できる。しかし，そこから搬出されたときなどは，第三者に対抗することはできないと解する（我妻担物268）。

④　抵当権の効力が従物に及ぶ根拠規定

抵当権の効力が従物に及ぶ根拠については，民法87条2項に求める説と民法370条に求める説があり，さらに，抵当権設定後に設置された従物については，民法370条により抵当権の効力を認める多数説（我妻担物270ほか）と民法87条2項により抵当権の効力を認める説がある。

民法370条説は，「付加一体物」には，物理的に一体となっている物のみならず，経済的に一体となっている物も含まれるとしている。これに対し，民法87条2項説は，従物は，付加一体物ではないが，同項の「処分」は，抵当権設定という一時点における行為のみを意味するにとどまらず，その後の抵当権実行までの一体としての態様を意味するものである，と解することによって，結果的には，民法370条説との差異をなくしている。

判例は，付加一体物と付合物とはほぼ同義であり，独立の物としての従物は含まれないとし，したがって，抵当権設定後の従物には抵当権の効力は及ばないとしていたが（大審判大5.12.18大民9-1147），最高裁（最二小判昭

44.3.28民集23-3-699）が，従物に抵当権の効力が及ぶ根拠として民法370
条を挙げ，付合物と従物とを同一視し，効力の面でも付加物に従物が含ま
れるとした。

したがって，民法370条が従物を包含し，当事者に反対の意思表示のな
い限り，設定後の従物にも当然にその効力は及び，その公示は，主物の抵
当権で足りるということになろう。

なお，借地権については，建物を主物とし，建物を保持するために必要
な従たる権利として，抵当権の効力が及ぶとしている（最三小判昭40.5.4
民集19-4-811）。

1:2:3:3 集合物

① 「集合物」とは，個別の物が，一定の目的で集合して経済的に一つの価
値を有し，取引上も一体として取り扱われる場合における物の総体を意味
する。

民法は，「一物一権主義（数個の物の上に1個の物件を成立させること
はできないとする物権確定主義）」を基礎にしており，集合物上の物権は
認めていない。例えば，倉庫内の同種商品であれば，所有者は，倉庫内の
商品を自由に処分できるし，新たに商品を取得したときは，それを倉庫内
に搬入することもできるが，「倉庫内にある同種商品の一切」という形で
特定することによって，流動性のある在庫商品を一つの「集合物」と捉え
ることもできる（我妻総則204）。

② 本来は，個別の物であるから，法律上1個の物として取り扱われないの
が原則であるが，企業は，自社の倉庫内にある商品等を一括して譲渡担保
の目的とする。このような集合物に対する譲渡担保（集合物譲渡担保）の
設定は，物的資産の少ない中小企業の資金調達手段として重要な役割を果
たしており，実務上の需要が大きい。次のような物である。

a　工場備付けの機械器具その他の動産

b　内容の変動しない集合物　図書館の蔵書，ホテルの備品など

内容の変動する集合物，例えば，種類の多い商品を売却・仕入れをする

場合は問題がある。倉庫内の同種商品であれば，所有者は，倉庫内の商品を自由に処分できるし，新たに商品を取得したときは，それを倉庫内に搬入することもできるが，「倉庫内にある同種商品の一切」という形で特定することによって，流動性のある在庫商品を一つの「集合物」と捉えることもできる。

③　集合物概念の導入は，1個の物権の対象は1個の独立物でなければならないとする一物一権主義との関係で問題が生じている。しかし，流動性のある在庫商品を譲渡担保の目的とする場合，個々の動産が別々に譲渡担保の対象であるとすると，倉庫への搬入・搬出のたびに譲渡担保を設定しなければならないことになる。そこで，動産の集合体を1個の集合物と捉えたうえで，その上に一つの譲渡担保が設定されていると考えるのが，集合物譲渡担保である。ただし，工場抵当法において「集合物」は，「同種商品」に限らず，さらに広い意味で使われている。

④　企業が企業財産を担保目的物とするためには，企業財産の一括担保化が必要不可欠である。そのため，特定の原則をどのように維持して企業財産の担保化を図るかということが民法典制定後の立法上の中心的課題であった。また，抵当権は，担保目的物の占有移転を伴わないから，登記・登録などを公示手段として採用し，担保目的物は，登記・登録になじむもの，すなわち，原則としては不動産ということになり，その範囲は，著しく制限されている。

　そこで，担保目的物が生産手段である機械・器具については，動産抵当制度が望まれることになり，民法制定以来，財団抵当制度のほか抵当証券，企業担保権，農業用動産抵当権並びに動産及び債権譲渡登記など幾多の制度が創設されたのである（5：7など）。

1：2：3：4　設備資産

抵当目的物が企業用不動産であるとすれば，民法370条により抵当権の効力を認める説に従うとき，経済的一体物である設備資産も抵当権の効力の及ぶ目的物の範囲に含まれることになるのであろうか。設備資産は，企業に

とって不動産あるいはそれ以上の必要性を有しており，企業の中核として存在するといってよいであろう。次の物である（参考・松田89）。

a　工作物

　　抵当権が設定された不動産上に存する工作物に抵当権の効力が及ぶためには，工作物が抵当土地あるいは抵当建物の構成部分又は従物と判断されなければならない。このように判断されることにより，不動産と工作物との一体性は保持される。

b　機械器具等

　　建物内における機械器具等について判例（東京高判昭53.12.26下民集29-9～12-397）は，次のように判断している。

　　すなわち，構成部分と判断される場合は，当該機器具等の性質上分離復旧が著しく困難であり，かつ，物理的に分離可能であっても，分離により社会経済上著しく抵当不動産の価値を減ずることが明確であることが要件となる。

　　一方，従物と判断される場合は，機械器具等が継続的に存在し，かつ，不可欠のものであり，抵当不動産の用途に供し，抵当不動産からの分離により，相当程度抵当不動産の価値が減価することが要件となる。

　　構成部分である機械器具類には，抵当権設定前後を問わず，抵当権の効力が及ぶ。従物である機械器具類についても抵当権設定前後を問わず，抵当権の効力は及ぶ。

　　高価な従物が工場の用途として機能するために必要な重要な部分を占める場合には，その従物が抵当権の効力から外れると工場の用途としての一体性が破壊される。価値的には用途を廃止し，抵当不動産を解体処分する場合の価値（処分価値）と同等の価値になってしまう危険性がある。この点は抵当権者，設定者いずれの立場からいっても不利益である。

　　用途・価値の一体性を図るためには，抵当権者の換価権を認め，優先弁済権を排除すると解するべきであろう。

1:2:3:5 民法の特別法としての工場抵当法

　抵当権の包括担保性については，特に問題となる工作物・機械器具等に関しては，抵当権の効力の及ぶ目的物の範囲に属するか否かにつき，各別に判断基準を適用することが要求され，客観的・一律に判断を下すことは難しい。抵当権の効力が遮断されると判断される資産がいくつも検出される危険性があるので，抵当権は，常に生産に必要なすべての資産が包括的に担保化される担保権であるとはいえない。

　工抵法2条1項は，土地又は建物に「備附ケタル機械，器具（備附物）」(注)にまで抵当権の効力を及ぼさせているが，これは，民法の「果たし得なかった」ところである（注民(9)306。）。

　工場抵当権の効力は，その工場の経済的作用を営ませるために付加された物はもとより，備え付けられた機械器具その他の物に及ぶことは当然である。しかし，民法の従物の規定（87条）及び抵当権の効力の規定（370条）などが不十分なものであったために，この当然の事理が認められないおそれがあったことから，工場抵当法は，冒頭の数個条でこれを規定したものといえる。このことは，民法と工場抵当法が一般法と特別法の関係にあることを示している。特別法は一般法に優先するのが原則であり，一般法は特別法に規定がないものについてのみ補充的に適用されるのである。したがって，特別法である工場抵当法2条，3条の解釈及び適用をするに当たって，一般法である民法上の規定との整合性を求めることはできない。また，工場抵当権は，民法上の抵当権とは異なる特別な抵当権であるから，その解釈は，工場抵当法に規定する法文から導かれることになろう。

　(注)　工抵法3条1項の「備附ケ」は，平成16年の不登法改正に伴い「備付ケ」と改正されているが，2条1項及び6条2項の「備附」（名詞）は改正されていない。改正漏れと考え，以下の記述においては，「備（え）付け（る）」と表記する。

2 工場抵当制度

2：1 意義

工抵法は，明治38年3月に制定された古い法律であり，この法律が成立した背景には，資本主義の発達に伴う企業規模の拡大と資金調達の必要性があった。

すなわち，企業が出資以外の資金調達を行うためには，土地建物や機械設備を担保に入れる必要があるが，そのために民法の認める担保制度としては，質権と抵当権がある。

質権は，主に動産をその目的とするものであり，目的物の占有を債権者に移す必要があるので，企業を構成する機械器具等の動産については事実上質権を設定することができず，仮に譲渡担保の形式によっても担保権が薄弱となってしまう。

抵当権は，主に不動産を目的とし，質権のように目的物の占有を債権者に移すことなく債務者が自由に使用収益できるが，個々の不動産について抵当権設定契約をし，その設定登記を一つ一つの不動産についてしなければならない。そのため，手続が著しく煩雑となり，不動産を多く抱える大企業においては大きな負担となる。

また，一つの企業を構成する土地建物機械器具等は，互いに有機的に結合して不可分の一体物となることによってその機能を発揮し，担保価値を有するものであるから，これを個々に分離してしまっては，その担保価値は大きく低下してしまう。したがって，企業を構成する土地建物機械器具等を担保として事業資金を調達するには，企業設備を単一体として担保化することが合理的であり，その結果，資金調達の円滑化が図られ，信用を増大することができることになる。そのようにして，企業組織を破壊することなく単一体として捉えることが望ましいといえる。このような背景から，企業に関する土地建物機械器具等を一括し，単一体として担保化するために，民法の特別

法として工場抵当法等各種の財団抵当法が制定されたのである。

① 大陸法系の流れをくむ我が国の民法においては，一物一権主義（1：2：3：3①）が採用され，「独立する物の集合体の上には独立する所有権は成立しない」という原則が存在し，常に変動する集合物の担保は否定されていた。そのため，工場（土地・建物）に抵当権を設定しても，その効力が従物（民法87条）に及ぶ範囲が明確でなく，その結果，工場に備え付けられた機械・器具等に抵当権の効力が及ぶか否か議論の余地があった。

② 一物一権主義のもとでの金融担保制度である抵当制度は，若干の欠点（短期賃貸借・滌除（抵当権消滅請求）・実行手続など）はあるものの，簡便で優れた担保制度である。しかし，物的担保としては，あらゆる物的財産がその担保目的物となり得ることが望ましいのであるが，次の二つの制約が内在している（小林抵当2）。

　a　我が国の民法は，前述のように，一物一権主義を基礎とし，集合物上の物権を認めていないが，企業は，自らの企業財産を担保目的物とするためには，多くの財産の集合体からなる企業財産の一括担保化が必要不可欠である。そのことと特定の原則をどのように維持して企業財産の担保化を図るかということが民法制定後の課題であった。

　b　抵当権は，担保目的物の占有移転を伴わないから，公示手段としては，質権のように「占有」によることができない。そのため，担保目的物は，登記・登録になじむもの，すなわち，原則として，不動産に限ることになり，その範囲は，質権と比べて著しく制限されたものとなっていた。そうかといって，工場に属する土地又は建物に備え付けられた機械・器具等の動産を担保目的物として質権を設定すると，企業の生産手段が奪われてしまう（小林企業6）。

③ そこで，工場の設備を担保化する方法としては，工場に属する土地又は建物については抵当権を設定し，機械・器具等の動産には譲渡担保権を設定する方法がとられるようにした。しかし，このような担保方法は，その設定に多くの費用を要するのみならず，個々に担保権が実行された場合

に，企業が崩壊するおそれがあった。

④ そこでさらに，有機的に結合されて一体となっている企業を構成する物的設備を単一体（財団）として担保の目的とすることにしたのが，工場抵当及び財団抵当制度である。この制度は，経済的担保価値の点からは個々の物に担保を設定するよりはるかに優れており，法律技術の点からは動産の担保について引渡しという不便さがないという長所を持つことになる。なかでも，財団抵当は，企業金融における優れた担保形態であったといえよう。

2：2　工場抵当制度の立法理由

そのうちで工場抵当法の立法理由は，次の2点にあるといわれている（注）。

第1点は，工場内の機械器具について非占有担保を可能にすることである。民法の規定では，工場を抵当に付しただけでは，価値の高い機械器具にその効力が及ばないおそれがあるので，その可能なことを明文化した。

第2点は，土地，建物及び機械器具などを一括して担保とすることを可能にすることである。民法の規定に従って複数の目的物に抵当権を設定する場合には，手続が煩雑で，評価額も低廉にとどまる危険があるので，それを回避することとした。

工場抵当法の制定は，民法上の抵当権の欠点を補うとともに，より強力な担保権を設けようとするものである。このような立法が必要とされた社会的・経済的背景には，明治30年代になって，産業部門を中心に資金需要が強くなったにもかかわらず，国内資本が不足し，外国資本の導入が急がれていたという事情がある。特に，鉄道建設とその営業については，外国資本の導入が検討され，そのためには，物的担保の確実な把握が課題とされていた。

この事情は，鉄道部門だけではなく，一般工業部門においても同様であった。工場抵当法の制定は，資金需要があるにもかかわらず，担保制度の不備

から円滑な投資がされていないという経済的状況の改善を狙いとするものであった。

　その結果，工場抵当法を始めとする三財団抵当法（鉄道・工場・鉱業）と担保付社債信託法は，明治38年に成立したのである。

　　（注）　狭義の工場抵当のこれらの規定に関する工場抵当法の立法理由については，政府委員は，次のように提案説明した（波多野敬直司法大臣の提案趣旨説明「第21回帝国議会貴族院議事速記録第10号」『帝国議会貴族院議事速記録21』177頁（東京大学出版会　昭55）（池田250））。

　　　a　民法87条2項に関する当時の裁判例によれば，工場内の定著物ではない機械器具などに抵当権が及ぶか否かが不明であるので，そのような機械器具に抵当権の効力が及ぶことを明確にする（工抵法2条）。

　　　b　抵当権の効力の及ぶ機械器具の範囲に関して，両当事者の合意に委ねることとするが，そのためには，抵当権の効力が及んでいる機械器具を明確にする必要がある。そこで，機械器具に抵当権の効力が及んでいることを公示するために目録への記載を求め，さらに，目録が登記簿の一部になるとする（同法3条）。

　　　c　抵当権の追及力については，不動産から分離され第三者が所有権を取得した場合であっても，原則として，抵当権者の保護を図るとし（同法5条1項）同時に，抵当権の存在について善意である第三者を保護する（同条2項）。

　　　d　機械器具の取替えないし不要な機械器具の廃棄の場合には，当該機械器具について抵当権を消滅させる（同法6条1項）。もっとも，そのためには抵当権者の同意が必要であるが，取替えないし廃棄について正当な理由がある場合には，抵当権者は同意を拒絶できないものとする（同条3項）。

　　　e　機械器具などの個別差押えを禁止する（同法7条）。これは，機械器具だけの売却を認めれば，売却価格が低下し，抵当権者に売却代金についての優先権が認められるとしても，結局，抵当権者が損失を被る危険があるからである。

2：3　工場抵当と工場財団

　工場抵当法は，工場を担保に提供する方法として，工場に属する土地又は
建物の上に抵当権（根抵当権を含む。以下，原則として同じ。）を設定する
工場抵当（工抵法2条）と，工場について工場財団を設定してこれを抵当権の
目的とする工場財団抵当（同法8条）の二つを民法の特則として認めている。

① 　工場抵当（狭義の工場抵当）は，工場に属する土地又は建物に設定され
　た抵当権の効力を，土地又は建物と付加して一体を成す物だけではなく，
　これに備え付けられた機械，器具その他工場の用に供する一切の物に当然
　に及ぼさせるものである。通常の不動産を目的とする抵当権よりも，その
　効力の及ぶ範囲を拡大させて，比較的小規模の工場施設を一体として担保
　に供する。この工場抵当の被担保債権には，民法上の抵当権の場合の被担
　保債権のほか，社債も含まれる（旧担信法4条1項6号，ただし，新法（平成18
　年法律109号）には同旨の規定はない。）。

　　工場抵当は，工場財団抵当を設定するよりも簡便な手続で，民法上の抵
　当権よりも強化された効力を得ようとするものである。手続や効力の点か
　らいえば，工場財団抵当と民法上の抵当権の中間に位置付けられるものと
　いえる。

　　民法上の抵当権と異なっている点は，後述のように，工場抵当の効力の
　及ぶ範囲についての工場抵当法2条及び3条，追及力についての5条，抵
　当目的物の分離について6条，さらに機械器具の個別差押えを禁止する7
　条などである。

② 　工場財団抵当は，工場に属する土地，建物その他の工作物，地上権，賃
　借権，機械，器具及び工業所有権等の有形無形の財産をもって組成される
　工場財団を1個の不動産とみなして，その上に抵当権の設定を認めるもの
　である。狭義の工場抵当が比較的小規模の企業施設の担保に利用されるの
　に対し，主として大企業の担保化に利用され，特に担保付社債信託法によ
　る社債の担保として企業金融上の利用価値が大きいものである（4：9：

4）。

２：４　不登法の改正に伴う工場抵当関係法令の整備

平成 16 年の不登法改正に伴う「不動産登記法の施行に伴う関係法律の整備等に関する法律」（平 16 法律 124 号。以下「整備法」という。）により，工抵法も新不登法の規定振りに合わせた改正がされたほか，工場抵当登記取扱手続（以下「工抵手続」という。）が廃止され，工場抵当登記規則（以下「工抵規則」という。）が制定されるなど，関係法令の整備がされた（杉浦663）。

しかし，今日まで，工場抵当の第三条目録（工抵法 3 条）並びに工場財団の登記記録（工抵規則 5 条）及び工場財団目録（工抵法 21 条 2 項，工抵規則第 2 節）などは，改正前のままとなっているため，経過措置（不登法附則 3 条，工抵規則附則 3 条，6 条）として，旧規定が適用されている。

２：４：１　工場に備え付けた機械，器具等及び工場財団目録に記録される事項を登記事項とする改正等

整備法による改正前の工場抵当法（以下「旧工抵法」という。）は，工場に属する土地又は建物について抵当権の設定登記を申請する場合には，土地又は建物に備え付けた機械，器具等の目録を提出しなければならないとしていた（旧工抵法 3 条 1 項）。また，工場財団の所有権の保存登記の申請をする場合には，工場財団を組成する物件を記載した工場財団目録を提出しなければならないとしていた（旧工抵法 22 条 1 項）。

整備法は，工場に属する土地又は建物に備え付けた機械，器具等の目録及び工場財団目録に記録すべき事項を登記事項とし（工抵法 3 条 1 項，21 条 1 項 4 号），また，それらの目録は，登記官が作成すべきものとした（同法 3 条 2 項，21 条 2 項）。

２：４：２　登記簿及び目録を磁気ディスクによって調製することを前提とした規定への改正

新不登法は，登記簿は，磁気ディスクをもって調製することとした（不登

法2条9号）が，工場に属する土地又は建物はもとより工場財団も不動産とみなされる（工抵法14条1項）から，新不登法の施行後は，それらの登記についても当然に新不登法の上記規定が適用されることになる（ただし，新不登法附則3条1項の指定を受けた事務に限る。）。

このため，工抵法中の「用紙」の用語を「登記記録」に，登記簿への記載に関する規定を記録に関する規定に改める等，新不登法と同様の改正をしている（工抵法19条，20条，23条1項，2項等）。

2：4：3　電子申請の導入に合わせた表現

工場に属する土地又は建物や工場財団の登記についても，新不登法附則第6条第1項の指定を受けた登記手続については，電子申請（不登法18条1号）が可能となることから，申請のために登記所に提供する媒体を書面に限定しない規定振り（「申請情報」，「添付情報」等）に改めている（工抵法3条3項，21条3項等）。

2：4：4　経過措置

工抵法の本則においては，工場財団登記簿はコンピュータ化されていることを前提とした規定振りとなったが，コンピュータ化されるまでの経過措置については，整備法3条及び同条第4項の委任に基づく法務省令において規定している。

① 　未指定事務に係る旧登記簿（工抵規則附則3条）

a 　工場財団の登記記録の権利部の甲区及び乙区の登記事項，登記事項証明書の作成方法等に関する工抵規則5条及び40条の規定は，不登法附則3条1項の規定により，登記所ごとに電子情報処理組織により取り扱う事務として法務大臣が指定（以下「第3条指定」という。）をする日から適用する（不登法附則3条）。

b 　第3条指定がされるまでの間，第3条指定を受けていない事務に係る登記簿については，旧工抵手続2条から3条ノ6まで，16条，19条ノ7及び28条の規定は，なお，その効力を有する（工抵規則附則3条2項）。

なお，整備法6条により，旧工抵法中の登記簿の編成に関する規定

（19条，20条）が改正されているが，工抵法19条及び20条の規定は，第
3条指定の日から適用することとしている（整備法7条1項）。したがっ
て，第3条指定の日までの間は，第3条指定を受けていない事務につい
ては，旧工抵法19条及び20条の規定は，なおその効力を有する（整備
法7条2項）。

　また，第3条指定がされていない事務については，旧財団準則8条な
いし10条及び37条の規定は，なお効力を有する（平17.3.2民二582号
民事局長通達記の4）。

c　第3条指定がされるまでの間における第3条指定を受けていない事務
についての工抵規則の規定の適用については，「登記記録」とあるのは
「登記用紙」と読み替える（工抵規則附則3条3項）。

d　第3条指定を受けていない事務について，工抵規則の規定により登記
用紙に記録された事項を「抹消する記号を記録」すべき場合には，当該
事項を「朱抹」する方法による（同条4項）。

e　第3条指定を受けていない事務について，工抵規則の規定により登記
用紙に登記官の「識別番号を記録」すべき場合には，登記用紙に登記官
が「登記官印を押印」する方法による（同条5項）。

② 第3条指定を受けている登記所からの移送（同附則4条）

　第3条指定を受けている登記所から受けていない登記所に管轄が転属し
た場合については，不登規則附則7条の規定を準用する。

③ 第3条指定を受けていない登記所からの移送（同附則5条）

　第3条指定を受けていない登記所から受けている登記所に管轄が転属し
た場合については，不登規則附則8条の規定を準用する。

④ 工場財団目録等の経過措置（同附則6条）

a　工場財団目録に関する事務について第3条指定を受けていない登記所
（以下「工場財団目録未指定登記所」という。）には，工場財団目録つづ
り込み帳を備える。つづり込むべき工場財団目録がない場合には，工場
財団目録つづり込み帳を備えることを要しない（同附則6条1項）。

b 工場財団目録未指定登記所に，電子申請により工場財団目録に記録すべき情報が提供されたときは，登記官は，その情報に基づき，書面により工場財団目録を作成しなければならない（同条2項）。

c b（同法附則6条2項）により作成した工場財団目録も工場財団目録つづり込み帳につづり込む（同条3項）。

d 工場財団目録未指定登記所に，書面申請により工場財団目録に記録すべき情報を記載した書面（工抵法25条）が提供されたときは，この書面を工場財団目録とみなし，工場財団目録つづり込み帳につづり込む（工抵規則附則6条4項）。

e 工場財団目録未指定登記所の工場財団目録については，工場財団目録の規格を定めた旧工抵手続16条の規定は，なおその効力を有する（同条5項）。

f aないしd（同条1項〜4項）は，工抵法3条2項の目録に関する事務について準用する（同条6項）。

⑤ みなし目録（同附則7条）

工抵規則施行の際，現に登記所に備え付けてある工場財団目録又は旧工抵法3条の目録は，それぞれ工抵法21条2項の工場財団目録又は工抵法3条2項の目録とみなす。

⑥ 目録の改製（同附則8条）

工抵法3条2項の目録及び工場財団目録については，登記簿の改製に関する不登規則附則3条の規定を準用する。

⑦ 第6条指定前の登記手続（同附則9条）

a 工場財団の登記の事務について不登法附則6条の指定（以下「第6条指定」という。）を受けていない登記所の登記手続に係る登記の申請をする場合における不登規則附則15条2項の規定の適用について，必要な読替えをする（同条1項）。

b 第6条指定を受けていない登記手続については，工場財団の合併の登記をした場合の登記済証の還付に関する旧工抵手続20条ノ2第4項の

規定は，なおその効力を有する（同条2項）。

　c　第6条指定がされるまでの間の工抵規則38条の規定の適用について，必要な読替えをする（同条3項）。

⑧　民法の一部改正に伴う読替え

　民法の一部を改正する法律（平16法律147号）の施行の日の前日までの間における工抵規則26条2号及び4号の規定の適用について，必要な読替えをする。

2：5　工場抵当法における工場の意義

　この法律が適用される工場，すなわち工場抵当の成立する工場及び工場財団の組成の単位としての工場は，次の場所である。

①　営業のため物品の製造若しくは加工又は印刷若しくは撮影の目的に使用する場所（工抵法1条1項）

　a　物品の製造

　「物品」とは，有体物であって市場価値があるものをいう。「製造」とは，原材料に労力等を加えて全く異なる物品を作り出すことである。刑法245条において財物とみなされる電気は含まれない。発電施設については，工抵法1条2項前段によるべきである。

　b　物品の加工

　原材料と同一性を失わない程度に材料に変更を加えることをいう。一般に化学薬品，食料品，織物類その他日用雑貨類を製造する場所のほか，製氷所，養蚕所，養鶏所（昭36．3．15民三192号民事局第三課長回答），相当の機械設備を有する大規模な養豚所（昭46．8．17民三2758号民事局長回答），選鉱・精錬所，染色工場又は水産物の冷凍所（大13．4．30民事6815号民事局長回答）や給食施設も，物品を加工する場所として工場といえる。商品の包装加工及びその集配を機能化するための相当大規模な機械設備を有する物資流通センター（昭47．3．24民事甲1311号民事局長回答）も同様である。ただし，物品販売の目的で使用する場所や物品貯蔵のた

めの倉庫は，工場とはいえない。

c　印刷又は撮影の目的に使用する場所

印刷工場や映画会社の撮影所又は写真撮影のために使用する写真館を
いう。映画館・劇場はこれに含まれない（昭27.2.1民事甲104号民事局長
回答）。

② 営業のため電気若しくはガスの供給又は電気通信役務の提供の目的に使
用する場所（工抵法1条2項前段）

a　電気若しくはガスの供給の目的に使用する場所

発電，送電及び変電施設のほか，ガス供給施設をいう。電気又はガス
は，工抵法1条1項の「物品」ではないから，同項の「工場」には該当
せず，同条2項の「電気若しくはガスの供給の目的に使用する場所」に
該当する。すなわち「供給の目的に使用する場所」とは，工場又は家庭
等に送電線又は導管によって電気又はガスを直接送る施設のみでなく，
電気又はガスを製造して供給するための全ての施設をいう。組合員の共
同利用のため各種協同組合が所有する水力発電施設又は畜産共同処理施
設中の牛乳処理施設（昭27.4.19民事甲481号民事局長回答）や石油タンク，
油類倉庫及び給油設備等をもって構成される石油会社のいわゆる油槽所
（昭37.7.13民事甲1988号民事局長回答），液化石油ガス基地（昭42.12.14民
事三発1120号民事局第三課長回答）などは，これに当たる。

浄水及び給水の目的に使用する場所も同項前段の類推解釈によって工
場として取り扱って差し支えないであろう。

温冷水又は高温・低温の空気の供給に使用する場所及び精製された油
類を貯蔵し，供給する施設としての油槽所も，工場と解して差し支えな
い（昭37.7.13民事甲1988号民事局長回答）。ただし，ガソリンスタンドは，
工場には該当しない（昭35.2.3民事甲252号民事局長回答）。

太陽光発電設備は，家庭用などは別として，この工場の要件に該当す
ると考える。風力発電設備も同様であろう（参考：鈴木龍介ほか「太陽光発
電と登記実務」登記情報621-33）。

b　電気通信役務の提供の目的に使用する場所

　　　「電気通信役務」（電気通信事業法2条3号）とは，「電気通信設備を用い
　　て他人の通信を媒介し，その他電気通信設備を他人の通信の用に供する
　　こと」をいう。「電気通信設備」（同条2号）とは，「電気通信　有線，無
　　線その他の電磁的方式により，符号，音響又は映像を送り，伝え，又は
　　受けること（同条1号）を行うための機械，器具，線路その他の電気的
　　設備」をいう。「電気通信役務」の提供を目的に使用する場所も，工場
　　とみなされる。

③　営業のため放送法にいう基幹放送又は一般放送（有線電気設備を用いて
　　テレビジョン放送を行うものに限る。）の目的に使用する場所（電気通信事
　業法2条2号後段）

　　a　基幹放送

　　　「基幹放送」とは，電波法の規定によりもっぱら優先的に割り当てら
　　れるものとされる周波数の電波を使用する放送をいう（放送法2条2号）。
　　地上民間放送及び特別衛星放送（BS放送，110度CS放送）がこれに当
　　たる。

　　b　一般放送

　　　「一般放送」とは，基幹放送以外の放送をいう（同条3号）。ケーブル
　　テレビ及び衛星放送（124／128度CS放送）がこれに当たる（注1）。

　　c　放送の目的に使用する場所

　　　「放送の目的に使用する場所」とは，電気通信の送信のための電気的
　　設備又はケーブルテレビジョン放送を行うための有線電気通信設備（再
　　送信を行うための受信空中線その他放送の受信に必要な設備を含む。）
　　のある場所をいう（昭27.6.20民事甲854号民事局長通達）。いわゆるスタ
　　ジオだけでは，工場とはいえない。

④　「営業のため」の場所

　　　これらの場所が工場であるためには，それが「営業のため」に使用され
　　る場所でなければならない。したがって，刑務所内の物品製造工場又は加

工工場などはここでいう工場には当たらない（注2）。

　営業のために使用するというのは，営業の利益のために使用することである。直接であるか間接であるかは問わない。例えば，物品の製造を営業としている会社が安価に電力を得るための自家用発電所，農業協同組合が組合員の共同利用に供するために所有する水力発電施設又は牛乳処理施設なども「営業のため」の場所といえる。

⑤　営業のための「場所」

　工抵法1条でいう「場所」とは，工場に使用される土地，建物等一切を包括したものをいう。したがって，それは，土地及び建物（地上権，賃借権等により使用する権限のある場合も含む。）を中心とした概念である。このような土地若しくは建物又はこれらの用益権の存しない場合には，「場所」には該当しない。

（注1）　昭和60年6月に有線テレビジョン放送法にいう有線テレビジョン放送が加えられたが（浜崎泰生「工場抵当法の改正について─CATV関係─商事法務1048-50」），平成22年11月に有線テレビジョン放送法が放送法に統合されたことに伴い，工抵法も改正された。

（注2）　というよりも，刑務所内においても「営業」行為はあるが，民事取引法の適用がないということであろう。

2：6　工場抵当権の効力の及ぶ範囲

2：6：1　意義と作用

　工抵法は，工場の所有者が，財団を組成しないで，工場に属する土地又は建物の上に抵当権を設定した場合の抵当権の効力について規定している（2条～7条）。その内容は，抵当権の効力が，抵当権の目的とされた土地又は建物の付加物のみならず従物にも及ぶことである。

　工場抵当権の効力が，その工場の経済的作用のために付加された物はもと

よりのこと，備え付けられた機械・器具その他の物に及ぶのは当然のことである。ところが，我が民法の従物（87条）及び抵当権（370条）に関する規定は，不十分なものであったために，この当然の事理が認められないおそれがあった。そこで，工場抵当法は，その冒頭の数個条でこれに関する規定をした。ところが，これにより，民法の従物理論の対象は，主として畳・建具に限定され，その内容をますます乏しいものとするという皮肉な結果をもたらしたといわれている。

2:6:2 工場抵当権の効力の及ぶ範囲

2:6:2:1 付加一体物及び供用物件

工場に属する土地の上の抵当権は，原則として，建物を除き，その「土地ニ附加シテ之ト一体ヲ成シタル物」（付加一体物）及び「其ノ土地ニ備附ケタル機械，器具其ノ他工場ノ用ニ供スル物」（供用物件）に及ぶ（工抵法2条1項本文）。工場に属する建物の上の抵当権は，同様に，その建物の付加一体物及び供用物件に及ぶ（同条2項）。

付加一体物に及ぶことは，民法370条と同様であるが，供用物件に及ぶことは，370条と従物の関係について立法的解決をしたものとも見ることができる。判例（大審判昭9.12.3民録26-1928）も，その適用に当たっては，抵当権が設定された後に備え付けられた供用物件も含まれるとしている。

供用物件は，従物と同一の理論に従うべきであるから（注），その土地又は建物と同一の所有者に属するものに限ると解すべきである。もっとも，工場備付けの機械を譲渡担保にした後に工場の上に抵当権を設定した場合，抵当権の実行に当たっては，譲渡担保の被担保債権者に弁済すれば，競落人は，その動産を取得すると解する。一般債権者の差押え以上の効力を認めるべきだからである。

なお，他人の所有物でも，その所有者の同意を得ているときは，抵当権の効力は及ぶ（最一小判昭37.5.10集民60-589）。

（注）　ただし，平成6年の最高裁判決は，「供用物件」は従物を含み，かつ，それよ

りも広い概念であると解している（後述3:5:4参照判例）。

　なお，設定行為で除外されたもの及び付加又は備付けが他の債権者を詐害する場合には，例外として抵当権の効力は及ばない（工抵法2条1項ただし書，2項）。民法370条ただし書と同旨の制限である。

2:6:2:2　付加一体物及び供用物件の公示

　土地又は建物の付加一体物については，公示は必要でないが（ただし，設定行為で除外する場合は，登記を要する。），供用物件については，抵当権の登記を申請するときに，抵当権の効力の及ぶ物の目録を提供し（工抵法3条1項），土地又は建物の登記には目録がある旨を記録し（工抵規則2条），備付物件が変更したときは，それに応じて目録を変更する（工抵法3条4項・38条〜42条）。そしてこの目録は登記簿の一部とみなされ，登記官は，その目録を作成した旨を記録しなければならない（工抵法3条2項，工抵規則2条）。

　この手続は，工場抵当の効力の及ぶ範囲を公示して第三者の保護を図る目的を有するものであることは疑いない。しかし，工場として機能している土地や建物の上の抵当権が，その機能を発揮させるための供用物件の上に効力を及ぼすことは当然であって，それを認めることによって取引の安全が害されるというべきではない。目録の記録にあまりに強い効力を認めることは，工場抵当法が従物について示した妥当な理論を不当に制限するおそれがある。

　このような見地からすれば，その土地又は建物の抵当権について目録が存在する旨が，登記官の過誤によって登記簿に記録されなかった場合にも，抵当権の効力が目録に表示された物に及ぶとするのは正当であるが，具体的に目録に記録されない供用物件の上の抵当権の効力は，第三者に対抗できないとする判例（最二小判昭32.12.27民集11-14-2524）には，疑問が残る。備え付けられている状態においては（即時取得の要件を備える場合を除き），一般債権者のみならず，後順位抵当権者（この者の目録にだけ記録されていても）に対抗して，競売による優先弁済権を主張し，また，第三者の差押えを排斥

することができ，備え付けられている状態から不法に分離された場合の追及力は，目録に具体的な記録がなければ対抗力を失うと解すべきであろう。そうでないと，抵当権設定後に備え付けられた供用物件については，不当な結果となる。

2:6:2:3　付加一体物及び供用物件への追及力

① 工場の所有者が抵当の目的である土地又は建物の付加一体物を分離し，又は供用物件の備付けをやめるときは，抵当権者の同意を求めることができる。そして，それが，抵当権者のために差押え・仮差押え・仮処分がされる前であり，かつ，工場の経営に必要であるか，その他正当の事由に基づくものであるときは，抵当権者は，同意を拒むことができない（工抵法6条3項）。抵当権者の同意を得て分離された付加一体物及び備付けを止められた供用物件については，抵当権は消滅する（同条1項，2項）。

② 付加一体物又は供用物件が抵当権者の同意を得ないで分離され，又は備付けを止められたときは，抵当権は，効力を失わず，第三者に引き渡されてもその物に追及する効力がある（工抵法5条1項）。すなわち，抵当権者は，これについて競売の申立てをすることができる。ただし，第三者が即時取得の要件を満たすときは，抵当権は消滅する（同条2項）。なお，罰則の適用がある（同法49条）。

2:6:2:4　工場に属する土地・建物と付加一体物・供用物件との一体性

　工場に属する土地・建物がその付加一体物や供用物件と一体となって経済的機能を発揮するものであるという見解は，単にそのうえの抵当権の効力を全体の上に及ぼさせるだけでなく，さらに，その土地又は建物の差押え・仮差押え・仮処分は，当然に付加一体物及び供用物件に及ぶ（工抵法7条1項）ということである。

　また，抵当権の効力の及んでいる付加一体物又は供用物件は，その土地又は建物と共にするのでなければ，差押え・仮差押え又は仮処分の目的とすることができない（同条2項）。これをした者がいるときは，抵当権者は，第三者異議の訴え（民執法38条）を提起することができる。

これらのうち，前者は，執行する債権者の意思に適合するであろうが，後者は，その意思を制限して工場に属する土地・建物の一体性を保持しようとするものであって，重要な理論を含んでいるのである。

2:6:2:5 抵当権の附従性の緩和

抵当権の存在意義について民法典制定後の立法あるいは判例は，抵当権の目的物の範囲の拡大，抵当権の流通性の確保，根抵当の承認を中心とする附従性緩和という方向で発展してきた。具体的には，次の三つである（小林抵当4）。

a 従物理論

企業施設の基礎となる不動産を基盤とし，それに附属する動産を一体として抵当権の客体とするものであり，工場抵当がこれに該当する。

b 集合物理論

特定の企業施設を構成する多くの不動産と動産を「1個の不動産」ないし「1個の物」とみなして，抵当権の客体とするものであり，各種の財団抵当がこれに該当する。

c 動産の不動産化

個々の動産について登記又は登録の制度を設けて，抵当権の設定を可能とするものであり，農業用動産の抵当権がこれに該当する。

民法は，抵当権の効力が担保目的物である不動産の付加物にも及ぶと規定しているが（370条），従物（87条）が付加物に含まれ抵当権の効力が及ぶか否かについて，かつて判例・学説の争いがあったところである。現在では，従物には，その附属させた時期が設定行為の前後に係わらず抵当権の効力が及ぶとしている（我妻担物259）。

工場抵当法2条1項本文は，「工場ニ属スル土地ノ上ニ設定シタル抵当権ハ建物ヲ除クノ外其ノ土地ニ附加シテ之ト一体ヲ成シタル物及其ノ土地ニ備附ケタル機械，器具其ノ他工場ノ用ニ供スル物ニ及フ」と規定する。工場抵当権の効力が付加物（「土地ニ附加シテ之ト一体ヲ成シタル物」）及び工場供用物（「工場ノ用ニ供スル物」）に及ぶことは，民法と同様であるが，備付物

（「其ノ土地ニ備附ケタル機械，器具」）に及ぶことは，民法が定め得なかったことである。そこで，同条ただし書において民法370条ただし書と同一の規定を設けることにより，立法的に解決したのである。

工場抵当制度，すなわち狭義の工場抵当（工抵法2条～7条）及び工場財団（同法8条以下）は，外国において類をみない制度である。この特別立法により日本法は，ドイツ民法やフランス民法の水準に達したと評価される反面，これらの諸制度が法的構成の面において民法の体系と調和を欠くものであったことから，解釈上の問題を内包することになったともいわれる。

2:6:2:6 解釈上の問題

① 工場の土地又は建物に設定した抵当権の効力は，原則として，土地又は建物に付加して一体となっている物及び土地又は建物に備え付けられた機械・器具その他工場の用に供する物に当然に及ぶとし（工抵法2条1項本文，2項），抵当権設定の際に当事者の特約で，あるいは付加又は備付け行為が民法424条の詐害行為に該当するときは，抵当権の効力が及ばないこととした（工抵法2条1項ただし書，2項）。工場の土地又は建物を目的とする抵当権は，工場抵当法8条以下に規定されている工場財団を目的とする抵当権と区別するため，一般に「狭義の工場抵当」又は「工場抵当」若しくは「工場抵当権」と呼ばれているが，それは，抵当権の効力の及ぶ目的物の範囲を，工場の土地又は建物の付加物・従物のほか，従物でない備付物にまで拡大したもの（従物理論の進展）である。

すなわち，工場について抵当権が設定されると，財団組成の手続をとらない限り，すべて工場抵当法の2条ないし7条の規定が適用され，工場を構成する物的施設の重要部分が一体として抵当権の対象となるのである。

② 工場抵当制度の特質としては，民法上の抵当権の効力が及ぶ目的物の範囲に従物が含まれるか否かという議論が存した時代において，工場抵当権の効力が及ぶ目的物の範囲については，その物が従物か否かを問うことなく，当該工場の土地又は建物の付加物・備付物・供用物である（工抵法2条）とし，さらに工場の所有者が工場抵当権の設定を申請するときは，当

該工場の土地又は建物の備付物・供用物で工抵法２条により抵当権の目的である物については「目録」に記録すべき情報を提供すべし（同法３条３項）とした点である。

工抵法は、この「目録」を登記簿の一部とみなして、登記官はこれを記録した目録を作成することができると規定したのである（同条２項）。そして、「目録」に変更が生じたときには所有者は遅滞なく変更登記を申請すべきであり、その場合は、抵当権者の承諾証明情報又はこれに代わるべき裁判の謄本を添付すべしとしている（工抵法３条２項・38条）。工場抵当権が民法上の抵当権と異なる最も重要な点である（注）。

（注）　立法の経緯の中で、次のようなことが明らかにされている。

　　　　「立法者はこの工場抵当にドイツ法やフランス法の認めていない特色を加えた。それは、一方で抵当権の及ぶ機械器具等を記載した目録を登記所に提供せしめるとともに（工抵法３条）、その反面としてその機械器具類がたとえ分離され、第三者に引渡されても、なおこれに抵当権の効力が追及することを認めた（同法５条１項）点である。この追及力を免れるには、その機械器具類の分離につき抵当権者の同意をえなければ（中略）ならない（同法６条）。このような構成は、抵当権の効力を目的不動産の従物に及ばしめる民法的な構成をすでに離れており、機械器具等をいわば「登録動産」に近い存在たらしめるものといってよい。しかし、この構成には明らかに無理がある。機械器具類がもつ、民法上の動産としての性質を全く否定するわけにはいかないからである。そこで立法者はやむなく５条２項で民法192条を適用し、機械器具等を善意で取得した者を保護することとした。」（小林抵当９・清水誠「財団抵当法」（講座日本近代法発達史４-124）。

3 工場抵当に関する登記

3：1 意義

① 工場抵当は，抵当権（根抵当権を含む。以下同じ。）の設定された土地又は建物が設定当時工場に属するものであるときには，その抵当権の効力は，その土地又は建物はもちろん，原則として，これに「付加して一体となっている物」（民法370条）に限らず，これに備え付けられた機械，器具その他工場の用に供する物にも当然に及ぶものとし（工抵法2条），民法の一般の抵当権よりもその効力の及ぶ範囲を拡大している。

② 抵当権の設定登記を申請する場合には，抵当権の効力の及ぶ機械，器具その他工場の用に供する物を記録した目録を登記所に提供し，登記官は，抵当権の登記の末尾に，その目録を作成した旨を記録しなければならない。その記録が登記とみなされ（工抵規則2条），この目録が記録物件に抵当権の効力が及んでいることの第三者に対する対抗要件となる。

③ さらに，所有者が抵当権者の同意を得ることなく分離し，又は備付けをやめた物件に対しても抵当権の追及力を認め，抵当権者を保護している（工抵法5条1項）。その上で機械，器具等の抵当権の目的となっている物件については，その個別的な差押え等を禁じ，抵当権の実行の場合のみならず，常に土地又は建物と一体として差押え等の処分がされることとして（同法7条），工場施設の一体化の維持を図っている。

3：2 工場抵当の目的となる土地又は建物

土地又は建物に抵当権を設定し，その抵当権が工場抵当であるためには，その土地又は建物が「工場ニ属スル土地」又は「工場ニ属スル建物」であることが必要である。

この土地と建物は，同時に又は各別に工場抵当の目的とすることができる。土地と建物が同一の工場に属するか否かを問わないし，同一の債権を担

保するか否かも問わない（坂本65）。

① 工場には，物品の製造加工等をするために機械等を備え付けている土地又は建物のほか，資材集積のための土地や倉庫，工員寮，従業員食堂等の建物もある。このような土地又は建物が「工場ニ属スル」土地又は建物といえるかという問題がある。このことは，印刷又は撮影の目的に供される土地又は建物，あるいは工場とみなされる工抵法2条2項のそれぞれの目的に使用する土地又は建物についても，同様に問題となる。

　工抵法2条の趣旨は，本来，工場に属する土地又は建物に備え付けた機械，器具その他工場の用に供する物をその備付けの土地又は建物と一体として抵当権の目的に供し，担保価値の増加と工場施設の維持を図ろうとするものである。したがって，機械，器具その他工場の用に供する物が備え付けられていない土地又は建物については，工場内に存在しているからといって，工抵法2条の工場抵当の成立を認める必要性も実益もないと解すべきである。

　もっとも，建物に関しては，機械，器具等の備付けがある1個の建物を主建物，工場施設である倉庫その他の建物をその附属建物とし，それらを併せて1個の建物として登記されている場合も多い。この場合は，機械，器具等の備付けのない附属建物も主建物と併せて工場抵当権の目的となるといえよう（登研「登記簿」611-141）。

② 工場を構成している建物及びその土地がある場合に，それらに備付けの機械，器具その他工場の用に供する物は，その建物又は土地のいずれに備え付けられた物というか，実際問題として困難な場合がある。工場抵当については，工抵法3条の機械器具目録との関係において土地又は建物のどちらに備え付けられたものかを決めなければならないからである。工場財団を設定する場合は，特に問題はない。

　a　機械等が建物内に存在していても，土地に固定的に備え付けられている場合は，その土地に備え付けられたものとすべきである。

　b　移動する機械，器具等は，すべて建物に備え付けられたものとすべき

である。

c 地中又は土地に定着している水道管，排水管又は排水溝等は，土地に備え付けられたものとすべきである。

d 空中の電線は，その電柱が建っている土地に備え付けられたものとすべきであろう（電柱が数筆の土地にまたがっている場合は，後述する。）。

もしも，備付けの土地又は建物を誤ると，機械器具目録に記録されていても，抵当権の効力が及んでいないことになってしまう。そこで，工場に属する建物と土地に共同抵当権を設定し，その実行の場合には，民執法61条の規定を活用して，利害関係人のない限り，その売却価額も各別にしないで一括売却をして，この問題を解決することが考えられる。

③ 1個の工場を構成している土地又は建物が複数個ある場合において，その数個の土地又は建物に備え付けられている水道管，排水管又は電線等の工場の用に供する物があるときは，それが一体として効用を果たしているとしても，各土地又は各建物に物理的に所在する部分をそれぞれ当該土地又は建物に備え付けられたものとするほかないであろう。空中に存する電線も同じである。

このような場合も，工場抵当制度の趣旨から，共同抵当権を設定することとし，抵当権を実行するときは，一括売却を活用すべきであろう。

④ 工場に属する土地に鉄筋コンクリート造数階建ての建物があり，その建物に機械，器具その他工場の用に供する物の全部が備え付けられている場合には，その建物が工抵法1条の物品の製造加工又は放送等の目的に使用する場所，すなわち工場であり，その敷地は，工場には属しているが物品の製造等の目的に使用される場所，すなわち工場ではないと解し，工場抵当の成立するのは建物のみと解すべきであるとする見解があるが（精義上1307）疑問である。建物の構造によって区別すべきではないと考える。

⑤ 1筆の広大な土地の一部のみが工場のために使用されている場合は，その一部のみを「工場ニ属スル土地」というか，又はその1筆全部が「工場

ニ属スル土地」というかは問題であるが，後者と解すべきであろう。したがって，その土地を分筆して工場抵当権を設定する必要はない。ただし，この場合に空地部分に新たに工場が建設され，その土地に機械，器具等が備え付けられたときは，抵当権の効力は，当然にその機械，器具等にも及ぶと解するのは疑義がある（精義上 1307）。

⑥　地目が農地として登記されている土地であっても，工場に属する土地である限り，工場抵当の目的となることはいうまでもない。

⑦　敷地権付き区分建物が工場に属する建物であって，その建物を目的として工場抵当権を設定する場合には，その敷地権（土地の所有権又は地上権の共有持分）を併せて一括して抵当権（共同抵当権）を設定しなければならない。

⑧　工場に属する土地又は建物並びに機械器具等の共有持分についても，工抵法2条による抵当権を設定することができるが（昭33.7.15民事甲1428号民事局長心得通達，昭33.7.15民事三発346号民事局第三課長事務代理回答），工場に属すべき不動産の所有者と，これに備え付けた機械，器具の所有者が異なる場合には，工抵法2条による抵当権の設定登記の申請は許されない（昭37.10.4民事甲2804号民事局長回答）。

3：3　工場抵当の成立

①　工場抵当権は，民法に規定する抵当権と異なるものではないから，「当事者の意思表示のみにより」その効力を生ずる（民法176条）。すなわち，工場抵当権は，その設定された土地又は建物が工抵法にいう工場に属するものであるときに，工場抵当としてその効力の及ぶ目的の範囲は，普通抵当権よりも広く，備付けの機械，器具その他工場の用に供する物に効力が及ぶ。

　工場抵当権が成立するためには，その設定時において抵当権の目的である土地又は建物が工場に属するものである必要があるが，当事者間において，それが工場抵当権である旨の特別の意思表示がなくても，当然に工場

抵当権が成立する（大審判昭9.12.3民録26-1928）。

　ただし，工場に属すべき不動産の所有者と，これに備え付けた機械，器具の所有者が異なる（ことが形式的審査において明らかである。）場合には，工抵法2条による抵当権の設定登記の申請は許されない（前掲昭37.10.4民事甲2804号民事局長回答・登研181-46）。もっとも，そのような登記（会社の代表者個人が所有する建物と建物内に備え付けてある会社所有の機械，器具に工抵法2条による根抵当権設定登記）をしている場合，その登記の効力は機械，器具に及ぶものと解されている（最一小判昭37.5.10集民60-589）。

② 　工場抵当の抵当権の設定登記を申請する場合には，工抵法3条の規定により土地又は建物に備え付けられた機械，器具等で抵当権の効力の及ぶ物件の表示を掲げた目録の提供が要求されているけれども，これは後述（3：5：1）するように，第三者対抗要件を具備するためのものであって，工場抵当の成立要件ではない。

　なお，工場抵当の抵当権と他の普通抵当権を共同担保として設定することができることはいうまでもない。

3：3：1　普通抵当権設定後に土地又は建物が工場に属した場合

抵当権設定時には工場に属していなかった土地又は建物が，その後工場に属した場合，普通抵当権が工場抵当となり，その抵当権の効力が備付けの機械，器具等に及ぶことになるかについては，積極に解するべきであろう。

① 　工抵法2条の規定が工場に属する土地又は建物の抵当権の効力を備付けの機械，器具等に当然及ぶものとしている趣旨は，工場施設を一体的に担保の目的とすることにより，その社会経済的価値を維持しようとするところにある。したがって，抵当権設定後にその目的の土地又は建物が工場に属する土地又は建物となった場合も，その抵当権の効力は，備付けの機械，器具等に及ぶことになると解するのが相当である。このように解しても，土地又は建物の所有者に不利益を与えるものでなく，むしろ，既存の抵当権が根抵当権である場合などは，工場施設とするための資金調達が容

易になる。

　ちなみに，抵当権は，土地又は建物の従物にその効力を及ぼし，設定後に従物となった物にもその効力が及ぶものと解されており（1：2：3：2②b），工場抵当権の設定後に備え付けられた機械，器具等にもその効力が及ぶことと対比しても，抵当権設定後に工場抵当権が成立することを認めるのが相当であろう。

②　当事者が備付けの機械，器具等に抵当権の効力を及ぼさせないとする特約は可能である。その場合，登記としては，不登法66条の規定による権利の変更登記として，機械，器具等の全部に抵当権の効力を及ぼさせないとする特約を登記することになる。そして，この特約をしない場合は，工抵法3条所定の目録を提供して，工場抵当となったことの抵当権の変更登記を申請すべきである（昭26.10.22民事甲2050号民事局長通達・回答）。

3：3：2　土地又は建物が工場でなくなった場合

　工場抵当権の設定後にその土地又は建物が機械，器具等の備付けのない状態となり，工場としての機能がなくなった場合，その抵当権は，工抵法2条の適用を受けない登記となるから，不登法66条を適用して，その変更登記をする。ただし，抵当権者の同意（承諾）の有無により，結論は異なる。

①′　抵当権者の同意（承諾）を得て機械，器具等の備付けを廃止したときは，その機械，器具等の全部について抵当権が消滅するから（工抵法6条2項），工場抵当権は，普通抵当権となる。

②　抵当権者の同意（承諾）を得ないで機械，器具等の備付けを廃止したときは，抵当権は，その機械，器具等についての追及効があり，第三取得者に引き渡されたとしても，第三取得者が善意，無過失でない限り，追求効がある（工抵法5条）。したがって，抵当権者の同意（承諾）を得ずに備付けの機械，器具等の全部の備付けを廃止しても，抵当権の効力は，その機械，器具等に効力を及ぶ。しかし，法的には工場抵当ではないと解すべきであろう。

3：3：3　工場に属する土地又は建物の共有持分

　土地又は建物の共有持分も抵当権の目的とすることができるから，工場（発電施設一式）に属する土地又は建物のA（事業者）の持分について抵当権を設定することができる（昭33.7.15民事甲1428号民事局長心得通達）**(注)**。この場合，その土地又は建物に備え付けられた機械，器具等（又はその持分）に対する抵当権の効力は，A（設定者）の所有に属する機械，器具等（又はその持分）に及ぶものと解する。

　なお，工場に属すべき不動産の所有者と，これに備え付けた機械，器具の所有者が異なる場合には，工抵法2条による抵当権の設定登記の申請は受理できない（前掲昭37.10.4民事甲2804号民事局長回答）。

　（注）　工場財団の組成物件とすることもできる。

3：4　工場抵当権の効力

3：4：1　効力の及ぶ物件と及ばない物件

　工場抵当権は，別段の特約のない限り，その目的である土地又は建物に付加して一体となっている物のみならず（民法370条），次の①のようにその土地又は建物に備え付けられた機械，器具その他工場の用に供する物にもその効力が及ぶ（工抵法2条）。しかし，②のように工場に属する土地又は建物の備付性がなく，別個独立して抵当権の目的とすることができるものは，工場抵当権の効力が及ぶとすると法律関係が複雑となり，また，取引の安全を阻害するおそれがあるから，その効力は及ばない。

①　製品又は原材料等の運搬などのため工場の用に供されている次の船舶及び自動車

　a　登記をすることができない船舶（端舟その他櫓櫂のみをもって運転し，又は主として櫓櫂をもって運転する舟及び総トン数20トン未満の船舶（商法684条2項，686条2項）

b　道路運送車両法による自動車でない，道路を運行せず，道路以外の場所のみにおいて運行する自動車（同法2条5項括弧書き，6項）

　　c　軽自動車，小型特殊自動車及び二輪の小型自動車（工抵規則13条括弧書き）

②　登記をすることができる船舶及び道路運送車両法による自動車で軽自動車，小型特殊自動車及び二輪の小型自動車以外のもの

　　②の船舶及び自動車は，工場の用に供されているものでも，工場抵当権の効力が及ばないから，第三条目録に記録すべきではない。工抵規則3条が，第三条目録に工抵規則9条及び13条の規定を準用していないのは，工場抵当権の効力が及ばないことを前提としているのである。

3：4：2　抵当権の追及効

　工場抵当権の効力が及ぶ土地又は建物に付加して一体となっている物を分離し，又はその土地又は建物に備え付けた機械，器具等の備付けを廃止しても，第三条目録に記録されていれば，抵当権者全員の同意を得ない限り，抵当権の効力は及んでいる。また，その分離をし，又は備付けを廃止した物が第三取得者に引き渡されても，抵当権は，追及効を持続する（工抵法5条1項）。ただし，第三取得者が善意，無過失であるときは，その物についての抵当権の効力は消滅する（注）。

　　（注）　民法上の抵当権については，目録がないので，工抵法5条のような強力な追求効を認めることはできない。工抵法5条2項は，備付けを廃止した物が第三取得者に引き渡された場合，民法192条ないし194条の規定の適用を妨げないものとしている。これらの規定は，その物（動産）の所有権を有しない占有者から所有権の譲渡を受けた場合において，その者が平穏，公然に動産の占有を始め，善意，無過失のときは，その物の所有権を取得することとし（民法192条），また，その所有権を取得することを前提としたもの（民法193，194条）である。

　　　　しかし，工抵法5条1項の規定は，備付けを廃止した機械，器具等をその正当な所有者（工場の所有者）から所有権を譲り受けた場合であるから，民法192条

等の規定が適用される関係にはない。同条2項の適用を妨げないとする趣旨は，第三取得者がその機械，器具等に抵当権の効力の及んでいることを知らず，その知らないことに過失がないときは，抵当権の追及効が否定され，抵当権がその物につき消滅することを規定したものと解するべきである（精義上1312）。

なお，工抵法2条の規定により工場に属する土地又は建物とともに抵当権の目的とされた動産（鉄製のトラックスケール）が，備え付けられた工場から抵当権者の同意を得ないで搬出された場合は，第三者が即時取得をしない限り，抵当権者は，その動産をもとの備付場所である工場に戻すことができる（最二小判昭57.3.12判時1039-63）。

3:4:3　付加物又は備付けの機械，器具等に対する抵当権の消滅

工場の所有者が抵当権者の同意を得て，土地又は建物に付加して一体を成した物を分離したとき又は土地又は建物に備え付けた機械，器具その他工場の用に供する物の備付けをやめたときは，その物について抵当権は消滅する（工抵法6条1項，2項）（注）。

また，工場の所有者が抵当権者のために差押え，仮差押え又は仮処分がされる前に同意を求めたときは，抵当権者は，正当の事由がなければ，その同意を拒めない（同条3項）。

（注）　民法の抵当権の場合は，土地又は建物に付加して一体を成した物（付加物又は従物）が土地又は建物から分離されると抵当権の効力は及ばなくなる。しかし，工場抵当の場合は，その付加して一体を成した物は第三者目録には記録されていないが，抵当権者の同意を得ないで分離しても，抵当権の効力は消滅せず，工抵法5条の規定により，原則として追及効があることも，民法の抵当権と異なる点である。

3:4:4　差押え，仮差押え又は仮処分の特則

工場抵当権の目的である土地又は建物に対する差押え，仮差押え又はそれ

に関する仮処分の効力は，工場抵当権の効力が及んでいる機械，器具等の全部に及ぶ（工抵法7条1項，2条）。この場合，数個の抵当権が存するときは，その各抵当権の効力の及んでいる全部の物に効力が及ぶ。ただし，工場抵当権の効力の及ぶ付加物及び機械，器具等の備付物は，独立してそれらの物の差押え，仮差押え又は仮処分の目的とすることはできないから（仮差押え等がされたときは，執行異議又は第三者異議により差押え等が取り消される。），その付加し，又は備付けされている土地又は建物と共にするのでなければ，差押え，仮差押え又は仮処分の目的とすることができない（工抵法7条2項）。工場抵当権者の権益を保護すると同時に，工場施設の一体化の維持を図るためである。

Q & A 1

差押えの効力が及ばない財産

Q 土地・建物についての工場抵当権の効力が及ばない，したがって，差押えの効力（工抵法7条）が及ばない物としては，どういう物がありますか。

A 次に掲げる物などです。これらの物が第三条目録に記録されていても，その記録には効力がありません。

1 土地（建物）を差し押さえた場合の建物（土地）（工抵法2条）

2 工場抵当権の効力が及ばない旨の特約がある物（工抵法2条1項ただし書，2項）

3 工場抵当権設定者が抵当権者以外の一般債権者を害することを知り，抵当権者もその事情を知りながら備え付けた物（同上，民法424条）

4 他人の所有物（民法242条ただし書）

5 工場所有者が抵当権者の同意を得て土地（建物）から分離し，又は備付けをやめた物（工抵法6条）

6 性質上，土地（建物）に備え付けられたと認められない物（例

えば，車両，運搬具等）
（国税徴収法基本通達第68条関係5）

3：5　工場抵当権の設定登記

3：5：1　対抗要件としての登記

　工場抵当権は，その抵当権の設定契約によりその効力を生ずる（民法176条）。工場抵当である旨の意思表示を必要としない。ただし，工場抵当権の設定を第三者に対抗するためには，その所要の登記を必要とする（民法177条）。すなわち，工場に属する土地又は建物に抵当権の設定契約がされたときは，ほかになんらの行為を必要とせず，当事者間においては工場抵当権が成立し，その抵当権の効力は，別段の定め（その物に抵当権の効力を及ぼさせない特約）のない限り，土地又は建物に付加して一体となっている物及び土地又は建物に備え付けた機械，器具その他工場の用に供する物にも及ぶ。

　このような工場抵当権の成立及び付加して一体となっている物，その備付けの機械，器具等に効力の及ぶことを第三者に対抗するためには，機械，器具等を記録した第三条目録を提供して工場抵当権の設定登記を申請し，その登記をする必要がある。目録を提供しないで設定登記がされた場合，当事者間においては，別段の定めのない限り，機械，器具等に効力の及ぶ工場抵当権であることを主張できるが，第三者に対しては，機械，器具等に効力の及ぶことを対抗できないのである。

3：5：2　第三条目録の意義

① 　工場に属する土地又は建物の上に設定された工場抵当権の効力は，工抵法2条により，土地又は建物はもちろん，これに付加して一体となる物のみではなく，これに備え付けられた「機械，器具其ノ他工場ノ用ニ供スル物」にも及ぶものとされる。これらの備え付けられた機械，器具その他工場の用に供する物は，通常の土地又は建物の構成部分又は従物と異なり，動産としての流通性があり，土地又は建物とは独立して取引の対象となる

ものである。したがって，これらは，土地又は建物の登記に包摂されているとはいえないので，これらの物にも抵当権の効力が及んでいることを公示する必要がある。

そこで，工抵法３条１項は，工場の所有者が工場に属する土地又は建物について工場抵当権の設定登記の申請をする場合は，これに備え付けられた「機械，器具其ノ他工場ノ用ニ供スル物」で工抵法２条により抵当権の目的とされたものを記載した目録を「提供スベキ物」としているのである（3：6：1，池田256）。

② このように，工抵法２条が，工場に設定された抵当権の効力が付加一体物と土地に備え付けた機械器具その他工場の用に供する物に及ぶと定めたのに対して，同法３条は，抵当権の設定登記の申請に際して，備え付けた機械器具その他工場の用に供する物で２条によって抵当権の効力が及ぶ物の目録の提供を義務付けている。これらの規定の関係について，次の二つの立場がある。

第一は，工抵法２条により工場抵当の効力の範囲内に機械器具などが含まれるが，第三条目録への記録がなかった場合には，機械器具への抵当権の効力を第三者に対抗できないという見解（対抗要件説）である（後掲の最高裁判決など）。第二は，機械器具について工場抵当の効力が及ぶことを一般債権者や後順位抵当権者に対抗するためには，第三条目録への記録を必要とせず，抵当権の設定登記で足りるとしつつ，機械器具の取得者に対しては第三条目録への記録を必要と解する見解（非対抗要件説・公示説）である（我妻担物547など）。

③ 大勢としては，第三条目録への記録を，工場備付物件へ工場抵当権が及ぶことについて，第三者に対する関係での対抗要件と解するという点で一致している。この結果，工場抵当法による抵当権の場合には，第三条目録に記録しない限り，第三者に対抗できないということになり，民法による抵当権が従物にその効力を及ぼすことを抵当権設定登記によって対抗できることと比較して，その効力が限定されたと評価することができよう。

もっとも、後掲の最高裁の判旨によれば、従物であるか否かを問わず、工場へ備え付けられた物件を第三条目録に記録することができるわけであるから、通常の抵当権の場合と比較して、その効力を及ぼすことのできる範囲は拡大されたことになろう。

④　前者は、起草者の見解や法文に忠実な解釈であり、また現在の登記実務もこれに従っていると考えられる。これによれば、狭義の工場抵当は、通常の抵当権よりもその責任範囲が拡大されたものであり、第三条目録は、その拡大された責任範囲についての公示方法として要求されており、したがって、第三者に対する対抗要件である。この見解は、狭義の工場抵当の効力の及ぶ範囲が、民法で定められた付加一体物以外に、従物も含めたいわゆる供用物件にまで、工場抵当法によって拡大されたというところに着目している。また、民法上の登記に関する考え方との整合性も根拠の一つに挙げられている。さらに、実質的な根拠としても、第1順位の工場抵当権者の目録に記録されていない供用物件をもって新たに第2順位の工場抵当権者から融資を得るためには、これについて優先的な地位を第2順位の工場抵当権者に与えるほうが合理的であるといえる。

⑤　第三条目録への記録は、設定者の単独申請が法の原則であるから、抵当権者の保護に欠けることになると批判する非対抗要件説に対しては、設定者には変更登記の申請義務があるので、工場抵当権者には変更登記請求権があるということができ、設定者に代位して登記申請をすることもできるし、さらに設定者の申請義務違反を理由として被担保債務についての期限の利益を喪失させ、直ちに工場抵当を実行することもでき、工場抵当権者の保護に欠けることはないと反論している。また、非対抗要件説のいうように第三条目録を対抗要件と考えることなく「事実上の公示」にすぎないと考えれば、結局、工場不動産に通常の抵当権を設定することとの差異がほとんどなくなり、工場抵当制度の存在、意義も薄れてしまうことになるという。

3：5：3　工場抵当と通常抵当の関係

① 　抵当権設定の登記申請に当たって，工場抵当法による旨を表示しなければ，工場抵当とならないのかについては，否定的に解されている。したがって，当事者は，工場抵当による旨を表示することを必要としないとするのが実務の取扱いである。

　しかし，かつては，工場抵当の設定に当たり，当該不動産が工場であることの証明書の添付を求めるのが登記実務であった（旧工抵手続24条）から，特に工場抵当であることを当事者が明らかにしなくとも，その添付書類から，工場抵当の設定であることは十分に明らかになっていたといえよう。その意味では，当事者がどちらの法形式を望んだのかが明らかになりやすいため，両者を区別して考えようとすることは，可能であろう。

　もっとも，この24条は，昭和35年に改正された際に全く異なった規定となり，工場証明書を要しないこととされた（注）。これは，第三条目録が提供されれば工場抵当であることを登記官において推認できることが理由であろう。そうすると，第三条目録を提供しなかった場合，その抵当権設定は，外見上，申請の段階では民法によるのか工場抵当法によるのか区別がつかないことになる。結局，当事者の意思によるのではなく，当該不動産が客観的に工場であるか否かに応じて当然に定まるとする以外にないのではないだろうか。

　この点で，登記申請書に登記の目的として，特に「工場抵当法第2条の（根）抵当権設定」と記載する必要はなく，「（根）抵当権設定」と記載すれば足りるとすれば，ますますその区別を申請書から明らかにすることは困難であるように思われる。「工場（根）抵当権設定」と記載するのが相当である（精義上1315，池田290）。

（注）　それまでは「工場抵当法第3条ノ場合ニ於テハ土地又ハ建物ガ同法第1条ノ工場ニ属スルモノナルコトヲ証スルニ足ルヘキ書面ヲ提供スヘシ。」と定められていた。

② いったん普通抵当権として設定されたものの，客体である不動産が工場となることによって，当然に工場抵当に転換するか。登記実務は，工場抵当へ変更する旨の登記変更手続をする必要があるとする（昭26.10.22民事甲2050号民事局長通達・回答）。これは，当事者の当初の意思を重視したものであり，妥当な解釈であるといえる。

　この通達は，第三条目録を提供しないで申請された抵当権設定登記の後，土地建物に備え付けた機械器具を追加担保とする場合には，第三条目録の追加提供ができ，その手続は変更登記申請によってするべきであるとしている。工場抵当が機械器具にその効力を及ぼす根拠を当事者の意思の推定であるとし，設定時に及ぶことを考慮せずに設定された抵当権がその後に設置された機械器具に及ぶとすることは当事者の意思に反し，妥当でないことことがその理由であろう。

3:5:4 第三条目録に記録すべきもの

① どのようなものが第三条目録に記録されるべきであるか。工抵法2条及び3条によれば，抵当権の効力が及ぶのは，「土地ニ附加シテ之ト一体ヲ成シタル物及其ノ土地ニ備附ケタル機械，器具其ノ他工場ノ用ニ供スル物」である。また，第三条目録に記録すべきであるのは，「土地又ハ建物ニ備附ケタル機械，器具其ノ他工場ノ用ニ供スル物ニシテ前条（2条）ノ規定ニ依リ抵当権ノ目的タルモノ」である。問題は，「機械器具其ノ他工場ノ用ニ供スル物」である。これが「附加一体物」を含まないことは明らかである。土地又は建物から分離しているが，なお「備附ケラレタ」動産（備付物件）を意味しよう。したがって，民法との比較からいえば，従物との異同が問題となる。

　民法87条1項によれば，従物とは，主物の経済的な用途に役立つものであって，同時に主物との間で空間的な関係を有している物である（1：2：3：2）。この基準からいえば，工場として用いられている不動産にとってその工場の用に供する物とは，まさに従物に当たることになろう。

② 問題は，従物以外の物を含み得るかということになるが，裁判例をみる限り，備付物件として問題となったものは，従物と評価してよいであろう。そうすると，従物でない備付物件は，実際には問題になっていないことになる。もっとも，例えば，機械に附属している附属部品のようなものは，工場の用に供する物とはいえないであろうから，その限りで従物でない備付物件に当たるとも考えられる。

③ 当初の工場抵当の立法趣旨である抵当権の効力の強化及びその明確化という点から考えれば，第三条目録に記録されていない機械器具については，抵当権の効力の及ぶことを第三者に対抗できないということになろう。しかし，この工場抵当法の起草時は，通常の抵当権の効力が従物に及ばないことを前提としたものであった。そこで，その後の民法の解釈の発展により従物へも効力が及ぶことになったことを考え併せなければならない。

④ そうすると，第三条目録に記録されていない従物と記録されている従物とでは，抵当権の対抗力が変わることになる。このような事態は，抵当権の効力を強化しようとした法の趣旨にかなうものではないであろう。また，工場という経済的な統一体に対する抵当権という趣旨からみても，第三条目録に記録されていないことのみをもって，対抗力を否定することに疑問を呈する非対抗要件説は，もっともなものであると思われる。しかし，(最一小判平6．7．14) は，対抗要件説に立つことを明らかにした。つまり，効力の及ぶ範囲の明確化をより重視したといえよう。

「第三条目録」（工抵規則3条，40条1項別記第一号）（3：6：1：2）
［参照判例］ 第三条目録と第三者対抗要件

(最一小判平6．7．14民集48-5-1126)

1 判決要旨

工場抵当法3条に規定する物件について抵当権の効力を第三者に対抗するためには，その物件が同条の目録に記載（記録）されていることを要する。

2 事実の概要

　X（原告，控訴人，被上告人）は，訴外A所有の建物（本件建物）につき，第1順位の根抵当権を取得し，その登記をした。本件建物は，工場抵当法にいう「工場」に該当するものであり，したがって，同法2条により，この抵当権の効力は，「付加一体物」のほか，その建物に「備附ケタル機械，器具其ノ他工場ノ用ニ供スル物」（以下「供用物件」という。）に及ぶことになる。ところが，Xは，同法3条で「抵当権設定ノ登記ヲ申請スル場合ニ…提供スヘシ」とされている供用物件の目録（第三条目録）を提供しなかった。

　その後，Y（被告，被控訴人，上告人）は，本件建物について後順位の抵当権を取得したが，当初は，第三条目録を提供していなかった。しかし，その後，設定者AからYの抵当権に関連して第三条目録が提供された。その目録には，ミキサー，集塵機等のコンクリート製造のための物件（以下「本件物件」という。）が記載されていた。

　その後，本件建物は，本件物件とともに競売に付され，執行裁判所は，Xには本件建物の売却代金のみについて優先権を認め，Yには本件建物の売却代金についてXに遅れる優先権を認めたうえ，本件物件についても優先権を認めた。

　Xが提訴。Xの根抵当権の効力は，本件物件についても及んでいるので，本件物件の売却代金についてもXは優先権を認められるはずだと主張した。すなわち，本件物件は，工場抵当法3条にいう供用物件であり，Xの有する工場抵当権の効力は，そのような供用物件に及んでいるが，このことは第三条目録を提供していなくても後順位抵当権者に対抗できる，というものである。

　第1審は，第三条目録を提供していない抵当権者は，自らの抵当権の

効力が供用物件に及んでいることを第三者に対抗できず，また，この第三者から後順位抵当権者Yを除く理由はない，としてXの主張を認めなかった。

Xが控訴し，第2審ではX勝訴。判決は，工場抵当権者は，工場を目的とする抵当権の設定登記を経由することによって，第三条目録の提供とは無関係に，工場建物のみならず，供用物件についても当該抵当権の効力が及んでいることを，他の抵当権者及び一般債権者に対抗できるとした。

Yが上告した。最高裁は，「工場の所有者が工場に属する土地又は建物の上に設定した抵当権（以下「工場抵当権」という。）は，その土地又は建物に付加してこれと一体を成した物及びその土地又は建物に備え付けた機械，器具その他工場の用に供する物（以下，後者を「供用物件」という。）に及ぶが（工抵法2条参照），工抵法3条1項は，工場の所有者が右土地又は建物につき抵当権の設定登記を申請する場合には，供用物件につき第三条目録を提供すべき旨を規定し，同項2項の準用する工抵法35条（削除）によれば，その目録は登記簿の一部とみなされ，その記載は登記とみなされている。また，工抵法3条2項の準用する38条は，目録の記載事項に変更が生じたときは，所有者は遅滞なくその記載の変更登記を申請すべき旨を規定している。

それらの各条項の規定するところに照らせば，工場抵当権者が供用物件につき第三者に対してその抵当権の効力を対抗するには，第三条目録にその物件が記載されていることを要するもの，言い換えれば，第三条目録の記載は，第三者に対する対抗要件であると解するのが相当である。

もっとも，土地又は建物に対する抵当権設定の登記による対抗力は，その設定当時，土地又は建物の従物であった物についても生ずるから（最二小判昭44.3.28民集23-3-699），工場抵当権についても，供用物件のうち抵当権設定当時工場に属する土地又は建物の従物であったものにつ

いては第三条目録の記載を要しないとする考え方もあり得ないではない。しかしながら，供用物件のうち土地又は建物の従物に当たるものについて第三条目録の記載を要しないとすれば，抵当権設定の当事者ないし第三者は，特定の供用物件が従物に当たるかどうかという実際上困難な判断を強いられ，また，抵当権の実行手続において，執行裁判所もまた同様の判断を余儀なくされることとなる。したがって，工抵法が供用物件について第三条目録を提供すべきものとしている趣旨は，供用物件が従物に当たるかどうかを問わず，一律にこれを第三条目録に記載すべきものとし，そのことにより，右のような困難な判断を回避し，工場抵当権の実行手続を簡明なものとすることにもあるというべきである。

　そうすると，Xの工場抵当権の効力が本件物件について及んでいることはYには対抗できず，第2審判決を取り消し，Xの控訴は棄却すべきものである。

3　説明

①　本判決の扱う主な問題は，工場抵当権の効力が供用物件について及んでいることを第三者に対抗するためには，抵当権自体の登記がされていれば足りるか（公示説），それともその供用物件が提供された第三条目録に記載されていることを必要とするか（対抗要件説）である。

　判旨の1，2段目が説くように，工場抵当法の条文の体裁からは，対抗要件説をとるべきことになりそうである。最高裁にもすでに同趣旨の判決があった（最二小判昭32.12.27民集11-14-2524）。

　しかし，昭和32年の最高裁判決は，工場抵当権者と供用物件の第三取得者との間での紛争に関するものであった。第三条目録を第三取得者との関係で対抗要件と解するとしても，後順位抵当権者や一般債権者との関係でも同様に解することは必然とはいえない。学説にも，差押えや競売の場面においては，第三条目録への記載なくして供用物件に工場抵当権の効力が及んでいることを工場抵当権者は第三者に対

抗できる，としながら，供用物件の第三取得者との関係では，それが
工場抵当権の効力の及ぶものであることを対抗するには，第三条目録
への記載（記録）が必要だと解する説があった。

② 本判決の立場は，工場抵当法は，一方で優先弁済を受けられる物の
範囲を拡大し，他方で従物に関しても第三条目録への記録ではじめて
対抗力が備わると解したことになる。

すなわち，工場抵当法における抵当権の場合は，第三条目録に記録
しない限り，第三者に対抗できないことになり，民法による抵当権が
従物にその効力を及ぼすことを抵当権設定登記により対抗できること
に比較して，その効力が限定されたということができる。ただし，従
物であるか否かを問わず，工場へ備え付けられた物件を第三条目録に
記録することができるから，通常の抵当権と比較して，その効力を及
ぼすことのできる範囲は拡大されたということになる（池田258）。

③ 工場抵当権の目的物のうちの供用物件と従物との関係において工抵
法2条3条の文言は，従物とは別個の視点から広く供用物件の範囲を
把握している。この前提によれば，登記との関連においても従物には
抵当権の効力が及び，それ以外の供用物件については第三条目録が対
抗要件となるというような区別をすることは適当でなく，また，その
必要もない。工場抵当権は，民法とは異なった特別法により制定され
た独自の抵当権であるから，立法論とは切り離して，これを規定する
法文の解釈から導くべきであろう（小林三条18）。

本判決は，「供用物件のうち右土地又は建物の従物に当たるもの」
という判旨をし，供用物件」は「従物」を含み，かつ，それよりも広
い概念である，としている。

④ 工場の抵当権の効力が，その工場の経済的作用を営ませるために付
加された物はもとより，備え付けられた機械器具その他の物に及ぶこ
とは当然であるにもかかわらず，民法の従物の規定（87条）も抵当権
の効力の規定（370条）も不十分なものであったために，当然の事理が

3　工場抵当に関する登記　**57**

認められないおそれがあった。そこで工場抵当法は，冒頭の数個条で
これを規定したものといえる。これは，民法と工場抵当法との法的関
係が一般法と特別法との関係にあることを示している（1：2：3：
5）。特別法は，一般法に優先するのが原則であり，一般法は特別法
に規定がないものについてのみ補充的に適用されるのである。した
がって，特別法である工抵法2条，3条の解釈及び適用に当たって
は，一般法である民法上の規定との整合性を求める必要性はない。工
場抵当権は，民法上の抵当権とは異なる特別な抵当権であることか
ら，その解釈は，工場抵当法に規定する法文から導かれることになる
といってよいであろう。

3:5:5　工場抵当権の設定登記の申請手続

　工場に属する土地又は建物の上に設定した工場抵当権（以下，原則とし
て，工場根抵当権を含む。）の設定登記の手続は，工抵法及び工抵規則に特
別の定めがある場合のほかは，不登法，不登令及び不登規則の定めるところ
によるので，民法による一般の抵当権の設定登記手続とそれほど変ったとこ
ろはない。

　根抵当権の設定登記の申請情報の内容として記載すべき特別の事項につい
ては，後述する。

　（注）　本稿においては，工場抵当（及び工場財団）に関する登記申請は，「書面によ
　　　　り記載」した情報を提供（提出）したものとして記述する。

3:5:5:1　申請人

　抵当権の設定登記は，原則として，登記権利者である抵当権者と登記義務
者である設定者（目的不動産の所有権の登記名義人）との共同申請による
（不登法60条）。ただし，次の例外がある。

a 判決による登記は，登記権利者のみで申請することができる（不登法63条1項）。

b 被担保債権を数人が準共有し，したがって抵当権を準共有する場合は，その準共有者全員が申請人となるほか，その一人が保存行為（民法252条ただし書）として登記権利者全員のために申請することができる。

c 目的不動産を数人で共有し，共有者全員が抵当権を設定する場合は，その共有登記名義人全員が登記義務者として申請する。

d 共有者の一人の持分を目的とする場合は，その共有者のみが登記義務者として申請する。

e 抵当権の設定後その登記未了の間に登記権利者又は登記義務者が死亡した場合は，その法定相続人全員（又は保存行為として登記権利者の法定相続人の一人）が承継人として，その相続人であることを証する情報（戸籍謄本）を提供して申請する（不登法62条，不登令3条11号ロ，同令7条1項5号イ）。

① 登記権利者

登記権利者（不登法60条）である抵当権者として，債権者の氏名又は名称及び住所を記載し（不登令3条1号），登記権利者が会社等の法人のときは，その代表者の氏名も記載する（同条2号）。この記載は，登記原因証明情報（抵当権設定契約証書等）の抵当権者の表示と合致していなければならない（不登法25条4号，8号）。また，登記権利者が代理人を選任しないで自ら申請するときは，氏名（又は代表者の氏名）の次に押印する（不登令16条1項）。

なお，支店における取引の場合には，登記権利者の表示の次に，取扱店名を括弧書きで記載し，支店名も登記することができる（昭36.5.17民事甲1134号民事局長通達，昭36.9.28民事三発859号民事局第三課長依命通知）。

抵当権者が2人以上のときは，各抵当権者の準共有持分を記載するが（不登法59条4号），これは，各抵当権者の表示に冠記するのが相当である。根抵当権の準共有の場合には，その持分がないから，記載をしない。

抵当権者の表示は，登記原因証明情報として抵当権設定契約書を提供した場合は，その契約書の抵当権者の表示と符合していなければならない（同法25条8号）。

② 登記義務者

登記義務者（不登法60条）である設定者として，現在の所有権登記名義人の氏名又は名称及び住所を記載し（不登令3条1号），登記義務者が会社等の法人のときは，その代表者の氏名も記載する（同条2号）。この記載は，登記記録の所有権登記名義人の表示及び登記原因証明情報（抵当権設定契約証書等）の記載と符合していなければならない（不登法25条7号，8号）。登記義務者が代理人を選任しないで自ら申請するときは，氏名（又は代表者の氏名）の次に押印する（不登令16条1項）。

3:5:5:2　申請情報の内容

工場抵当権を設定する場合は，不登法59条各号，83条1項各号，88条1項各号，2項各号に掲げた事項のほか，その土地又は建物に備え付けた機械器具の目録に記録すべき情報を登記事項とするから（工抵法3条各項），実務の取扱いとしては，従来どおり，その目録を提出することになる。

① 登記の目的（工抵規則18条1項・不登令3条5号）

登記の目的としては，工場抵当権であることを明らかにするため，「工場抵当権設定」と記載するのが相当であるが（3:5:3①），登記実務の取扱いでは，単に「抵当権設定」と記載することもある。共同担保（民法392条，398条の16）の場合は，「工場共同抵当権設定」とする（不登法83条1項4号，2項）。

なお，不動産の共有持分を目的とするときは，「何某持分工場抵当権設定」のように，その持分を表示する。

② 登記原因及びその日付（工抵規則18条1項・不登令3条6号）

工場抵当権の設定登記における「登記原因及びその日付」は，その抵当権によって担保される債権を特定させるに足りる事項を記載し，その債権を担保するための工場抵当権の設定契約である旨及びその契約成立の日付

を記載する。例えば，契約により発生する債権については，「平成〇年〇月〇日金銭消費貸借同日設定」のように記載する。

③ 債権額（不登法 83 条 1 項 1 号，不登令別表 55 申請情報イ）

a 被担保債権の債権額（一定の金額を目的としない債権については，その価額）を記載する。この債権額は，通常は，債権の元本額である。債権（元本）の一部について抵当権を設定する場合は，債権額全部とその一部の債権額を記載する（昭 30.4.8 民事甲 683 号民事局長通達）。例えば，「平成〇年〇月〇日金銭消費貸借による債権額 1 億円のうち 5,000 万円について同日抵当権設定」のように記載する。

b 2 個以上の債権を担保する抵当権の場合には，債権額としてその合計額を記載し，各債権額の内訳を記載する。例えば，「平成〇年〇月〇日金銭消費貸借による債権額 3,000 万円及び平成〇年〇月〇日金銭消費貸借による債権額金 2,000 万円について同日設定」のように記載する。また，債権者が数人で抵当権を（準）共有するときは，各共有者の持分を「持分の表示」として別記する（不登法 59 条 4 号）。

c 元本及び利息（将来発生する分を含む。）又は損害金を合計した総額を被担保債権として抵当権を設定することもできる。この場合には，その合計額を債権額として記載し，元本債権と利息債権の各金額を記載する（昭 36.3.25 民事甲 676 号民事局長通達）。

また，元本及び利息の合計額を債権額として登記すれば，民法 375 条 1 項の規定の適用はなく，その債権額の全額について抵当権を実行することができる。

④ 利息に関する定め（不登法 88 条 1 項 1 号，不登令別表 55 申請情報ロ）

抵当権者は，最後の 2 年分の利息についてのみ抵当権を行うことができる（民法 375 条 1 項）。この最後の 2 年分の利息の優先弁済権を第三者に対抗すると同時に，後順位抵当権者，無担保債権者又は第三取得者等の第三者に対して，その抵当権の優先弁済権の範囲を知らせるものである。

a 利息を生ずる債権について，利息の生ずること及びその利率を第三者

に対抗するためには，利率を記載して，その登記をしなければならない。利息を生ずる債権について，利率の定めがないときは，法定利率（民法404条，商法514条）により，年5分（民事債権）又は年6分（商事債権）と記載する。

　無利息とする定めがあるときは，「無利息」と記載する。その旨の登記をしなければ，債務者は，第三者に対抗できない。ただし，民事債権について利息を生じさせる特約がないときは，無利息の登記をしなくても，無利息であることを第三者に対抗することができる。

b　金銭消費貸借（準消費貸借を含む。）による債権を担保する抵当権の設定登記を申請する場合には，制限利率（利息制限法1条）を超える利率を登記することはできない。

　このような超過利率の登記の申請は，不登法25条2号の規定により却下されるので，法の制限範囲内に引き直して記載する（昭29．6．2民事甲1144号民事局長通達）。

c　重利の特約がある場合においても，遅延利息の元本組入れのときに，その元本組入れによる債権額（元本額）の増加の登記をしなければ，元本の増加及び増加部分に対する利息についての最後の2年分を第三者に対抗することができない。したがって，重利の特約を登記する実益はないから，これを登記することはできないと解すべきである（昭34.11.26民事甲2541号民事局長回答）。法定重利（民法405条）の場合も同様である。

d　利息の発生期の定めは，その時まで利息が発生しない旨の定めであって，利息の優先弁済を受け得る「最後の2年分」に関係する事項であるから，不登法88条1項1号の「利息に関する定め」に含まれるものと解し，その定めを記載すべきである。ただし，利息の支払時期の定めは，抵当証券発行の場合を除き，登記する実益がないから，登記できない。

⑤　損害金（遅延利息）に関する定め（不登法88条1項2号，不登令別表55申請情報ロ）

損害金の定めを登記するのは，最後の2年分の遅延利息（民法375条2項）の優先弁済権を第三者に対抗するためである。「損害金　年何パーセント」のように記載する。

a　損害金について特別の定めがなくても，約定利息の定めがあれば，それと同額の損害金を当然に請求できる（民法419条）。

b　損害金については，「最後の2年分」について優先弁済を受けることができるとしているから，利息と同じく定期金的なものに限ると解すべきである（清水269）。

c　違約金は，損害賠償額の予定と推定されるが（民法420条3項），質権に関しては民法346条及び不登法95条3号に「違約金」が規定されているが，不登法83条及び88条には規定されていないから，その登記はすることができない（昭34.7.25民事甲1567号民事局長通達）。

⑥　債権に付した条件（不登法88条1項3号，不登令別表55申請情報ロ）

被担保債権に解除条件又は停止条件が付されているときは，それらの条件を申請情報の内容とすべきである。例えば，一定事由の発生により債権が消滅する旨の登記をすると，解除条件の成就による債権の消滅を対抗できる。

⑦　工場抵当権の効力が及ばない物の定め（不登法88条1項4号，不登令別表55申請情報ロ）

民法は，抵当権の設定契約において，370条ただし書の別段の定め，すなわち，「附加して一体となっている物」のうち抵当権の効力の及ばない物を定めたときは，その定めを第三者に対抗するためには申請情報の内容としなければならないとする。例えば，「工場入口の樹木群には抵当権の効力は及ばない。」とする場合などである（山野目439）。

工抵法は，登記原因に2条1項ただし書の定めがあるときは，その「別段ノ定」を申請情報の内容とするとしている（工抵法4条1項，2項）。工場抵当権の設定行為において，「附加シテ之ト一体ヲ成シタル物」及び「備附ケタル機械，器具」等の全部又は一部の物について抵当権の効力を及ぼ

させない「別段ノ定」がされたときは，その全部に及ばない旨又は特定の物に及ばない旨の定めを申請情報の内容として，第三者対抗要件としての登記をする必要がある。「附加して一体となっている物」については，第三条目録のような制度がないからである。

　しかし，備付けの機械，器具その他工場の用に供する物に抵当権の効力の及ぼさせない（その全部又は特定の一部に及ぼさせない。）定めをしたときは問題である。備付けの機械，器具等については，第三条目録の制度が存するので，例えば，備付けの機械，器具等の全部に抵当権の効力を及ぼさせない旨の定めの場合は，第三条目緑に記録すべき物件がないので，第三条目録は提供せず，また，機械，器具等のうち，一部の特定の物に抵当権の効力を及ぼさせない旨の定めの場合は，当該物件は第三条目録に記録されない。そのことにより，機械，器具等の全部又は特定の一部に抵当権の効力の及ばないことを第三者に対抗することができるから，第三条目録とは別に，機械，器具等について抵当権の効力を及ぼさせない旨の定めを申請情報の内容として，その登記を受ける必要はないわけである。

　したがって，機械，器具その他工場の用に供する物の全部（現に備え付けられている物の全部である場合と，将来備え付けられる物を含めて全部の場合があり得る。）に抵当権の効力を及ぼさせない旨の定めがされたときにのみ，その定めを申請情報の内容として，その登記を記録すべきことになる。

⑧　抵当証券発行の定め（不登法88条1項5号，6号）

　抵当証券発行の定めがあるときもその内容を申請情報とすべきであるが，平成24年4月13日に唯一残っていた抵当証券業者が監督当局に廃業届を提供したことにより，財団法人抵当証券保管機構が行う抵当証券の保管業務も終了し，同年8月1日解散した。

　これに代わって金融商品取引法に基づき，「第二種金融商品取引業者」が抵当証券の募集又は私募を行うこととされた。しかし，実際に抵当証券が発行されることはほとんどないので，本稿は，この定めについての説明

は省略することとする。

⑨　債務者の表示（不登法83条1項2号，不登令別表55申請情報イ）

　　抵当権設定者が債務者であるときはもちろん，第三者が債務者のために物上保証人として抵当権を設定したときも，債務者（連帯債務を担保するときは，連帯債務者の全員）を表示しなければならない。

⑩　申請人（3：5：5：1）の表示（工抵規則18条1項・不登令3条1号，2号）

　　抵当権の設定当事者である抵当権者（登記権利者）及び抵当権設定者（登記義務者）を申請人として記載する。

⑪　代理人の表示（不登令3条3号）

　　代理人によって申請する場合には，その代理人が氏名，住所を記載し，押印する（不登令16条）。申請人が会社その他の法人で，その代表者が自ら申請する場合は，その氏名，住所を記載し，その資格を冠記して，押印する（同条1項）。代表者が代理人を選任し，その代理人が申請する場合は，代表者の表示及び押印を要しない。その代理人が氏名，住所を記載して，押印する。代理人の表示は，申請書添付の代理権限証明情報（不登令18条）の表示と符合している必要がある（不登法25条4号）。

⑫　添付情報（3：5：5：3）の表示（不登規則34条1項6号）

⑬　申請年月日（同項7号）

⑭　登記所の表示（同項8号）

⑮　課税標準の金額及び登録免許税額（不登規則189条1項）（3：5：5：4）

　　登録免許税額は，抵当権の被担保債権の債権金額を課税標準として，その金額の1,000分の4である（税法別表第一・一・㈤）。

⑯　不動産の表示（不登令3条7号，8号）

　　抵当権の目的である不動産を表示する。不動産の表示は，登記記録上の不動産の表示と符合している必要がある（不登法25条6号）。

　　なお，不動産番号（不動産を識別するための番号，不登法27条4号，不登規則90条）を記載した場合は，土地の所在，地番，地目，及び地積並びに建物の所在，家屋番号，種類，構造及び床面積の記載を省略することができる

（不登令6条1項1号，2号）。

⑰　共同抵当物件の表示（不登法83条1項4号）

　a　同一の債権を担保するため，数個の不動産（工場財団を含む。）について抵当権（共同抵当）を設定した場合（根抵当権の場合は被担保債権の範囲及び債務者が同一の数個の根抵当権を設定し，共同担保とする旨の特約によりその登記がされる場合（民法398の16）），各不動産についてその抵当権の設定登記を申請するときは，共同担保の目的である他の不動産を申請情報の内容としなければならない。

　　　ただし，同一の債権を担保するため，数個の不動産について同時に抵当権の設定契約をしたときは，登記の目的及び登記原因が同一であり，一の申請情報で数個の不動産について抵当権の設定登記をすることができるから（不登令4条ただし書），さらに各不動産の表示（不登法83条1項4号）をする必要はない。

　b　所有者を異にする2個以上の不動産を共同担保として抵当権を設定した場合も，実務上は，一の申請で抵当権の設定登記をすることを認めている。

　　　A又はABの不動産について抵当権の設定契約をし，その登記の未了のうちに，同一の債権を担保するためC又はCDの不動産について抵当権の追加設定契約をした場合において，全部の抵当権の設定登記を申請するときは，A又はABの抵当権設定とC又はCDのそれとの登記原因の日付は異なるが，「便宜」一の申請情報で登記原因及びその日付の表示は各不動産ごとに特定して，全部の不動産について抵当権の設定登記を申請することができる（昭39.3.7民事甲588号民事局長通達）。したがって，これらの場合も，さらに不動産の表示をする必要はない。申請情報に各不動産を表示するのは，各別の申請で同時にする場合である。

　c　追加担保の場合の既登記抵当権の表示

　　　A又はABの不動産について抵当権の設定登記をした後，同一の債権を担保するためC又はCDの不動産について工場抵当権の設定登記を申

請する場合には，申請情報として既にされている抵当権の登記（他の登記所の管轄のものも含む。）を表示しなければならない。

この表示としては，抵当権については「不動産の所在及び地番若しくは家屋番号並びに順位番号」（不登令別表55申請情報ハ），根抵当権についても同様の事項（同別表56申請情報ハ）を記載し，共同担保目録があるときは，その記号及び目録番号を記載する（不登規則168条）。

Q & A 2

管轄登記所を異にする共同担保の抵当権設定

Q　甲登記所の管轄不動産Ａ又はＡＢと乙登記所の管轄不動産Ｃ又はＣＤを共同担保として抵当権を設定した場合，その設定登記を甲登記所に申請するときに，その申請情報の内容としてＣ又はＣＤの表示をすべきでしょうか。

A　先例（昭44.8.16民事甲1657号民事局長通達を昭46.10.4民事甲3230号民事局長通達で変更）は，これを積極に解しているように思われます。しかし，不登法83条1項4号（旧法122条1項）の趣旨は，甲登記所に申請する場合ＡＢについての登記原因はその日付が異なるとき（登記義務者又は設定契約成立の日付を異にするとき等）には，不登令4条ただし書（旧法46条）との関係から申請を異にせざるを得ないから，同時に申請する各申請情報にＡＢを表示し，その一の申請に不登法83条2項によりＡＢを表示した共同担保目録を作成すべきとしています。乙登記所の管轄のＣＤについて登記申請がされるかどうか明らかでないときに，甲登記所の共同担保目録に乙登記所の管轄のＣ又はＣＤの表示もすべきものとする趣旨ではありません。もしも，乙登記所の管轄の物件について共同担保の登記の申請がされなかったときには，誤った共同担保の登記がされ，公示上不合理であることは明らかです。

したがって，管轄登記所を異にする数個の不動産に共同抵当権が

設定された場合，その設定登記を先に甲登記所に申請する場合には，乙登記所の管轄物件を表示する必要はなく，乙登記所の管轄物件についての設定登記の申請は，すべて追加担保として取り扱うべきであると解します。

3:5:5:3　添付情報

工場抵当権設定登記の申請をする場合は，その申請情報と併せて次に掲げる情報を提供しなければならない（不登令7条）。

① 登記識別情報又は登記済証

登記義務者がその不動産について所有権の保存又は移転の登記をしたときに登記所から交付された登記識別情報（不登法2条14号）を提供する（同法22条）。

a 登記識別情報を書面により提供する場合は，登記識別情報を記載した書面を封筒に入れて，登記義務者の氏名又は名称及び登記の目的を記載し，登記識別情報を記載した書面が在中する旨を明記する（不登規則66条1項2号，2項，3項）。所有者が登記識別情報の制度導入前に所有権の保存又は移転登記をしている場合は，その登記をしたときに交付された登記済証の原本を提出する（不登法附則7条）。

b これらの場合において，登記識別情報又は登記済証を提供又は提出することができないときは，その理由を記載し，登記官は，登記義務者に対して，登記申請があったこと及び申請の内容が真実であれば2週間以内にその旨の申出をするよう通知する（不登法23条1項，2項，不登規則70条8項）。なお，（3:5:7③）参照。

② 登記原因証明情報（不登法61条，不登令7条1項5号ロ，別表55添付情報）

工場抵当権設定の場合は，工場抵当権設定契約の内容（当事者，対象物件が明らかであり，登記原因の発生（権利設定）についての当事者の意思の合致ないし権利変動の内容（被担保債権の発生原因及びその内容）等を明らかにしたものを記載した金銭消費貸借兼工場抵当権設定契約証書（不

登令別表 55 添付情報）を，契約書がないとき（又は作成しなかったとき）
は，当事者において工場抵当権設定契約の内容を記載した書面を作成して
提供する。

　登記原因証明情報に抵当権の効力の及ぶ土地又は建物に備付けの機械，
器具その他工場の用に供する物が記載されている必要があるかどうかは問
題である。

　登記実務の取扱いは，設定契約においてことさらにその旨を約定するこ
とを要せず，したがって，登記原因証明情報である契約書に機械器具の表
示を記載することは，必ずしも必要でないとしているが（昭 33. 7 .12 民事
甲 1426 号民事局長通達二），滅失回復の登記などを考えれば，第三条目録の
写しを添付するのが相当であるとする見解がある（精義上 1327，1541）。

③　登記原因について第三者の許可，同意又は承諾が必要であるときは，そ
の第三者が許可等をしたことを証する情報（不登令 7 条 1 項 5 号ハ）

　登記原因，すなわち抵当権又は根抵当権の設定について第三者の許可
（農地法 5 条など），同意（民法 5 条 1 項）又は承諾（民法 398 条の 5）などが必
要であるときは，その許可，同意又は承諾を証する情報を提供する（注）。

　（注）　この場合は，申請書にその許可等の権限を有する第三者の署名捺印を得て（印
　　　鑑証明書等の添付が必要である。不登令 19 条），許可等の提供に代えることが
　　　できるとする旧不登法 45 条の規定は，実務上ほとんど利用されていないとして，
　　　新不登法にはその定めがない。権利の変更更正登記などに関する第三者の承諾証
　　　明情報は別問題である（不登令別表 25 添付情報ロなど）。なお，「同意」と「承
　　　諾」の使い分けについては，3 : 6 : 2 : 4 : 4 ④（注）を参照。

④　会社法人等番号又は登記事項証明書

　申請人が会社法人等番号（商登法 7 条）を有する法人である場合は，当該
法人の会社法人等番号を提供しなければならない（不登令 7 条 1 項 1 号）
（注）。ただし，当該法人の代表者の資格を証する登記事項証明書又は支配

人等の権限を証する登記事項証明書を提供したときは，会社法人等番号の提供を要しない（工抵規則 21 条，不登令 7 条 1 項 1 号，不登規則 36 条 1 項各号）。この登記事項証明書は，作成 1 月以内のものでなければならない（不登規則 36 条 2 項）。

> **（注）** 登記権利者又は登記義務者である法人の合併による承継を証する情報（不登令 7 条 1 項 4 号，5 号イ，別表 22 添付情報）又は法人の名称変更等を証する情報（不登令別表 23 添付情報）の提供を要する場合においても，当該法人の会社法人等番号を提供したときは，これらの情報の提供に代えることができる。

⑤ 債権者代位により債権者が債務者に代位して抵当権の設定登記を申請するときは，その代位原因を証する情報（不登法 59 条 7 号）。

⑥ 追加担保の場合の前登記の証明書（不登令別表 56 添付情報ロ，不登準則 112 条）

他の登記所において既にある債権を担保する抵当権の設定登記がされている場合において，追加担保として同一の債権を担保する共同抵当権（共同担保とする旨の約定によりその旨の登記をするもの）の設定登記を申請するときは，他の登記所において既にされている抵当権の設定登記に関する登記事項証明書を添付しなければならない。

⑦ 代理権限証明情報（工抵規則 21 条，不登令 7 条 1 項 2 号）

  a 代理人によって申請する場合には，その代理権限を証する書面として，委任代理のときは委任状を，会社等の法人の代表者が申請するときは作成後 3 月以内の会社登記事項証明書等の資格証明情報を提供する（不登令 17 条）。ただし，当該代理人の会社法人等番号を提供したときは，これを当該代理人の代表者の資格証明情報の提供に代えることができる（不登規則 37 条の 2）。

  b 会社等の代表者が代理人を選任して申請させるときは，さらに委任状を提供する**（注）**。

c 会社等の法人が申請する登記所が，会社等の法人の登記を受けた登記所と同一であって，法務大臣の指定した登記所以外の登記所であるときは，その代表者の会社法人等番号（又は登記事項証明書）の提供は必要でない（不登規則 36 条）。この場合には，代理権限証明情報と記載した下部に括弧書きで「（資格証明情報省略）」と記載するのが相当である。

（注） 委任状には，工抵法 2 条による抵当権の設定登記である旨及び目的不動産の表示の記載があれば足り，機械器具の表示を記載する必要はない（前掲②昭 33. 7 .12 民事甲 1426 号民事局長通達三）。

⑧ 登記義務者（所有権の登記名義人）の印鑑証明書（不登令 16 条 2 項，3 項）

登記義務者である抵当権設定者（所有権の登記名義人）の作成後 3 月以内の印鑑証明書を添付しなければならない。ただし，抵当権等の設定登記を申請する登記所が法人又は外国会社の登記に関して印鑑を提供した登記所と同一であって，法務大臣の指定した登記所以外の登記所である場合には，添付を要しない（不登規則 48 条 1 項 1 号）（注）。

（注） 「提供」すべき情報に添付する書面等は，「添付する」と表記している（例；不登令 16 条 2 項，18 条 2 項，19 条 2 項）。

⑨ 申請書の写し

登記識別情報（登記済証）の通知（交付）を希望しない場合は，提供する必要はない。

⑩ 第三条目録（機械器具目録）

土地又は建物に備え付けた機械，器具その他工場の用に供する物で工抵法 2 条の規定により抵当権の効力の及ぶものを表示した目録を提供しなければならない（工抵法 3 条 3 項，工抵規則 3 条別記第一号，25 条 1 項，3：5：4，

3：6：1）。この目録に，機械，器具，電柱，電線，配置諸管，軌条その他
の附属物を記録するときは，その種類，構造，箇数又は延長，製作者の氏
名又は名称，製造の年月，記号，番号その他同種類の他の物と識別するこ
とができ，情報があるときはその情報も記載し，申請人又はその代表者若
しくは代理人が記名押印しなければならない（工抵規則3条，8条，25条2
項，3：5：4，）。

　これは工場に備え付けた機械，器具等に抵当権等の効力が及んでいるこ
とを公示し，取引の安全を図ると共に，その対抗要件を具備するためのも
のである。抵当権の設定登記における登記事項とされ，その目録は，登記
官が作成することができるものとされている（工抵法3条2項）。登記官は，
抵当権の登記の末尾に，その目録を作成した旨を記録しなければならない
（工抵規則2条）。

　工場に属する土地とその上の工場に属する建物について又は同一の工場
に属する数筆の土地又は数個の建物について，工場共同抵当を設定する場
合は，第三条目録は，1筆の土地，1個の建物ごとに作成する必要があ
る。

⑪　共同担保目録（不登法83条2項，不登規則166条〜170条）

　a　2個以上の不動産（不動産とみなされる工場財団等を含む。）につい
　　てする抵当権の登記事項を明らかにするため，登記官は，その不動産が
　　すべて工場に属する土地又は建物である場合も，一部は工場に属する土
　　地又は建物であり他はそうでない場合にも，共同担保目録を作成するこ
　　とができる（不登法83条2項）。共同担保目録には，その作成年月日及び
　　共同担保目録の記号（記号は，ひらがなが例である。不登準則114条2
　　項）及び目録番号に加え，関係する複数の目的不動産に関する権利につ
　　いての不動産所在事項や担保権登記の順位番号を記録しなければならな
　　い（不登規則167条1項）。

　　不登法83条2頂は，共同担保目録を「作成することができる」とす
　　るが，「登記官は……共同担保目録を作成し……なければならない」（不

登規則 166 条 1 項）。一覧性の効率的な確保という観点から，共同担保目録と担保権の登記との間の関係を明確にするため，担保権の登記事項としても共同担保目録の記号・目録番号が記録される。

b 同一債権を担保する複数の抵当権があって既存の共同担保目録がある場合において，これに追加して抵当権を設定するときは，申請人が，共同担保目録の記号及び目録番号を申請情報の内容とすべきであり（不登令別表55申請情報ハ，56申請情報ニ，不登規則168条1項），この申請を受理する登記官は，共同担保目録にその申請に係る不動産ないし不動産に関する権利が担保の目的となった旨並びに申請の受付年月日及び受付番号を記録しなければならない（不登規則168条3項）。共同担保目録がない場合は，新たに共同担保目録を作成し，前の担保権の登記についてする付記登記によって，その担保権に担保を追加した旨，共同担保目録の記号及び目録番号並びに登記の年月日を記録しなければならない（同条4項）。

c 共同担保の目的である不動産に関する権利を目的とする抵当権が消滅し，これに伴いその抵当権登記の抹消の登記をしたときは，登記官は，共同担保目録に申請の受付年月日，受付番号，その不動産について担保権の登記が抹消された旨並びにその抹消された登記に係る工抵規則167条1項3号の事項を抹消する記号を記録しなければならない（不登規則170条1項）。また，共同担保目録に記録されている事項に関する変更登記・更正登記をしたときは，登記官は，共同担保目録について，それを反映させる所要の措置を講じなければならない（同条2項，3項）。

3:5:5:4 登録免許税

① 課税標準

登録免許税の課税標準の金額は，抵当権の設定登記の場合は，その申請書に記載される「債権額」であり，根抵当権の設定登記の場合は，その「極度額」である（税法別表第一・一・㈤）。

抵当権の被担保債権が一定の金額の支払を目的としないとき（一定の債

権金額がないとき）は，その被担保債権の目的となるもの（例えば，不動産の価額）の価額（時価）を債権金額とみなしてそれを課税標準の金額とする（税法11条1項）。

② 登録免許税

抵当権の設定登記の登録免許税は，課税標準の金額に1,000分の4を乗じた額である（税法別表第一・一・㈤）。

a 管轄登記所が甲及び乙に存する数個の不動産について，同一の債権を担保とするために，抵当権の設定登記を申請する場合の登録免許税は，最初に申請する甲登記所において，債権金額（又は極度額）等の課税標準の金額の1,000分の4の登録免許税を納付する。次に乙登記所に共同担保の抵当権の設定登記を申請する場合には，申請書に甲登記所に登録免許税を納付して，抵当権等の設定登記を受けたことを証する書類（税法13条2項，同施行規則11条）を提供すれば，その抵当権等の設定登記の登録免許税は，設定登記を申請する不動産1個につき1,500円である（税法13条2項）。

b 同一の登記所の管轄に属する不動産及び工場財団等について同一の債権を担保するために，共同抵当として抵当権の設定登記を受ける場合において，同時の申請によるときは，これらの設定登記は1個の抵当権の設定登記とみなして，登録免許税を課することとされている。この場合において，不動産に抵当権を設定する場合と工場財団に抵当権を設定する場合のように税率が異なるときは，そのうちの最も低い税率による（税法13条1項）。

c 管轄登記所を異にする数個の不動産及び工場財団等について，同一の債権を担保するため共同抵当として抵当権の設定登記を申請する場合には，aの管轄登記所を異にする数個の不動産について，同一の債権を担保するために抵当権の設定登記を申請する場合と同様の手続による。

この場合，先に税率の低い工場財団（債権額の1,000分の2.5に相当する登録免許税）について抵当権等の設定登記を申請すれば，後に申請

する登記所に対しては，他の登記所においてすでに同一の債権を担保する抵当権等の設定登記を受けたことの証明書を提供して，不動産又は工場財団等1個につき1,500円の登録免許税を納付すれば足りる（税法13条2項）。先に不動産のみについて登記を申請する場合は，登録免許税は，1,000分の4に相当する額を納付しなければならないので，注意を要する。

d 1個又は数個の不動産又は工場財団について抵当権の設定登記を申請した後，追加担保として，同一の債権を担保するために管轄登記所を異にする他の1個又は数個の不動産又は工場財団等について抵当権の設定登記を申請する場合も，他の登記所においてすでに同一の債権を担保する抵当権の登記を受けたことを証する書面を提供すれば，追加担保としての抵当権の目的である不動産又は工場財団等の1個につき1,500円の登録免許税を納付すれば足りる。

e 納付の方法は，オンライン申請が可能な場合は，電子納付のほか（税法24条の2），収入印紙ですることもできる（税法施行令29条）。

3：5：6　根抵当権の設定登記の申請情報の内容として記載すべき特別の事項

根抵当権は，「設定行為で定める……一定の範囲に属する不特定の債権を極度額の限度において担保する」抵当権であり（民法398条の2第1項），主として企業金融の場面において用いられている。

① 登記の目的（不登令3条1項5号）

登記の目的として，「工場根抵当権設定」と記載する（3：5：3①，登記実務では，工場抵当の旨を記載しないようであるが。前述）。共同根抵当（民法398条の16）にあっては，同条の登記である旨を記載する（不登令別表56申請ハ）。

② 登記原因及びその日付（不登令3条1項6号）

共同担保の旨の登記をする数個の共同根抵当権の設定登記を申請する場合には，登記原因の日付を異にするときも，一の申請ですることができ

る。この場合は，登記原因及びその日付として「後記のとおり」と記載し，各登記原因及びその日付は，不動産の表示の末尾に記載するのが相当である。

③ 極度額（民法398条の2第1項，不登法88条2項1号）

申請情報として，その根抵当権の極度額を「極度額　金何円」と記載する。共同担保の旨の登記をする共同根抵当権にあっては，その全部の極度額が同一であることが必要である。

④ 担保する債権の範囲（民法398条の2第2項，3項，不登法88条2項1号）

申請情報として，担保すべき債権の範囲の定めを次のように記載する。

a　不特定の債権の範囲を特定の継続的取引契約をもって定めた場合には，その契約の成立年月日及びその名称。例えば，将来締結されるであろう継続的取引契約を被担保債権の範囲として定める場合は，「何々の売買取引」「金銭消費貸借取引」

b　一定の種類の取引をもって担保すべき債権の範囲を定めた場合には，客観的に担保すべき債権の範囲を画する基準として，その内容を第三者が認識できるようにその取引の種類の名称

c　特定の原因に基づいて継続して生ずる債権を担保すべき債権と定めた場合には，その債権発生の原因を特定するに足りる事項

d　手形上又は小切手上の請求権（民法398条の2第3項）を担保すべき債権と定めた場合には，「手形債権」又は「小切手債権」

⑤ 元本確定期日（民法398条の19第3項，不登法88条2項3号）

元本確定期日は，任意的登記事項である。これを定めた場合には，「元本確定期日　平成○年○月○日」のように記載する。

⑥ 共有根抵当権者間の優先弁済割合の特約（民法398条の14第1項ただし書，不登法88条2項4号，89条2項）

根抵当権の準共有の場合の根抵当権者間の優先弁済の割合について特約があるときは，その旨を記載する。

⑦ 工抵法2条1項ただし書の定め

登記原因に工抵法2条1項ただし書の定めがあるとき，すなわち，設定行為に別段の定めがあるとき及び民法424条（詐害行為取消権）により債権者が債務者の行為を取り消すことができる場合は，その定めを記載する。

3：5：7　工場抵当権の設定登記手続

工場抵当権（又は根抵当権，以下同じ）の設定登記の手続は，普通抵当権のそれと同一の事項，不登法59条各号及び83条1項各号の事項のほか，同法88条各号に掲げる事項を登記事項とする（工抵法3条）。

① 「目録を作成した」旨の記録

工抵法2条の抵当権の設定登記をする場合には，普通抵当権の設定登記をした上，その末尾に「工場抵当法3条2項の目録を作成した」旨を記録しなければならない（工抵規則2条）。

この記録をする理由は，その抵当権が工抵法2条の規定によるものであることを登記記録上明確にして公示の機能を果たし，取引の安全を図るところにある。この記録が登記官の過誤によってされなかった場合においても，第三条目録の提供があった以上は，その抵当権が工抵法2条の規定による抵当権として第三者に対抗することができるものとされている（大審判昭13.5.28）。

② 登記番号

工抵法3条3項により提供された目録には，その抵当権の設定登記申請の受付年月日及び受付番号のほか「登記番号」も記録することになっている（工抵規則3条・17条）。しかし，工場財団の登記については，登記番号は存在するが（工抵規則5条1項），第三条目録については，抵当権の設定登記をする土地又は建物の登記に登記番号は存在しないから記録しない。

工場財団において登記番号を記録する理由は，その目録にかかる工場財団を明確にして工場財団登記簿と工場財団目録との関連付けるためであって，登記番号をもって工場財団の表示に代えているわけである。したがって，工抵規則3条の準用される工抵法3条3項の目録についても，その目

録にかかる抵当権の目的となっている土地又は建物との関連を明示するためには，その土地又は建物の表示を目録に記録しておく必要があるから，登記番号に代えて，その目的となっている抵当権の目的となっている土地の番号又は建物の家屋番号若しくは不動産番号を記録すべきであろう（精義上 1333）。

③ 登記識別情報の通知

登記官は，抵当権の設定登記を完了したときは，申請人に対して，登記識別情報を通知しなければならない（不登法 21 条本文）。

a 登記識別情報の通知は，登記権利者が書面により登記所窓口で受領するが，代理人が登記識別情報の通知書を受領する場合には，特別の委任を受けなければならない（不登規則 62 条 2 項）。

b 登記識別情報の通知書の交付を送付の方法により希望する場合は，その旨を申請情報の内容としなければならない（不登規則 63 条 3 項）。

送付の方法は，申請人又は代理人が自然人でその住所あてに送付を希望するとき又は申請人又は代理人が法人で当該法人の代表者の個人の住所あてに送付を希望するときは本人限定受取郵便で，申請人又は代理人が法人で当該法人の住所あてに送付を希望するとき又は代理人が自然人でその事務所あてに送付を希望するときは書留郵便等の方法による（同条 4 項，5 項）。

その送付に要する費用を郵便切手等で提供しなければならない（同条 6 項，7 項）。速達等に係る料金に相当する郵便切手を提供したときは，速達の方法により送付される（同条 8 項）。

c 通知を希望しない場合には，その旨を記載する（不登法 21 条ただし書，不登規則 64 条 1 項 1 号，2 項）。

d 第三条目録（3：5：4）は，抵当権の登記がされたときに，登記記録の一部（権利部乙区の一部）とみなされ，その目録の記録は登記（当該抵当権等の登記事項の一部の登記）とみなされるから，工場抵当権の設定登記がされた場合の登記識別情報には，その抵当権等の登記事項であ

る第三条目録の記録の機械，器具等に抵当権の効力の及ぶ旨が記録され，その登記済の旨も記録されていることが必要であろう。

　本来，第三条目録の記録は，抵当権に関する事項として，その抵当権の効力の及ぶ備付けの機械，器具等を公示（登記）するものとして，権利部（乙区）に記録すべきものであるが，登記の技術的な理由から，これを別途目録に記録すべきものとして，権利部（乙区）の一部とみなし，その記録を抵当権に関する登記とみなしているのである。

e　工場抵当権の設定登記をしたときは，抵当権の登記の末尾に「工場抵当法３条２項の目録を作成した」旨を記録しなければならない（工抵規則２条）。

[記録例２]　工場抵当法第２条の設定の場合（記録例460）

権 利 部 　（乙区）		（所有権以外の権利に関する事項）	
順位番号	登記の目的	受付年月日・受付番号	権利者その他の事項
1	抵当権設定	平成何年何月何日 第何号	原因　平成何年何月何日金銭消費 　　　　貸借同日設定 債権額　金何万円 利息　年何％ 債務者　何市何町何番地 　乙　某 抵当権者　何市何町何番地 　甲　某 工場抵当法第３条第２項目録作成

Q & A 3

工場抵当権の実行の場合の物件目録の記載例

Q　工場抵当権の実行の場合の物件目録は，どのように記載すればよいですか。

A 次のとおりです。

【工場抵当権の実行の場合】

1　所　　在　○市○区○町○丁目

　　地　　番　○番○

　　地　　目　宅地

　　地　　積　○○．○○平方メートル

（工場抵当法第３条による機械器具等の目録は，別紙目録１のとおり）

2　所　　在　○市○区○町○丁目○番○号

　　家屋番号　○番○

　　種　　類　工場

　　構　　造　鉄骨陸屋根２階建

　　床 面 積　1階　○○．○○平方メートル

　　　　　　　2階　○○．○○平方メートル

（工場抵当法第３条による機械器具等の目録は，別紙目録のとおり）

（別紙）工場抵当法第３条による機械器具等の目録

　1　所　　在　○市○区○町○丁目

　　　地　　番　○番○

　（上記地上備付）

種類	構造	個数	製作者氏名	製造年月日	記号番号	その他
○○	○○	○台	○○○○	平成○年○月○日	○○号	○○

　2　所　　在　○市○区○町○丁目○番○号

　　　家屋番号　○番○

　（上記建物備付）

種類	構造	個数	製作者氏名	製造年月日	記号番号	その他
○○	○○	○台	○○○○	平成○年○月○日	○○号	○○

３：６ 第三条目録とその変更登記

３：６：１ 第三条目録

3:6:1:1 意義

工場抵当権の設定登記を申請する場合には，機械，器具その他工場の用に供する物で工抵法２条の規定により抵当権の目的となるものを登記事項とし（工抵法３条１項），登記官は，これを記録した目録を作成するので（同条２項），申請人は，申請情報と併せてその「目録に記録すべき情報を提供」しなければならない（同条３項）（３：５：５：３⑩）。

なお，第三条目録の経過措置（工抵規則附則６条６項・１項～４項）については，４：３：１：３：１を参照。

① 工場抵当権，すなわち工場に属する土地又は建物に設定された抵当権は，工抵法２条の規定により土地又は建物に「附加シテ之ト一体ヲ成シタル物」（付加一体物）のみでなく，原則として，それに備え付けられた機械，器具その他の工場の用に供する物（供用物件）にもその効力が及ぶ（工抵法２条１項本文）。

付加一体物は，付加して一体となっている状態において，その不動産と密接に結合している関係上，動産である付加一体物は，それ自体を登記するまでもなく，土地又は建物の公示（登記）に含まれてるといえる。しかし，供用物件は，通常の土地若しくは建物の構成部分又は従物とは異なり，動産としての流通性があり，土地又は建物と独立して取引の対象となる可能性があるから，土地又は建物の公示（登記）に含まれているとはいえない。したがって，これらの物件に効力の及ぶ抵当権の対抗力と，取引関係に立つ第三者を保護するためには，これらの物件が抵当権の効力に服していることを公示する必要がある。

このように第三条目録の制度は，抵当権の効力の及ぶ備付けの機械，器具その他工場の用に供する物を表示し，抵当権の設定登記の申請の際に登記所に提供され，その記録は登記とみなされるのである。その後，内容に

変更を生じた場合には，その記録の変更登記をして，目録の記録が現況と一致するようにする。

3:6:1:2　作成方法

第三条目録の作成方法に関しては，工抵法3条4項において38条ないし42条の規定を，工抵規則3条において8条及び25条の各規定を準用し，工場財団目録の作成方法に準じて記録すべきものとしている（［別記第一号］第三条目録（工抵規則3条，40条1項，3：5：4）。

① 用紙

工抵手続16条は，第三条目録を作成するには，日本工業規格B列四番の強靱なる用紙を使用しなければならないと定めていた。現在においても工抵法附則3条の指定を受けていない登記所に申請する場合及び書面により申請する場合は，「丈夫な用紙を用いて」（工場図面についての財団準則30条参照）作成すべきであろう。

② 記録すべき物件

第三条目録には，工抵法3条1項の規定により，工場抵当権の目的である土地又は建物に備え付けた機械，器具その他工場の用に供する物で，同法2条の規定により抵当権の効力の及ぶものを記録する。したがって「附加シテ一体ヲ成シタル物」（付加一体物）を記録すべきでないことはもちろん，備付けの機械，器具等であっても，抵当権の効力の及ばない物（他人の所有に属する物や同法2条1項ただし書の別段の定めにより抵当権の目的としない物等）を記録すべきでない。

③ 記録すべき物件の表示方法

第三条目録に工場抵当権の効力の及ぶ機械，器具等を記録するには，種類，構造，箇数又は延長のほか製造者の氏名又は名称，製造の年月，記号，番号その他同種類の他の物と識別することができる情報があるときは，その情報を記載し，登記官がこれを記録する。ただし，「軽微な附属物」については，「附属一式」というように記録して差し支えない（工抵規則3条・8条）。

なお，工場抵当権の効力の及ぶ船舶又は自動車も，工抵規則8条の規定によって目録に記録する。工抵規則9条（船舶等）及び13条（自動車）の規定は準用されていない。

④　一抵当権一目録

第三条目録は，1筆の土地，1棟の建物の抵当権ごとに作成すべきである（昭33.11.4民事甲2284号民事局長通達）。すなわち，工場抵当権が成立するA土地又はD建物（附属建物は，主建物と併せて1個の建物として取り扱われる。）に設定された抵当権ごとに第三条目録を作成し，そのA土地又はD建物に備え付けられている抵当権の効力の及ぶ機械，器具等を記録すべきである。

機械，器具等がB土地又はE建物にまたがって備え付けられている場合に，その物件をどのようにして記録すべきか，もしも，そのB土地又はE建物とその他のC土地又はF建物とが共同抵当となっている場合に，いずれの土地又は建物についての目録に記録すべきか。

これは，その土地又は建物に所属する部分だけが可分であって，その部分だけで独立の動産としての効用がある場合には，その属する部分だけをそのB土地又はD建物についての目録に記録すべきである。しかし，その属する部分ごとに分けるとその効用を失うような場合は，その主な部分の属するB若しくはC土地又はE若しくはF建物に備え付けられたものとすべきであろう。主な部分の属する土地又は建物を定められないときは，工場の所有者と抵当権者の契約により，その抵当権の効力が及ぶ土地又は建物を定めることになろう（精義上1336）。

⑤　目録の記名押印及びつづり目の契印

工場抵当の登記申請を書面によりするときは，第三条目録には，申請人又はその代表者若しくは代理人（委任による代理人を除く。）が記名押印し，また，その書面が2枚以上であるときは，各用紙にその用紙が何枚目であるかを記載し，各用紙のつづり目に契印をしなければならない（工抵規則3条・25条2項，3項）。

3　工場抵当に関する登記　**83**

　目録は，抵当権の設定登記の申請の際提供されるもので，この場合の申請人は，抵当権者と抵当権設定者（工場の所有者，すなわち工場に属する土地又は建物の所有者）であるが，登記官に提供する第三条目録に記名押印及び契印すべき者は，工場の所有者だけで足りるかどうかという問題がある。

　後に提供される変更目録又は追加目録は，工場所有者が目録の記録の変更登記を単独で申請するから（工抵法3条4項・38条1項），工場所有者の記名押印で足りるが（この場合には抵当権者の承諾書を申請書に添付する。），最初に提供すべき目録には，目録の真正を保証するため，抵当権者も記名押印すべきものと解する。

　なお，委任による代理人が抵当権の設定登記を申請する場合，代理人が目録を作成することは差し支えないが，記名押印の代理はあり得ない。目録の記録内容の真正を保障する意味においても，申請者本人が記名押印又は署名（平10.12.21民三2456号民事局第三課長依命通知）すべきである（昭

［様式1］　「第三条目録」（工抵規則13条，40条1項別記第一号）

工 場 抵 当 法 第 三 条 第 二 項 の 機 械 器 具 等 の 目 録

抵当権者　株式会社何
　　　　　代表取締役　何　　某

抵当権設定者　株式会社何
　　　　　　　代表取締役　何　　某

何市何町何番地　家屋番号何番の建物（又は何町何番の土地）

種　類	構　造	個 数 又 は 延 長	製造者の氏名 又 は 名 称	製造月日	記号番号	予　備
旋盤	鉄製	1台	何株式会社	何年何月	何号	
フライス盤	鉄製	1台	何株式会社	何年何月	何号	

33．7．12民事甲1426号民事局長心得通達一）。

⑥　第三条目録つづり込み帳の備置き

　　第三番目録に関する事務について第三条指定を受けていない登記所は，「第三条目録つづり込み帳」を備え置かなければならない（工抵規則附則6条6項，3項）。

3：6：1：3　第三条目録の記録（登記）の効力

　工場抵当権の設定登記がされたときは，第三条目録は，登記簿の一部とみなされ，その記録は登記とみなされる。登記とみなされる目録の記録は，備付物等についての抵当権の効力の発生要件ではなく，第三者に対する対抗要件と解されている（3：5：4，最一小判平6．7．14民集48-5-1126）。

　この最高裁判決により，従来の大勢としては，第三条目録への記録により，工場備付物件へ工場抵当権の効力が及ぶことについて，第三者に対する関係での対抗要件と解するという点で一致している。その結果，逆説的ではあるが，工場抵当法による抵当権の場合には，第三条目録に記録しない限り，第三者に対抗できないということになり，民法による抵当権が従物にその効力を及ぼすことを抵当権設定登記によって対抗できることと比較して，その効力が限定されたと評価することができよう。もっとも，最高裁の判旨によれば，従物であるか否かを問わず，工場へ備え付けられた物件を第三条目録に記録することができるわけであるから，通常の抵当権の場合と比較して，その効力を及ぼすことのできる範囲が拡大されたことになろう。

3：6：2　第三条目録の記録の変更登記

3：6：2：1　意義

①　工場に属する土地又は建物に備え付けられた機械，器具その他工場の用に供する物について，その改廃又は新設があったときは，抵当権の効力が及んでいる備付物の範囲及び内容が変更する。そこで，備付けにより新たに抵当権の効力が及んだとき，又は抵当権者の同意を得て備付けをやめたことにより抵当権が消滅したとき等において，備付けの機械，器具等に対する抵当権の得喪を第三者に対抗するためには，第三条目録の記録の変更

登記をしなければならない。また，取引の安全を図るためにも，現に抵当権の効力が及んでいる物件を明確に公示して，第三条目録の記録を明確にしなければならない。

② 工抵法3条4項は，第三条目録について工場財団目録の記録の変更登記に関する同法38条ないし42条を準用し，その記録の変更登記の手続を定めているが，第三条目録は，抵当権ごとに存在し，しかもそれは登記簿の権利部乙区事項欄の一部であって，その記録は，前述（3:6:1:3）のとおり，その記録に係る機械，器具等に抵当権の効力が及んでいることの第三者対抗要件である。

③ これに対して，工場財団目録（4:3）は，工場財団登記簿の表題部の一部であって，その記録は，その工場財団の組成物件を明らかにするものであり，各抵当権の目的である工場財団そのものの内容を形成する成立要件に該当するものである。したがって，第三条目録の記録の変更登記をするに当たって，工場財団目録の記録の変更登記手続の規定を準用するときは，注意が必要である。

3:6:2:2 第三条目録の記録の変更登記の性質

第三条目録は，権利部乙区事項欄の一部であって，その記録は，抵当権に関する登記であるから，第三条目録の記録の変更登記は，抵当権に関する登記である。

そこで，抵当権の変更登記として，不登法66条の規定の適用の有無が問題となる。例えば，目録の記録の変更登記について必要な「抵当権者ノ同意（承諾）ヲ証スル情報」（工抵法3条4項・38条2項）は，不登法66条の「登記上の利害関係を有する第三者」の承諾証明情報に当たるか。その場合，承諾証明情報を必要とする抵当権者は，その目録にかかる抵当権者のみであるか，それともすべての抵当権者を指すかなどである。

普通抵当権の設定登記において，民法370条の別段の定めを登記した後にその定めを廃止した場合，その物件も抵当権の効力に服することの第三者対抗要件としての登記は，抵当権の変更登記として不登法66条の規定の適用

がある。そのことからすると，目録の記録の変更登記のうち，少なくとも追加又は分離による変更登記は，同じ性質のものと考えられ，権利の変更登記であるといえる。

しかし，この登記は，工抵法において特に認められた抵当権の変更（又は更正）登記であって，不登法66条の規定の適用はないといわざるを得ない。なぜなら，この登記は，手続上付記によってされることは認められていないし，また，承諾を必要とする者は抵当権者だけであり，しかも変更登記を申請するその目録についての抵当権者だけだからである（精義上1343）（3：6：2：4：4②）。

3:6:2:3　第三条目録の変更登記をすべき場合

第三条目録に「掲ゲタル事項ニ変更ヲ生ジタルトキ」は，「所有者」は，遅滞なく，第三条目録の記録の変更登記を申請しなければならない（工抵法3条4項・38条1項）。「変更ヲ生ジタルトキ」というのは，目録に記録されている機械，器具等の表示事項に変更を生じたときのみでなく，その目録全体に変更を生じたとき，例えば，新たに目録を記録すべき物が生じたとき又は備付けの廃止により抵当権がその物につき消滅したときなども含まれる。

3:6:2:3:1　記録物件の表示に変更を生じたとき（表示変更）

第三条目録に掲げる機械，器具その他工場の用に供する物については，工抵規則8条の事項を目録に記録しなければならない（工抵規則3条・8条）。これらの記録事項に変更が生じたときは，その表示を現況に合致させるために，目録記録の変更登記をすべきである。

3:6:2:3:2　新たに機械，器具その他工場の用に供する物を備え付け，抵当権の効力が及んだとき（追加）

工場抵当の目的となっている土地又は建物に機械，器具その他工場の用に供する物を備え付けたときには，その物に抵当権の効力を及ぼさせない特約をしない限り，抵当権の効力が及ぶから，その物を第三条目録に記録するために，目録の記録の変更登記をすべきである（昭26.10.22民事甲2050号民事局長通達㈠）。ただし，それが他人からの賃借物である場合又は抵当権者とその

物に抵当権の効力を及ぼさせない別段の定めがある場合等には，第三条目録に記録すべきでないから，変更登記をすることにはならない。

なお，備え付けられている機械，器具等について特約により抵当権の効力が及んでいない（第三条目録にその物件が記録されていない。）場合において，その特約を廃止したことにより抵当権の効力が及ぶことになったときは，その物件を第三条目録に記録するため，変更登記をする必要がある。

3:6:2:3:3　記録物件が滅失したとき

第三条目録に記録された物件が滅失したときは，目録の記録の変更登記をすべきである。「滅失」とは，その物理的滅失だけではなく，機械が焼失して機械としての効用を失った場合あるいは機械等に大改造を加えたため，その同一性が失われた場合などをいう。

3:6:2:3:4　記録物件につき抵当権が消滅したとき

備え付けた機械，器具その他工場の用に供する物の備付けを抵当権者の同意（承諾）を得てやめたとき（工抵法6条2項）又は第三取得者が完全な権利を取得して，抵当権が追及できなくなったとき（同法5条2項・民法192条）は，その物についての抵当権は消滅するから，目録の記録の変更登記をし，目録からその記録を抹消する必要がある。

また，抵当権の効力が及んでいて目録に記録されている物について抵当権の効力を及ぼさせない特約をしたときも，変更登記をし，その物の記録を抹消する必要がある。

3:6:2:3:5　第三条目録の記録の更正登記をすべきとき

工抵法38条の「変更ノ登記」には，登記の更正も含まれると解すべきであるから，次の場合には，目録の記録の更正登記を申請すべきである。

① 第三条目録に記録した物件の表示が錯誤又は遺漏により誤っているとき。

② 第三者の所有であること等により抵当権の効力が及ばない物件が目録に記録されているとき。

③ 物件が滅失又は消滅していないのに滅失又は消滅による目録記録の変更

登記がされているとき。

なお，工場抵当であるにもかかわらず，普通抵当権の設定登記がされ，「目録ニ記録スベキ情報」（工抵法3条3項）が提供されていないときは，目録の記録の変更登記に準じて，第三条目録を提供してする抵当権の更正登記（遺漏した「目録」の記録の登記）を申請することができるものと解する。

3:6:2:3:6　普通抵当権が工場抵当となったとき

普通抵当権の設定登記がされた土地又は建物がその後工場に属する土地又は建物となったときは，その抵当権は，当事者間に別段の特約がない限り，工場抵当権として，当然に備付けの機械，器具等に効力を及ぼすことになる。したがって，そのようなときは，その効力の及ぶ機械，器具等の表示をした第三条目録を提供して抵当権の変更登記を申請することができる（3：6：2：7）。

① この変更登記は，工抵規則2条の規定に準じ，抵当権について「目録を作成した旨」を記録する。これにより工場抵当となった変更登記は，登記上の利害関係を有する第三者の承諾がある場合及び第三者がいない場合に限り，付記登記によってすることができる（不登法66条）。

② 登記上の利害関係を有する第三者としては，後順位の抵当権者（又はその他の担保権者）が考えられるが，当該土地又は建物は，新たに工場に属するものとなったのであるから，後順位の抵当権等も普通抵当権の登記（又は仮登記）であって，工場抵当となった旨の変更登記はされていないであろう。したがって，後順位の抵当権等の権利者（その抵当権等を目的とする権利の登記又は仮登記を受けている第三者を含む。）は，先順位の抵当権についての工場抵当となった変更登記については，登記上の利害関係がないと解すべきである。

③ 土地又は建物が工場に属するものとなった後に，第三条目録を提供して後順位の工場抵当権の設定登記（又は仮登記）をした者又は後順位の普通抵当権について先に第三条目録を提供して工場抵当となった変更登記（又は仮登記）をした抵当権者がいる場合は，これらの抵当権者等は，登記上

の利害関係人に該当する。したがって，先順位の抵当権者は，これらの登記上の利害関係人の承諾証明情報を提供できなければ，工場抵当となったことの変更登記を付記登記によってすることはできず，主登記によってすることになる。

　すなわち，変更登記が付記登記でされたときは，備付けの機械，器具等に抵当権の効力の及ぶことをその抵当権の設定登記（主登記）の順位において対抗できるが，主登記でされたときは，その主登記の順位において，効力の及ぶことを対抗することになる。

④　土地又は建物について差押え，仮差押え又は仮処分の登記をした債権者は，その差押登記等が工場抵当権の設定登記後にされたものであるときは，その差押え等が備付けの機械，器具等にも効力を及ぼしているから，先順位の普通抵当権を工場抵当とする変更登記についての利害関係人となる。しかし，工場抵当権の設定登記の前に差押え等の登記がされたものであるときは，利害関係人に該当しない（工抵法7条参照）。

3:6:2:3:7　工場抵当権が普通抵当権となったとき

①　工場抵当権の設定登記がされている工場に備付けの機械，器具等を廃止し，その土地又は建物が工場に属するものでなくなった場合において，備付けの機械，器具等の全部を廃止することについて抵当権者の同意（承諾）があったときは，その抵当権は，機械，器具等の全部について消滅し（工抵法6条2項），工場抵当権は，普通抵当権となる。したがって，この工場抵当権の登記において，「目録」の記録を抹消する抵当権の変更登記を申請すべきであり（3:6:2:8），機械器具目録について物件全部の分離手続のみをとる方法は相当でない（昭35.5.16民事甲1172号民事局長回答）。

②　①の登記は，工抵法3条4項により準用される38条の第三条目録の記録の変更登記には該当しないと解すべきであるから，登記権利者としての所有権の登記名義人と登記義務者としての抵当権の登記名義人の共同申請によるのを原則とする（不登法60条）。このときのその全部の備付けの廃止についての抵当権者の承諾は，抵当権者全員の承諾ではなく，当該第三条

目録に係る抵当権者のみの承諾で足りる。その抵当権者の承諾した抵当権のみが工場抵当でなくなる相対的なものであるからである（精義上 1342）。

　承諾が必要なのは抵当権者のみであり，その抵当権を目的とする転抵当の権利者，抵当権の被担保債権の差押え等又は質入れの権利者の承諾は必要でない。ただし，その抵当権の移転又は移転請求権の仮登記の権利者は，抵当権者に準ずるものとして，その承諾を必要とする。

③　抵当権者の承諾を得ないで，機械，器具等の全部の備付けを廃止して土地又は建物を工場に属しないものとしたときは，抵当権者は，備付けの廃止された機械，器具等のほか第三取得者に引き渡された機械，器具等に対しても追及効が認められているから（工抵法 5 条 1 項），その対抗力を保持するためにも，目録の記録を抹消する抵当権の変更登記をすべきではない。

3:6:2:4　第三条目録の記録の変更登記の申請手続

　工場に属する土地又は建物に備え付けられた機械，器具に抵当権の効力が及ぶもの（第三条目録に記録されているもの）を抵当権者の承諾を得て，その一部を分離したとき，備付けを一部廃止したとき，又は一部が滅失したとき等の場合には，工場の所有者は，第三条目録にある機械器具目録の記録の変更登記をする（工抵法 3 条 4 項・38 条）。

　この場合の工抵法第 3 条の記録の変更登記については，所有者及び抵当権者による共同申請によってするのは相当でないが，便宜印鑑証明書を添付して受理して差し支えないとされている（昭 40.12.17 民事甲 3433 号民事局長回答四）。

　なお，第三条目録に掲げられた機械，器具に誤りがあるときは，目録の記録の変更登記の場合に準じて目録記録の更正登記をすることができる。

3:6:2:4:1　申請人

　工場抵当権の目的である土地又は建物の所有者は，第三条目録の記録の変更登記については，単独で，その登記を申請すべきものとされている（工抵法 3 条 4 項・38 条 1 項）。

3 工場抵当に関する登記　**91**

　ただし，抵当権の設定登記のされている土地若しくは建物がその後に工場に属するものとなった場合又は工場抵当権の目的である土地若しくは建物がその備付けの機械，器具等の全部の備付けを廃止した場合の抵当権の変更登記は，登記権利者及び登記義務者の共同申請による。

① 　一般に権利に関する登記は，第三者への対抗要件を具備するためのもので，その登記を申請するか否かは，その登記により利益を受ける者の自由であり，しかも，登記権利者と登記義務者との共同申請によるのが原則である。ところが，第三条目録の記録の変更登記については，工場抵当権の目的である土地又は建物の所有者は，単独で，遅滞なく，その登記を申請すべきものとされている（前掲3：6：2：4民事局長回答四）。

② 　これは，形式的には，第三条目録の記録の変更登記について，工場財団目録の記録の変更登記に関する規定を準用していることから生じた結果である。工場財団目録は，登記記録の一部とみなされるけれども，それは，工場財団の表示に関する登記であって，登記記録の表題部の一部である。したがって，一般の不動産の表示変更の登記と同様，工場財団の所有者が，その記録の変更登記を申請すべきものとするのは当然である。

　　これに対して，第三条目録は，権利部乙区事項欄の一部であり，その記録は，抵当権に関する登記であるから，少なくとも追加又は分離による目録の記録の変更登記に関しては，本来，抵当権者と工場の所有者の共同申請によりされるべきものである。ところが，工場財団目録の記録の変更登記に関する工抵法38条以下の規定を準用しているため，工場所有者の単独申請によることになっているのである。

③ 　目録の記録物件の表示変更及び滅失による変更登記については，それが工場の所有者の単独申請によるとすることは必ずしも不合理とはいえないが，備付物の追加又は分離による変更登記については，工場所有者の単独申請とする実質的な理由はなく，むしろ抵当権者との共同申請によるのが当然であると思われる。

④ 　そこで，工抵法は，工場の所有者の単独申請としながら，その登記の真

正を手続上担保するために，すべての第三条目録の記録の変更登記について，抵当権者の同意（承諾）を必要とすることとし（工抵法38条2項），実質的には，共同申請と差異がない手続としている。

　所有者が変更登記を申請しない場合には，抵当権者において，債権者代位（民法423条）により工場の所有者に代位して申請することができるから，弊害は生じない。

3:6:2:4:2　変更登記の一部申請

　第三条目録は，工場抵当権の設定登記を申請するごとに提供されるので，抵当権の設定登記が数個あるときは，第三条目録も同数個ある。この点は，工場財団目録と異なるところである。したがって，各目録について変更登記をすべき同一の事由が生じた場合は，各目録について同時に申請すべきであって，そのうちの一部の目録の変更登記の申請は，正当なる事由がない限り，却下すべきではないかという疑問が生ずる。

　これは，第三条目録の記録の変更登記について，工抵法3条4項が，1個しか存在しない工場財団目録に関する同法38条ないし42条の規定を準用していることから生ずる疑問である。

　しかし，第三条目録の記録に変更を生じたときには，工場の所有者は，遅滞なく，その変更登記を申請すべき義務を課せられているから，同一の事由による変更が生じたときは，各目録について同時にその登記を申請すべきであるが，変更登記の申請につき，抵当権者の承諾を証する情報の提供が必要である等，手続上種々の要件が必要とされるため，各目録につき同時に変更登記を申請することができない場合もあり得る。

　したがって，目録それぞれについて同時に変更登記を申請することが望ましいとしても，その一についてのみ変更登記の申請をすることもできると解して差し支えないであろう。

3:6:2:4:3　変更登記の申請情報

　第三条目録の記録の変更登記の申請情報の内容は，次のとおりである（工抵規則18条1項・不登令3条）。

① 申請人の表示（1号，2号）

申請人として，工場の所有者，すなわちその抵当権の目的である土地又は建物の所有権の登記名義人を表示する。ただし，普通抵当権が工場抵当となり，又は工場抵当が普通抵当権となった場合の抵当権の変更登記の場合は，登記権利者及び登記義務者の共同申請が相当であるから，これらの者を表示する。

② 代理人の表示（3号）

③ 登記の目的（5号）

登記の目的は，権利部乙区何番の抵当権の順位番号により特定するため，「何番抵当権第三条目録（機械器具目録）の記録変更」とする。

複数の不動産に同一債権の抵当権が設定されていて，この抵当権の機械器具目録記録変更を同時にする場合において，それらの登記の順位番号が異なるときは，「抵当権第三条目録の記録変更（順位番号後記のとおり）」と記載し，「不動産の表示」欄の地番又は家屋番号の次に，「順位何番」と記載する方法もある。

なお，原因の次行に「第三条目録の記録を変更する抵当権の表示」と記載し，変更する抵当権を受付年月日及び受付番号で特定することもできる。

どの物件のどのような内容の目録の記録の変更登記を申請するかは，別に記載すべきである。

a 表示の変更の場合は，変更後の表示に変更する登記である旨を記載する。変更後の物件の表示は，「変更目録に記載のとおり」として具体的事項を省略してもよい。

b 滅失又は備付けを廃止した場合は，その滅失又は備付けを廃止した物件を，備付け又は分離した場合は，その物件をそれぞれ表示して，その変更登記である旨を記載する。備え付けた場合の物件の表示は，「追加目録に記載のとおり」として，その具体的表示を省略して差し支えない。

c　普通抵当権が工場抵当となり，又は工場抵当が普通抵当権となった場合の登記の目的は，その抵当権を登記の順位番号をもって特定し，抵当権の変更登記である旨を記載する。

④　登記原因及びその日付（6号）

登記原因とその日付は，表示の変更のときは「○年○月○日変更」，滅失のときは「○年○月○日滅失」，分離のときは「○年○月○日分離」，追加のときは「○年○月○日追加」，備付けの廃止のときは「○年○月○日備付け廃止」と記載する。

普通抵当権が工場抵当となり又は工場抵当が普通抵当権となった場合の登記原因は，「変更」と記載し，その年月日は，土地又は建物が工場に属するものとなった年月日又は工場に属するものでなくなった年月日を記載する。

⑤　変更後の事項（不登令別表25申請情報）

追加の場合は，工抵法3条2項目録に追加すべき新たに備え付けられた機械，器具を記載する。ただし，「追加目録のとおり」としても差し支えない。

普通抵当権から工場抵当権に変更する場合は，「工抵法第三条目録の提供」とする。ただし，「工抵法第2条の抵当権」とする見解もある。もっとも，その記録例は，「工抵法第三条目録提出」としている（精義上1569）。

工場抵当権から普通抵当権に変更する場合は，「工抵法第三条目録の抹消」とする。

⑥　登録免許税額

第三条目録の記録の変更登記の登録免許税額は，不動産の個数を課税標準として，その不動産1個につき1,000円である（税法別表第一・一・（十四））。

⑦　不動産の表示（7，8号）

3:6:2:4:4　変更登記の添付情報（不登令7条）

①　登記識別情報（登記済証）

3 工場抵当に関する登記 **95**

　普通抵当権から工場抵当権に変更する場合は，登記義務者が当該不動産について所有権の保存又は移転の登記をしたときに登記所から交付された登記識別情報を提供する。また，工場抵当権から普通抵当権に変更する場合は，登記義務者が工場抵当権の設定登記をしたときに登記所から交付された登記識別情報を添付する（不登法22条）。

　登記識別情報の提供方法は，登記識別情報を記載した書面を封筒に入れて，登記義務者の氏名又は名称及び登記の目的を記載し，登記識別情報を記載した書面が在中する旨を明記する（不登規則66条1項2号・2項・3項）。所有者が登記識別情報の制度導入前に当該不動産の所有権の保存又は移転の登記をしているものであれば，その登記をした時に交付された登記済証を添付することになる（不登法附則7条）。

　これらの場合において，登記識別情報又は登記済証を添付することができないときは，登記官は，登記義務者に対して，当該登記申請があったこと及び当該申請の内容が真実であれば，2週間以内にその旨を申出をするよう通知することになる（不登法23条1項・2項，不登規則70条8項）。

② 登記原因証明情報

　第三条目録の変更登記には，登記原因がないから，それを証する書面は初めから存在しない。ただし，普通抵当権から工場抵当権へ，又は工場抵当権から普通抵当権へ契約により変更する場合は，抵当権変更契約の内容（当事者，対象物件が明らかであり，登記原因の発生（権利変動）についての当事者の意思の合致ないし権利変動の内容等が明らかにされたもの）を記載した抵当権変更契約証書等を提供すべきである（不登令別表25添付情報イ）。契約書がないとき（又は作成しなかったとき）は，当事者において抵当権変更契約の内容を記載した書面を作成して提供することになる。

③ 会社法人等番号又は登記事項証明書

④ 抵当権者の承諾証明情報（工抵法38条2項）

　第三条目録の記録の変更登記の申請情報には，すべての場合において抵当権者の同意（承諾）を証する情報又はこれに代わるべき裁判があったこ

とを証する情報（不登令7条1項5号ハ，不登令別表25添付情報ロ）を提供する（注）。

工場抵当権が普通抵当権となった場合の抵当権の変更登記は，抵当権者が登記義務者として共同申請するから，その同意（承諾）を証する情報の提供は不要である。

a　同意（承諾）が必要な抵当権者

第三条目録の記録の変更登記の申請について同意（承諾）を必要とする抵当権者は，その記録の変更登記を申請する当該第三条目録についての抵当権の権利者のみであって，当該土地又は建物を目的とする抵当権の権利者全員ではない。

第三条目録の記録の変更登記は，いわゆる「権利の変更登記」であり，その目録の提供されている抵当権の変更登記であるが，工抵法により認められる一種特別の登記であって，工場抵当の後発の成否の場合（3：6：2：7，3：6：2：8）を除き，不登法66条の規定の適用はない。

なお，抵当権者に不利益な目録の変更登記の場合，承諾が必要な抵当権者の抵当権を目的とする権利の登記をしている第三者（転抵当，被担保債権の差押債権又は質権者等）の承諾証明情報を提供する必要はないが，抵当権の移転又は移転請求権の仮登記の権利者は，抵当権者に準ずる者として，その承諾を証する情報を提供する必要がある。

b　承諾証明情報の内容

第三条目録の記録の変更登記について必要とされる抵当権者の承諾の内容は，単に変更登記を申請することについての同意では足りず，どのような変更登記を申請するか具体的な内容のものでなければならない。すなわち，どの物件についてどのような表示の変更登記をするか，どの物件の滅失登記をするか又はどんな物件を追加し，若しくは分離するか等具体的なその登記の内容についての承諾を証する情報でなければならない。

c　承諾証明情報を提供させる理由

第三条目録の記録の変更登記の申請について，抵当権者の承諾証明情報を提供させる理由は，次のとおりである。

ア　物件の表示変更又は滅失の場合

　　物件の表示変更又は滅失自体は，単なる事実であって，抵当権者の承諾の有無により左右されることはないから，その変更登記の申請は，抵当権者の承諾証明情報を提供がなくても受理してしかるべきものである。しかし，第三条目録に記録されている物件は，工場に備え付けられた機械，器具等であって，登記官は，全く関知しないから，それらの物件の表示変更又は滅失による目録記録の変更登記の真正を担保する方法として，抵当権者の承諾を証する情報を提供させることにしている。

イ　物件備付けの廃止の場合

　　第三条目録記録の物件について備付けの廃止による変更登記がされたときは，備付けの廃止について抵当権者の承諾があれば，抵当権は，その物件につき消滅するが（工抵法6条2項），承諾がないままに備付けの廃止をした場合には，抵当権は消滅しないにもかかわらず，備付けの廃止による変更の登記がされることにより，抵当権者は，第三者に対して，その物件についての抵当権の効力を対抗することができなくなるおそれがあるから，その変更登記について利害関係を有する。したがって，この利益を保護するために，抵当権者の承諾を証する情報の提供が必要とされる。

ウ　物件追加の場合

　　工場に機械，器具等を備え付けることにより，当然にその機械等に抵当権の効力が及ぶのであって，その対抗要件を備えるために追加による目録記録の変更登記がされることは，抵当権者にとって利益になるこそあれ，損失を被ることはない。したがって，抵当権者の利害のみから考えれば，変更登記の申請情報にその承諾を証する情報を提供させる必要はない。一方，工場の所有者が，なんの利益にもならない

虚偽の登記の申請をすることは考えられないことである。しかし，現行法の解釈としては，虚偽の登記の申請を防止する趣旨から抵当権者の承諾を証する情報の提供が必要であると解せざるを得ないであろう（精義上1350）。

(注) 不登令（別表25添付情報ロ）は，登記上の利害関係を有する第三者があるときは，その「承諾」を証する情報を，としているが，工抵法（6条，12条，13条2項，14条，15条，38条2項）は，抵当権者の「同意ヲ得テ」としている（ただし，同法42条ノ2，42条ノ5は，「承諾」としている。）。

本書では，これらの情報を原則として，「承諾証明情報」と表記するものとする。

⑤ 抵当権者の印鑑証明書
⑥ 第三条目録を変更又は追加（表示の変更又は追加による場合）するための情報

第三条目録に記録されている物件の表示に変更が生じたこと又は新たに機械，器具等を工場に備え付けたことにより，目録の記録の変更登記を申請する場合には，変更後の表示を記録するための情報を提供しなければならない（工抵法3条4項・39条）。

変更又は追加する物件が少ない場合は，物件の表示は，目録によらなくとも差し支えないであろう。

a 第三条目録

普通抵当権が工場抵当権となった場合の抵当権の変更登記を申請する場合には，申請情報と併せて，抵当権の効力の及ぶ機械，器具等の表示を記載した第三条目録を提供する（工抵法3条3項，3：5：4）。

b 追加又は変更目録（工抵法3条4項・39条）

新たに追加で備え付けられた機械，器具がある場合は，その物件を記載した追加目録を提供する。

⑦ 登記上の利害関係人の承諾証明情報（普通抵当権が工場抵当権となった場合）

　　登記上の利害関係人が存する場合に，この変更登記を付記登記により申請するときは，その承諾証明情報を提供すべきである（不登法66条）。工場抵当権であるにもかかわらず，普通抵当権の設定登記がされた場合の抵当権の更正登記を申請する場合も，同様である。

⑧ 代理権限証明情報

3:6:2:5　第三条目録の変更登記の実行手続

　第三条目録の記録の変更登記の申請がされた場合には，登記官は，却下事由（工抵法25条）の存しない場合には，登記を実行しなければならない（同法3条4項・38条〜42条）。

① 表示変更の登記

　　第三条目録に掲げられた物件の表示事項に変更が生じたことにより変更登記をする場合には，目録中その物件の表示の左側（又は予備欄）にその物件について変更を生じた旨，申請の受付年月日及び受付番号を記録しなければならない（工抵法40条）。

② 追加の場合の登記

　　新たに物件を追加させる場合の変更登記をする場合に追加目録によりするときは，追加目録に申請の受付年月日及び受付番号を記録し（工抵規則3条，23条），〈これを前の目録に編綴してそのつづり目に登記官が契印し，さらに〉前の目録の末尾には，新たに他のものを属せしめた旨，申請の受付年月日及び受付番号を記録しなければならない（工抵法41条）。前の目録（用紙）に余白がある場合は，その末尾に新たな物件を記録して差し支えないであろう。

③ 分離又は滅失の場合の登記

　　第三条目録に記録されている物件を分離し，又はその物件が滅失した場合の登記としては，目録にその物件が分離され，又は滅失した旨，申請の受付年月日及び受付番号を記録し，その物件の表示を抹消する記号を記録

しなければならない（工抵法42条）。

④　普通抵当権が工場抵当権となった場合の抵当権の変更（又は更正）登記

　　普通抵当権が工場抵当権となった場合の抵当権の変更登記（付記登記又は主登記）としては，登記記録中権利部乙区事項欄に申請の受付年月日及び受付番号，登記の目的，登記原因及びその日付を記録して，第三条目録を作成した旨を記録する（3：6：2：7［記録例3］）。

⑤　工場抵当権が普通抵当権となった場合の抵当権の変更（又は更正）登記

　　工場抵当権が普通抵当権となった場合の抵当権の変更登記としては，申請の受付年月日及び受付番号，登記の目的，登記原因とその日付を記録して，第三条目録作成の記録を抹消する記号（下線）を記録し，同目録を閉鎖する（3：6：2：8［記録例4］）。

3：6：2：6　第三条目録の記録の変更登記の効力

　第三条目録の記録は，登記の一部とみなされ，記録物件（備付けの機械，器具その他工場の用に供する物）に抵当権の効力の及ぶことを第三者に対抗する要件であることは，既述のとおりである。目録の記録の変更登記の効力は，次のとおりである。

3：6：2：6：1　表示変更による変更登記

　第三条目録の記録物件の表示に変更が生じた場合にされる変更登記については，対抗力の問題は生じない。変更が生じているのであれば，その表示の変更登記をすると否とにかかわらず，変更していることを主張できる。ただし，抵当権の効力が及んでいる物件を明確にし，特定するために，記録物件の表示が実際の物件と合致していることが望ましい。特定をめぐって紛争が生じないように，表示変更の登記の申請をすべきことを工場の所有者に義務付けているのである。

3：6：2：6：2　滅失による変更登記

　第三条目録の記録物件が滅失した場合についても，対抗力の問題は生じない。物件が滅失すればその物についての抵当権が消滅することは当然であって，その消滅を何人にも主張することができる。ただし，抵当権の効力が及

3　工場抵当に関する登記　　**101**

んでいる物件を明確にするために，滅失による変更登記の申請をすべきこと
を工場の所有者に義務付けているのである。

3:6:2:6:3　分離による変更登記

　抵当権者の同意を得て第三条目録の記録物件の備付けを廃止した場合は，
その物につき抵当権が消滅するが，この場合にされる変更登記は，工場の所
有者がその物につき抵当権の消滅したことを第三者に対抗するための要件で
ある。工場の所有者は，この変更登記をしなければ，その抵当権を譲り受け
た第三者に対して，その物件について抵当権が消滅したことを対抗できな
い。

3:6:2:6:4　追加による変更登記

① 　抵当権の目的である工場に属する土地又は建物に新たに機械，器具を備
　え付けたときは，抵当権の効力は，その機械，器具に及ぶことになり，そ
　のことを第三者に対抗するためには，第三条目録の記録の変更登記をする
　必要がある。また，新たに追加された機械，器具に対する優先権は，抵当
　権設定登記の順位によらずに機械，器具目録の変更登記の前後による（昭
　34.11.20民事甲 2537 号民事局長回答）ので，このような事実が発生したとき
　は，工場の所有者は速やかに機械，器具追加による目録記録の変更登記を
　しなければならない。

　　しかし，これに対しては異論があった（精義上 1354）。新たに機械，器具
　等を備え付けたことによる変更登記は，その追加物件に対して抵当権の効
　力が及ぶことを第三者に対抗するためのものであるが，工場抵当権者相互
　間においては，追加物件に対する抵当権の順位に関して問題がある。すな
　わち，この変更登記は，追加物件に抵当権の効力が及ぶことを第三者に対
　抗する要件であるが，第三者のうちその工場に属する土地又は建物につい
　て登記された抵当権者相互間においては，抵当権設定登記の順位にかかわ
　らず，目録記録の変更登記をした順序により，追加物件に対する抵当権の
　順位が定まるというものである。

② 　第三条目録は，工場財団目録と異なり，抵当権ごとに別々に提供され，

抵当権の効力の及ぶ物件は別々に登記されている。しかもこの目録の変更登記は，目録ごとに工場の所有者の単独申請によりされる。第三条目録が1個しか存在しない場合は問題ない。しかし，数個の抵当権の登記がされていて，第三条目録が数個存在するときは，工場の所有者が第2順位の抵当権に関する目録について追加による変更登記をし，その後に第1順位の抵当権に関する目録について同様の登記をした場合，追加物件に対する抵当権の順位は，変更登記をした順序によるのか，それとも土地登記簿又は建物登記簿に登記されている抵当権の順位によるのかが問題になる。

これは，第三条目録に関し，本来1個しか存在せず，その性質の異なる工場財団目録についての工抵法38条以下の変更登記に関する規定を3条4項により準用したことから生じた問題である。

③　追加による目録の変更登記がその物件についての抵当権の対抗要件である以上，その物件に対する抵当権の順位は，一般原則どおり，その登記の前後によるべきものと解するのが自然のように思われる。しかし，第三条目録の記録の変更登記は，登記記録中権利部乙区事項欄における抵当権に関する変更登記であるが，その変更登記には順位番号の記録がされないから，不登法6条の規定による登記の前後を定めることができない。

また，追加による目録記録の変更登記の前後により順位が定まるとすれば，取り替えられる度に目録の変更をしなければならず，土地又は建物に対する抵当権の順位と機械，器具等に対する順位とが異なることも生じ，同一の機械等に対する抵当権の順位も異なって，競売手続を複雑にするおそれがある。しかも，機械器具等は，取り替えられることが多いから，目録の変更がなければ対抗力がないということになれば，取替えの度に目録の変更をしなければならず，煩雑になってしまう（大山Ⅱ66）。

しかも，目録記録の変更登記は，工場の所有者の単独申請によるものである（ただし，普通抵当権が工場抵当となり，又は工場抵当が普通抵当権となった場合の抵当権の変更登記の場合は，登記権利者及び登記義務者の共同申請である。）から，これら，工場の所有者がいずれの目録について

先に変更の登記を申請するかは任意であることからいっても，妥当とはいえない。もっとも，工抵法２条１項ただし書の「別段ノ定」がされている場合は，抵当権の効力の及ぶ機械，器具等について抵当権間に差異が生じ，競売手続が複雑となることも観念的にはあり得るが，追加物件ごとに順位を異にする複雑さは，その比ではない。

④　なお，第三条目録を提供していない第１順位の抵当権と第三条目録を提供して設定登記をした第２順位の工場抵当権がある場合に，第１順位の抵当権について，第三条目録を提供してする抵当権の工場抵当権への変更（又は更正）登記が主登記でされたときは，機械，器具等に対する抵当権の効力について，第２順位の抵当権の目録の記録物件に対して，第１順位の抵当権が後順位となることはあり得る。しかし，それは，複雑となることではないし，同じく抵当権の変更登記であっても，その性質を異にするものであるから，やむを得ないであろう（精義上1355）。

3:6:2:7　普通抵当権から工場抵当権への変更登記の申請

工場でない建物を目的として抵当権を設定した後，抵当権を設定した建物を工場とし，同建物に機械器具等を備え付けたことにより，抵当権者と抵当権設定者との間で，工場抵当権への変更契約を締結し，その変更登記を登記権利者（抵当権者）と登記義務者（抵当権設定者）が共同で申請する場合である（3:6:2:3:6）。

①　登記の目的（不登令３条５号）

「何番抵当権変更」と記載し，権利部乙区何番の抵当権を変更するのかを順位番号により特定する。複数の不動産に同一債権の抵当権が設定されていて，この抵当権を同時に変更する場合において，それらの登記の順位番号が異なるときは，「抵当権変更（順位番号後記のとおり）」と記載し，「不動産の表示」欄の地番又は家屋番号の次に，「（順位何番）」と記載する。原因の次行に「変更すべき登記の表示」と記載し，変更する抵当権を受付年月日及び受付番号で特定することもできる。

②　登記原因及びその日付（不登令３条６号）

普通抵当権を工場抵当権にするための変更契約が成立した日及び変更の旨を「平成○年○月○日変更」と記載する。

③　変更後の事項（不登令別表 25 申請情報）

変更後の事項として，工抵法2条の抵当権に変更したことを明らかにするため，「工抵法第三条目録を作成した」旨を記載する（工抵規則2条）。ただし，「工場抵当法第2条の抵当権」とする見解もある（精義上 1569）。

④　権　利　者　　（略）

⑤　義　務　者　　（略）

⑥　添付情報

登記識別情報又は登記済証　登記原因証明情報　会社法人等番号（又は登記事項証明書）　印鑑証明書（注）　代理権限証明情報　機械器具目録（以下一部省略）

⑦　登録免許税

登録免許税額を記載する（不登規則 189 条1項）。この金額は，不動産1個について 1,000 円とされている（税法別表第一・一・（十四））。

[記録例3]　普通抵当権を工場抵当法第2条による抵当権に変更する場合（記録例 461）

権 利 部 　（乙区）		（所有権以外の権利に関する事項）	
順位番号	登記の目的	受付年月日・受付番号	権利者その他の事項
何	抵当権設定	平成何年何月何日 第何号	原因　平成何年何月何日金銭消費 　　　　　　貸借同日設定 債権額　金何万円 利息　年何％ 損害金　年何％ 債務者　何市何町何番地 　　乙　某 抵当権者　何市何町何番地 　　甲　某
付記1号	何番抵当権 変更	平成何年何月何日 第何号	原因　平成何年何月何日変更 工場抵当法第三条目録作成

⑧　不動産の表示（略）

　（注）　登記上の利害関係人がいる場合は，その者の承諾証明情報を提供する（3：6：2：3：6③）。

3:6:2:8　工場抵当権から普通抵当権への変更登記の申請

　工場抵当権の設定登記をした後に抵当権者の同意（承諾）を得て備え付けた機械，器具の全部を撤去（備付廃止）したため，その土地又は建物が工場に属するものでなくなった場合には，その抵当権は，土地又は建物を目的とする普通抵当権に変更する。

　この場合の登記手続としては，抵当権の変更登記をすべきであり，機械器具目録について物件全部の分離手続のみをとる方法は相当でないとされている（昭35・5・16民事甲1172号民事局長回答，3：6：2：3：7）。

①　登記の目的（不登令3条5号）

　「何番工場抵当権変更」と記載し，権利部乙区何番の工場抵当権を変更するかを順位番号により特定する。

②　原因及びその日付（不登令3条6号）

　工場に備付けの機械，器具全部の備付けを現実に撤去した日及び「機械器具等備付廃止」の旨を記載する。ただし，「工場廃止」と記載するのが相当であるとする見解もある（精義上1572）。

　なお，備付けの機械器具等の全部に効力を及ぼさせない特約をした場合は，「年月日変更」と記載する（精義上1572）。

③　変更後の事項（不登令別表25申請情報）

　「工抵法第三条目録の抹消」と記載する。

④　権　利　者　　（略）

⑤　義　務　者　　（略）

⑥　添付情報

　登記識別情報又は登記済証　登記原因証明情報　会社法人等番号（又は

登記事項証明書）　印鑑証明書　代理権限証明情報

（以下一部省略）

⑦　登録免許税（不登規則 189 条 1 項）　金何円

　登録免許税額を記載する。この金額は，不動産 1 個について 1,000 円とされている（税法別表第一・一・（十四））

⑧　不動産の表示（略）

[記録例 4]　工場抵当法第 2 条による抵当権を普通抵当権に変更する場合
　　　　　　（記録例 462）

権 利 部　　（乙区）　　　　（所有権以外の権利に関する事項）			
順位番号	登記の目的	受付年月日・受付番号	権利者その他の事項
何	抵当権設定	平成何年何月何日 第何号	原因　平成何年何月何日金銭消費 　　　　貸借同日設定 債権額　金何万円 利息　年何％ 損害金　年何％ 債務者　何市何町何番地 　乙　某 抵当権者　何市何町何番地 　甲　某 工場抵当法第 3 条第 2 項目録作成
付記 1 号	何番抵当権 変更	平成何年何月何日 第何号	原因　平成何年何月何日機械器具 　　　　備付廃止

（注）　変更前の工場抵当法第 3 条第 2 項目録作成の記録を抹消する記号（下線）を記録し，同目録を閉鎖する。

3：7　工場抵当に関する登記申請書

　登記申請書は，工場抵当権設定登記の申請書においてその概略を説明し，その余の申請書については，必要事項のみを説明し，注記も省略する。

3 工場抵当に関する登記　**107**

3：7：1　工場抵当権の設定登記の申請

　これは，機械器具の備付けがある工場について，工抵法第2条による抵当権設定契約をし，その登記を登記権利者（抵当権者）と登記義務者（抵当権設定者）が共同して申請する場合である（3：5：5）。

　　　　登記申請書

登記の目的　　工場抵当権設定（注1）

原　　　因　　平成○年○月○日金銭消費貸借同日設定（注2）

債　権　額　　金何万円（注3）

利　　　息　　年何％（年365日の日割計算）（注4）

損　害　金　　年何％（年365日の日割計算）（注5）

債　務　者　　○市○町○番地

　　　　　　　　　　　　乙　　　某（注6）

抵 当 権 者　　○市○町○番○号

　　　　　　　　　株式会社　甲　　銀行（取扱店　何支店）

　　　　　　　　　（会社法人等番号　1234-56-789012）

　　　　　　　　　　代表取締役　甲　　　　某（注7）

設　定　者　　○市○町○番地

　　　　　　　　　　　　乙　　　某（注8）

添付情報

　登記識別情報又は登記済証（注9）　登記原因証明情報（注10）　会社法人等番号又は登記事項証明書（注11）　代理権限証明情報（注12）　印鑑証明書（注13）　機械器具目録（注14）

登記識別情報（登記済証）を提供することができない理由（注15）

　　□不通知　□失効　□失念　□管理支障　□取引円滑障害　□その他

　　（　　　　　）

　　□登記識別情報の通知を希望しない（注16）。

□送付の方法により登記識別情報の通知書の交付を希望する（注17）。

　　送付先　○○の住所又は事務所あて（注18）

その他の事項

　　添付情報の原本の還付は，送付の方法によることを希望する（注19）。

　　送付先　○○の住所又は事務所あて（注20）

平成○年○月○日申請（注21）　○○法務局○○支局（出張所）（注22）

　代　理　人　○市○町○番○号

　　　　　　　　　司法書士法人○○

　　　　　　　　　（会社法人等番号　1234-56-789034）

　　　　　　　　　　代表社員　　丙　　某　　印　（注23）

　　　　　　　　　　連絡先の電話番号○○-○○○○-○○○○（注24）

課 税 価 格　　金何円（注25）

登録免許税　　金何円（注26）

不動産の表示（注27）

　不動産番号　1234567890123（注28）

　所　　　在　○市○町○丁目

　地　　　番　何番

　地　　　目　宅地

　地　　　積　234.56平方メートル

　不動産番号　0987654321012（注28）

　所　　　在　○市○町○丁目○番○号

　家屋番号　　何番

　種　　　類　工場

　構　　　造　鉄筋コンクリート造平家建

　床 面 積　100.00平方メートル

3 工場抵当に関する登記　**109**

（注1）　登記の目的（工抵規則 18 条 1 項・不登令 3 条 5 号）は，「工場抵当権設定」と記載する。特に工抵法第 2 条の規定による抵当権の設定登記である旨を記載する必要はない。

（注2）　登記原因及びその日付（工抵規則 18 条 1 項・不登令 3 条 6 号）として，抵当権の被担保債権の発生原因である債権契約及びその日付並びに抵当権設定契約の成立した日並びに設定の旨（通常は「同日設定」）を記載する。

（注3）　債権額元本を記載する（不登法 83 条 1 項 1 号，不登令別表 55 申請情報イ）。

（注4）　利息に関する定めをしたときに記載する（不登法 88 条 1 項 1 号，不登令別表 55 申請情報ロ）。無利息とする約定をしたときは「無利息」と記載する。利息の生ずる債権で，利率の定めがないときは，法定利率年 5 分（民事債権の場合，民法 404 条）又は年 6 分（商事債権の場合，商法 514 条）と記載する。

　　　なお，利息制限法の制限利息を超える利息の定めは，登記することができない（昭 29.6.2 民事甲 1144 号民事局長通達）ので，利息制限法の範囲内に引き直して記載する。

（注5）　損害金（民法 375 条 2 項に規定する損害の賠償額）の定めをしたときに記載する（不登法 88 条 1 項 2 号，不登令別表 55 申請情報ロ）。利息制限法の制限利息を超える利息の定めは，登記することができない

（注6）　債務者の氏名又は名称及び住所を記載する（不登法 83 条 1 項 2 号，不登令別表 55 申請情報イ）。

（注7）　登記権利者（不登法 60 条）である抵当権者として，債権者の氏名又は名称及び住所を記載し（不登令 3 条 1 号），登記権利者が会社等の法人のときは，その代表者の氏名も記載する（同条 2 号）。この記載は，（注10）の登記原因証明情報（抵当権設定契約証書等）における抵当権者の表示と合致していなければならない（不登法 25 条 4 号，8 号）。また，登記権利者が代理人を選任しないで自ら申請するときは，氏名（又は代表者の氏名）の次に押印する（不登令 16 条 1 項）。

　　　支店における取引の場合には，登記権利者の表示の次に，取扱店名を括弧書きで記載することができる（昭 36.5.17 民事甲 1134 号民事局長通達）。この

場合は，支店の所在の記載を省略して差し支えない（昭 36.9.28 民事三発
859 号民事局第三課長依命通知）。

なお，抵当権者の表示として全国信用金庫連合会の表示のほか，連合会の貸
付業務の取扱店である信用金庫名を付記して差し支えない。

（注8） 登記義務者（不登法 60 条）である設定者として，登記記録の権利部甲区に
記載されている現在の所有権登記名義人の氏名又は名称及び住所を記載し（不
登令3条1号），登記義務者が会社等の法人のときは，その代表者の氏名も記
載する（同条2号）。この記載は，登記記録の所有権登記名義人の表示及び
（注10）の登記原因証明情報（抵当権設定契約証書等）の記載と合致していな
ければならない（不登法 25 条7号，8号）。また，登記義務者が代理人を選任
しないで自ら申請するときは，氏名（又は代表者の氏名）の次に押印する（不
登令 16 条1項）。

（注9） 登記義務者がその不動産について所有権の保存又は移転の登記をしたときに
登記所から交付された登記識別情報を提供する（不登法 22 条）。

登記識別情報を書面により提供する場合は，登記識別情報を記載した書面を
封筒に入れて，登記義務者の氏名又は名称及び登記の目的を記載し，登記識別
情報を記載した書面が在中する旨を明記する（不登規則 66 条1項2号，2項，
3項）。所有者が登記識別情報の制度導入前に所有権の保存又は移転の登記を
している場合は，その登記をしたときに交付された登記済証の原本を添付する
（不登法附則7条）。

これらの場合において，登記識別情報又は登記済証を添付することができな
いときは，登記官は，登記義務者に対して，登記申請があったこと及び申請の
内容が真実であれば，2週間以内にその旨の申出をするよう通知する（不登法
23 条1項，2項，不登規則 70 条8項）。

（注10） 登記原因証明情報（不登法 61 条）とは，登記原因となった事実又は行為及
びこれに基づき現に権利変動が生じたことを証する情報をいう。工場抵当権の
設定の場合は，工場抵当権設定契約の内容（当事者，対象物件が明らかであ
り，登記原因の発生（権利設定）についての当事者の意思の合致ないし権利変

動の内容（被担保債権の発生原因及びその内容）等が明らかにされたもの）を記載した工場抵当権設定契約証書等がこれに当たる（不登令別表55添付情報）。

なお，契約書がないとき（又は作成しなかったとき）は，当事者において工場抵当権設定契約の内容を記載した書面を作成して提供する。

(注11) 登記権利者又は登記義務者が会社法人等番号を有する法人の場合には，資格証明情報の提供に代えて，会社法人等番号（商登法7条）を提供しなければならない（不登令7条1項1号）。ただし，申請人が代表者の資格を証する登記事項証明書（作成後1箇月以内のもの）を提供したときは，会社法人等番号の提供は必要でない（不登令7条1項1号，不登規則36条1項各号，2項）。

なお，申請する登記所が，①法人の登記を受けた登記所と同一であり，かつ，法務大臣が指定した登記所以外のものである場合，②①の登記所に準ずるものとして法務大臣が指定した登記所である場合，③支配人その他の法令の規定により登記の申請をすることができる法人の代理人が，法人を代理して登記を申請する場合は，提供する必要はない（不登規則36条1項〜3項）。

この会社法人等番号（又は登記事項証明書）は，市町村長，登記官その他の公務員が職務上作成したものについては，作成後3月以内のものでなければならない（不登令7条1項1号ロ，17条1項）。

(注12) 登記権利者又は登記義務者が，代理人によって登記を申請するときは，その代理権限を証する情報を提供する（不登令7条1項2号）。ただし，支配人その他の法令の規定により登記を申請することができる法人の代理人が法人を代理して登記を申請する場合であって，申請する登記所が（注11）の①及び②の登記所であるときは，代理権限証明情報を提供する必要はない（不登規則36条2項）。この情報を記載した書面は，登記官等の公務員が職務上作成したものであれば，作成後3月以内のものでなければならない（不登令17条1項）。

(注13) 登記義務者の印鑑証明書（個人の場合は住所地の市区町村長，会社等の法人の場合は登記官が作成したもの）を「添付」する（不登令16条2項）。ただし，登記義務者が会社等の法人の場合で，申請する登記所が法人の登記を受け

た登記所と同一であり，かつ，法務大臣が指定した登記所以外の場合は添付する必要はない（不登規則48条1項1号）。この印鑑証明書は，作成後3月以内のものでなければならない（不登令16条3項）。

(注14)　工抵法2条の規定による抵当権の効力は，工場に属する土地又は建物に備え付けられた機械，器具その他工場の用に供する物に及ぶが，それらの物を明らかにした機械器具目録（第三条目録3：5：4）を作成して提供（提出）しなければならない（工抵法3条3項，工抵規則3条，25条1項）。

　　　　この目録に，機械，器具，電柱，電線，配置諸管，軌条その他の附属物を記録するときは，その種類，構造，箇数又は延長，製作者の氏名又は名称，製造の年月，記号，番号その他同種類の他の物と識別することができ，情報があるときはその情報も記載し，申請人又はその代表者若しくは代理人が記名押印しなければならない（工抵規則3条，8条，25条2項）。

(注15)　登記義務者の登記識別情報又は登記済証を提供することができないときは，その理由を，該当する□にチェックをする（不登法22条ただし書，不登令3条12号）。

(注16)　登記権利者が登記識別情報の通知を希望しないときは，□にチェックする（不登法21条ただし書，不登規則64条1項1号，2項）。

(注17)　登記識別情報の通知書の交付を送付の方法により希望する場合は，その旨を申請情報の内容としなければならない（不登規則63条3項）。

　　　　送付の方法は，①申請人又は代理人が自然人でその住所あてに送付を希望するとき又は②申請人又は代理人が法人で当該法人の代表者の個人の住所あてに送付を希望するときは本人限定受取郵便で，③申請人又は代理人が法人で当該法人の住所あてに送付を希望するとき又は④代理人が自然人でその事務所あてに送付を希望するときは書留郵便等の方法による（同条4項，5項）。

　　　　その送付に要する費用を郵便切手等で提供しなければならない（同条6項，7項）。

　　　　なお，速達等に係る料金に相当する郵便切手を提供したときは，速達の方法により送付される（同条8項）。

3　工場抵当に関する登記　**113**

(注18)　登記識別情報の送付先の別（注20）を記載しなければならない（不登規則63条3項）。なお，代理人が登記識別情報の通知書を受領する場合には，特別の委任を受けなければならない（不登規則62条2項）。

(注19)　添付情報の原本還付は，申請人の申出により，送付の方法により請求することができる（不登規則55条6項）。また，送付の方法は，確実に送付することができる書留郵便等によることとし（同条7項），その費用を納付しなければならない（同条8項）。

(注20)　原本の送付先として，申請人又は代理人の住所を記載しなければならない（不登規則55条6項）。

(注21)　登記を申請する日，すなわち，申請書を登記所に提供する日を記載する（不登規則34条1項7号）。

(注22)　登記を申請する不動産を管轄する登記所の表示として，法務局若しくは地方法務局若しくはこれらの支局又はこれらの出張所を記載する（不登規則34条1項8号）。

(注23)　代理人によって登記を申請するときは，その代理人の氏名又は名称及び住所並びに代理人が法人の場合は代表者の氏名を記載し（不登令3条3号），押印する（不登令16条1項）。ただし，代理人が申請書に署名したときは，記名押印する必要はない（不登規則47条1号）。この記載は，（注15）の委任状の受任者の表示と合致していなければならない（不登法25条4号）。

(注24)　申請書の記載事項等に補正すべき点がある場合に，登記所の担当者から申請人又は代理人に連絡するための連絡先の電話番号を記載する（不登規則34条1項1号）。

(注25)　登録免許税の課税標準の金額を記載する（不登規則189条1項）。この金額は，（注3）に記載した債権額による（税法9条）。この金額に1,000円未満の端数があるときは，その端数を切り捨て（国税通則法118条1項），その全額が1,000円に満たないときは1,000円とする（税法15条）。

(注26)　登録免許税額を記載する（不登規則189条1項）。この金額は，（注25）に記載した課税価格の1,000分の4とされている（税法別表第一・一・㈤）。また，

この金額に 100 円未満の端数があるときは，その端数を切り捨て（国税通則法 119 条 1 項），その全額が 1,000 円に満たないときは 1,000 円とする（税法 19 条）。

(注27) 不動産の表示として，土地の場合は，当該土地の所在する市，区，郡，町，村及び字，地番，地目，地積を記載する（不登令 3 条 7 号イないしニ）。また，建物の場合は，建物の所在する市，区，郡，町，村，字及び土地の地番，家屋番号，種類，構造及び床面積等を記載する（同条 8 号イないしト）。これらの記載は，登記記録の表示と合致していなければならない（不登法 25 条 6 号）。

(注28) 不動産番号（不動産を識別するための番号，不登法 27 条 4 号，不登規則 90 条）を記載した場合は，(注27) の記載を省略することができる（不登令 6 条 1 項 1 号，2 号）。

[様式 2] 「委任状」

委　任　状（注 1）

〇市〇町〇番地

何　　　某

甲及び乙は，上記の者を代理人と定め，下記登記の申請に関する一切の権限を委任します。

記

1　物件の表示　　後記のとおり（略）（注 2）

2　登記の目的　　工場抵当権設定登記

3　登記原因及びその日付　　平成〇年〇月〇日金銭消費貸借同日設定

4　債　権　額　　金何万円

5　利　　　息　　年何％（年 365 日の日割計算）

6　損　害　金　　年何％（年 365 日の日割計算）

7　債　務　者　　〇市〇町〇番地

3 工場抵当に関する登記　　**115**

```
　　　　　　　　　　　乙　　　　某
8　抵当権者（甲）○市○町○番○号
　　　　　　　　　　　株式会社　甲　　銀　行（取扱店　何支店）
　　　　　　　　　　　代表取締役　甲　　　　　某
9　設定者（乙）　○市○町○番地
　　　　　　　　　　　乙　　　　某
```

（注１）　委任状には，抵当権の効力が及ぶ機械，器具の表示を記載する必要はない
　　　　（昭33.7.12民事甲1426号民事局長心得通達一）。

（注２）　委任事項として，「登記原因証明情報である平成○年○月○日工場抵当権設
　　　　定契約証書記載のとおり」と記載したときは，１ないし７の記載を省略するこ
　　　　とができる。

3:7:2　普通抵当権から工場抵当権への変更登記の申請

　この書式は，工場でない建物を目的として抵当権を設定した後，抵当権を
設定した建物を工場とし，同建物に機械器具等を備え付けたことにより，抵
当権者と抵当権設定者との間で，工場抵当権への変更契約を締結し，その変
更登記を登記権利者（抵当権者）と登記義務者（抵当権設定者）が共同で申
請する場合の記載例である（3:6:2:7）。


```
　　　　登記申請書
登記の目的　　　何番抵当権変更（注１）
原　　　因　　　平成○年○月○日変更（注２）
変更後の事項　　工抵法第三条目録の提供（注３）
権　利　者　　　（略）
義　務　者　　　（略）
```

添付情報

　　登記識別情報又は登記済証　登記原因証明情報（**注４**）　会社法人等番号（又は登記事項証明書）印鑑証明書　代理権限証明情報　機械器具目録

　　（以下省略）

登録免許税　　金何円（**注５**）

不動産の表示（省略）

（**注１**）　登記の目的（不登令３条５号）は，「何番抵当権変更」と記載し，権利部乙区何番の抵当権を変更するのかを順位番号により特定する。複数の不動産に同一債権の抵当権が設定されていて，この抵当権を同時に変更する場合において，それらの登記の順位番号が異なるときは，「抵当権変更（順位番号後記のとおり）」と記載し，「不動産の表示」欄の地番又は家屋番号の次に，「（順位何番）」と記載する方法もある。

　　　　なお，原因の次行に「変更すべき登記の表示」と記載し，変更する抵当権を受付年月日及び受付番号で特定することもできる。

（**注２**）　登記原因及びその日付（不登令３条６号）として，普通抵当権を工場抵当権にするための変更契約が成立した日並びに変更の旨を記載する。

（**注３**）　変更後の事項（不登令別表25申請情報）として，工抵法第２条の抵当権に変更したことを明らかにするため，「工抵法第三条目録の提供」と記載する。

　　　　ただし，「工場抵当法第２条の抵当権」とする見解もある（精義上1569）。

（**注４**）　抵当権変更の場合は，抵当権変更契約の内容（当事者，対象物件が明らかであり，登記原因の発生（権利変動）についての当事者の意思の合致ないし当該権利変動の内容等が明らかにされたもの）を記載した抵当権変更契約証書等がこれに当たる（不登令別表25添付情報イ）。

　　　　契約書がないとき（又は作成しなかったとき）は，当事者において抵当権変更契約の内容を記載した書面を作成して提供する。

3 工場抵当に関する登記　**117**

（注5） 登録免許税額を記載する（不登規則 189 条 1 項）。この金額は，不動産 1 個について 1,000 円とされている（税法別表第一・一・（十四））。

[別記様式] 委任状（省略）（注）

（注） 委任状には，抵当権の効力が及ぶ機械，器具の表示を記載する必要はないとされている（昭 33.7.12 民事甲 1426 号民事局長心得通達二）。

3:7:3　工場抵当権から普通抵当権への変更登記の申請

この書式は，抵当権者の承諾を得て備え付けた機械，器具の全部を撤去（備付廃止）したため，第三条目録を作成した旨の記録の抹消登記を登記権利者（抵当権設定者）と登記義務者（抵当権者）が共同で申請する場合の記載例である（3:6:2:8）。

　　　　登記申請書
登記の目的　　何番工場抵当権変更（**注1**）
原　　　因　　平成〇年〇月〇日機械器具等備付廃止（**注2**）
変更後の事項　工抵法第三条目録の抹消（**注3**）
権　利　者　　（略）
義　務　者　　（略）
添付情報
　登記識別情報又は登記済証　登記原因証明情報　会社法人等番号（又
は登記事項証明書）　代理権限証明情報　抵当権者の印鑑証明書
　（以下省略）
登録免許税　　金何円（**注4**）
不動産の表示（省略）

（注1）　登記の目的（不登令3条5号）は，「何番工場抵当権変更」と記載し，権利部乙区何番の工場抵当権を変更するかを順位番号により特定する。

（注2）　登記原因及びその日付（不登令3条6号）として，工場に備付けの機械，器具全部の備付けを現実に撤去した日並びに「機械器具備付廃止」の旨を記載する。ただし，「工場廃止」と記載するのが相当であるとする見解もある（精義上1572）。

（注3）　変更後の事項（不登令別表25申請情報）として，「工抵法第三条目録（を作成した旨の記録）の抹消」と記載する。

（注4）　登録免許税額を記載する（不登規則189条1項）。この金額は，不動産1個について1,000円とされている（税法別表第一・一・（十四））。

3：7：4　機械，器具の分離による第三条目録の記録の変更登記の申請

　この書式は，抵当権者の承諾を得て備え付けた機械，器具の一部を分離したため，その変更登記を工場の所有者（建物の所有権の登記名義人）が申請する場合の記載例である（3：6：2：4：3）。

　　　　　　登記申請書

登記の目的　　　何番抵当権機械器具目録の記録変更（注1）

原　　　因　　　平成○年○月○日分離（注2）

変更後の事項　　分離物件（注3）

　　　　　　　　鉄製旋盤1台，何製作所平成○年○月○日製造第何号

申　請　人　　　（略）（注4）

添付情報

　登記原因証明情報（注5）　承諾証明情報（注6）　印鑑証明書　会社法人等番号（又は登記事項証明書）　代理権限証明情報

登録免許税　　　金何円（注7）

3　工場抵当に関する登記　**119**

不動産の表示（省略）

（注１）　登記の目的（不登令３条５号）は，「何番抵当権機械器具目録記録変更」と
記載し，権利部乙区何番の抵当権の順位番号により特定する。複数の不動産に
同一債権の抵当権が設定されていて，この抵当権の機械器具目録記録変更を同
時にする場合において，それらの登記の順位番号が異なるときは，「抵当権機
械器具目録記録変更（順位番号後記のとおり）」と記載し，「不動産の表示」欄
の地番又は家屋番号の次に，「（順位何番）」と記載する方法もある。

　　　なお，原因の次行に「機械器具目録の記録変更する抵当権の表示」と記載
し，変更する抵当権を受付年月日及び受付番号で特定することもできる。

（注２）　登記原因（不登令３条６号）は，分離することについて抵当権者の同意が
あった日又は分離の事実が生じた日と「分離」の旨を記載する。

（注３）　変更後の事項（不登令別表25申請情報）として，工抵法第３条第２項目録
の変更の登記をすべき分離した機械，器具を記載する。

（注４）　申請は，工場抵当権の目的である土地及び建物の所有者が単独で申請すべき
ものとされているが（工抵法３条２項・38条１項），共同申請（登記権利者，
登記義務者）により申請された場合も便宜印鑑証明を添付のうえ受理して差し
支えない（昭40.12.17民事甲3433号民事局長回答四）。

（注５）　機械器具目録の記録変更の場合は，申請人においてこの内容を記載した書面
を作成して提供することになる（不登令別表25添付情報）。

（注６）　抵当権者の承諾証明情報を提供する（工抵法38条２項，昭33.7.12民事甲
1427号民事局長通達）。この承諾書には，承諾をした者が記名押印し，その者
の印鑑証明書を添付することを要する（不登令19条１項，２項）。

（注７）　登録免許税額を記載する（不登規則189条１項）。この金額は，不動産１個
について1,000円とされている（税法別表第一・一・（十四））。

3：7：5　機械，器具の追加による第三条目録の記録の変更登記の申請

　この書式は，抵当権の目的である工場に属する土地又は建物に新たに機械，器具を備え付けたので，その変更の登記を工場の所有者（建物の所有権の登記名義人）が申請する場合の記載例である（3：6：2：6：4）。

　　　　登記申請書

登記の目的　　　何番抵当権機械器具目録記録変更（注1）

原　　　因　　　平成○年○月○日備付け（注2）

変更後の事項　　追加物件（注3）

　　　　　　　　鉄製旋盤1台，何製作所平成○年○月○日製造第何号

　　　　　　　　（追加目録のとおり）

申　請　人　　　（略）

添付情報

　登記原因証明情報（注4）　承諾証明情報（注5）　印鑑証明書　会社法人等番号（又は登記事項証明書）　代理権限証明情報　追加目録（注6）（申請書の写し）

登録免許税　　　金何円（注7）

不動産の表示（省略）

（注1）　登記の目的（不登令3条5号）は，「何番抵当権機械器具目録記録変更」と記載し，権利部乙区何番の抵当権を順位番号により特定する。複数の不動産に同一債権の抵当権が設定されていて，この抵当権の機械器具目録記録変更を同時にする場合において，それらの登記の順位番号が異なるときは，「抵当権機械器具目録記録変更（順位番号後記のとおり）」と記載し，「不動産の表示」欄の地番又は家屋番号の次に，「（順位何番）」と記載する方法もある。

　　　なお，原因の次行に「機械器具目録の記録変更する抵当権の表示」と記載

し，変更する抵当権を受付年月日及び受付番号で特定し，又は「追加物件の表示　追加目録記載のとおり」とすることもできる（精義 1574）。

（注２）　登記原因（不登令３条６号）は，抵当権の目的とされている工場に属する土地又は建物に新たに機械，器具が備え付けられたときは，抵当権の効力が当該機械，器具にも当然に及ぶことから，この備え付けがあったときは，「備え付けた日」と，「備付け」の旨を記載する。

（注３）　変更後の事項（不登令別表 25 申請情報）として，工抵法第３条第２項目録に追加すべき新たに備え付けられた機械，器具を記載する。ただし，「追加目録のとおり」としても差し支えない。

（注４）　抵当権機械器具目録記録変更の場合は，申請人においてこの内容を記載した書面を作成して提供することになる（不登令別表 25 添付情報イ）。

（注５）　抵当権者の承諾証明情報を提供する（工抵法３条２項，38 条２項，昭 33. 7 .12 民事甲 1427 号民事局長通達）。この承諾書には，承諾をした者が記名押印し，その者の印鑑証明書を添付することを要する（不登令 19 条１項，２項）。

（注６）　新たに追加で備え付けられた機械，器具を記載した追加目録を提供する（工抵法３条４項・39 条）。

（注７）　登録免許税額を記載する（不登規則 189 条１項）。この金額は，不動産１個について 1,000 円とされている（税法別表第一・一・（十四））。

4 工場財団

4：1 工場財団の意義

　工場財団は，抵当権（根抵当権を含む。）の目的とするために，工抵法1条所定の1個又は数個の工場又は工場とみなされるものについて設定される（工抵法8条1項）。土地，建物，機械，器具その他の物的設備のみならず，そのための地上権，賃借権，工業所有権又はダム使用権の全部又は一部をもって組成される（同法11条）。工場財団は，その所有権保存登記によって成立し（同法9条），1個の不動産とみなされる（同法14条1項）。

4:1:1　不動産としての工場財団

　工場財団は，1個の不動産とみなされるから，民法その他の実体法はもちろん，民事訴訟法，民事執行法，民事保全法，国税徴収法等の手続法についても，その性質に反しない限り，不動産に関する規定が適用される。したがって，不登法等の関係法令は，工場財団の登記に関して当然に適用され，特別の定めのない限り，これらの登記手続の規定に従って，工場財団の設定及び抵当権の設定登記がされる。

　工場財団は，「所有権及抵当権以外ノ権利」の目的とすることができない（工抵法14条2項本文）。この場合の「所有権及抵当権以外ノ権利」に先取特権が含まれるか否か，また，賃借権についてはどうかが問題となる。

① 先取特権

　動産又は不動産の特別の先取特権（民法311条，325条）は，工場財団についてはあり得ない。問題は，一般の先取特権（民法306条）の目的となるかどうかである。しかし，工場財団について一般の先取特権の成立を否定する理由はないから，工場財団も，債務者の財産の一つとして，一般の先取特権の目的となる。ただし，工場財団については，一般の先取特権の保存登記をすることができない（工抵法20条3項）。

　また，工場財団は，不動産とみなされるから，その売買が行われた場合

に，不動産売買の先取特権（民法340条）の規定が適用されるかが問題となるが，工抵法14条2項本文の規定により消極に解すべきである。ただし，売買による工場財団の所有権の移転登記において，買戻しの特約の付記登記をすることは，可能であろう。

② 賃借権

工場財団は，抵当権者の同意を得たときに限り，賃借権の目的とすることができる（工抵法14条2項ただし書）。この場合の抵当権者の同意は，賃貸借の効力発生要件であって，抵当権者の同意を得ないでした賃貸借は無効である。この同意を必要とする抵当権者は，賃貸借の契約時の抵当権者全員であり，仮登記された抵当権に関する権利者も含まれると解すべきである。

問題は，賃貸借が成立した後に工場財団の抵当権の設定登記（又は設定に関する仮登記）を受けた権利者について，さらにその同意を必要とするか（同意が得られないときは，賃借権が将来に向って消滅するか。）又はその新たな抵当権者に賃貸借を対抗することができるかどうかである。民法605条は，「不動産の賃貸借は，その登記をしたときは，その後その不動産について物権を取得した者に対しても，その効力を生ずる。」旨規定している。工場財団も1個の不動産とみなされる以上，特別の規定のない限り，同条の規定が当然適用され，その賃借権の対抗力についても，同条の規定によるのが当然である。ところが，工場財団の賃借権に関しては，その登記が認められていない。

しかし，民法177条の規定に関して生ずる対抗力については，登記法でその登記が認められていない場合（例えば入会権）にも，登記なくして対抗することができると解されているから，工場財団の賃借権もその実質を考えれば，債権ではあるが登記なくして対抗できると解して差し支えないであろう。したがって，賃貸借の契約の時に存する抵当権者全員の同意を得て有効に成立した工場財団の賃貸借については，その後生じた抵当権者にも対抗することができ，その同意は必要でないと解すべきであろうか

（精義下 1358）。

③　信託

　「工場財団は不動産とみなされるが（工抵法 14 条 1 項），工場財団は，抵当権を設定するために組成されたものであるから，財団そのものは信託できないとされている」という見解がある（「質疑応答 7952」登記研究 785-139，「わかりやすい信託登記の手続」20（日本法令））。

　しかし，工抵法 14 条 2 項は「工場財団ハ所有権及抵当権以外ノ権利ノ目的タルコトヲ得ス」としており，受託者が登記原因を「信託」として所有権を取得することは，この規定に抵触するものではない。委託者は，受託者に対して信託を登記原因として所有権を移転して工場財団の運用を任せることは，事業の運営一切を託する「事業信託」（特定の事業その物を信託の対象とすること。）と同様に優れたシステムであるといえよう。

　なお，信託財産である不動産及び機械器具を工場財団に組成することも可能と解する。この場合には，「工場財団保存及び信託」として財団及び組成物件に同一の信託目録を添付することにより，組成物件のすべてが同一の所有者たる受託者に帰属し，組成物件である信託土地建物の登記記録に「工場財団に属した」旨の登記をすることになる（工抵法 34 条）。

④　差押え等

　工場財団は，差押え，仮差押え又は仮処分の目的となり得ることはいうまでもないであろう。差押え，仮差押え又は仮処分は，「所有権及抵当権以外ノ権利」に該当しないからである。

4：1：2　工場財団登記簿及び管轄登記所

4：1：2：1　工場財団登記簿

　工場財団は，1 個の不動産とみなされるが，それに関する登記は，工場財団登記簿にされる（工抵法 18 条）。その内容は，現行法によれば①のとおりであるが，実務では，旧規定に基づき，②の取扱いが行われている（工抵規則附則 3 条）。

①　工場財団登記簿についても，いわゆる物的編成主義を探り，1 個の工場

財団について一登記記録を設ける（工抵法19条）。登記官は，工場財団について初めて登記をしたとき又は管轄転属によって移送を受けたときは，工場財団の登記記録（工抵規則40条2項1号別記第三号様式・1：2：2：2：1②(1)参照）の表題部に設けられたと登記番号欄に，その順序に従って登記番号を記録しなければならない（工抵規則5条1項）。

工場財団登記簿は，一登記記録を表題部及び権利部に分け，表題部には工場財団の表示に関する事項を記録し，権利部には所有権及び抵当権に関する事項を記録する（工抵法20条）（**注1**）。

表題部には，登記番号欄が設けられ，この欄には工場財団について初めての登記，すなわち所有権の保存登記をし，又は管轄転属により移送を受けた順序に従って，登記番号を記録する（工抵規則5条1項）。

工場財団の登記記録の権利部は，甲区及び乙区に区分し，甲区には所有権に関する登記事項を記録し，乙区には抵当権に関する登記事項を記録する（同条2項）。

② 工場財団の登記記録（登記用紙）には，表紙及び目録が付され（工抵手続2条），目録には工場財団登記簿に登記用紙を編綴するごとに登記番号，所有者の氏名又は名称，編綴の年月日を記載して，登記官が捺印する（工抵手続3条ノ4）。所有権の移転登記又は所有者の氏名等の変更登記をしたときは，目録に新しい所有者の氏名若しくは名称又は変更後の新氏名若しくは新名称を記載し，従前の氏名又は名称を朱抹し，備考欄にその旨及び年月日を記載して登記官が捺印する（工抵手続3条ノ5）。登記簿から登記用紙を除却したときは，目録のその登記用紙の記載を朱抹し，除却の年月日及び事由を記載して，登記官が捺印する（工抵手続1条，不登規則附則4条2項ノ規定ニ依リ仍其ノ効力ヲ有スルモノトサレタ旧細則7条2項）。

また，工場財団登記簿のほかに閉鎖登記簿が設けられ，閉鎖した登記用紙を編綴して調整されるものであって，表紙及び目録が付される（工抵手続3条ノ6第1項）。この目録には，閉鎖した登記用紙を編綴するごとに登記番号，所有者の氏名又は名称，編綴の年月日及び事由を記載して，登記

官が捺印する（注2）。

（注1） 工抵法19条及び20条の規定は，不登法（平16年法律123号。以下「新不
登法」という。）附則3条1項の規定による指定（同条3項の規定により指定
を受けたものとみなされるものを含む。以下同じ。）を受けた事務について，
その指定の日から適用する（附則7条1項）。その指定がされるまでの間は，
同項の指定を受けていない事務については，改正前の工抵法19条及び20条の
規定は，なおその効力を有する（同条2項）。

　　7条1項の指定がされるまでの間における前項の事務についての規定の適用
については，これらの規定中「登記記録」とあるのは「登記用紙」と，「権利
部」とあるのは「相当区事項欄」とする（同条3項）。

（注2） 新不登法（2条9号）では，工場財団登記簿は磁気ディスクで調製されるこ
とになっているため，工抵規則には，工抵手続で定めた②の規定に相当する規
定は置いていない。しかし，工場財団の登記実務は，（注1）のとおり，電子
情報処理組織により取り扱う事務として不登法附則3条，6条の指定を受けた
事務はなく，工抵規則附則3条以下の規定により，これら旧規定により運用さ
れているので，以下，これらの用語を用いて説明することがある。御留意いた
だきたい。その詳細は，2：4のとおりである。

4:1:2:2　管轄登記所

　工場財団に関する登記の管轄登記所は，工抵法17条に規定されている。

4:1:2:2:1　所有権の保存登記の管轄登記所

　工場財団の所有権の保存登記（工抵法9条）については，工場財団を組成す
べき工場の所在地の法務局，地方法務局又はその支局若しくは出張所が管轄
登記所となるが（同法17条1項），工場が数個の登記所の管轄地にまたがり，
又は数個の登記所の管轄地内にある場合において，数個の登記所が同一の法
務局又は地方法務局管内の登記所であるときは，法務局又は地方法務局の長
が，数個の登記所が同一の法務局及びその管内の地方法務局の管内の登記所

であるときは法務局の長が，その他のとき（登記所が２以上の法務局の管内の登記所であるとき）は法務大臣がそれぞれ申請により指定した登記所が管轄登記所となる（同条２項，不動産等の管轄登記所の指定に関する省令１条，財団準則５条附録第１号様式「管轄登記所指定書」，4：4：1：3様式６）

　管轄登記所の指定の申請（工抵法17条２項，３項）は，次の「管轄登記所指定申請書」によってする（財団準則２条１項，4：4：1：3様式５）。

① 　申請書には，工場財団の表示（工抵法21条）に属する土地又は建物の全部並びに工場財団の所有権の保存，分割又は合併の登記の申請をするため必要がある旨を記載する（財団準則２条２項）。

② 　申請書には，申請人が指定を希望する管轄登記所名を記載することができる（同条３項）。

③ 　申請書に土地の所在及び地番，建物の所在及び家屋番号を記載した不動産目録２通を添付した場合には，申請書に工場に属する土地又は建物を記載する必要がある（財団準則３条）。

④ 　申請書には，次の情報を添付する。ただし，登記申請における添付情報の扱いに準じて，その添付を省略することができる（財団準則４条）。

　　a 　申請人が法人であるときは，法人の代表者の会社法人等番号（又は登記事項証明書）

　　b 　代理人によって申請をするときは，代理人の権限証明情報

4：1：2：2：2 　工場財団の合併登記の管轄登記所

　工場財団の合併登記については，合併しようとする工場財団が同一の登記所に登記されているときは，その登記所が合併登記の管轄登記所であるが，そうでないときは，申請により法務大臣又は法務局長若しくは地方法務局長の管轄指定のあった登記所が管轄登記所となる。ただし，合併しようとする工場財団のうち既登記の抵当権の目的となっているものがあるときは，その工場財団（常に１個である。）の管轄登記所が合併登記の管轄登記所となる（財団準則２条３項）。

4:1:2:2:3　その他の工場財団に関する登記の管轄登記所

工場財団の合併を除くその他の工場財団に関する登記の管轄登記所は，すべて現に工場財団の登記がされている登記所が管轄登記所となる。

4:1:2:2:4　管轄転属

工場財団の管轄登記所がその管轄権を失った場合には，それに代わって管轄権を有する登記所にその工場財団の登記記録及びその附属書類（工場図面を含む。）又はその謄本並びに工場財団目録を移送する（工抵規則31条）。工場財団の管轄登記所について管轄転属の生ずる場合は，次のとおりである。

① 工場分離又は滅失による工場財団目録の記録の変更登記

　　数個の工場について設定された工場財団において，甲登記所の管轄地内に存在するA工場が工場財団から分離され（その工場に属する組成物件のすべてが分離された場合）又は滅失したことにより，工場財団目録の記録の変更登記（4:5:4:2）がされ，その工場財団を組成する工場が甲登記所の管轄地内に存しないこととなった場合には，工抵法17条の規定により，B工場の存在する乙登記所がその工場財団の管轄登記所となる。すなわち，残存工場の所在地がすべて一つの登記所の管轄地内にあるときはその登記所が，残存工場の所在地が数個の登記所の管轄地にまたがり又は数個の登記所の管轄地内にあるときは申請により法務大臣又は法務局長若しくは地方法務局長が指定した登記所がそれぞれ新たに管轄権を有する。

② 工場財団の分割

　　工場財団の分割の登記（4：7）により，分割後の工場財団について，その組成工場が分割前の工場財団の管轄登記所の管轄地内に存在しなくなった場合には，その登記所は，管轄権を失い，工抵法17条の規定により，工場財団の管轄登記所が定まるので，その管轄登記所に対して，分割後の工場財団の登記記録及びその附属書類並びに工場財団目録（工場図面を含む。）を移送する（工抵規則31条）。

③ 登記所の管轄区域の変更

　　登記所の管轄区域の変更により，工場財団を組成する工場の所在地が甲

登記所の管轄から乙登記所の管轄に転属したときは，甲登記所はその工場財団の管轄権を失い，乙登記所がその管轄権を有することになるから，移送手続をする（不登規則32条）。この場合，甲登記所が工抵法17条2項の規定により指定された管轄登記所であると問題が生ずる。

　例えば，甲登記所のA工場，乙登記所のB工場及び丙登記所のC工場の3工場について設定された工場財団について，甲登記所が管轄登記所に指定されている場合に，A工場の所在地が甲登記所の管轄から乙登記所若しくは丙登記所又は丁登記所の管轄に転属し，甲登記所の管轄地内に組成工場が存在しなくなったときは，工抵規則31条の場合と同様の趣旨により，工場の所有者においてさらに管轄指定を申請し，その指定された登記所に移送手続をすべきである。

④　管轄外の工場の追加

　既登記の工場財団にその管轄登記所の管轄外の工場を追加する場合（工場財団目録の追加による変更登記及び工場財団の表示の変更登記を申請する場合）においても，その既設の工場財団の管轄登記所が追加後の工場財団についても管轄権を有するものと解すべきであるから，管轄登記所の指定の手続は必要でない（昭26.5.17民事甲1005号民事局長通達）。

4：2　工場財団の設定

4：2：1　工場財団設定の範囲

4：2：1：1　1個又は数個の工場についての設定

　工場の所有者は，抵当権の目的とするため，その所有する1個の工場ごとに工場財団を設定することができるし，数個の工場を一括して1個の工場財団を設定することもできる（工抵法8条1項前段）。また，数個の工場が各別の所有者に属する場合においても，その数個の工場につき1個の工場財団を設定することもできる（同項後段）。この場合，その工場財団は，工場所有者全員の共有となる。

4:2:1:2 工場の追加

　工場の所有者は，1個又は数個の工場につき設定された工場財団に1個又は数個の工場を追加することができる。手続的には，1個又は数個の工場に属する不動産その他の組成物件となり得るものを既設の工場財団の組成物件に追加し，その追加による工場財団目録の記録の変更登記を申請する。工場の追加であるから，その工場の基本的組成物件に属する土地若しくは建物又は地上権若しくは不動産賃借権が追加物件に含まれていなければならない。

　なお，1個又は数個の工場につき設定されていた工場財団については，その表示として登記記録の表題部に工抵法21条1項各号掲記の事項が組成工場ごとに記録されているが，それがさらに追加された工場も含めて設定された工場財団となるから，工場財団の表題部の変更登記も申請する必要がある。

4:2:1:3 各別の所有者に属する数個の工場についての設定

　数個の工場が各別の所有者に属する場合にも，その数個の工場について1個の工場財団を設定することができる（工抵法8条1項後段）。この場合には，それぞれの工場が別々の所有者に属していることが必要である。1個の工場の土地が甲の所有であり，建物と機械等が乙の所有であるような場合は，甲及び乙がその工場について共同して工場財団の設定を申請することはできない。

　しかし，1個の不動産とみなされる工場財団については，ある工場に相当する部分が甲，他の工場に相当する部分が乙の所有に属するということはあり得ないから，甲及び乙の共有関係になるといわざるを得ない。それは，工場財団の単一性を維持するために工抵法が工場財団を1個の不動産とみなしたためであって，その限りにおいて共有関係にあるということである。すなわち，財団を組成する各工場は，各所有者に属するのであり，その管理使用関係も各所有者が単独にすることができる。したがって，甲及び乙が各別に所有する2個の工場につき設定された工場財団を分割して，2個の工場財団となった場合は，それぞれ甲及び乙の単独所有となり，工場財団に関する限

りにおいてのみ共有関係にあるという，いわば，各工場についての潜在的な単独所有権を包摂している関係にあるといえよう（精義下1364）。

4:2:1:4　工場の一部についての設定

「工場の一部について工場財団を設定するときは，工場図面は，工場財団に属する部分とこれに属さない部分とを明確に区分して作成しなければならない」（工抵規則22条3項）と規定していることからすると，工場の一部について工場財団を設定することができるようにも解される。しかし，工抵法8条1項は，「一箇又ハ数箇ノ工場ニ付」工場財団を設定すべきものとしている。したがって，工抵規則22条3項の趣旨は，工場に属する（組成）物件のすべてが当然に工場財団に属するのものではなく，その一部のみをもって組成物件とすることができることから（工抵法11条），この場合の工場図面の作成方法として，工場財団に属する物件の配置と属さない物件の配置を区分して記載・記録すべきものとしているのであって，工場の一部につき工場財団の設定を認める趣旨ではない。

なお，1個の工場の一部のみを組成物件として甲工場財団を設定した場合，さらにその工場の他の部分をもって乙工場財団を設定することはできないが，他の部分に存する組成物件となり得るものを甲工場財団の組成物件とすることはできる。この場合には，工場財団目録の記録の変更登記を申請することになる。

4:2:1:5　組成物件の「場所」

工場財団は，工抵法11条1号ないし6号に掲げるものの全部又は一部をもって組成することができるが，そうすると，各号に掲げる物件のうち，例えば，機械，器具のみをもって工場財団を組成できるか，また，土地又は建物等の不動産を組成物件としなければ，工場財団を設けることができないのか等の疑問が生ずる。

しかし，工場財団は，工場につき設定されるものであり，その工場とは，同法1条の規定による「場所」である。工場財団の組成工場として場所的意味における工場であるためには，その工場に属する工場財団の組成物件を場

所として形成されなければならない。したがって，工場財団は，その組成単位である工場ごとに組成物件として土地又は建物についての所有権又は地上権若しくは不動産賃借権を包含している必要がある（昭24.9.15民事甲2052号民事局長回答・通達）。ただし，数個の不動産の所有権又は地上権若しくは賃借権のみを組成物件とし，機械，器具等の2号に掲げる物件を包含しない工場財団を設定することはできる（昭33.11.4民事甲2289号民事局長回答）。

4:2:1:6 工場財団の設定時期

工場財団は，工場財団登記簿にその所有権の保存登記をすることによって設定されるから（工抵法9条），所有権の保存登記がされる前に工場財団の抵当権を設定するということはない。ただし，所有権の保存登記がされた時に抵当権が設定されるとする停止条件付抵当権設定契約は，可能である。

4:2:2 工場財団の組成物件

4:2:2:1 組成物件の選定

工場財団は，1個又は数個の工場につきその所有権の保存登記をすることにより成立し，1個の不動産とみなされるが，工抵法11条は，工場財団の組成物件とすることができるものを法定している。すなわち，工場に属する土地及び工作物，機械，器具，電柱，電線，配置諸管，軌条其の他の附属物，地上権，賃貸人の承諾あるときは物の賃借権，工業所有権，ダム使用権である。これらの物件又は権利以外のものは，工場財団の組成物件とすることができない。

① 1個又は数個の工場について1個の工場財団を設定しようとする場合，その工場に属する工抵法11条各号に掲げる物件すべてをその工場財団の組成物件とする必要はないから（前述），組成物件とする物件を選定しなければならない。あらかじめ予定される抵当権者の要求や抵当権の債権額等を基準として，抵当権が実行された場合などにも工場の機能が維持できるように選定すべきである。

② 工場に属する土地若しくは建物又は地上権若しくは不動産質借権の全部又は一部を必ず組成物件として選定する必要がある（昭24.9.15民事甲2052

号民事局長通達）。機械器具等の動産のみを組成物件とすることはできない。ただし，機械器具等を含めないで，工場に属する不動産のみを組成物件として工場財団を設定することはできるものとされている（昭33.11.4民事甲2289号民事局長回答）。

③　組成物件の要件としては，「他人ノ権利ノ目的タルモノ又ハ差押，仮差押若ハ仮処分ノ目的タルモノ」となっていないものであることが必要である（工抵法13条1項）。

④　工場財団の組成物件とするもののうち，登記又は登録の制度のあるものについては，その所有権若しくは権利の登記又は登録がされており，かつ，登記記録又は登録原簿上その物件についての記録・記載と工場財団目録の記録・記載とが合致していなければならない。合致していないときは，工場財団の所有権の保存登記の申請は却下される。

4:2:2:2　組成物件の種類

4:2:2:2:1　工場に属する土地及び工作物

工場に属する土地及び工作物とは，工場を構成している土地及び工作物だけではなく，工場の用に供されている土地及び工作物も含む。この場合の「工場」には，工抵法1条2項により工場とみなされるものを含む。「工作物」とは，土地に築造された一切の施設をいい，建物のほか，橋梁，トンネル，塀，用水タンク，燃料タンク，ガスタンク，煙突などがある。

工場の用に供せられる土地及び工作物を含むから，工場から離れた所にある従業員の宿舎，原材料の貯蔵所，製造品の倉庫，車庫等及びその敷地並びに駐車場敷地なども組成物件とすることができる。セメント製造工場から離れた原石山，石灰山等を組成物件とすることができる。

機械器具等が設置されている土地が借地であっても，また，工場と借地が43キロメートル離れていてもチップ荷役設備を組成物件とすることができる（昭53.10.11民三5655号民事局第三課長通知）。

なお，土地及び建物は，その所有権の登記がされていなければ，工場財団に属させることができない（工抵法12条）。

4:2:2:2:2 機械, 器具等

① 機械, 器具等（機械, 器具, 電柱, 電線, 配置諸管, 軌条その他の附属物）は, 工場の生産設備として不可欠なものであるから, 工場財団の組成物件とすることができるが, 狭義の工場抵当の場合のように必ずしも工場に属する土地又は建物に備え付けられている必要はない。原料又は製品等の運搬のための工場用の船舶, 自動車又は運搬車も機械又は器具として工場財団の組成物件とすることができる。

ただし, 航空機は組成物件とすることはできない（昭55．8．1民三4692号民事局長通達）（注）。

② 道路運送車両法による自動車であって, 軽自動車, 小型特殊自動車及び二輪の小型自動車以外のもの（以下「自動車」という。）又は小型船舶の登録等に関する法律による小型船舶（以下「小型船舶という。」）は, 同法による登録を受けたものでなければ, 工場財団に属させることができない（工抵法13条ノ2）。

③ 電柱, 電線とは, 送電, 配電のための電柱, 電線をいい, 工場の製品としての電柱, 電線は含まれない（このことは, 機械, 器具等についても同様である。）。配置諸管とは, ガス, 水道等を供給し, 又は使用するための管をいい, 軌条とは, 運搬車のための軌条, 引込線等をいう。附属物とは, 機械, 器具等の附属品はもちろん, 工場の用に供する附属の動産をいう。

電柱, 軌条等は, 他人の土地に地上権又は賃借権等を取得して, それらの権利に基づいて設けられているものでも差し支えない。

（注） 観光施設財団の場合は, 航空機も組成物件とすることができる（観光施設財団法4条5号, 5条）。

4:2:2:2:3 地上権

地上権は, 工場に属する建物等の工作物又は竹木を所有するために他人の

土地に設定された権利である。地上権もそれを工場財団に属させるためには，その登記がされていなければならない（工抵規則10条）。

すなわち，地上権につき抵当権の設定登記をするためには，まず抵当権の目的である地上権そのものが登記されていることを必要とし，登記されていないときは，それを目的とする抵当権の登記はできない。抵当権の目的を特定するとともに，その目的である権利関係を明確にし，取引の安全を図るためには，それが登記されていることが必要である。

一般に登記又は登録の制度のある工場財団の組成物件については，工抵法27条1号又は2号の規定からみても，その登記又は登録を必要とすることを前提としていると解すべきであるし，同法34条等の規定にからみても同様である。さらに，工抵法29条は，工場財団に属すべきものであって，登記又は登録の制度のあるものについては，23条の記録又は記載がされた後は，これを譲渡し，又は所有権以外の権利の目的とすることができない旨を規定している。仮に登記されていない地上権を工場財団に属させることができるとすれば，このような地上権は，なんらの処分制限に服しないこととなって，同条の規定の趣旨に反することになる。したがって，登記されていない地上権を工場財団の組成物件とすることはできないと解すべきである。

工場財団を目的とする抵当権は，その組成物件である地上権そのものを目的とするものではないが，地上権を明確にし，それが工場財団の組成物件であり，抵当権の効力が及んでいることを公示するためには，同じ理由により登記されていることを必要とする。工抵法12条の趣旨も，このような点にあるわけであるから，地上権についても，同様と考えるべきであろう。

4:2:2:2:4　物に関する賃借権

「物に関する賃借権」（工抵規則11条2項）とは，不動産の賃借権はもちろん，建物以外の工作物，船舶，自動車その他機械，器具等の動産についての賃借権をいう（工抵規則11条）。この賃借権には譲渡を受けた賃借権（民法612条）のみならず，転借権も含まれる（昭31.12.24民事甲2892号民事局長通達）。

① 物に関する賃借権を工場財団の組成物件とするには，賃貸人の承諾を必要とする。その趣旨は，賃借権は債権であって，物権のように自由な譲渡性がなく，民法612条の規定により賃貸人の承諾がなく譲渡されても賃貸人に対抗することができない。したがって，賃借権を工場財団の組成物件とすることは，抵当権の実行による工場財団の競落により，その組成物件である賃借権も完全に買受人に移転することを想定しているからである。

　賃貸人の承諾を得て賃借権を工場財団の組成物件とした場合には，抵当権の実行による所有権移転（譲渡）については，改めて承諾を要せず，買受人は，その賃借権の取得を賃貸人に対抗することができる。

② もっとも，不動産，地上権又は登記した船舶の賃借権の登記において，あらかじめ譲渡できる旨の登記がある場合には，改めて賃貸人の承諾を得ることなく工場財団の組成物件とすることができる。また，転借権を工場財団の組成物件とするためには，賃借人（転貸人）の承諾は必要であるが，賃貸人の承諾は必要でない。

③ 不動産（地上権を含む。），登記できる船舶の質借権（又は転借権）は，地上権と同様，その登記がされていなければ，工場財団に属させることができない。

4:2:2:2:5　工業所有権

① 工業所有権には，産業上必要な特定の利益を独占的に享受することができる一切の権利（例えば，商号権・氏名権など）を包含すると解する説もある。

　しかし，工抵法11条5号の「工業所有権」は，特許権（特許法66条1項），実用新案権（実用新案法14条1項），意匠権（意匠法20条1項）及び商標権（商標法18条1項）並びにこれらの本権と経済上同一の作用をするその実施権及び使用権を意味する。工場財団の組成物件としては，独立した譲渡性が必要であるが，我が国の法制においては，これらの権利（商号権・指名権など）は，独立した譲渡性を有するとはいえないから，組成物件とすることはできない。

「工業所有権」は，いずれも登録によって発生する権利であるから，工場財団の組成物件であるためには，その登録がされていなければならない（工抵法 23 条 4 項）。

② 特許法 77 条 3 項は，「専用実施権は，実施の事業とともにする場合，特許権者の承諾を得た場合及び相続その他の一般承継の場合に限り，移転することができる」とし，実用新案権又は意匠権についての専用実施権並びに商標権についての専用使用権についても同旨の規定が設けられているから（実用新案法 18 条 2 項，意匠法 27 条 3 項，商標法 30 条 3 項），専用実施権又は専用使用権を工場財団の組成物件とするには，本権の権利者の承諾が必要である。

③ 特許法 94 条 1 項は，通常実施権についても特許権者（専用実施権についての通常実施権については，特許権者及び専用実施権者）の承諾を得た場合及び相続その他の一般承継の場合に限り，移転することができると規定し，実用新案権，意匠権又はこれらの専用実施権についての通常実施権についても同旨の規定が設けられており（実用新案法 24 条 1 項，意匠法 34 条 1 項），商標権又はその専用使用権についての通常使用権については，商標権者及び専用使用権者の承諾を得なければ，移転できないとしている（商標法 31 条）。したがって，移転性のない通常実施権（特許法 92 条 2 項，実用新案法 22 条及び意匠法 33 条 3 項の裁定による通常実施権）は，工場財団の組成物件とすることはできない。

④ その他の通常実施権の移転については，本権の権利者の承諾を得なければ譲渡できないから，かかる通常実施権を工場財団の組成物件とするためには，本権（及び専用実施権）の権利者の承諾を必要とし，通常使用権についても，商標権（及びその専用使用権）の権利者の承諾を得て工場財団の組成物件とすることができるものとしている（昭 35.3.31 民事甲 785 号民事局長通達第七）。

⑤ 専用実施権及び専用使用権は，その登録がその権利の成立要件であるから，工場財団の組成物件となるには，登録がされている必要があり，さら

に，通常実施権又は通常使用権を工場財団の組成物件とするには，その対抗要件としての登録がされている必要があると解する（精義下1409）。

4:2:2:2:6 ダム使用権

ダム使用権とは，特定多目的ダム法による多目的ダムによる一定量の流水の貯留を一定の地域において確保する権利であり（同法2条2項），物権とみなされ，原則として，不動産に関する規定が準用されるが（同法20条），相続，法人の合併その他の一般承継，譲渡，滞納処分，仮差押え及び仮処分並びに一般の先取特権及び抵当権の目的となるほかは，権利の目的となることができず（同法21条），その移転（一般承継によるものを除く。）の目的とするときは，国土交通大臣の許可を受けなければならない（同法22条）。

そして，ダム使用権又はダム使用権を目的とする抵当権の設定，変更，移転及び消滅並びに処分の制限の登録は，ダム使用権登録簿にされ，その登録は，登記に代わるものである（同法26条2項）。したがって，ダム使用権又はその抵当権の得喪変更は，その登録がされていなければ第三者に対抗することができない（民法177条）。

ダム使用権を工場財団の組成物件として財団に組み入れるためにも，その登録がされていることを必要とする（工抵法23条4項，27条1号，2号）**（注）**。

（注） 登記簿若しくは登記事項証明書又は登録原簿の謄本の表示との合致

　　　工場財団目録に掲げた物件の表示が登記簿若しくは登記事項証明書又は登録原簿の謄本の登録又は記載と抵触するときは，工場財団の所有権の保存登記の申請は却下されるから（工抵法27条2号），あらかじめ，その変更（又は更正）登記又は登録を申請して，登記簿等の記録又は記載を合致させたうえで，その表示どおりに工場財団目録に記録しなければならない。

4:2:2:3 第三者の権利の登記又は登録の抹消

工場財団に属させようとする組成物件について，すでに第三者の権利が消滅しているにもかかわらず，その登記又は登録が抹消されていないものがあ

る場合には，工場財団の所有権の保存登記の申請は却下されるから（工抵法27条1号），あらかじめ，その第三者の権利の登記又は登録を抹消しておかなければならない。

Q & A 4

２個以上の工場の共用物件の所属

Q 組成物件とすることができるものを２箇所以上の工場で共用している場合，例えば，１筆の土地（所有権）がＡ工場とＢ工場に属している場合又は１筆の土地の上に地上権を設定し，その上にＡ工場とＢ工場がある場合，あるいは電柱，電線，配置諸管等をＡ工場とＢ工場とで共用している場合，共用している物件は，いずれの工場に属するものとして取り扱うべきでしょうか。共用物件のすべてをＡ工場又はＢ工場の組成物件とすることはできますか。Ａ工場とＢ工場について１個の工場財団を設定する場合は，組成物件を工場ごとに作成すべきですが（工抵規則15条），その場合，共用物件は，いずれの工場財団目録に記録すべきでしょうか。

A 共用物件が，土地の所有権であれば，分割してそれぞれの工場に所属させるべきですが，分割できない物件は，工場の所有者が，いずれかの工場に属するものとして，その工場について設定される工場財団の組成物件とし，あるいは，いずれかの工場の工場財団目録（２箇所以上の工場につき１個の工場財団を設定する場合）に記載・記録することになります。甲工場財団に属するものは，同時に乙工場財団に属させることはできないからです（工抵法8条2項）。

甲工場財団に属するものは，その工場財団を組成する工場に属している物件であり，その工場については別個の工場財団を設定できないことは当然ですから，甲工場財団に属する物件が同時に乙工場財団に属することはあり得ません。それにもかかわらず，工抵法8条2項が設けられているのは，２個以上の工場の共用物件を前提と

して規定していると解するほかありません。そして，その共用物件を共用する工場のいずれかに属するものとして，その工場の工場財団目録に記載した場合には，同じく共用する他の工場の工場財団目録に記載してはならないことを規定していると解すべきです。したがって，共用物件については，工場の所有者の選択に従って，いずれか一つの工場に属するものとして取り扱うことになります。

4：2：3　組成物件の要件

工場財団の組成物件とすることができるのは，工抵法11条各号掲記のものに限ることは，既述のとおりであるが，これらの物件に対する第三者の権利に不利益を及ぼさせないため，又は法律関係の錯綜を防止し，権利関係を明確にさせる等の配慮から，工場財団に属させる物件には次の要件が設けられている。

① 他人の権利の目的となっていないこと。

② 差押え，仮差押え又は仮処分の目的となっていないこと。

③ 他の財団に属していないこと。

④ 既登記又は既登録であること。

4：2：3：1　他人の権利の目的となっていないこと

「他人ノ権利ノ目的タルモノ」は，工場財団に属させることができない（工抵法13条1項）。工場の所有者（申請人）が有する所有権その他の権利を目的とする他人の権利，例えば，申請人の所有の土地又は建物を目的として抵当権，賃借権が設定されているもの又は申請人に属する地上権を目的として抵当権又は賃借権が設定されているものは，工場財団に属させることはできない（注1，2）。

（注1） 買戻特約の登記のある不動産は，他人の権利の目的であるものに該当する。

しかし，他の登記所から買戻特約の登記のある不動産につき工場財団に属した旨の通知があったときは，その旨の登記をし，その後当該不動産を工場財団の

組成物件から分離することなく，買戻特約の登記の抹消登記の申請があった場合には，これを受理して差し支えない（昭46.4.6民事三発897号民事局第三課長回答）。

（注2） 承役地地役権の設定登記がされている土地に設定された賃借権は，その賃借権自体が他人の権利の目的となっていないときは，工場財団の組成物件とすることができる（「質疑応答7961」登記研究798-167）。

4:2:3:1:1 要件の登記手続上の審査

工場財団の組成物件とするための要件を工場財団の設定（所有権の保存登記）（4:4）又は新たな物件の追加による工場財団目録の記録の変更登記（4:5）の手続についてみれば，次のとおりである。

① 登記又は登録の制度があるもの

工場財団の所有権の保存登記の申請の場合には，工場財団目録に記録すべき情報を提供し（工抵法22条），工場財団に新たに組成物件を追加する工場財団目録の記録の変更登記の申請の場合にも，その追加物件を工場財団目録に記録するための情報を提供する（同法39条）。

その工場財団目録又は追加目録に記載されたもので，登記又は登録の制度があるものに関しては，登記官が，その登記所の管轄に属する不動産又は船舶についてはその登記簿により，他の登記所の管轄に属するもの又は登録官庁の所管に属するものについてはその登記所又は登録官庁に通知する。

通知を受けた登記所又は登録官庁は，送付を受けた登記事項証明書又は登録原簿の謄本により，工場財団に属すべきものが他人の権利の目的たることの明白なときは，その工場財団の所有権の保存登記の申請又は工場財団目録の記録の変更登記の申請を却下する。

その前提として，工場に属する土地又は建物で，所有権の登記がされていないものについては，工場の所有者は，工場財団の所有権の保存登記の申請前に所有権の保存登記をする必要がある（同法12条）。工場に属する

土地又は建物を工場財団に追加する工場財団目録の記録の変更登記の申請の場合も同じである。

このことは、登録すべき自動車（同法13条ノ2），地上権又は不動産賃借権、登記すべき船舶又はその賃借権、ダム使用権についても同様である。

工業所有権のうち特許権、実用新案権、意匠権及びこれらの専用実施権と商標権及びその専用使用権は、その登録がこれらの権利の成立要件であるから、当然その登録がされているが、これらの本件の通常実施権又は通常使用権は、その登録が対抗要件であるから、あらかじめその登録を受けておくべきものである。

② 登記又は登録の制度のない一般の動産

工場財団の所有権の保存登記の申請又は工場財団目録の記録の変更登記の申請の際に提出される工場財団目録又は追加目録に記録されている登記又は登録の制度のない一般の動産に関しては、登記官は、官報により、その動産について権利を有する者は一定期間内にその権利を申し出るべき旨を公告し（工抵法24条1項），その期間内に権利の申出がないときは、その権利は存しないものとみなされる（同法25条）。

その権利の申出があった場合には、期間満了後1週間内に申出の取消しがないとき又は申出の理由のないことの証明がされないときは、工場財団の所有権保存の登記の申請又は工場財団目録の記録の変更登記の申請は却下される（同法27条3号）**(注)**。

(注) 建設機械抵当法の適用のある建設機械（同法2条）については、建設業者が所有権の保存登記を受けるのであって、その登記される建設機械が工場財団の組成物件とされることはあり得ないから、その登記簿による調査は必要でない。

4:2:3:1:2 要件に違反する工場財団の所有権の保存登記又は工場財団目録
の記録の変更登記の効力等

4:2:3:1:2:1 他人の権利の目的である物を組成物件として工場財団の所有
権の保存登記又は追加による工場財団目録の記録の変更登記がされた場合

組成物件中に他人の権利の目的となっている物件が存していても，その登記又は登録もされておらず，また，権利の申出もない場合には，登記官は，その組成物件が他人の権利の目的となっていることを知ることができず，したがって，工抵法27条1号及び3号以外の却下事由の存しない限り，所有権の保存登記又は変更登記がされてしまう。この場合に，その他人の権利はどうなるか，また，その所有権の保存登記又は工場財団目録の記録の変更登記の効力はどうなるか。

工抵法13条1項は，登記又は登録の制度のあるものについて，その他人の権利が登記又は登録されたものであることとは規定していないから，例えば，不動産が抵当権の目的となっているときは，その抵当権の登記がされていなくても，工場財団に属させることができない。また，機械等が他人の所有であるときは，それを工場に備え付けて工場の所有者が占有している場合でも，工場財団に属させることはできない。しかし，工抵法は，登記又は登録の制度のあるものとそうでない動産とに関する法律関係については，次のように異なる取扱いをしている。

① 他人の権利のある一般の動産の場合

登記又は登録の制度のない一般の動産を組成物件とする工場財団の所有権保存の登記又は工場財団目録の記録の変更登記の申請があったときは，登記官は，工抵法24条所定の公告をし，その公告期間内に権利を有する者が権利の申出をしないときは，同法25条の規定によってその権利は存在しないものとみなされる。工場財団目録の記録の変更登記の場合にあっては，同法43条において準用されているので，同様である。

すなわち，他人の権利の目的となっている動産は，工場財団に属させることができないが，それにもかかわらず，他人の権利の目的となっている

動産を工場財団の組成物件として所有権の保存登記又は工場財団目録の追加による記録の変更登記を申請し，公告期間内に他人の権利の申出がない場合には，その動産も有効に工場財団に属させることができ，工場財団の所有権の保存登記又は工場財団目録の記録の変更登記は有効であることになる。

② 他人の権利の登記又は登録のない場合

実体上他人の権利の目的となっているが，その他人の権利の登記又は登録がされていない場合の法律関係については，工抵法には規定が存しない。

工抵法27条1号の規定によれば，工場財団の所有権の保存登記の申請は，登記簿若しくは登記事項証明書又は登録に関する原簿の謄本によって，工場財団に属すべきものが他人の権利の目的となっていることが明らかである場合，すなわち，他人の権利の登記又は登録がされている場合には，申請を却下すべきものとしている。したがって，他人の権利の目的となっているが，その権利の登記又は登録がされていないために，登記官に明らかでない場合には，所有権の保存登記の申請は受理され，登記がされてしまう。このことは，追加による工場財団目録の記録の変更登記の場合も同様である（工抵法42条）。

しかし，登記又は登録の制度のない動産については，他人の権利が存在しないものとみなす旨の規定は存在しない。したがって，所有権の保存登記又は工場財団目録の記録の変更登記がされた場合，このような他人の権利は，どのような影響を受けるか，そして，その所有権の保存登記又は工場財団目録の記録の変更登記の効力はいかになるかという疑問は，登記又は登録の制度のあるものについてのみ問題となる。

4:2:3:1:2:2 工場財団の所有権の保存登記の効力

① 組成物件として他人の権利の目的となっているものについても工場財団の所有権の保存登記の申請があり，それが登記官の形式的審査によっては明らかでない（すなわち，その他人の権利の登記又は登録がされていな

い）ために，その申請による工場財団の所有権の保存登記がされた場合，組成物件中に実体上他人の権利の目的であるものを含んでいることを理由としてその登記は無効となると解すべきではない。他人の権利の登記又は登録がされているにもかかわらず，登記官がこれを看過して工場財団の所有権の保存登記を完了した場合も同様である。

② 工抵法 27 条の規定により，工場財団の申請は，不登法 25 条各号に該当する場合はもちろん，工抵法 27 条の各号の一に該当するときに，その登記の申請を却下すべきものとしているが，同条 1 号の規定により却下すべき場合，すなわち，工抵法 13 条 1 項の規定に違背する申請は，不登法 25 条 2 号所定の「登記事項以外の事項の登記を目的とするとき」に該当するものとはいえない。

すなわち，他人の権利の目的であることが登記記録により明白なる場合に限り申請を却下すべきものと規定しているから，他人の権利の目的であることを知ることができる場合にもかかわらず，これを看過してされた工場財団の所有権の保存登記は，職権で抹消すべきであるとはいえない。ましてや他人の権利の目的であることが登記記録から明らかでない場合にされた工場財団の所有権の保存登記は，職権で抹消すべきでない。

③ 登記又は登録の制度のある物件のみで財団を組成し，その物件のすべてについて申請人が所有権その他の権利を有しないときは，工場財団の所有権保存の登記は，実質的要件を欠くものとして無効であるが，職権による抹消はすべきではない。

4:2:3:1:2:3 第三者の権利の消長

登記又は登録の制度のある物件が実体上第三者の所有権その他の権利の目的であるにもかかわらず，その物件を組成物件の一部とする工場財団の所有権の保存登記がされた場合，第三者の権利がどのようになるかは，工場財団につき抵当権の登記がされる以前とその以後とで異なる。

① 抵当権の設定登記がされていない場合

工場財団について抵当権の設定登記がされるまでの間は，他人の権利の

目的となっている登記又は登録の制度のある組成物件についての権利者は，工場財団の所有者に対して，その物件を分離する工場財団目録の記録の更正登記をすべきことを要求し，その物件を工場財団から分離して，自己の権利を保全することができるものと解すべきである。

② 抵当権の設定登記がされた場合

工場財団について抵当権の設定登記がされている間は，その組成物件について他人の権利に関する登記又は登録がされないから，その権利は，抵当権者に対抗することができず，存在しないものとして取り扱われる。

もっとも，その組成物件が工場の所有者のものでなく，第三者の所有に属するときは，抵当権者に対しても，第三者は，自己の権利を主張することができるのであって，①の場合と同様，工場財団目録の記録の更正登記を請求することができるものと解すべきである。

なお，他人の権利（所有権を除く。）の目的であるものを組成物件とする工場財団の所有権の保存登記がされても，その他人の権利が存在しないものとみなされ，又は消滅することはなく，その工場財団の抵当権者に対する関係で存在しないものとして扱われる。

したがって，その物件が工場財団目録の記録の変更登記により分離された場合又は工場財団が消滅した場合（所有権の保存登記の失効による場合を含む。）は，その物件に対する他人の権利は，他の事由で消滅しない限り存続するものと解すべきである。

4:2:3:1:2:4　仮登記又は仮登録のある物件

工場財団の組成物件となるべきものについて，仮登記，例えば不動産について所有権移転若しくはその請求権保全の仮登記又は抵当権，地上権等の設定若しくは設定請求権の仮登記がされている場合には，「他人ノ権利ノ目的タルモノ」として，その物件を工場財団に属させることはできない。

4:2:3:2　差押え，仮差押え又は仮処分の目的となっていないこと

「差押，仮差押若ハ仮処分ノ目的タルモノハ工場財団ニ属セシムルコトヲ得」ない（工抵法13条1項）。したがって，工場財団の組成物件となるために

は，それが「差押，仮差押若ハ仮処分」の目的となっていないことが必要である。このような要件を必要とする理由は，差押え等の目的となっているものを工場財団に属させると，差押債権者等の利益を害し，また，権利関係を複雑にさせることになるからである。

4:2:3:2:1　差押え等の意義

「差押え」は，民事執行法及び国税徴収法又はその例による滞納処分による差押え等の処分禁止の効力の生ずるものをいう。「仮差押え」は，民事保全法47条以下の規定によるものであり，「仮処分」とは同法52条以下の規定による仮処分を指す。

差押え，仮差押え又は仮処分の目的となっている物は，工場財団に属させることができず，このような物件を組成物件とする工場財団の所有権の保存登記の申請又はこのような物件の追加による工場財団目録の記録の変更登記の申請は，いずれも却下を免れない（工抵法27条）。

4:2:3:2:2　登記，登録又は公告期間中の権利の申出のない場合

登記又は登録のあるものについては，それが差押え，仮差押え又は仮処分の目的となっていても，その登記又は登録がされていないときは，差押え等のされていることが登記官に明らかでないため，これらの物件を組成物件とする工場財団の所有権の保存登記又は工場財団目録の記載の変更登記は有効とされる。

また，一般動産については，差押え等の目的となっていても，工抵法24条の規定による公告期間中にその差押え等の目的となっている旨の申出がないときは，差押え，仮差押え又は仮処分は，その効力を失う（工抵法25条）から，このような動産も有効に組成物件となる。

4:2:3:2:3　差押債権者等の権利

登記又は登録あるものについては，その工場財団について抵当権の設定登記がされるまでの間は，差押え等の目的となっていることを工場の所有者に主張して（工場の所有者は差押え等の債務者であるから，差押え等の登記又は登録がされていなくとも対抗できる。），その物件を分離による工場財団目

録の記録の変更登記手続により，工場財団から分離することができるものと解すべきである。

　登記又は登録のあるものについては，工抵法 23 条の記録がされた後においても，同法 34 条の記録がされるまでは，差押え，仮差押え又は仮処分の登記又は登録をすることができる。また，その登記又は登録は，工場財団につき抵当権の設定の登記がされるまでは，効力を失わないし（工抵法 31 条），抹消されないから（同法 37 条），工場財団目録の記録の変更登記に準じて工場財団からその物件が分離されたときは，工抵法 44 条の規定により，同法 23 条及び 34 条の記録が抹消されることとなり，完全に差押え，仮差押え又は仮処分の効力が生ずる。

4:2:3:2:4　登記申請後登記がされるまでの差押え等

　工場財団の所有権の保存登記又は物件の追加による工場財団目録の記録の変更登記を申請し，工抵法 23 条の記載又は 24 条の公告がされた後工場財団の所有権の保存登記又は目録の記録の変更登記がされるまでに，差押え，仮差押え又は仮処分がされ，かつ，登記又は登録の制度のあるものについてはその登記又は登録がされ，一般動産については執行官の占有による差押え等がされても，工場財団の所有権保存の登記又は目録の記録の変更登記がされ，抵当権の設定の登記がされたときは，差押え等の効力は失われる。

Q & A 5

各別の所有者に属する工場を含む工場財団に対する差押え

Q　AとBがそれぞれ所有する 2 工場について 1 個の工場財団が設定されている場合，Aに対する滞納処分として，その財団を差し押さえるためにはどうすればよいでしょうか。

A　次の手続をします。

　1　抵当権者に対して，工場財団の分割及び分割した工場財団についての抵当権の消滅の承諾を得て，Bと共に分割の登記を申請して，その登記を了したときに，Aに属する工場財団を差し押さえ

ます。

2　抵当権者の承諾が得られないときは，Aの財団の持分を差し押
さえます。この場合の「持分」とは，土地建物等の共有持分とは
異なり，Aの所有する工場等をいうから，差押えに当たっては，
財団持分の差押えである旨及びその内容である工場等の表示を記
載するものとします（工抵法8条1項）（国税徴収法基本通達第68条関
係39）。

4:2:3:3　他の財団に属していないこと

「工場財団ニ属スルモノハ同時ニ他ノ財団ニ属スルコトヲ得」ない（工抵法
8条2項）。A工場財団に属しているものを組成物件とするB工場財団の所有
権の保存登記又はこれを追加する工場財団目録の記録の変更登記の申請が
あったときは，不登法25条2号（工抵法43条・27条）の規定により，申請を
却下すべきである。

工場財団以外の財団（鉱業財団，鉄道財団等）に属しているものについて
も，同時に工場財団に属させることはできない。そして，いったん財団に属
したが後に分離等により財団に属せざるに至ったものは，改めて工場財団に
属させることができるが，あらかじめ，分離による財団目録の記録の変更登
記をする必要がある。

4:2:3:4　既登記又は既登録であること

一般に登記又は登録の制度のある工場財団の組成物件については，工抵法
27条1号又は2号の規定からみても，その登記又は登録を必要とすること
を前提としていると解すべきであるし，同法34条等の規定にからみても同
様である。さらに，同法29条は，工場財団に属すべきものであって，登記
又は登録の制度のあるものについては，同法23条の記録又は記載がされた
後は，これを譲渡し，又は所有権以外の権利の目的とすることができない旨
を規定している（記録方法は，4:3:1:2:3）。

①　工抵法12条は，「工場ニ属スル土地又ハ建物ニシテ所有権ノ登記ナキモ

ノアルトキハ工場財団ヲ設クル前其ノ所有権ノ保存登記ヲ受ク」べきもの
としている。

　なお，工場財団の設定後その工場財団に新たに土地又は建物を追加させ
ようとする場合にも，その追加による目録の記録の変更登記を申請する前
に，その所有権の保存登記を受けるべきである。

② 　登録自動車（工抵法13条ノ2）及び特定多目的ダム法によるダム使用権
（同法26条，ダム使用権登録令）についても，その登録がされていることを必
要とする。

③ 　地上権については，その要否についての規定はないが，その登記は必要
であると解する。不動産又は登記船舶の賃借権及び登記船舶についても同
様である。

④ 　工業所有権（特許法66条1項，実用新案法14条1項，意匠法20条1項，商標法
18条1項など）及びその実施権についても，その登録がされていることを
必要とする。

　a 　特許権，実用新案権，意匠権及び商標権については，その権利は，
「設定の登録により発生する」から，工場財団の組成物件であるために
は，その登録のされていることはいうまでもない。

　b 　これらの本権に関する実施権については，特許権，実用新案権又は意
匠権についての専用実施権は，その登録が権利の発生要件であり（特許
法98条1項2号，実用新案法18条3項，意匠法27条3項），商標権についての
専用使用権も，その登録が権利の発生要件であるから（商標法30条4
項・特許法98条1項2号），工場財団の組成物件となるにはその登録がさ
れていることを要する。

　c 　特許権，実用新案権又は意匠権についての通常実施権（専用実施権に
設定したものを含む。）又は商標権についての通常使用権（専用使用権
に設定したものを含む。）については，いわゆる法定実施権又は法定使
用権の設定を除き，その得喪変更は，第三者に対する対抗要件として，
登録を必要とされているにすぎないが（特許法99条，実用新案法19条，意

匠法 28 条，商標法 31 条），地上権等の場合と同様，工場財団に属させるためには，その登録がされていることが必要である。

　なお，通常実施権のうちの法定実施権又は通常使用権のうちの決定使用権の設定については，その登録が対抗要件とはされていないが，設定を受けた法定実施権又は法定使用権を財団に属させるためには，公示の関係から登録を受けていることを要すると解すべきである（精義下 1409）。

4:2:4　組成物件の処分制限

　工場財団の組成物件に関しては，工場財団の単一性を保持するため，組成物件となるべきものと組成物件となったものに対する処分制限がある。

4:2:4:1　所有権の保存登記がされるまでの間の処分制限

　工場財団の所有権の保存登記の申請があった後，その所有権の保存登記がされれば，それらの物件は工場財団の組成物件となる。しかし，その間に物件が個々的に処分され，他人の権利の目的となり，又は差押え等の処分制限の目的となると，工場財団の設定ができなくなる。

　このような処分制限は，第三者の権利を害するおそれがあるので，登記又は登録の制度のある物件については，その登記簿又は登録原簿に，工場財団に属すべきものとして，その財団につき所有権の保存登記の申請があった旨等を記録又は記載をし（工抵法 23 条 1 項），また，登記又は登録の制度のない動産については，工場財団に属すべきものとして，その財団の所有権の保存登記の申請があったことの公告をし（同法 24 条），その記録又は公告があったときから，処分制限される。

　したがって，工場財団の所有権の保存登記の申請後であっても，記録若しくは記載又は公告がされるまでの間は，処分制限されない（同法 29 条，33 条）。これは，物件を追加する工場財団目録の記録の変更登記の申請があった場合も，同様である。

4:2:4:1:1　登記，登録の制度があるものの処分制限

① 譲渡又は所有権以外の権利の目的とすることの禁止

工場財団に属すべきものとして登記又は登録のされているものは，工抵法23条の記録又は記載がされた後においては，これを「譲渡」し，又は「所有権以外ノ権利ノ目的」とすることができない（工抵法29条）。工場財団に属すべきものとして登記又は登録のされているものとは，工場財団の所有権の保存登記の申請の際に提供される工場財団目録（同法22条）に掲げられているものである。

「譲渡」とは，その売買又は贈与等による任意処分による権利の移転をいい，法律上当然に移転する場合，例えば相続又は会社の合併等の一般承継による移転は含まれない。強制競売，担保権の実行としての競売又は滞納処分による公売による移転の生ずる場合には，差押えの登記又は登録がされるが，工抵法23条により記録される前に差押えの登記又は登録がされているときは，その工場財団の所有権の保存登記の申請自体が却下されるので問題とならない。

「所有権以外ノ権利ノ目的ト為ス」とは，抵当権，地上権，賃借権，不動産質権等の目的とすることである。不動産の売買予約や組成物件である不動産の賃借権についての転貸等も含まれる。このような処分行為が工抵法23条により記録される前にされ，その登記又は登録が同条の記録のされる前にされたのであれば，その処分はもちろん有効であり，工抵法27条1号の規定によって，工場財団の所有権の保存登記の申請そのものが却下される。しかし，23条の記録がされる前にその登記又は登録がされていない場合には，工場財団の所有権の保存登記の申請は却下されず，その登記は完了し，このような処分行為は，無効となるものと解すべきである。

なお，23条の記録がされた後は，譲渡による移転登記又は登録，所有権以外の権利の設定の登記又は登録は，することができない。このような申請は，不登法25条2号により却下される。

② 差押え，仮差押え若しくは仮処分又は先取特権についての制限

　a 工場財団に属すべきものとして登記又は登録のされているものについ

て，工抵法23条の記録がされた後においても，差押え，仮差押え又は仮処分の登記又は登録をすることができる。差押え等は，急を要するものであり，23条の記録がされても工場財団の所有権の保存登記の申請が却下され，又はその登記がされてもその効力を失うこともあり得るので（工抵法10条参照），その物件が工場財団の組成物件となってしまうとは限らない。その差押え等の登記又は登録を禁止すると差押債権者等を害するおそれがあるからである。

b 不動産の先取特権は，法律上当然に発生するものであるが（民法325条），その効力を保存するためには，登記をすべき時期が制限されているので（同法337条〜340条），差押え等の登記又は登録と同様の理由により，工抵法23条の記録があった後においても，することができる。ここでいう先取特権は，不動産の保存（同法326条）及び工事の先取特権（同法327条）であり，不動産売買の先取特権（同法328条）は，売買による所有権の移転登記と同時にされるものであるから，含まれない。

c 工抵法23条の記録又は記載がされた後であっても，その組成物件となるべきものについては，差押え，仮差押え又は仮処分の目的とすることができ，また，先取特権も法律上当然に発生することは差し支えない。しかし，差押えの登記又は登録がされ，競売手続が進行しても，その工場財団の所有権の保存登記の申請が却下されない間及びその保存登記の効力を失うまでの間（工抵法20条）は，売却許可決定（滞納処分の場合の公売決定を含む。）をすることはできない（同法30条）。

d 差押え等の登記又は登録をし，又は先取特権の登記をしても，その登記又は登録は，その工場財団について抵当権の設定登記がされたときには，その効力を失ってしまい（同法31条），登記官は，工抵法37条により職権でその登記を抹消することになる。ただし，差押え，仮差押え又は仮処分の効力は，なお存在しているから，裁判所は，利害関係人の申立てによって，差押え，仮差押え又は仮処分の命令を取り消すべきものとしている（同法32条）。

なお，先取特権は失効し，それに基づく競売申立てはできないことになる。

4:2:4:1:2　動産についての処分制限

① 譲渡又は所有権以外の権利の目的とすることの禁止

工場財団に属すべき動産（登記又は登録のあるものを除く。）は，工抵法24条1項の規定による公告があった後は，これを譲渡し，又は所有権以外の権利の目的とすることができない（工抵法33条1項）。この禁止規定に違反してされた処分は，公告の知，不知を問わず，無効であり，即時取得（民法192条）は成立しない。

② 差押え，仮差押え又は仮処分

工場財団に属すべき動産（登記又は登録のあるものを除く。）は，工抵法24条1項の公告があった後においても，差押え，仮差押え又は仮処分をすることができるが，その工場財団について抵当権の設定登記がされたときは，その効力を失う（工抵法33条3項）。この場合には，その動産の占有をした執行官又は税債権等の徴収の権限を有する職員等は，その差押え等を解除して，占有を所有者に返還しなければならない。

執行官がその動産を差し押さえても，その工場財団の所有権の保存登記の申請が却下されない間及びその保存登記の効力が失われない間は，売却処分をすることができない（同法33条2項・30条）。ただし，差押えの効力が工抵法33条3項の規定により失われない限りは，売却を除く競売手続は続行して差し支えない。滞納処分による差押えの場合も，同様である。

4:2:4:2　所有権の保存登記後の処分制限

4:2:4:2:1　処分制限

① 工抵法13条2項は，「工場財団ニ属スルモノハ之ヲ譲渡シ又ハ所有権以外ノ権利，差押，仮差押若ハ仮処分ノ目的ト為スコトヲ得ス但シ抵当権者ノ同意ヲ得テ賃貸ヲ為スハ此ノ限ニ在ラス」と規定して，工場財団の組成物件となったものの処分を制限している。

工場財団に属するものの個々的な処分を制限することによって，財団の

単一体としての価値を維持し，財団の担保価値を把握する抵当権者を保護しようとするものである。

② この点は，抵当権の効力の及ぶ機械，器具等の処分を自由とし，抵当権の追及力を認めるにすぎない工抵法2条における抵当権者よりも厚く保護している。そして，これらの処分制限による取引の安全を図るために，工抵法は，工場財団に属する組成物件で登記又は登録のあるものについては，工場財団の所有権の保存登記をしたときは，登記簿又は登録原簿にその物件が工場財団に属するものである旨を記録・記載をし（工抵法34条），また，登記又は登録の制度の存しない一般の動産については，工場財団の所有権の保存登記の申請があったときに，その動産が工場財団に属すべきものとして工場財団の所有権の保存登記の申請があった旨を公告して（同法24条），第三者に処分制限を公示している。

③ 工場財団の所有権の保存登記がされて財団が設定された後，その財団に新たに属するに至った物件についても，同様の記録・記載又は公告をすべきものとし（工抵法43条），登記又は登録のあるものが財団に属しないこととなったときは，財団に属する旨の記録を抹消するとしている（同法44条1項）。

④ 工場財団に属するものの表示を掲げた工場財団目録（登記簿の一部とみなされ，その記録は登記とみなされる。）により財団に属する物件を一般に公示して，取引の安全を図っている。

4:2:4:2:2 処分制限の第三者対抗要件

工場財団に属したものの処分制限を第三者に対抗する要件は，工抵法34条（44条において準用する場合を含む。）の規定による記録若しくは24条（43条において準用する場合を含む。）の規定による公告又は工場財団目録の記録（登記）であるか，あるいはそのいずれの手続も具備することが必要か。

① 登記又は登録のされている物件については，それが工場財団目録に記録されていることが必要であることはいうまでもない。工場財団目録の記録

は、登記とみなされるのであるから、これによって、その物件が工場財団に属すること、したがって、その処分が禁止されていることを第三者に対抗することができることになる。

工抵法34条が、個々の登記又は登録のある組成物件の登記簿又は登録原簿に、それが工場財団に属している旨の記録をすべきものとしている趣旨は、通常、登記又は登録のあるものについて取引をしようとする者は、まず、その物件の登記簿又は登録原簿について調査することによって取引の安全確実を期するようにしていることから、これにその物件が工場財団に属している旨を記録して、処分制限のあることを公示することが取引の安全を図る意味において最も適切な方法であるといえる。

すなわち、財団に属した旨の記録は、不登法1条の「処分の制限」の登記であり、民法177条による処分制限の第三者対抗要件と解すべきである。

② 登記又は登録のない一般の動産については、工抵法24条の公告は、その動産について権利を有する者又は差押え等の債権者にその権利の申出をさせるためのものであって、公告時においては、それらの動産は財団に属するものではなく、その工場財団の所有権の保存登記の申請が却下されることもあり得るから、公告をもって財団に属する動産の処分制限の対抗要件とすることはできない。

また、工抵法33条は、公告後の処分を制限しているが、これは、工場財団の所有権の保存登記又は追加による工場財団目録の記録の変更登記がされるまでの間は、公告が第三者対抗要件であるということである。ただし、財団に属するに至った動産については、その動産が財団に属するものであるかどうかの公示方法は、工場財団目録に記録（登記）することのみであるから、目録にその動産が記録されていることが、その動産の財団に属していること（不動産とみなされる財団の組成物件であること）、したがって、処分制限があることの対抗要件と解すべきである。

③ 工場財団目録に記録されている動産（登記又は登録の制度のないもの）

について譲渡その他の処分がされた場合，工場抵当における工抵法5条2項と同趣旨で，民法192条の適用があるかどうかは，問題である。第三者が善意無過失で平穏かつ公然にその動産を買い受けた場合，その所有権を取得できるかということである。

この点に関しては，工場財団に属するものの処分について，工抵法5条2項のような第三取得者を保護する規定を設けていないが，民法192条は，本来，動産の所有権を有しない占有者から譲渡等を受けた場合に適用されるものである。工場財団に属する動産は，工場（工場財団）の所有者のものであり，本来有効に処分する権限を有している者の占有物であって，法律によりその処分が制限されているにすぎない。そして，工場財団は，抵当権の目的とするために設定されるものであるが，実際には抵当権の目的となっていない期間があるから，その間にその所有者がした動産の処分が処分制限の規定の存することから，当然無効であると解することは，工場抵当の場合（常に抵当権が存在するが）と対比して疑問である。

したがって，登記又は登録のない動産については，取引の安全を保護する点に重きを置き，工抵法5条2項と同趣旨と理解して，民法192条以下の適用があると解するのが相当であろう（精義下 1418）。

4:2:4:2:3　譲渡及び所有権以外の権利の目的とすることの禁止

工場財団に属するものは，譲渡し，又は地上権，抵当権若しくは質権等の所有権以外の権利の目的とすることができない（工抵法13条1項）。ここで「譲渡」というのは，売買，贈与等の所有者の任意的処分行為をいい，収用のような強制的な処分又は相続若しくは会社の合併等の一般承継は含まれない。工場財団そのものの移転により個々の組成物件が移転することも含まれない。

① 所有権以外の権利で問題となるのは先取特権である。民法の一般の先取特権は，債務者の総財産につきなんらの意思表示も必要としないで，当然に生ずるものであり（民法 306条），動産の先取特権（311条以下）及び不動産の先取特権（325条以下）も特定の動産及び不動産の上に当然に生ずる。

工抵法13条2項の「所有権以外ノ権利……ノ目的ト為スコトヲ得ス」との文言からいうと，同項で禁止しているのは，当事者の任意的な処分すなわち意思表示によるもののみであって，先取特権のように法律上当然に生ずるものは含まれないという解釈も成り立ち得る。しかし，同項の趣旨は，工場財団の一体として有する担保価値を破壊させないところにあるから，個々の組成物件に先取特権を認めると，財団の一体性が破壊されてしまうことになる。

また，工抵法31条において，先取特権の保存登記が，工場財団につき抵当権の設定登記があったときはその効力を失うとしていることからも工場財団そのものについては，工抵法14条2項が「所有権及抵当権以外ノ権利ノ目的タルコトヲ得ス」としているにもかかわらず，先取特権は，同項の禁止する権利に包含されないのと異なるところである。

したがって，工場財団の個々の組成物件については，先取特権の目的になり得ないと解するのが相当であろう（精義下1419）。

② 工抵法13条2項の規定に違反してされた譲渡その他の処分は，当然無効である。工場財団の抵当権者に対抗できないだけではなく，当事者間においても当然無効である。しかし，抵当権者がその無効を主張すること，すなわちその処分の対象である物件が工場財団に属するものであることを第三者に対抗するためには，工場財団目録に記録され，かつ，登記又は登録のある物件については，財団に属した旨の記録（工抵法34条1項）がされていることが必要であることは，前述のとおりである。

なお，この処分制限に違反した譲渡その他の処分による登記又は登録の申請は，登記又は登録すべきものではないものとして，申請は却下される。誤って登記又は登録がされたときは，職権抹消される。

4:2:4:2:4　抵当権者の承諾を得た賃貸借

工場財団に属する物件であっても，抵当権者の承諾を得たときは，これを賃貸することができる（工抵法13条2項ただし書）。工場財団に属するものについて，その賃貸借を禁止することは，不便であることを考慮して，その例外

が認められたものである。

それでは，抵当権が存在しない間に賃貸し，その後抵当権が設定されたときは，改めて抵当権者の承諾を必要とし，その同意が得られないときは，賃貸借は将来に向ってその効力を失うものと解すべきであろうか。これは，承諾を得た抵当権者のほかに新たに抵当権者が存在するに至った場合にも生ずる疑問である（精義下1420）。賃借人の利益を考慮すれば，原則として，賃貸借は有効に継続すると解すべきであろう。

4:2:4:2:5　差押え，仮差押え又は仮処分の禁止

工場財団に属するものは，個々的に差押え，仮差押え又は仮処分の目的とすることはできない（工抵法13条2項）。工場財団に属するものを個別に差押え，仮差押え又は仮処分の目的とすると，一体として有する工場財団の担保価値が毀損されるからである。

この禁止規定に違反して差押え等がされた場合には，工場抵当の目的である物件の違法執行の場合と同じく，抵当権者は，第三者異議の訴えを提起し（民執法38条1項），その執行を排除することができる。

4:2:4:3　工場財団の所有権移転と組成物件の権利移転

工場財団の所有権が移転した場合には，その組成物件の個々についてもその権利の移転が生ずる。

① この場合，個々の登記又は登録のある組成物件の権利移転の第三者対抗要件としては，その移転の登記又は登録がされることが必要である。工場財団そのものの移転登記のみでは，個々の物件についての第三者対抗要件を具備したとはいい難いであろう。もっともその物件については，それが財団に属した旨の記録がされ，その処分は制限されているから，正当な取引関係にある第三者は出現することがないので，その移転登記又は登録は，実際には重要ではないであろう。

② 個々の物件についての移転登記又は登録の手続については，工場財団そのものの移転がない限り，することができない（工抵法29条）。まず工場財団そのものの移転登記をすることを必要とし，その移転登記を証する登記

事項証明書等を提供して，個々の組成物件の移転登記又は登録を申請すべきである。この場合，その登記又は登録の原因は，工場財団そのものの移転であると解する。

4：3　工場財団目録及び工場図面

4：3：1　工場財団目録

4:3:1:1　工場財団目録の意義

　工場財団目録とは，工場財団の組成物件を記録したものであって，その工場財団に属している組成物件を明らかにし，公示するものである。工場財団登記簿には，その工場財団がいかなる工場につき設定されているかが記録されているだけで，その内容である組成物件は公示されていない。そこで，申請人は，工場財団の所有権の保存登記の申請情報に併せて，工場財団を組成するものを明らかにするための工場財団目録に記録すべき情報を提供しなければならない（工抵法 22 条）。この情報が提供されたときは，登記官は，これにより工場財団目録を作成することができる（同法 21 条 2 項）。

　ただし，工場財団目録未指定登記所においては，工場財団の所有権の保存登記を申請する際に申請情報と併せて工場財団目録に記録すべき情報を記載した書面が提出されたときは，その書面は工場財団目録とみなされる（工抵規則附則 6 条 4 項）。指定登記所においては，登記官は，この情報に基づき工場財団目録を作成することができ（工抵法 21 条 2 項），工場財団の所有権の保存登記がされたときは，この目録は，登記簿の一部とみなされ，その記録は登記とみなされる。

　さらに組成物件の内容が変動するのに伴って，工場財団目録の内容に変更を生じたときは，工場財団目録の記録の変更登記をすることとして，常に工場財団の組成物件を明確にするよう考慮されている（**注**）。

　（注）　既述のとおり，工場財団登記は，すべて「未指定登記所」において取り扱われているので，法令改正前の取扱いを意識して説明するものとする。そのため，改

正前後の関係が明確でない場合があることを了承願いたい。

4:3:1:2　工場財団目録の作成

4:3:1:2:1　工場ごとに作成

　工場財団目録は，2以上の工場について工場財団を設定するときは，工場ごとに作成する（工抵規則15条）。これは，工場財団は，工場につき設定されるものであるから，工場財団の組成物件を工場ごとに明確にすることが相当であるからであり，また，工場財団を分割した場合，分割後の各工場財団についての工場財団目録を各別に設けなければならないからである（工抵法42条ノ6第2項）。したがって，数個の工場につき工場財団を設定する場合には，その所有権の保存登記を申請する際に提出する工場財団目録は，工場ごとに作成することになる。

4:3:1:2:2　工場財団の組成物件

　工場財団目録は，工場財団を組成するもの（工抵法21条1項4号）を明らかにするために設けられる。

① 　工場に属する土地又は建物が工場財団に属している場合には，その土地又は建物に付加して一体を成した物及び土地又は建物に備え付けられた機械，器具その他の工場の用に供する物には，その工場財団を目的とする抵当権の効力が及ぶ（工抵法16条1項・2条）。これは，工場に属する土地又は建物が工場財団に属している場合には，工場財団を目的とする抵当権がその実行の際に存する土地又は建物に付加して一体を成した物及びそれに備え付けられた機械，器具その他工場の用に供する物に及ぶこととしたものである。

② 　工場に属する土地又は建物に付加して一体を成した物のうち不動産の構成部分となっているものは，その土地又は建物が工場財団に属している場合には，当然その土地又は建物と共に工場財団に含まれ，独立した組成物件とする必要はない。しかし，土地又は建物に備え付けられた機械，器具その他工場の用に供する物は，それを工場財団の組成物件としなくても工

場財団の抵当権の効力が及ぶが，それは，抵当権実行の際に備え付けられている物に限るのであって，その前に備付けが廃止されたものに対する追及効は認められない（工抵法5条は準用されていない。）。

これらの機械，器具その他の工場の用に供する物を組成物件とするときは，工場財団目録に記録すべきである。その備付けを廃止（分離）する場合には，工場財団の抵当権者の承諾を必要とする。承諾がなくて分離しても，抵当権の効力はなお及ぶのである。

③　要役地が工場財団の組成物件となっている場合には，承役地の上の地役権には工場財団の抵当権の効力が及ぶ（工抵法16条2項・民法281条）。もっとも，地役権は，工場財団の組成物件とすることはできないから（工抵法11条），工場財団目録に記録すべきではない。

4:3:1:2:3　工場財団の記録方法

工場財団目録に工場財団を組成するものを記録するときは，工抵規則7条以下により，また，その要領は，財団準則29条により調製すべきものとしている。

①　土地

その所在する，市，区，郡，町，村及び字並びに地番（以下「土地の表示」という。）を記録する（工抵規則7条1項）。

この土地の表示方法は，他の組成物件の表示の一部として土地を表示すべき場合も同様である（同規則10条，11条1項）。

②　建物

その建物の所在の土地を表示するほか，家屋番号（以下「建物の表示」という。）を記録する（工抵規則7条2項）。附属建物については，表示する必要はない。区分建物については，その区分建物の属する一棟の建物の構造及び床面積（その一棟の建物の名称があるときは，その名称を記録すれば，一棟の建物の構造及び床面積の記録は必要でない（不登令3条8号））。

③　工作物（建物を除く。）

a　建物以外の工作物の表示としては，工作物の所在する土地，種類，構

造及び面積又は延長を記録する（工抵規則7条3項）。その工作物の所在が2筆以上の土地にまたがるときは，主たる部分の存する土地のみを記録して差し支えない（財団準則29条1号）。工作物の「延長」とは，例えば，煙突の高さ何メートル，塀の長さ何メートル等をいう。

b　2個以上の機械，器具及び工作物（建物以外のもの）等をもって1個の装置を構成している場合であって，その装置の各部分を個々に表示することが適当でないときは，その装置全体を1個の建物以外の工作物とみなして差し支えない。この場合，装置の名称を工抵規則7条3項2号の事項（種類）として記録し，また，その装置の能力，性能等を同項3号及び4号の事項（構造及び面積又は延長）として記録して差し支えない（財団準則29条2号）。

④　機械等の附属物

a　機械，器具，電柱，電線，配置諸管，軌条その他の附属物については，種類，構造，箇数又は延長のほか製作者の氏名又は名称，製造の年月，記号，番号その他同種類の他の物と識別することができる情報があるときは，その情報を記録する（工抵規則8条本文）。

b　2個以上の機械，器具，建物以外の工作物等をもって1個の装置を構成している場合において，その装置の各部分を個々に記録することが適当でないときは，その装置全体を1個の建物以外の工作物とみなして差し支えない。この場合は，その装置の名称を工抵規則7条3項2号の事項（種類）として記録し，また，装置の能力，性能等を同項3号及び4号の事項（構造及び面積又は延長）として記録して差し支えない（財団準則29条2号）。

c　工抵規則8条ただし書により軽微な附属物を概括して記録するときは「附属物一式」又は「附属品一切」というように記録して差し支えない（財団準則29条3号）。

⑤　船舶等

a　工場財団目録に船舶登記令により登記した船舶を記録するときは，船

舶の表題部の登記事項のうち船名，船舶の種類，船籍港，船質（船舶を構成する材料による分類）及び総トン数（同令11条1号～5号）を記録する（工抵規則9条1項）。

b　工場財団目録に小型船舶（小型船舶の登録等に関する法律により登録した船舶）を記録するときは，船舶番号（同法6条2項）及び船舶の種類，船籍港，船舶の長さ，幅及び深さ並びに総トン数（同項1号～4号）を記録する（工抵規則9条2項）。

ここで「小型船舶」とは，総トン数20トン未満の船舶のうち，日本船舶（船舶法1条に規定する日本船舶をいう。）又は日本船舶以外の船舶（本邦の各港間又は湖，川若しくは港のみを航行する船舶に限る。）であって，次に掲げる船舶以外のものをいう。

a　漁船法第2条第1項に規定する漁船

b　ろかい又は主としてろかいをもって運転する舟，係留船その他国土交通省不登令で定める船舶

なお，登記することができない船舶の工場財団目録における表示は，これを器具に該当するものとして登録する（工抵規則8条）。

⑥　地上権

工場財団目録に地上権を記録するときは，その所在する土地の表示のほか，地上権の設定の登記の順位番号を記録する（工抵規則10条）。

⑦　賃借権

a　工場財団目録に不動産又は船舶の賃借権を記録するときは，その土地の表示（工抵規則7条1項）若しくは建物の表示（同条2項）又は船舶の表示（同規則9条1項）のほかその賃借権の登記の順位番号を記録する（同規則11条1項）。

b　工場財団目録にa以外の物に関する賃借権を記録するときは，次の事項を記録するとともに，賃料，存続期間又は賃料の支払時期の定めがあるときはその定め，設定の年月日及び賃貸人の氏名又は名称及び住所を記録する（同規則11条2項）。

- 建物以外の工作物については，その工作物の表示（同規則7条3項）
- 機械等については，その機械等の表示（同規則8条）
- 小型船舶については，その船舶の表示（同規則9条2項）
- 自動車については，その自動車の表示（同規則13条）

c 転借権については，その目的である賃借権の表示のほか転借権についての事項を記録する。譲渡を受けた賃借権については，賃借権の表示についての事項を記録すべきであるが，設定の年月日及びその存続期間については，譲渡前の当初の賃貸借の設定の年月日及びその存続期間を記録すべきであろう。

⑧ 工業所有権

a 工場財団目録に工業所有権を記録するときは，その権利の種類，権利の名称，特許番号又は登録番号及び登録の年月日を記録する（工抵規則12条1項）。

権利の種類とは，特許権，実用新案権，意匠権又は商標権のいずれかである。その名称は，特許権については「何の発明」，実用新案権については「何式除草機」，意匠権については「何の形状」などを記録する。

b 工場財団目録に工業所有権についての実施権（専用実施権及び通常実施権）又は使用権（専用使用権及び通常使用権）を記録するときは，その権利の範囲，本権の種類及び名称，本権の特許番号又は登録番号，登録の年月日及び本権の権利者の氏名又は名称及び住所を記録する（工抵規則12条2項）。

「範囲」とは，物の製作のみの権利とか，特定の地方のみの権利というように実施権の効力がある範囲をいう。

なお，実施権又は使用権の登録年月日を記録する必要はない。

⑨ 自動車

工場財団目録に道路運送車両法による自動車（軽自動車，小型特殊自動車及び二輪の小型自動車を除く。）を記録するときは，自動車登録規則（5条）に定める車名及び型式，車台番号，原動機の型式，自動車登録番号

及び使用の本拠の位置を記録する（工抵規則13条）。

なお，登録をしない自動車は，機械としての表示事項を記録する。

⑩　ダム使用権

工場財団目録にダム使用権を記録するときは，ダム使用権登録令（25条）に定めるダム使用権の設定番号，多目的ダムの位置及び名称，ダム使用権の設定の目的，ダム使用権により貯留が確保される流水の最高及び最低の水位並びに量を記録する（工抵規則14条）。

4:3:1:2:4　工場財団目録の提出

①　作成用紙

工場財団の所有権の保存登記の申請を書面によりするときは，申請人は，別記第二号様式による用紙に工場財団目録に記録すべき情報を記載した書面を提出しなければならない（工抵規則25条1項）。

工場財団目録は，登記簿の一部とみなされるものであって，工場財団の登記記録を閉鎖した日から20年間保存しなければならない（同規則36条）。この目録を書面により提出する場合，作成するための用紙は，「日本工業規格B列四番ノ強靭ナル用紙」を用いることとされていたが（旧工抵手続16条）**（注）**，他の異なる用紙を用いて作成された工場財団目録が提出されても，却下事由にはならないであろう。

（注） 旧工抵手続16条の規定は，工場財団目録未指定登記所の工場財団目録について，なおその効力を有する（工抵規則附則6条5項）。

②　記名押印

工場財団目録には，申請人又はその代表者若しくは代理人が記名押印しなければならない（工抵規則25条2項）。かつては，代理人によって登記を申請する場合においても，申請人（工場の所有者）が署名捺印すべきであって，代理人がこれをすべきでないとされていた（昭33.7.12民事甲1426号民事局長通達一）。この署名（記名で可）押印は，工場財団目録の表紙に

する。

③　契印

　　工場財団目録の書面が2枚以上であるときは，申請人又はその代表者若
しくは代理人は，各用紙に当該用紙が何枚目であるかを記載し，各用紙の
つづり目に契印をしなければならない。ただし，当該申請人又はその代表
者若しくは代理人が2人以上あるときは，その1人がすれば足りる（工抵
規則25条3項）。

④　2個以上の工場が各別の所有者に属する場合の所有者の記録

　　各別の所有者に属する2個以上の工場につき設定される工場財団の各工
場ごとの工場財団目録には，その工場の所有者又は名称を記録する（工抵
規則16条）。これによって，申請人中のだれが所有する工場についての工
場財団目録であるかを明確にし，後日，工場財団を分割した場合には，工
場財団目録の分離手続を明確にすることができる。

4:3:1:2:5　工場財団目録の処理

①　既に提供されている目録への記録

　　既に提供されている目録の末尾に「別紙目録記載の物件を新たに工場財
団に属させた」旨並びに申請の受付年月日及び受付番号を記録して（工抵
法41条），登記官印を押捺する。

②　追加目録への記録

　　追加目録には，申請の受付年月日及び受付番号を記録して，登記官印を
押捺する。追加目録には登記番号を記録する必要はない（工抵規則17条）。

③　変更後の工場図面の処理

　　工場財団目録の記録の変更登記を申請する場合において，工場図面に変
更があるときは，変更後の工場図面を提供しなければならない。その場
合，登記官は，工場図面に申請の受付年月日及び受付番号を記録しなけれ
ばならない（工抵規則34条）。

4　工場財団　**169**

［様式３］　「工場財団目録」（工抵規則 25 条別記第二号）

	受付	平成　　　年　　　月　　　日
		第　　　　　　　　　　　　号
	登記番号	

工　場　財　団　目　録

所有者　甲株式会社
代表取締役　何　　某　㊞

（工場の名称）何　工　場

（注）　申請人又はその代表者若しくは代理人（委任による代理人を除く。）が記名押印しなければならない。また，目録が２枚以上の場合は，申請人又はその代表者若しくは代理人（委任による代理人を除く。）は，各用紙に当該用紙が何枚目であるかを記載し，各用紙のつづり目に契印をしなければならない。その場合，申請人又はその代表者若しくは代理人（委任による代理人を除く。）が２人以上の場合は，そのうちの１人がすれば足りる（工抵規則 25 条２項，３項）。

土　　地　　の　　部		
所　　在　　地　　番	予　　　　　備	
何市何町何丁目何番１（注１）	（注２）	
何市何町何丁目何番２　持分２分の１		

（注１）　土地の表示を記録する（工抵規則７条１項）。
（注２）　予備欄には，目録の記録変更登記の場合の変更事項等を登記官が記録する。

建　　物　　の　　部		
所　　　在	家　屋　番　号	予　　備
何市何町何丁目何番地何	何番何	
何市何町何丁目何番地何	何町何丁目何番何の何 敷地権の表示　何市何町 何丁目何番地何の土地の 所有権何分の何	

(注)　建物の所在する土地の表示（区分建物である建物にあっては，当該建物が属する一棟の建物の所在する土地の表示）及び家屋番号を記録する（工抵規則7条2項）。

工　作　物　（建　物　を　除　く）　の　部				
所　　　在	種　類	構　造	面積又は延長	予　備
何市何町何番地	煙　突	鉄筋コンクリート	高さ何m	
何市何町何番地	給水タンク	鉄製円筒型	高さ何m	
何市何町何番地	人口地盤	コンクリート	面積何m^2	

(注)　工作物の所在する土地の表示，種類，構造，面積又は延長を記録する（工抵規則7条3項）。

機　械　・　器　具　等　の　部							
種　類	構　造	個数又は延長	製造者の氏名又は名称	製造年月	記号番号	配置図番号	予　備
施盤	鉄製	1台	株式会社何	平7・8	N10	1	

(注1)　配置図番号欄には，当該機械等の配置を表示するため工場図面に付した番号を記録する。

(注2)　機械，器具，電柱，電線，配置諸管，軌条その他の附属物を記録するときは，種類，構造，個数又は延長，製造者の氏名又は名称，製造の年月，記号，番号その他同種類の他の物と識別することができる情報があるときは，その情報を記録する（工抵規則8条）。ただし，軽微な附属物については，概括して記録することができる。

登　記　船　舶　の　部					
船　名	種　類	船籍港	船　質	総　ト　ン　数	予　　　備
何丸	汽船	何市	鋼	何千トン	

(注)　船舶登記令第11条第1号から第5号に掲げる事項（船名，船舶の種類，船籍港，船質，総トン数）を記録する（工抵規則9条1項）。

登　録　小　型　船　舶　の　部					
船舶番号	種　類	船　籍　港	船舶の長さ，幅及び深さ	総トン数	予　備
何	何	何市	何	何トン	

(注)　船舶番号及び船舶の種類，船籍港，船舶の長さ，幅及び深さ，総トン数を記録する（小型船舶の登録に関する法律6条2項，工抵規則9条2項）。
　　なお，小型船舶の登録等に関する法律において「小型船舶」とは，総トン数20トン未満の船舶のうち，日本船舶（船舶法1条に規定する日本船舶をいう。）又は日本船舶以外の船舶（本邦の各港間又は湖，川若しくは港のみを航行する船舶に限る。）であって，次に掲げる船舶以外のものをいう。
　　一　漁船法2条1項に規定する漁船
　　二　ろかい又は主としてろかいをもって運転する舟，係留船その他国土交通省令で定める船舶

地　上　権　の　部		
所　在　地　番	順　位　番　号	予　　　備
何市何町何番	乙区何番	

(注)　土地の表示及びその地上権の登記の順位番号を記録する（工抵規則10条）。

賃　　借　　権　　の　　部			
賃借物の表示	順 位 番 号	そ の 他	予 備
何市何町何番地 家屋番号何番	乙区何番		
何丸，汽船， 何市，鋼鉄，何トン	乙区何番		

(**注**)　ア　不動産の賃借権を記録する場合
　　　　　　土地の表示又は建物の表示（区分建物である建物にあっては，建物が属する一
　　　　　　棟の建物の所在する土地の表示）及び家屋番号のほか，その賃借権の登記の順
　　　　　　位番号を記録する（工抵規則11条1項）。
　　　　イ　船舶の賃借権を記録する場合
　　　　　　船名，船舶の種類，船籍港，船質，総トン数のほか，その賃借権の登記の順位
　　　　　　番号を記録する（工抵規則11条1項）。
　　　　ウ　不動産及び船舶以外の物に関する賃借権を記録する場合
　　　　　　工場抵当登記規則第7条第3項，第8条，第9条第2項又は第13条に規定す
　　　　　　る事項のほか次の事項を記録する。
　　　　　　　一　賃料
　　　　　　　二　存続期間又は賃料の支払時期の定めがあるときは，その定め
　　　　　　　三　設定の年月日
　　　　　　　四　賃貸人の氏名又は名称及び住所

工　業　所　有　権　の　部					
種 類	名 称	番 号	登 録 年 月 日	そ の 他	予 備
特許権	何の製造	何—何	平成何年何月		

(**注**)　権利の種類，権利の名称，特許番号又は登録番号，登録の年月日を記録する（工抵
　　　　規則12条1項）。工業所有権についての専用実施権，通常実施権，専用使用権又は
　　　　通常使用権を記録するときは，次に掲げる事項を記録する（同条2項）。
　　　　　一　権利の範囲
　　　　　二　本権の種類及び名称
　　　　　三　本権の特許番号又は登録番号
　　　　　四　登録の年月日
　　　　　五　本権の権利者の氏名又は名称及び住所

登　録　自　動　車　の　部						
車　名	型　式	車台番号	原動機の型　式	登録番号	使用の本拠の位　　置	予　　備
何	何—何	何	何	何—何	何市何町何番	

(注)　道路運送車両法第2条第2項の規定による自動車（軽自動車，小型特殊自動車及び二輪の小型自動車を除く。）を記録するときは，次の事項を記録する（工抵規則13条）。
　　　　一　車名及び型式
　　　　二　車台番号
　　　　三　原動機の型式
　　　　四　自動車登録番号
　　　　五　使用の本拠の位置

ダ　ム　使　用　権　の　部				
設定番号	位置及び名称	設定目的	水　位　及　び　量	予　　備
何	何ダム	何	何	

(注)　ダム使用権の設定番号，多目的ダムの位置及び名称，ダム使用権の設定の目的，ダム使用権により貯留が確保される流水の最高及び最低の水位並びに量を記録する（ダム使用権登録令25条1項1号～4号，工抵規則14条）。

4:3:1:3　効力

4:3:1:3:1　工場財団目録等の経過措置（工抵規則附則6条，7条1項）

①　工場財団目録に関する事務について第3条指定を受けていない登記所（以下「工場財団目録未指定登記所」という。）においては，工場財団目録つづり込み帳を備える（工抵規則附則6条1項）。

②　工場財団目録未指定登記所において電子申請により工場財団目録に記録すべき情報が提供されたときは，登記官は，書面で工場財団目録を作成しなければならない（同条2項）。

③　②の工場財団目録は，①の工場財団目録つづり込み帳につづり込む（同条3項）。

④　工場財団目録未指定登記所において書面申請により工場財団目録に記録すべき情報を記載した書面が提出されたときは，その書面は，工抵法21条2項の工場財団目録とみなす。この場合，その書面は，不登規則19条の規定にかかわらず，①の工場財団目録つづり込み帳につづり込む（同条4項）。

⑤　旧工抵手続16条の規定（B列4番の強靭な用紙を用いる。）は，工場財団目録未指定登記所の工場財団目録について，なおその効力を有する（同条5項）。

⑥　工抵規則施行の際，現に登記所に備え付けてある工場財団目録は，工抵法21条2項の工場財団目録とみなす（同附則7条1項）。

⑦　工場財団の所有権の保存登記を申請する場合に工場財団目録が提供されたときは（工抵法22条），登記官は，それに基づいて工場財団目録を作成することができ（同法21条2項），その保存登記がされたときは，その作成された目録は，登記簿の一部とみなされ，その記録は登記とみなされることになる（工抵規則附則6条4項前段，旧工抵法35条）。したがって，工場財団目録に記録した事項に変更が生じたことによる工場財団目録の記録の変更登記を申請する場合に提供される変更目録及び追加目録も，登記簿の一部とみなされ，その記録も登記とみなされることになる。

4:3:1:3:2　登記簿の一部とみなされる意義

工場財団登記簿は，1個の工場財団につき1登記記録が設けられ（工抵法19条：3条指定日から適用），その1登記記録は，表題部及び権利部に分けられ，表題部には工場財団の表示に関する事項，権利部には所有権及び抵当権に関する事項がそれぞれ記録される（同法20条：3条指定日から適用）。

登記簿の一部とみなされる工場財団目録は，その工場財団の組成物件の表示を記録したものであって，その工場財団がいかなる物件をもって組成されているかを明らかにし，その内容を示すものである。工場財団は，組成物件の集合体であり，本来は，工場財団の表示としては，登記簿にその所属する物件のすべてを記録すべきであるが，登記の技術上工場財団目録に記録する

ものである。したがって，工場財団目録は，工場財団登記簿の登記記録中表題部の一部とみなされることになる。

4:3:1:3:3　登記としての効力

① 工場財団は，その所有権の保存登記をすることによって設定される1個の不動産とみなされるが，その実質は，組成物件の集合体である。そうすると，工場財団目録に記録されたもののみがその工場財団の組成物件であり，記録されず，したがって登記されないものは組成物件ではないのか。それとも工場の所有者が工場財団の組成物件とすることを意図したものは組成物件であって，工場財団目録に記録の有無を問わないか。換言すれば，工場財団目録としての記録，すなわち登記されていることが組成物件であることの成立要件であるか，それとも対抗要件であるかという問題がある。

② 工抵法39条が「新ニ他ノモノヲ財団ニ属セシメタルニ因リ」と規定し，また，同法42条が「財団ニ属セサルニ至リタルニ因リ」と規定しているところからすれば，財団に属するか又は属しないかという事実は，既に発生しているというように読める。したがって，その物件を工場財団目録に追加し，又は抹消するために，工場財団目録の記録の変更登記をするのであって，記録の変更登記をすることによって，はじめて工場財団の組成物件となり，又はならなくなるものではないと説明することができる。

しかし，少なくとも，工場財団を設定する場合については，その所有権の保存登記が設定の成立要件であり，それは，一定の具体的な組成物件の集合体としての工場財団の成立である。したがって，所有権の保存登記によって成立する工場財団は，その工場財団目録に記録され，登記したとみなされる物件（組成物件）によって組成されるのであり，工場財団目録に記録されていないものは組成物件ではないと解するのが相当である。すなわち，工場財団の所有権の保存登記によって登記したとみなされる工場財団目録の記録が組成物件であることの成立要件であるといえる（精義下1431）。

③　工場財団の所有権の保存登記後に物件を工場財団に属させる（追加する），又は工場財団に属しないものとする（分離する）行為の性質は，次のとおりである。

　　物件を分離する場合については，工場財団に抵当権が設定されているときは，工場の所有者は，抵当権者の同意を得て分離しなければならないが（工抵法15条1項），抵当権が設定されていないときは，工場所有者が単独で分離することができる。したがって，この「分離」の性質は，備付けの機械器具等を工場の施設から取りはずすという事実行為ではなく，工場財団の組成物件としないという工場所有者の意思表示であり，単独の法律行為といえる。そして，抵当権が設定されているときは，その法律行為の効力発生要件として抵当権者の承諾を必要とするのである。

　　また，新たに物件を追加する場合についても，その行為は，事実行為ではなく，工場所有者の単独の法律行為というべきであろう。

④　分離によって組成物件が工場財団に属しないことになり，又は新たに物件を追加して工場財団に属させるときは，所有者は，工場財団目録の記録の変更登記をすることになるが（工抵法38条），この変更登記の効力，すなわち，工場財団目録の記録の変更登記の効力は，その成立要件，すなわち，分離又は追加は，③で述べたように，工場の所有者の単独の法律行為（意思表示）がその原因であるが，その分離又は追加による工場財団目録の記録の変更登記によって，当該物件が工場財団に属しなくなり，又は属することになる。したがって，分離又は追加による工場財団目録の記録の変更登記がされていることが組成物件の成立要件であり（4:2:3:2:3），かつ，分離又は追加の第三者に対する対抗要件であると解される（精義下1433）。

4:3:1:3:4　工場財団目録の改製

　　登記所は，不登規則附則3条1項の規定による指定を受けたときは，工抵法3条2項の目録及び工場財団目録を不登法2条9号に規定する登記簿（登記記録が記録される帳簿であって磁気ディスクをもって調製するもの）に改

製しなければならない（工抵規則附則8条・不登規則附則3条）。ただし、現在までにこの工場財団について指定を受けた登記所は存在しないようである。

4:3:2　工場図面

① 工場図面は、工場財団の所有権の保存登記を申請する場合に提供するものであり（工抵規則21条）、工場ごとに作成する（同規則22条2項）。工場の一部について工場財団を設定するときは、工場図面は、工場財団に属する部分とこれに属さない部分とを明確に区分して作成しなければならない（同条3項）。

工場図面には、次に掲げる事項を記録する（同条1項）。

a　工場に属する土地及び工作物については、それらの方位、形状及び長さ並びに重要な附属物の配置（同条1項1号）

b　地上権の目的である土地並びに賃借権の目的である土地及び工作物については、それらの方位、形状及び長さ（同項2号）

c　工場図面には、重要な附属物の配置を記録する必要があるが（同項1号）、その配置を記録するには「①、②、③」のように配置図番号を付し、「配置説明」欄には、その番号を用いて附属物の種類を記録する。

d　工場図面に配置番号が記録されている場合には、登記官は、工場財団目録にその番号を記録しなければならない（財団準則31条）。

② 工場図面は、書面申請において工場図面を電磁的記録に記録して提供する場合は、不登記則73条及び74条2項の規定を準用して、次のように作成する（工抵規則22条4項、財団準則附録17号）。

a　工場図面には、作成の年月日を記録し、申請人が記名するとともに、その作成者が署名し、又は記名押印しなければならない。ただし、附録17号様式は、作成年月日及び作成者の署名する欄は設けておらず、また、申請人が押印することになっており、不登規則74条2項（署名又は記名押印）とは異なるので、注意を要する。

b　工場図面は、0.2ミリメートル以下の細線により、図形を鮮明に表示しなければならない。

c 書面申請によって提供される工場図面は，財団準則の附録第17号様式又はこれに準ずる様式により，丈夫な用紙を用いて作成されていれば足りる（財団準則30条）。

d 工場図面は，工場財団目録と同様に，各工場ごとに作成することになるから（工抵規則22条2項），何工場図面であるかを明らかにするため，「何市何町　　所在」と記録することが望ましい。

工場図面は，一葉をもって工場の全体を図示することが望ましいが，工場が広大である場合には，数葉をもって作成することは差し支えない。この場合，数葉をつなぎ合わせた場合に工場の全体が一見して明瞭にならなければならない。

③ 登記官は，所有権の保存登記をしたときは，工場図面に，申請の受付の年月日及び受付番号並びに登記番号を記録しなければならない（工抵規則

[様式4] 「工場図面」（財団準則30条附録第17号）

番号	1	2	3	4	5	6	7	配置説明
種類	旋盤	旋盤	何機械	旋盤	旋盤	何機械	水道管	

23条)。

④ 工場財団目録の記録の変更（又は更正）登記を申請する場合に，工場図面に変更があるときは，その変更後の図面を提出しなければならない。

4：4　工場財団の所有権の保存登記

工場財団の設定は，工場財団登記簿にその所有権の保存登記をすることによって初めて成立し，工場財団が生ずる（工抵法9条）。そして，それは1個の不動産とみなされる（同法14条1項，1：2：2：2）。

工場財団は，工場を抵当権の目的とするために設けられた制度であるから（同法8条1項），所有権及び抵当権（根抵当権を含む。）以外の目的とすることができない（同法14条2項）。ただし，抵当権者の同意を得てこれを賃貸することは，この限りでない（同項ただし書）。

4:4:1　所有権の保存登記の申請手続

4:4:1:1　管轄登記所

工場財団の所有権の保存登記の申請は，工場財団を組成する工場の所在地の法務局若しくは地方法務局又はその支局若しくは出張所が管轄登記所になる（工抵法17条1項，2項）。

工場財団を設定しようとする工場が数個の登記所の管轄地にまたがり，又は数個の工場が数個の登記所の管轄地内にある場合には，あらかじめ所有権の保存登記を申請すべき登記所の指定を受けておかなければならない（同法17条2項）。

すなわち，数個の登記所が同一の法務局又は地方法務局の管内にあるときはその長に，数個の登記所が同一の法務局の管轄区域内にあるときはその長に，数個の登記所が2以上の法務局の管轄区域内にあるときは法務大臣に，それぞれ申請して管轄登記所の指定を受けるのである。

なお，この管轄指定については，申請人の希望する登記所を指定する取扱いである（財団準則2条3項）。

「工場の所在地」とは，工抵法1条にいう「場所」の所在地であるが，そ

れは工場の存する組成物件とされる不動産又はその地上権若しくは不動産賃借権により定まる。

4:4:1:2　申請情報の内容

　工場財団の所有権の保存登記の申請情報の内容は，次のとおりである（工抵法21条3項，工抵規則18条1項）

① 登記の目的（工抵規則18条1項・不登令3条5号）

　　登記の目的として「所有権保存」と記載する。工場財団の所有権の保存登記には，登記原因が存在しないから，「登記原因及びその日付」の記載はない。

② 所有者の表示（工抵規則18条1項・不登令3条1号，2号）

　　申請人（工場の所有者）の氏名又は名称及び住所を記載し（工抵規則18条1項・不登令3条1号），所有者が会社その他の法人であるときは，その代表者の氏名を記載し，押印する（不登令16条1項，3条2号）。

③ 代理人の表示（不登令3条3号）

　　代理人によって申請するときは，その代理人の氏名又は名称及び住所を記載する。代理人が法人であるときは，その代表者の氏名を記載し（工抵規則18条1項・不登令3条2号），押印する（不登令16条1項）。

④ 添付情報の表示

⑤ 申請年月日（不登規則34条1項7号）

⑥ 登記所の表示（同規則34条1項8号）

⑦ 登録免許税額（同規則189条1項）

　　所有権の保存登記の登録免許税は，工場財団1個につき3万円である（税法別表第一・五・㈠）。

⑧ 工場財団の表示（工抵法21条3項，工抵規則18条2項，同附則9条1項・不登規則附則15条2項）（注）

　a 工場の名称及び位置（工抵法21条1項1号）

　　　「工場の名称」とは，その工場が通常よばれている名称（通称）をいう。会社の商号である必要はない。

工場の「位置」とは，工場の所在地であるが，工場に属する土地の全部を記載する必要はない。工場の主要な建物の所在地を記載するのが適当であろう。工場とみなされる場所（同法1条2項）についても同様にその名称と位置を記載する。

b　主たる営業所（同法21条1項2号）

　「主たる営業所」とは，会社等の法人の場合においても，その本店又は主たる事務所をいうのではなく，その工場の営業に関する主たる営業所をいう。また，個人の場合は，その工場の営業の事務を主として行っている場所をいう。その個人の住所ではない。

c　営業の種類（同法21条1項3号）

　「営業の種類」とは，その工場で行っている営業の種類をいう。その工場財団の組成工場の稼働内容を明らかにし，工場財団を特定するために記載する。法人の目的を記載する必要はない。

（注）　数個の工場につき工場財団を設定する場合には，各工場についてそれぞれ記載する。

4:4:1:3　添付情報

　工場財団の所有権の保存登記の添付情報として提供すべき情報は，次のとおりである。

①　申請書の写し

　工場財団の登記事務についてオンライン指定がされるまでの間は，申請書の写し（「不登規則15条2項ノ規定ニ依リ提出セラレタル書面」工抵規則附則9条2項）を添付する。ただし，登記済証の交付を希望しない場合は添付を要しない。

　申請書の写しには，申請書に添付して提出される工場財団目録の写しを合綴すべきである。合綴を要しないとするのが登記実務の取扱いであるが（昭33.7.12民事甲1426号民事局長通達二），工場財団の実質的内容は，工場財

団目録に記載されているその組成物件の集合体であり，その所有権の保存登記がされたときは，その目録は，登記簿の一部（表題部の一部）とみなされ，その記録は，登記（工場財団の表示に関する登記）とみなされるから（工抵法35条（平成16年法律124号で削除），工抵規則附則6条4項本文），登記済証を作成する場合に，工場財団の内容として登記されたことになる目録記載の組成物件を明らかにしておく必要がある（精義下1372）。ただし，工場財団等のみなし不動産登記簿を対象とした画像データ化作業が完了した（平成27年4月）から，当該データを登記済証の一部とする取扱いは可能であろう。

② 工場財団目録

工場財団目録（4：3：1）とは，工場財団を組成する物件の表示を掲げた目録である。

登記簿には，工場財団の表示として工抵法21条各号の事項を記録するだけにして，申請人は，別に工場財団の組成するすべての物件を記載した工場財団目録に記録すべき情報を提供する（工抵法22条，工抵規則25条1項）。

この書面には，申請人又はその代表者若しくは代理人（委任による代理人を除く。）が記名押印しなければならない（工抵規則25条2項）。

この書面が2枚以上であるときは，申請人又はその代表者若しくは代理人（委任による代理人を除く。）は，各用紙に当該用紙が何枚目であるかを記載し，各用紙のつづり目に契印をしなければならない。ただし，当該申請人又はその代表者若しくは代理人（委任による代理人を除く。）が2人以上あるときは，その1人がすれば足りる（同条3項）。

書面により申請するときは，別記第二号様式による用紙に工場財団目録に記録すべき情報を記載した書面を提出しなければならない（同条1項）。

工場財団の所有権の保存登記がされたときは，その工場財団目録が登記簿の一部（表題部の一部）とみなされ，その記載が登記（工場財団の表示に関する登記）とみなされることになる（改正前の工抵法35条）。

この目録は，工場ごとに作成しなければならない（工抵規則15条）**(注)**。

(注) 工抵法22条3項として昭和27年法律192号で追加，平成16年法律124号で
削除。

③ 工場図面

工場図面（4:3:2）とは，「工場に属する土地及び工作物については，
それらの方位，形状及び長さ並びに重要な附属物の配置」（工抵規則22条1
項1号），「地上権の目的である土地並びに賃借権の目的である土地及び工
作物については，それらの方位，形状及び長さ」（同項2号）を記録したも
ので，工場ごとに作成する（同条2項）。これは，工場財団と重要なる組成
物件を図面により明確に特定することのために提出を要求されるものであ
る。

工場の一部について工場財団を設定するときは，工場財団に属する部分
とこれに属さない部分とを明確に区分して作成しなければならない（同条
3項）。

工場図面には，作成の年月日を記録し，申請人が記名すると共に，その
作成者が署名し，又は記名押印をしなければならない（同条4項・不登規則
73条，74条2項）。

④ 会社法人等番号又は登記事項証明書

申請人が会社法人等番号（商登法7条）を有する法人である場合は，当該
法人の会社法人等番号を提供しなければならない（不登令7条1項1号イ）。
ただし，当該法人の代表者の資格を証する登記事項証明書又は支配人等の
権限を証する登記事項証明書を提供したときは，会社法人等番号の提供を
要しない（工抵規則21条，不登令7条1項1号，不登規則36条1項各号）。この登
記事項証明書は，作成1月以内のものでなければならない（不登規則36条
2項）。

⑤ 住所証明情報（工抵規則21条，不登令別表28添付情報ニ，29添付情報ハ）

申請人（所有者）の住所を証する情報（住民票の写し等）を提供する。

申請人が会社法人等番号（商業登記法7条）を有する法人である場合は，当該法人の会社法人等番号を提供しなければならない（不登令7条1項6号イ）。ただし，当該法人の代表者の資格を証する登記事項証明書又は支配人等の権限を証する登記事項証明書を提供したときは，会社法人等番号の提供を要しない（工抵規則21条，不登令7条1項1号，不登規則36条1項各号）。この登記事項証明書は，作成1月以内のものでなければならない（不登規則36条2項）。

なお，工場財団登記がオンライン指定された登記所に申請する場合において，住民票コード（住基法7条13号）を記載したときは，住所証明書を提供する必要はない（不登規則36条4項，同附則15条1項）。

⑥ 代理権限証明情報（工抵規則21条，不登令7条1項2号）

代理人により申請する場合は，保存登記の申請を代理してする権限のあることを証する委任状等を提供する。会社等の法人が代理人として申請するときは，その代表者の資格証明情報を提供する。ただし，当該代理人の会社法人等番号を提供したときは，これを当該代理人の代表者の資格証明情報の提供に代えることができる（不登規則37条の2）。

登記を申請する登記所が会社等の法人の登記を受けた登記所と同一であって，法務大臣の指定した登記所以外の登記所である場合には，提供する必要はない（同規則36条1項1号）。この場合には，代理権限証明情報と記載した下部に括弧書きで「（資格証明情報省略）」と記載するのが相当である。

⑦ 管轄指定書

工場財団を組成する工場が数個の登記所の管轄地にまたがり，又は数個の工場が数個の登記所の管轄地内にある場合には，工抵法17条2項の規定により，その工場財団の所有権の保存登記を申請すべき管轄登記所の指定を申請しなければならない。そして，この指定された登記所へ申請する際，その登記所が管轄権のあることを明らかにするため，指定のあったこ

とを証する書面（指定者から申請人に交付される。）を提供しなければならない（4：1：2：2）。

⑧　物の賃借権を組成物件とする場合の賃貸人の承諾証明情報

　　物（不動産及び動産）の賃借権について，その賃貸人の承諾がある場合は，その物を工場財団に属させることができるから（工抵法11条4号），これを組成物件とする場合には，申請書に賃貸人の承諾を証する情報（印鑑証明書付）を提供する。

　　ただし，不動産又は登記された船舶の賃借権について，権利の譲渡ができる旨の特約の登記がされている場合は，賃貸人の承諾を証する情報に代えて，それを明らかにする登記事項証明書を提供すれば足りる。この賃借権が工場財団の所有権の保存登記を申請する登記所に登記されている場合は，提供する必要はない。

⑨　工業所有権の権利者の承諾証明情報

　　特許権の専用実施権若しくは通常実施権（特許法77条3項，94条1項），実用新案権の専用実施権（実用新案法18条3項・特許法77条3項），意匠権の専用実施権（意匠法27条3項・特許法77条3項）又は商標権の専用使用権若しくは通常使用権（商標法30条3項，31条3項）は，特許権者，実用新案権者，意匠権者又は商標権者（及び専用実施権者又は専用使用権者）の承諾がなければ工場財団の組成物件とすることができないから，これらの権利者の承諾を証する情報（印鑑証明書付）を提供する。

⑩　ダム使用権の処分許可書

　　ダム使用権を工場財団の組成物件とする場合には，国土交通大臣の許可書を提供すべきである（ダム法22条）。

[様式5]　「工場財団管轄登記所指定申請書」（財団準則2条1項）

法務大臣（又は何法務局長若しくは何地方法務局長）殿
　申請人は，後記の工場について工場財団の所有権保存登記（**注1**）を

申請したいのですが，工場の所在地が乙法務局何出張所及び丙地方法務局何出張所の管轄に属しているので，工抵法第17条第2項の規定により，管轄登記所の指定を申請します。

　なお，乙地方法務局何出張所を管轄登記所として指定されることを希望します（注2）。

添付書類

　不動産目録　2通（注3）

　資格証明情報　1通

平成○年○月○日

　○市○町○番地

　　甲　株式会社

　　　代表取締役　何　某　印

　　　　　　　　　　　　記

　工場財団の表示

　　(1)　工場の名称及び位置（乙法務局何出張所管轄）

　　　　　何工場

　　　　　　○市○町○番地

　　　　主たる営業所

　　　　　　○市○町○番地

　　　　営業の種類

　　　　　　○○の製造

　　(2)　工場の名称及び位置（丙地方法務局何出張所管轄）

　　　　　何工場

　　　　　　○市○町○番地

　　　　主たる営業所

　　　　　　○市○町○番地

　　　　営業の種類

　　　　　　○○の加工

不動産目録（注4）

　土地

　　○市○町○番地（乙法務局何出張所管轄）

　　○市○町○番地（丙地方法務局何出張所管轄）

　建物

　　○市○町○番地　家屋番号○番（乙法務局何出張所管轄）

（注1）　工場財団の所有権の保存の登記の申請をするために工場財団の管轄登記所の
　　　　指定を要する旨を記載する（財団準則2条2項）。

（注2）　申請人が指定を希望する管轄登記所があれば記載する（同条3項）。

（注3）　申請書には工場に属する土地又は建物の全部を記載しなければならないが，
　　　　土地の所在及び地番，建物の所在及び家屋番号を記載した不動産目録2通を添

[様式6]　「管轄登記所指定書」（財団準則5条附録第1号）

日記第　　　　　　号
平成　　年　　月　　日

申請人　　　　　殿

法務局長　　　　　職印

管　轄　登　記　所　指　定　書

　平成何年何月何日付けをもって申請のあった下記（又は別紙）工
場財団の管轄登記所指定の件については，乙地方法務局何出張所を
管轄登記所に指定します。

記

工場財団の表示（略）

付した場合には，申請書に工場に属する土地又は建物の記載をする必要がない（財団準則3条）。2通添付する理由は1通は申請書の一部となるが，1通は管轄登記所指定書を作成する際の指定書の一部として使用されるためである。

（注4） 不動産の表示として，不動産番号（不登規則90条，不登令6条）を利用することもできる。

4:4:2　所有権の保存登記の実行手続
4:4:2:1　登記実行前の手続
　工場財団の所有権の保存登記の申請があった場合には，登記官は，その申請が一般的に適法であるかどうかを審査するほか，工抵法により要求される要件を具備しているかどうかを審査する必要がある。
4:4:2:1:1　却下事由の審査
　工場財団の所有権保存の登記の申請についても，不登法25条の却下事由があれば，登記官が定めた相当の期間内に補正されない限り，その申請は却下される。工場財団に関して生ずる特有の却下事由は，次のとおりである。
① 　工場財団の所在地がその登記所の管轄に属しないとき（不登法25条1号）

　　工場財団の所有権の保存登記の管轄登記所は，工抵法17条の規定により定められているが，この規定に反する登記所に所有権の保存登記の申請があった場合には，その申請を却下すべきである。

　　所有権の保存登記の申請情報には「工場ノ位置」（工抵法21条1項1号）が記載されているが，この「位置」は「工場ノ所在地」よりも狭く解され，必ずしも工場に属する土地のすべてを記載する必要はないから，この「位置」によって管轄の有無を審査してはならない。

　　管轄の指定が必要な場合（同法17条2項）には，その登記所が管轄登記所として指定されたことを証する情報により（工抵規則19条），管轄の有無を審査する。

② 　申請が登記事項以外の事項の登記を目的とするとき（不登法25条2号）

　　工抵法1条で定義する工場でないものにつき工場財団の所有権の保存登

記の申請があった場合及び機械，器具のみを組成物件としている場合等がこれに該当する。

a　申請に係る登記が既登記であるとき（同条3号）

b　申請の権限を有しない者の申請によるとき（同条4号）

c　申請情報又はその提供の方法が法令で定められた方式に適合しないとき（同条5号）

③　申請情報と併せて提供すべき情報が提供されないとき（同条9号）

工場財団の所有権の保存登記の申請情報に併せて提供すべき工場財団目録，工場図面，管轄指定書，承諾を証する情報又は許可書等が提供されていないか，又は提供されていても，方式に適合していないかあるいはその内容が十分でない場合には，その申請を却下すべきである。

④　登録免許税を納付しないとき（同条12号）

工場財団の所有権の保存登記には，財団1個につき3万円の登録免許税を納付する必要があるから（税法別表第一，五㈠），その納付がないときは，申請を却下すべきである。

4:4:2:1:2　登記・登録があるものについての手続

工場財団の所有権の保存登記の申請があった場合には，その工場財団に属すべき物件の処分が制限され（工抵法29条，33条），また，その処分制限のあることを公示しなければならない。さらに，工場財団に属させるものについては，その要件の有無を審査する必要があるので，工場財団に属すべきもので登記又は登録のあるものについては，次のような手続を定めている。

①　登記がされているもので，工場財団の所有権の保存登記の申請のあった管轄登記所の管轄に属するものについては，登記官は，職権をもってその登記記録（用紙）中権利部（相当区事項欄）に「工場財団ニ属スヘキモノトシテ其ノ財団ニ付所有権保存ノ登記ノ申請アリタル旨，申請ノ受付ノ年月日及受付番号」を記録しなければならない（工抵法23条1項）。

工場財団に属すべきもので登記又は登録のある物件が登記記録上他人の権利の目的となっていること又は差押え，仮差押え若しくは仮処分の目的

となっているため，工場財団の所有権の保存登記の申請を却下すべきことが明白であっても，いったん登記しなければならないであろうか。工抵法28条1項の規定によれば，登記官が所有権の保存登記の申請を却下したときは，同法23条1項の規定によりした記録を抹消すべき旨規定していることからの疑問である。

　しかし，後に却下することが明白であるにもかかわらず登記をすることは，無意味である。同法28条1項の趣旨は，所有権の保存登記の管轄登記所の管轄に属する物件については却下事由がないため，その登記をしたが，他の登記所又は登録官庁の管轄に属する物件中に却下事由のあることが送付された登記事項証明書又は登録原簿の謄本等により明らかとなった場合に所有権の保存登記の申請を却下することを想定して規定したものと解するべきであろう。したがって，その管轄に属する物件中に却下事由のあるものがあった場合には，直ちに同法27条1号によりその所有権の保存登記の申請を却下すべきである。

② 　工場財団の組成物件中登記がされているもので，所有権の保存登記の管轄登記所以外の登記所の管轄に属するものがある場合には，登記官は，その物件の管轄登記所に対し，遅滞なく，その物件が工場財団に属すべきものとして所有権の保存登記の申請があった旨，申請書受付の年月日及び受付番号を通知しなければならない（工抵法23条2項，財団準則13条附録第9号通知書）。

　通知を受けた登記所は，①と同様の手続をして，その登記事項証明書（抹消にかかる事項を記載することを要しない。）を通知を発した登記所に送付しなければならない（工抵法23条3項，財団準則14条附録第10号送付書）。

　なお，通知を受けた登記所は，登記の嘱託がされた場合に準じて，登記官は，受付帳に通知事項の要旨，通知をした登記所の名称，受付年月日及び受付番号を記載し，受け取った通知書には受付年月日及び受付番号を記載しなければならない。ただし，通知事項の要旨は，受付帳の登記の目的欄に，通知を発した登記所の名称は申請人の氏名欄に，それぞれ記載する

（旧工抵手続 22 条，通達等による運用に委ねることとされた。）。

③　工業所有権，自動車，小型船舶又はダム使用権が工場財団に属すべきものとしてその財団につき所有権の保存登記の申請があった場合には，登記官は，②の場合と同様，管轄する登録官庁にその財団につき「記録スベキ事項」すなわち所有権の保存登記の申請があった旨，申請書受付の年月日及び受付番号を，遅滞なく，通知しなければならない。そして通知を受けた登録官庁は，登録原簿の相当欄に通知事項の登録をし，しかる後にその登録原簿の謄本を通知を発した登記所に送付しなければならない（工抵法 23 条 4 項，財団準則 13 条附録第 9 号様式）。

　　この場合においても，通知を発した登記官は，①の場合と同様，各種通知簿に所要の事項を記入すべきであり，通知を受けた登録官庁の記載手続についても②の場合と同様と解すべきであろう。

[様式 7]　「通知書」（財団準則 13 条附録第 9 号）〔略〕

[様式 8]　「送付書」（財団準則 14 条附録第 10 号）〔略〕

4:4:2:1:3　公告手続

　工場財団に属すべき動産で登記又は登録の制度のあるもの（小型船舶及び自動車）以外のものについても，処分制限のあることを公示する目的と工場財団の組成物件とすることができる要件の有無を審査するために，次のような公告手続を規定している（工抵法 24 条）。

①　公告すべきもの

　　公告すべきものは，所有権の保存登記の申請のあった工場財団に属すべき動産（すなわち工場財団目録に掲げられている動産）で，登記又は登録の制度のある動産以外のものである（工抵法 26 条ノ 2）。

②　広告の方法及び内容

　　公告は，必ず官報ですべきであり，公告すべき内容は，工場財団に属すべき動産について権利を有する第三者又は差押え，仮差押え若しくは仮処分の債権者は，一定の期間（1 箇月以上 3 箇月以下）内にその権利又は差

押え，仮差押え若しくは仮処分の目的であることを申し出るべき旨を公告しなければならない。この公告期間は，「32日以内」とするのが実務の取扱いである（財団準則8条1項附録第5号様式）。

公告期間中に第三者の権利等の申出があった場合には，遅滞なく，その旨を申請人に通知しなければならない（工抵法26条）。これは，同法27条3号の規定との関係で申請人に権利申出の理由のないことを証明する機会を与えるためである。

[様式9] 「官報公告」（財団準則8条1項附録第5号）〔略〕

4:4:2:1:4　申請の却下

工場財団の所有権の保存登記の申請は，不登法25条各号及び工抵法27条各号所定の却下事由の有無を審査し，それが存する場合には，却下しなければならない（工抵法27条）。ただし，不登法25条に掲げる却下事由については即日に調査をすることができるが，工抵法27条1号及び2号については，組成物件のうち，申請された登記所の管轄に属する土地，建物又は登記された船舶であれば即日に調査することは可能であるが，他の登記所の管轄に属するものがある場合には，即日に調査をするのは困難である。したがって，所有権保存登記が申請された段階では，申請された登記所の管轄に属するもののみが調査対象となる。

① 他人の権利の目的となっていないこと

「登記簿若ハ登記事項証明書又ハ登録ニ関スル原簿ノ謄本ニ依リ工場財団ニ属スベキモノカ他人ノ権利ノ目的タルコト又ハ差押，仮差押若ハ仮処分ノ目的タルコト明白ナルトキ」（工抵法27条1号）である。

所有権の保存登記の申請をする登記所の管轄に属するものについては，その登記簿により，他の登記所等への通知手続前に，本号の却下事由の有無を審査すべきであるが，他の登記所又は登録官庁の管轄に属するものについては，工抵法23条3項，4項の規定により送付を受けた登記事項証明書又は登録原簿の謄本により審査しなければならない。

登記又は登録のあるものがすでに他の財団に属した旨の記載の登記又は登録がある場合は，その物件を別の工場財団には属させることはできないが（同法8条2項），工抵法本号は，このような場合を却下事由に包含させていない。「申請に係る登記が既に登記されているとき」（不登法49条3号）に該当するものとして却下すべきである。

② 登記記録等の内容に抵触すること

「工場財団目録ニ記録スベキ情報トシテ提供シタルモノカ登記簿若ハ登記事項証明書又ハ登録ニ関スル原簿ノ謄本ト抵触スルトキ」（工抵法27条2号）である。

工場財団に属すべき物件は，すべて工場財団目録にその表示が掲げられるが，そのうち登記又は登録のあるものについては，その表示が登記事項証明書又は登録原簿の謄本の表示とそれぞれ符合している必要がある。符合していないときは，申請を却下しなければならないが，補正できる場合は，直ちに補正を命じ，補正されなければ却下する。不登法25条は，「相当の期間内」に補正することを要すると規定しているが，工場財団の所有権の保存登記の申請については，申請から登記実行までの間に1箇月以上かかるから，その期間内に補正させることになる。

③ 権利等の申出に理由がないこと

「工場財団ニ属スヘキ動産ニ付権利ヲ有スル者又ハ差押，仮差押若ハ仮処分ノ債権者カ其ノ権利ヲ申出テタル場合ニ於テ遅クトモ第二十四条第一項ノ期間満了後一週間内ニ其ノ申出ノ取消アラサルトキ又ハ其ノ申出ノ理由ナキコトノ証明アラサルトキ」（工抵法27条3号）である。

公告期間内に権利等の申出がない場合には，その権利は存在しないものとみなされ，差押え等はその効力を失うから（同法25条本文），仮に他人の権利等が存在していても，所有権の保存登記を実行できることになる。

公告期間内に権利の申出があった場合には，その旨を遅滞なく所有権の保存登記の申請人に通知し（同法26条），その結果，申請人から遅くとも公告期間満了後1週間内にその申出の取消しがあり，又は取消しがなくて

も申請人がその申出に理由がないことを証明した場合は，申請を却下することなく，所有権の保存登記を実行すべきである。

権利申出の取消しがなく，また，申出に理由がないことの証明ができない場合には，保存登記の申請を却下すべきである。

登記官が権利申出に理由がないと判断したときは，権利申出書及び権利申出の理由ないことの証明書並びに権利申出に理由のないことを認めた調書を作成して，保存登記の申請書にその他の附属書類とともに合綴しておくのが相当である。

4:4:2:1:5　却下した場合の手続

工場財団の所有権の保存登記の申請を却下した場合には，工抵法23条所定の記録（記載）を抹消し（工抵法28条1項），同法24条所定の公告手続を遅滞なく取り消さなければならない（同法24条2項）。

① 保存登記の抹消

a 登記官は，所有権の保存登記の申請を却下したときは，その登記所の管轄に属する物件について，工抵法23条1項の規定によりした記録（事項）を職権で抹消しなければならない（工抵法28条1項）。この抹消手続は，一般の登記と同様の手続によるべきである（不登規則152条）。

b 登記官は，所有権の保存登記の申請に当たり，他の登記所又は所轄官庁にその旨を通知した場合は，その物件を組成物件とする工場財団の所有権の保存登記の申請を却下した旨を遅滞なく通知しなければならない（工抵法28条2項）。

c 通知を受けた登記所又は所轄官庁は，工抵法23条3項又は4項の規定によりした記録又は記載をそれぞれ抹消しなければならない（同法28条3項）。

② 公告の取消し

登記官は，所有権の保存登記の申請を公告期間の満了前に却下したときは，遅滞なく，その公告を取り消さなければならない（工抵法24条2項）。この取消しは，官報をもってする。

所有権の保存登記の申請が却下された場合には，工場財団に属すべきで
あった個々の物件は，次のとおりとなる。

a　工抵法23条の記録若しくは記載の抹消又は同法24条の公告の取消し
　がされる前には，個々的に処分することができる（同法29条，33条1項）。

b　工抵法23条の記録若しくは記載又は同法24条の公告後にされた競売
　申立てによる競落許可決定又は差押えによる競売をすることができる
　（同法30条，33条2項）。

c　工抵法23条の記録若しくは記載又は同法24条の公告後にされた差押
　え，仮差押え若しくは仮処分の登記又は登録あるいは先取特権の保存登
　記は，確定的にその効力を持続し（同法31条参照），動産に対する差押え
　等もその効力を持続する（同法33条2項参照）。

4:4:2:2　所有権の保存登記の実行手続

　所有権の保存登記によって工場財団が設定された場合，その組成物件につ
いては，工抵法13条2項の規定による処分が制限されているので，取引の
安全を保護するためにそれを公示する必要がある。工場財団の所有権の保存
登記は，次のような手続をする。

4:4:2:2:1　所有権の保存登記の時期

　工場財団の所有権の保存登記については，登記の実行前に工抵法23条及
び24条所定の手続をしなければならないから，受付番号の順に所有権の保
存登記をすることはできない。公告期間中に申請された他の土地，建物につ
いての登記は，工場財団の登記の完了を待たずにすることとなる。すなわ
ち，この限りでは，「受付番号の順序に従ってしなければならない」とする
不登法20条の規定は適用はされないことになる。しかし，工抵法23条所定
の記録（登記）は，受付番号の順序によりされるべきである。工場財団の所
有権の保存登記の実行の時期は，いわゆる公告期間との関係で注意しなけれ
ばならない。

　公告期間中に第三者の権利の申出がない場合には，公告期間満了の翌日に
直ちに保存の登記をすべきであるが，公告期間中に第三者の権利の申出が

あった場合には，直ちに申請を却下せず，公告期間満了後さらに1週間の経過を待たなければならない（工抵法27条3号）。もしも，1週間内に全部の権利申出の取消し又は申出の理由ないことが証明されれば，直ちに（満了から1週間後ではない。）保存登記をして差し支えない。

そこで，工抵法10条の規定の関係から所有権の保存登記がいつされたかが問題になるので，所有権の保存登記の末尾に，登記の年月日を記録すべきものとしている（財団登記準則24条）。

4:4:2:2:2 工場財団登記簿への記録（記載）

工場財団の所有権の保存登記は，工場財団登記簿に次により記録される（工抵法9条）。

① 工場財団登記簿の表題部に工場財団の表示をする。この表示としては，「不動産所在事項」（不登規則1条9号）ではなく，「工場の名称及び位置，主たる営業所並びに営業の種類」を記録する（工抵法21条1項，工抵規則6条）。工場財団は，不動産，動産及びその他の権利の集合体であるが，それらの組成物件をいちいち表示すると登記簿の記録が複雑となって公示作用を害するし，手続としても煩雑になるので，組成物件の表示は，すべて工場財団目録に記載・記録し，表題部には，いかなる工場につき設定された工場財団であるかを明らかにするにとどめている。その表示事項は，所有権の保存登記の申請情報の内容に従って記録する（工抵法21条）。

なお，各別の所有者に属する数個の工場につき設定される工場財団については，申請情報の内容に従って各所有者別にその表示事項を記録すべきである（工抵規則24条1項，2項）。このほか，登記の年月日も記録（記載して登記官が捺印）する（不登法27条2号（旧不登法51条））。

② 登記記録の表題部に工場財団の表示に関する事項について（工抵法20条2項）登記をした順序，すなわち，その登記所において工場財団の所有権の保存登記をした順序に登記番号を記録する（工抵規則5条1項）。

③ 登記記録の権利部の相当区（甲区事項欄）には所有権に関する事項を記録するが（工抵法20条3項），所有権の保存登記としては，登記の目的，申

請受付年月日，受付番号，所有者の氏名（又は名称），住所（又は主たる事務所）を記録（記載して登記官が捺印）し（不登法59条1項，不登規則146条），さらに，甲区事項欄に登記事項を記録した順序を示す番号（順位番号）を記録する（不登規則147条）。

各別の所有者に属する数個の工場につき工場財団を設定する場合には，同事項欄に所有者の氏名（又は名称及び住所（又は主たる事務所））を列記する。この場合工場財団について一種の共有関係が生ずるが，持分を記載・記録する必要はない。

なお，その所有権の保存登記をした年月日をその登記の末尾及び受付帳に記録する（財団登記準則24条1項，2項）。

4:4:2:2:3　工場財団目録及び工場図面への記録

工場財団の所有権の保存登記を申請する場合は，「工場財団目録ニ記録スベキ情報ヲ提供スベ」きであるが（工抵法22条），工場財団目録未指定登記所においては，次のように取り扱う。

① 工場財団目録つづり込み帳を備える（工抵規則附則6条1項）。

② 電子申請により目録に記録すべき情報が提供されたときは，登記官は，書面で同目録を作成し（同条2項），①のつづり込み帳につづり込む（同条3項）。

③ 書面で目録が提供されたときは，同目録を工場財団目録とみなす（同条4項）。

④ 書面で目録を作成するには，日本工業規格B列4番の強靭な用紙を用いる（同条5項，旧工抵手続16条）。

⑤ 目録と書面申請において提出される工場図面（財団準則附録第17号，4:3:2）（それらは工場ごとに別々に調製又は作製されている。）には，適当な個所（工場財団目録についてはその表紙等）に，申請書受付の年月日，受付番号及び登記番号を記録しなければならない（工抵規則17条本文）。これは工場財団登記簿との関連を明らかにするためである。

4:4:2:2:4 工場財団に属した旨の登記

① 登記官が工場財団の所有権の保存登記をしたときは，その財団に属したもののうち，登記があるものでその登記所の管轄に属するものについては，職権によりその登記記録中権利部（甲区事項）欄に工場財団に属した旨を記録しなければならない（工抵法34条1項）。

② 工場財団に属した登記があるもので他の登記所の管轄に属するもの及び登録があるものについては，その物件が工場財団に属した旨を遅滞なくその登記所又は所轄官庁に通知しなければならない（工抵法34条2項・23条2項）。

③ 通知を受けた登記所又は所轄官庁は，登記簿又は登録原簿の相当欄に工場財団に属した旨の記載をしなければならない（工抵法34条2項・23条3項，4項）。

4:4:2:2:5 登記識別情報の通知（登記済証の交付）

工場財団の所有権の保存登記を完了したときは，登記官は，申請人に対して，登記識別情報及び登記番号を通知しなければならない（工抵規則38条，不登法21条本文）。

ただし，6条指定がされるまでの間は，申請書に添付された申請書の写し（工場財団目録の写しの合綴されたもの）に「申請書受付年月日，受付番号，順位番号及び登記済の旨」並びに「登記番号」を記載し，登記所の印を押捺して，これを登記済証として申請人に交付しなければならない（工抵規則附則9条3項，工抵規則38条）。

4：5 工場財団目録の記録の変更登記

（注） この項において「変更（又は更正）」を「変更更正」と略記する。

4：5：1 意義

登記官は，「工場を組成するもの」を明らかにするために工場財団目録を作成することとされている（工抵法21条2項）（注）。したがって，工場財団目

録に記録された事項は登記事項であるから，財団所有者又は抵当権者は，目録に記録された内容に変更が生じた場合には，その変更登記をしないと，第三者に対抗することができない。

「工場財団目録ニ掲ケタル事項ニ変更ヲ生シタルトキ」は，工場財団目録の記録の変更登記を申請しなければならない（同法38条1項）。工場財団目録の記録そのものに変更が生じた場合（土地の表示の変更等）のみならず，工場財団目録の内容自体に変更の生ずる場合（機械の追加・分離等）も含まれる。次の場合である。

a 「工場財団ニ属スルモノニ変更ヲ生シ」たとき（工抵法39条，40条）。

b 「新ニ他ノモノヲ財団ニ属セシメタル」とき（同法39条，41条）。

c 「工場財団ニ属シタルモノカ滅失シ」たとき（同法42条）。

d 「工場財団ニ属シタルモノカ……財団ニ属セサルニ至リタル」とき（同条）。

e 工場財団目録の記録の表示に誤りがある場合又は記録すべきでないとき。

工場財団目録は，工場ごとに作成されているから（工抵規則15条），これらの変更が生じたかどうかは工場の目録ごとに見るべきである。例えば，A工場に属する機械をA工場から分離して，これを同一の工場財団に属するB工場に備え付ける場合にも，工場財団目録の記録の変更登記が必要である。

(注) 工場財団目録未指定登記所（工抵規則附則6条1項）においては，書面申請により工場財団目録に記録すべき情報を記載した書面が提出されたときは，当該書面は法21条2項の工場財団目録とみなす（同条4項）。

4:5:2 「工場財団ニ属スルモノニ変更ヲ生シ」たときの登記手続
（組成物件の変更）

4:5:2:1 変更による工場財団目録の変更登記をすべき場合

① 「工場財団ニ属スルモノニ変更ヲ生シ」たとき（工抵法 39 条，40 条）とは，工場財団目録に記録されている個々の組成物件の表示（工抵規則 7 条～14 条）が変更した場合をいう。

工作物や機械，器具等の所在する工場（場所）をＡ工場からＢ工場に変更した場合には，それらの物件の表示については変更がないが，工場財団目録は，工場ごとに作成されているから（同規則 15 条），Ａ工場の目録から除いてＢ工場の目録に記録しなければならない。

② この登記手続としては，登記原因を「所属工場の変更」として，表示の変更による工場財団目録の記録の変更登記を申請する。登記官は，従前のＡ工場の目録にある物件の表示を所属工場の変更を原因として抹消し，新たに属するＢ工場の目録に登録する。

③ 新たに属した工場がその工場財団の組成工場でない場合は，その記録されるべき工場財団目録は存在しないから，抵当権者の同意を得て，分離による工場財団目録の記録の変更登記（4:5:4）を申請しなければならない。

4:5:2:2 表示変更による目録の変更更正登記の申請手続

4:5:2:2:1 申請情報の内容

工場財団目録に掲げた物件の表示変更による工場財団目録の記録の変更更正登記の申請情報の内容は，次のとおりである。

① 登記の目的（工抵規則 18 条 1 項，登記令 3 条 5 号）

登記の目的として，「工場財団目録の記録変更更正」と記載する。

② 登記原因及びその日付（工抵規則 18 条 1 項，登記令 3 条 6 号）

登記原因及びその日付として，次の例のように変更を生じた事由及びその変更の日付を記載する。表示更正の場合には，単に「錯誤（又は遺漏）」とのみ記載し，その日付は記載しない。

a 土地の分筆により地番が変更した場合「平成○年○月○日分筆」

b 建物以外の工作物の面積又は延長の増加の場合「平成○年○月○日増設」

c 土地又は建物の所在の名称の変更又は地番若しくは家屋番号の付替えの場合「平成○年○月○日字名変更（又は地番若しくは家屋番号の変更等)」

d 建物の曳行移転による所在の変更の場合「平成○年○月○日所在変更」

③ 物件の変更更正前の表示及び変更更正後の表示

どの物件につき登記を申請するかを明確にするため，その物件の変更更正前と変更更正後の表示をする。

a 2個以上の工場について設定されている工場財団については，その記録されている工場の工場財団目録を明らかにするために，物件の所属する工場の名称を付記する。

b 物件の変更更正後の表示（現在の表示）については，後述する変更目録を援用して，「変更目録記載のとおり」として差し支えない。

c 登記又は登録の制度のある物件については，登記簿又は登録原簿における表示変更更正の登記又は登録をした後に工場財団目録の記録の変更登記を申請すべきである。工抵法43条は，同法27条を追加の場合にのみ準用しているように読めるが，同条2号の趣旨からすれば，記録物件の表示変更更正の登記すべてについて，その前提として，物件の表示変更更正の登記又は登録をすべきである。

④ 申請人の表示（工抵規則18条1項，登記令3条1号，2号）

表示変更更正による目録の記録の変更更正登記は，工場の所有者が単独で申請するので，その所有者を表示する。

⑤ 申請年月日及び登記所の表示（不登規則34条1項7号，8号）

⑥ 代理人の表示（工抵規則18条1項，登記令3条3号）

⑦ 登録免許税額（不登規則189条1項）

表示の変更更正による目録の記載の変更更正の登記の登録免許税は，財団の数を課税標準として，その1個につき6,000円である（税法別表第一・五・㈐）。表示の変更又は更正の登記をすべき物件が数個であっても，同一申請書で申請する限り，6,000円で足りる。

⑧　工場財団の表示（工抵法21条）

4:5:2:2:2　添付情報

　　表示の変更更正による工場財団目録の記載の変更更正登記の申請情報と併せて提供すべき情報は，次のとおりである。

①　申請書の写し

　　工場財団事務がコンピュータ化されるまでの間は，申請書の写しを提供する。ただし，登記済証の交付を希望しない場合（不登法21条ただし書，附則6条3項による読替え）は，提供する必要はない。

②　変更目録（工抵法39条）

　　表示変更更正による目録の変更更正登記を申請する場合には，変更した（又は更正する）物件の表示を掲げた目録を提供しなければならない。

　　この変更目録も工場ごとに作成しなければならない（工抵規則15条）。すなわち，その所属する工場を異にする物件について同時に変更更正登記を申請する場合には，変更目録を工場ごとに作成する。同一の工場の組成物件で変更するものと更正すべきものとが存する場合でも，変更目録として同一の記録に記載して差し支えない。

③　抵当権者の承諾証明情報（印鑑証明書付）（工抵法38条2項）

④　変更後の工場図面（工抵規則34条）

　　重要な附属物の配置を変更し，その所属する土地又は工作物を異にしたため，表示の変更による目録の記録の変更登記を申請する場合のように，既に提出されている工場図面に変更を生じたときは，その変更後の図面を提供する。表示更正の場合に工場図面を訂正すべきときも，同様である。

⑤　代理権限証明情報（書面）（工抵規則21条，不登令7条1項2号）

4:5:2:3 表示変更更正登記の実行手続

4:5:2:3:1 従前の目録への記録

① 表示変更更正による目録の変更更正登記をする場合には、その工場についての従前の目録中その物件の表示の側（又は予備欄）に「変更ヲ生シタル旨（又は更正する旨），申請ノ受付ノ年月日及受付番号」を記録する（工抵法40条）。

② 変更更正目録（追加目録）のつづり込み

変更目録（又は更正目録）には，申請の受付の年月日及び受付番号を記録しなければならない。ただし，登記番号の記録は必要でない（工抵規則17条）。

なお，この追加目録は，従前のその工場についての工場財団目録につづり込み，登記官がそのつづり目に契印するのが相当である（平成16年に削除された工抵法39条2項の趣旨）。

4:5:2:3:2 変更更正後の工場図面の記載

変更更正登記を申請する場合に工場図面に変更更正があるときは，変更更正後の工場図面を提供しなければならない（工抵規則34条1項）。登記官がその申請に基づき登記をしたときは，工場図面に申請の受付の年月日及び受付番号を記録しなければならない（同条2項）。

この図面は，従前のその工場図面につづり込んでおくべきであろう。

4:5:3 「新ニ他ノモノヲ財団ニ属セシメタル」ときの登記手続（組成物件の追加）

4:5:3:1 追加による工場財団目録の記録の変更登記をすべき場合

① 「新ニ他ノモノヲ財団ニ属セシメタル」とき（工抵法39条，41条）というのは，組成物件とすることができるものを新たに工場財団に所属させる場合をいう。工場財団の組成工場でない工場の物件を工場財団に所属させる場合（その工場を組成工場とする場合）又は新たに工場を新設し，その工場を既存の工場財団の組成工場として，その物件を工場財団に所属させる場合も，新たに物件を追加する工場財団目録の記録の変更登記による。

この場合は，工場財団自体の表題部の変更登記を併せて申請する必要がある。

② 工抵法39条は，「新ニ他ノモノヲ財団ニ属セシメタルニ因リ」と規定しており，物件が工場財団に追加的に所属するのは，工場財団目録の記録の変更登記がされる以前であるように読める。しかし，追加による目録の記録の変更登記がされた時に，初めてその物件が工場財団に属するのであるから，その物件が目録に記録されることが工場財団に属するための成立要件であると解すべきである。

③ 工場財団に土地又は建物が属している場合，その土地又は建物に付加して一体をなした物及びこれに備え付けた機械，器具その他工場の用に供する物については，原則として，その工場財団の抵当権の効力が及ぶが（工抵法16条1項・2条），それを工場財団に属させるためには，その物件を属させるための目録の記録の変更登記をする必要がある。

④ 既存の工場財団に新たに属させる追加物件についても，工場財団の組成物件としての要件を必要とする（4：2：3）。

4:5:3:2 追加による目録の記録の変更登記の申請手続

4:5:3:2:1 管轄登記所

追加による工場財団目録の記録の変更登記の管轄登記所は，その工場財団を現に管轄している登記所である。新たに追加する物件（不動産等）が他の登記所の管轄に属している場合においても，現にその工場財団の管轄登記所に登記を申請すればよく，管轄登記所の指定（工抵法17条2項）は必要でない。既設の工場財団に他の工場を属させる場合において，その工場の所在地が他の登記所の管内にある場合も同様である（昭26.5.17民事甲1005号民事局長通達）。

4:5:3:2:2 申請情報の内容

追加による工場財団目録の記録の変更登記の申請情報の内容は，次のとおりである。

① 登記の目的（工抵規則18条1項・不登令3条5号）

「工場財団目録の記録変更」と記載する。

② 登記原因及びその日付（工抵規則18条1項・不登令3条6号）

物件を工場財団目録に記録することにより，その物件が工場財団に属するから，追加による目録の記録の変更の登記原因は存しない。したがって，登記原因及びその日付は記載しない。

③ 追加する物件の表示

追加による目録の記録の変更登記の申請をする場合には，後述するように追加目録を提供するから，「追加目録記載のとおり」と記載して差し支えない。

新たな工場を組成工場とするための組成物件の追加による工場財団目録の記録の変更登記を申請する場合は，その工場に属する土地，建物又は地上権若しくは不動産の賃借権を必ず追加物件とする。この場合には，工場財団の組成工場を追加する工場財団の表示の変更登記の申請も併せてしなければならない。

④ 申請人の表示（工抵規則18条1項・不登令3条1号，2号）

⑤ 添付情報の表示（不登規則34条1項6号）

⑥ 申請年月日及び登記所の表示（同項7号，8号）

⑦ 代理人の表示（不登令3条3号）

⑧ 登録免許税額（不登規則189条1項）

登録免許税は，追加物件の個数に関係なく，財団の数を課税標準として，その1個につき6,000円である（税法別表第一・五・㈦）。

⑨ 工場財団の表示（工抵法21条3項，工抵規則18条2項）

4:5:3:2:3 添付情報

追加による工場財団目録の記録の変更登記の申請をする場合に提供すべき情報は，次のとおりである。

① 申請書の写し

工場財団事務がコンピュータ化されるまでの間（不登法附則3条）は，申請書の写しを提供する。ただし，登記済証の交付を希望しない場合（不登

法21条ただし書，附則6条3項による読替え）は，提供する必要はない。

② 追加物件目録

追加による工場財団目録の記録の変更登記を申請する場合には，追加する物件の表示を掲げた目録を提供しなければならない（工抵法39条）。この目録も，工場ごとに作成すべきである。

③ 抵当権者の承諾証明情報（工抵法38条2項）

追加による工場財団目録の記録の変更登記の申請にも，抵当権者（全員）の承諾を証する情報の提供を必要とする（同法38条2項）。承諾書の内容は，いかなる物件を追加するものであるか具体的に証するものでなければならない。

④ 工場図面

新たに物件を追加したことにより，前に提出されている工場図面に，その追加物件を記載する必要がある場合には，変更後の工場図面を提供しなければならない（工抵規則34条）。この図面も，工場ごとに分けて作成されるべきである（同規則22条2項）。また，新たに工場を追加する場合には，その工場図面を提供する。

⑤ 会社法人等番号（不登令7条1項1号イ）

⑥ 代理権限証明情報（工抵規則18条1項，不登令7条1項2号）

⑦ 印鑑証明書（不登令19条）

⑧ 変更後の工場図面

4:5:3:3　追加による目録の記録の変更登記の実行手続

追加による工場財団目録の記録の変更登記の実行手続は，次のとおりである。その手続は，工場財団の所有権の保存登記と同一の場合が多い（4:4:2）。

4:5:3:3:1　却下事由の審査

不登法25条各号の却下事由及び管轄登記所の管轄に属する登記のある追加物件についての工抵法27条1号又は2号（未登記の場合を含む。）の却下事由の有無を審査し，これらの却下事由があれば，即日補正されない限り，

直ちにその申請を却下し，却下事由がなければ，次の手続をする。

4:5:3:3:2 変更登記の手続

① 追加物件中，管轄登記所の管轄に属する登記のある物件の登記記録の権利部に，その物件につき，新たに工場財団に属させる工場財団目録の記録の変更登記の申請があった旨，申請受付の年月日及び受付番号を記録する（工抵法43条・23条1項）。

追加する物件がその財団の管轄登記所において登記されている物件のみであるときは，「工場財団に属した」旨の記録と併せて，その記録をして差し支えない（同法43条・23条1項）。

② 追加物件中に他の登記所又は官庁の管轄に属する登記又は登録の制度のある物件があるときは，その登記所又は登録官庁にその工場財団につきその物件を追加する工場財団目録の記録の変更登記の申請があった旨を通知する（工抵法43条・23条2項，4項）。この場合の通知書は，財団準則の附録第9号様式（4:4:2:1:2）を準用する（財団準則21条・13条）。

③ 通知を受けた登記所又は登録官庁は，その物件の登記記録又は登録原簿の相当欄に，登記の申請があった旨を記載し，その登記事項証明書又は登録原簿の謄本を通知を発した登記所に送付する（工抵法43条・23条3項，4項）。

4:5:3:3:3 公告手続

① 追加物件のうち，登記又は登録の制度のない一般の動産がある場合には，官報によって追加により工場財団に属すべきその動産についての権利を有する者又は差押え，仮差押え若しくは仮処分の債権者は，一定の期間内（1箇月以上3箇月以内）にその権利を申し出るべき旨を公告しなければならない（工抵法43条・24条1項，財団準則8条1項附録第5号，4:4:2:1:3）。

② 公告期間内に権利を申し出た第三者があるときは，遅滞なく，その旨を変更登記の申請人に通知しなければならない（工抵法43条・26条）。

③ 以上の手続をした後において，送付された登記事項証明書又は登録原簿の謄本により，工抵法27条各号の却下事由の有無を審査し，却下事由が

あれば，その変更登記の申請を却下する。

4:5:3:3:4　通知又は公告後に却下したときの手続

通知又は公告後に申請を却下したときは，その物件につき追加による目録の記録の変更登記の申請があった旨の記録を抹消しなければならない。管轄登記所自らが抹消するほか，通知をした登記所又は登録官庁に対しては，遅滞なく，申請を却下した旨の通知をし，通知を受けた登記所又は登録官庁においても，先にした記録を抹消しなければならない（工抵法43条・28条）。公告期間の満了前に申請を却下した場合には，その公告を官報によって取り消さなければならない（同法43条・24条2項）。

4:5:3:3:5　変更登記の実行

① 追加された物件の属する工場についての既存の工場財団目録の末尾に「新ニ他ノモノヲ財団ニ属セシメタル旨，申請ノ受付ノ年月日及受付番号」を記録し（工抵法41条），登記官印を押捺する。

② 追加目録の記録

追加目録には，申請の受付年月日及び受付番号を記録して，これを前の目録につづり込み，登記官印を押捺する（工抵規則17条）。

新たに工場を追加した場合には，その追加目録は，その追加工場のものであるから，その目録には申請書受付の年月日及び受付番号のほか，工場財団の登記番号も記録する。

③ 変更後の工場図面の記載

工抵規則34条による変更後の工場図面の提供があったときは，登記官は，その図面に申請の受付年月日及び受付番号を記録し（工抵規則34条），これを前の図面につづり込む。工場追加の場合の追加目録には，工場財団の登記番号も記録するが，つづり込みは必要でない。

4:5:3:3:6　工場財団に属した旨の記録

追加による目録の記録の変更登記をしたときは，その追加物件についての登記簿又は登録原簿にその物件が工場財団に属した旨の記録をしなければならない（工抵法43条・34条）。管轄登記所は，その管轄に属する物件の登記記

録権利部に記録をするとともに，他の登記所又は登録官庁の管轄に属する物件については，その登記所又は登録官庁にその工場財団に属した旨を通知し，通知を受けた登記所又は登録官庁は，同じく財団に属した旨の記録又は登録をする。

4:5:3:3:7　失効した登記の抹消手続

① 追加による目録の記録の変更登記をした場合，その追加物件についての記録の後にした差押え，仮差押え，仮処分又は先取特権の保存登記は，抵当権の設定登記がされているときは，その効力を失うから（工抵法43条・31条），その登記を抹消すべきである（同法43条・37条）。

　抵当権の登記がされていないときは，追加による目録の記録の変更登記をしただけでは，その効力を失わない。

② 抵当権の登記がされているときでも，その抵当権が実体上消滅している場合に差押え等の登記が直ちに効力を失うかどうか。管轄登記所は，その管轄に属する追加物件について差押え等の登記がされているときは，直ちにこれを抹消すると同時に，他の登記所又は登録官庁にもその登記又は登録があれば抹消すべき旨を通知し（この通知は，前述の財団に属した旨の通知と共にして差し支えない。），通知を受けた登記所又は登録官庁は，その通知により差押え等の登記又は登録を抹消する。

③ 抵当権の登記がされていないときは，追加による変更の登記をしても，管轄登記所自ら差押え等の登記を抹消すべきでないし，また，抹消すべき旨の通知をすべきでない。後にその財団につき抵当権の設定の登記がされたときに初めて抹消し，又はその旨の通知をし，他の登記所又は登録官庁は，その登記又は登録を抹消する。

4:5:4　組成物件が「工場財団ニ属セザルニ至リタル」場合の登記手続（組成物件の分離）

4:5:4:1　分離による工場財団目録の記録の変更登記をすべき場合

① 「工場財団ニ属シタルモノカ……財団ニ属セサルニ至リタル」とき（工抵法42条）とは，工場財団の組成物件として財団に属していた物件が，そ

の財団から分離される場合（同法15条）はもちろん，工場財団の組成物件としての適格を失った場合，例えば，工場財団に属している機械，器具等の動産について民法192条の要件を充足したことにより完全に第三者の所有に帰したとき，組成物件である土地について取得時効が完成して第三者の所有に帰したとき，又は土地収用法により収用されて工場の所有者の所有でなくなったときなど，第三者の権利の目的となったため財団に属することができなくなった場合も含まれる。

② 工場は一つの「場所」であるから，少なくとも不動産（土地又は建物）又は地上権若しくは不動産賃借権が組成物件中に存在する必要がある。したがって，1個の工場について設定された工場財団の組成物件から，その不動産又は地上権若しくは不動産賃借権のうちの一つも残存しなくなるような場合は，それによる変更登記はできないと解すべきである。

③ 組成物件である機械，器具等の動産全部を分離することは差し支えない。また，数個の工場について設定された工場財団の場合は，その一つの工場の必要的組成物件の全部を分離することができる。もっとも，この場合には，工場そのものが財団から分離されることになるのであって，必要的組成物件の全部を分離して，機械，器具等のみを組成物件として残すことはできないから，その工場の組成物件の全部を分離しなければならない。

④ 数個の工場について設定されている工場財団のうちの1個の組成工場の組成物件の全部を分離することによる工場財団目録の記録の変更登記を申請する場合は，併せて同時に工場財団の表題部の変更登記を申請すべきである。

4:5:4:2　分離による工場財団目録の記録の変更登記の申請手続

4:5:4:2:1　申請情報の内容

組成物件が工場財団に属さなくなったことによる工場財団目録の記録の変更登記の申請情報の内容は，次のとおりである。

① 登記の目的（工抵規則18条1項・不登令3条5号）

「工場財団目録の記録変更」と記載する。

② 登記原因及びその日付（工抵規則18条1項・不登令3条6号）

抵当権者の承諾を得て分離する場合（工抵法15条1項）の登記原因は，抵当権者の承諾が登記原因ではなく，分離による目録の記録の変更登記により分離されたことになるのであるから，実質的には登記原因はないともいえるが，分離した日を原因日付として差し支えないであろう。第三者がその物件を収用，時効取得又は即時取得を原因として所有権又は質権等を取得したことにより，反射的に工場財団に属しなくなった場合は，第三者の権利取得が登記の原因であるから，その取得の日を登記原因の日付とし，「年月日分離」とする。

③ 分離した物件の表示

工場財団から分離した物件を記載する。数個の工場について設定されている工場財団の場合は，所属する工場の名称を付記するのが相当である。分離した物件が多数あるときは，物件を記載した書面（目録）を「分離目録記載のとおり」記載して差し支えない。

④ 申請人の表示（工抵規則18条1項・不登令3条1号，2号）

⑤ 添付情報の表示（不登規則34条1項6号）

⑥ 申請年月日及び登記所の表示（同項7号，8号）

⑦ 代理人の表示（不登令3条3号）

⑧ 登録免許税額（不登規則189条1項）

分離による工場財団目録の記録の変更登記の登録免許税は，その物件の個数に関係なく，6,000円であるから（税法別表第一・五・㈦），その登録免許税額を記載する。

⑨ 工場財団の表示（工抵法21条3項，工抵規則18条2項）

4:5:4:2:2　添付情報

① 申請書の写し

一般に分離による工場財団目録の記録の変更登記には，登記原因を証する情報が初めから存在しないから，申請書の写し（分離する物件が多数

で，別紙目録を添付したときの記録の写しを含む。）を提供する。ただし，登記済証の交付を希望しない場合（不登法21条ただし書，附則6条3項による読替え）は，提供する必要はない。

② 抵当権者の承諾証明情報（工抵法15条，38条2項）

工場財団に属するものを分離することについては，抵当権者の承諾を必要とするから（同法15条），その承諾を得ていることを明らかにする。

財団に属するものを抵当権者の承諾を得て分離する手続を経ずに，工抵法13条2項に違背して譲渡，質入れ等がされ，第三取得者が民法192条所定の要件を充足したことにより完全に所有権又は質権を取得し，あるいは取得時効の完成又は収用により第三者が所有権を取得したことにより，その物件が財団に属しなくなった場合は，その旨を明らかにする。

［様式10］ 「抵当権者の承諾証明情報」

承諾書

1　工場財団の表示（略）

2　平成○年○月○日分離（又は滅失）による目録変更

3　分離（又は滅失）物件の表示

　　鉄鋼旋盤1台　○○会社製造

4　抵当権の表示

　　○○法務局○○出張所　平成○年○月○日受付第○○○○号

当行は，上記工場財団目録の記録の変更登記をすることを承諾します。

平成○年○月○日

　　○市○町○丁目○番○号

　　抵当権者　株式会社○○銀行

　　代表取締役　何　　　　某

③　管轄指定を証する情報（工抵規則 19 条）

　　工場財団に属するものを財団から分離する場合，その物件を除いたＡ工場の残余物件（工場財団に属するもの。）で工場を組成し得ないときは，このような分離による目録の記録の変更登記はできないことは，既述のとおりである。したがって，数個の工場をもって組成する工場財団について，このような分離をするときは，その工場に属する物件の全部，換言すれば，Ａ工場自体を分離することになる。

　　そこで，Ａ工場を分離することによって，残存する工場がその工場財団を管轄する登記所の管轄地内に存在しないことになる場合は，その工場財団の登記記録等を分離等の後の工場財団に属するＢ工場の所在地を管轄する登記所に移送し，その登記所がその工場財団のその後の管轄登記所となる（工抵法 38 条 1 項，工抵規則 27 条 2 項・31 条）。

　　残存するＢ工場が乙登記所の管轄地内にある場合には，乙登記所が当然に管轄登記所となるから（工抵法 17 条 1 項），その乙登記所に移送をする。

　　残存する工場が 1 個であっても，それが乙丙の 2 登記所の管轄地内にまたがっている場合，又は残存する工場が 2 個以上であって，それが異なる乙丙登記所の管轄地内にある場合には，まず管轄登記所の指定を受け（同条 2 項），その指定された登記所に移送する。

　　したがって，工場の分離による変更登記の結果，その残存する工場がいずれもその工場財団の従来の管轄登記所の管轄地内に存在しなくなる場合で，残存する工場が 2 箇所以上の登記所の管轄に属するときは，変更登記を申請する前に，変更登記後の工場財団の管轄登記所の指定を申請し（同条 2 項），管轄登記所の指定があったことを証する情報を提供しなければならない（工抵規則 19 条，4：4：1：3）。

④　抵当権者の承諾証明情報（工抵法 38 条 2 項）

⑤　会社法人等番号（不登令 7 条 1 項 1 号イ）

⑥　代理権限証明情報（工抵規則 18 条 1 項，不登令 7 条 1 項 2 号）

⑦　印鑑証明書（不登令 19 条）

⑧　変更後の工場図面

　　工場に属する土地，工作物及び重要な附属物を財団から分離し，それに
　よる変更登記を申請する場合には，工場図面の内容に変更が生ずるから，
　変更後の工場図面を提供すべきである（工抵規則34条1項）。もっとも，組
　成工場が数個の場合に，その1個又は数個の工場の組成物件全部を分離す
　るときは，変更後の工場図面を提供する必要はない。

4:5:4:3　分離による工場財団目録の記録の変更登記手続

4:5:4:3:1　工場財団目録への記録

　　工場財団目録中財団に属しなくなったその物件の表示の側に，その物件が
「財団ニ属セサルニ至リタル旨，申請ノ受付ノ年月日及受付番号」を記録し，
その物件の表示を抹消する記号を記録する（工抵法42条）。第三条指定を受け
ていない場合は，当該事項を朱抹する（工抵規則附則3条4項）。

4:5:4:3:2　所有権の保存登記の申請があった旨及び工場財団に属した旨の
　記録の抹消

　　工場財団の組成物件については，その処分が制限されているので（工抵法
29条，13条2項），登記又は登録の制度のある物件については，工場財団に属
すべきものとして工場財団の所有権の保存登記申請があった旨（同法23条1
項）及びその物件が工場財団に属した旨の登記又は登録（同法34条）がされ
ている。したがって，その物件が工場財団に属しなくなったときは，その記
録を抹消すべきである（同法44条1項）。

①　財団に属しなくなった登記のある物件が，分離による目録の記録の変更
　登記の登記所の管轄に属する場合には，変更登記をした後，その物件の登
　記記録中工抵法23条及び34条の規定による記録がされている事項欄に，
　その物件が工場財団に属しなくなったことによる変更登記の申請があった
　旨を記録するほか，申請の受付の年月日，受付番号及び工抵法23条及び
　34条の記録を抹消する旨を記録する（工抵法44条1項）。

②　①の物件が，他の登記所又は登録官庁の管轄に属するものであるとき
　は，登記所は，その登記所又は登録官庁に，その物件が財団に属しなく

なった旨を遅滞なく通知しなければならない（工抵法44条2項，4項，不登準則8条1項）。

③　通知を受けた登記所又は登録官庁は，その物件の登記記録又は登録原簿における工抵法23条及び34条の規定による記録がされている欄に，通知の受付年月日，その受付番号及び財団に属しなくなった旨を記録・記載し，同規定による記録・記載を抹消する（工抵法44条3項，4項）。

4:5:4:3:3　管轄登記所への移送手続

分離による変更登記をした結果，工場財団を組成する工場がその登記所の管轄地内に存在しなくなったときは，その工場財団に関する登記記録及びその附属書類（工場図面を含む。）又はその謄本並びに工場財団目録を残存する組成工場の所在地を管轄する登記所又は管轄指定を受けた登記所に送付しなければならない（不登規則32条，不登準則8条，旧工抵法17条ノ3・17条ノ2）。

4:5:4:4　工場財団の表題部の変更登記をすべき場合

数個の工場につき設定されている工場財団から，その組成する工場（に属する物件全部）を分離する工場財団目録の記録の変更登記を申請する場合，工場財団の登記記録の表題部には，その工場財団を組成する各工場の表示がされているから，工場財団の表題部の変更登記も申請すべきである（4:6:3）。

4:5:5　「工場財団ニ属シタルモノカ滅失シ」た場合の登記手続（組成物件の滅失）

4:5:5:1　滅失による工場財団目録の記録の変更登記をすべき場合

工場財団に属している物件，例えば工作物又は機械，器具等が滅失したとき，又は地上権，賃借権又は工業所有権等の権利が消滅したときは，工場財団目録の記録の変更登記を申請すべきである（工抵法38条，42条）。ここで「滅失」とは，必ずしも物理的な消滅のみではなく，その物が経済的に効用を失った場合を含む。

4:5:5:2　組成物件の滅失と工場財団の消滅

工場財団に属している物件が滅失したことにより，残存する物件のみでは

工場を組成することができなくなった場合には，その工場財団は，消滅（工抵法44条ノ2）に準じて取り扱われる。

① 組成物件が滅失した場合に財団が消滅するのは，組成物件の分離と同様，少なくとも残存の物件のみでは工場財団を設定できないことになったとき，すなわち，工場財団に属する不動産，地上権又は不動産賃借権のうち一つも残っていないときである。

② 数個の工場について設定されている工場財団において，その一部の組成工場の財団の組成物件である不動産，地上権又は不動産賃借権のうち一つも残っていないときは，その工場は，財団の組成工場でなくなったものとして抵当権者の承諾証明情報を提供して工場財団目録の記録の変更登記を申請すると同時に，工場財団の表題部の変更登記を申請すべきである。

③ 1個の工場について設定されている工場財団の組成物件の不動産，地上権，不動産賃借権の全部が滅失又は消滅した場合に登記した抵当権が存在するときは，その抵当権者全員の承諾証明情報を提供して，滅失等による工場財団目録の記録の変更登記を申請すると同時に，工場財団の消滅の登記の申請をすべきである（工抵法44条ノ2）。この場合，所有権及び抵当権の登記以外の登記がされているときは，その登記名義人の承諾を証する情報を提供する。

4:5:5:3　滅失による工場財団目録の記録の変更登記の申請手続

4:5:5:3:1　申請情報の内容

工場財団に属する物件の滅失による目録の記録の変更登記の申請情報の内容は，分離によるそれとほぼ同様である（4:5:4:2:1）。

4:5:5:3:2　添付情報

添付情報についても，分離の場合と全く同様である（4:5:4:2:2）。滅失による工場財団目録の記録の変更登記の申請につき抵当権者の同意（承諾）を証する情報を必要とするのは，登記又は登録のある物件についても，必ずしもその物件の登記簿又は登録原簿に，滅失又は消滅の登記又は登録が先にされるとは限らず，また，その登記又は登録が滅失による目録の記録の

変更登記の前提要件とされていないから，登記官は，滅失したかどうかを審査することができない。そこで，滅失につき最も利害関係を有する工場財団の抵当権者の承諾証明情報を提供させることにより，滅失による登記の真正を保障するのである。

4：5：5：4　滅失による変更登記の手続

滅失による変更登記の手続についても，分離による場合（4：5：4：2）に準じてされる。ただし，登記又は登緑の制度のある滅失物件につき，その物件の登記簿又は登録原簿においてすでに滅失の登記又は登録がされ，したがって，登記簿又は登録原簿が閉鎖されている場合には，工抵法23条及び34条の規定による記録の抹消は問題にならない。

4：5：5：5　滅失により工場財団の表題部の変更登記をすべき場合

数個の工場につき設定されている工場財団において，1個の組成工場を残して他の工場に属する組成物件がすべて滅失した場合は，滅失による工場財団目録の記録の変更登記の申請と同時に，工場財団の表題部の変更登記を申請すべきである（4：6）。

なお，組成物件である工場に属する不動産等が滅失して，残存の機械，器具等の物件のみでは工場を組成できない場合には，その工場自体が組成工場でなくなるから，工場財団の表題部の変更登記を申請すべきではあるが，残存の機械，器具等の物件についても，工抵法42条にいわゆる「工場財団ニ属シタルモノカ……財団ニ属セサルニ至リタル」場合に該当するものとして，それらの機械，器具等の全部を財団に属し得ないことによる工場財団目録の記録の変更登記を，滅失物件と併せて申請すべきである。

4：5：5：6　工場財団の消滅登記を申請すべき場合

工場財団を組成する不動産，地上権又は不動産賃借権のいずれもが滅失し，又は消滅した場合には，その工場財団が消滅することは，既述のとおりである。この場合には，抵当権者全員の承諾証明情報を提供して，滅失による目録の記録の変更登記の申請をすると同時に，工場財団を目的とする所有権及び抵当権の登記以外の登記（差押えの登記等）があるときは，その登記

名義人の承諾証明情報を提供して，工場財団の消滅登記を申請すべきである。

4：5：6　工場財団目録の記録の更正登記

4：5：6：1　更正登記をすべき場合

　登記簿の一部とみなされた工場財団目録の記録に錯誤又は遺漏がある場合は，工場財団目録の記録の更正登記をすべきである。次のような場合である。

　a　工場財団目録に記録されている組成物件の表示に誤りがあり，又は表示事項が遺漏している場合

　b　物件が滅失していないにもかかわらず，滅失による目録の記録の変更登記がされた場合

　c　分離による目録の記録の変更登記が誤ってされた場合

　d　組成物件として工場財団に所属させるための要件を欠いている物件（例えば，他人の所有又は他人の権利の目的となっているもの）が工場財団目録に記録された場合

4：5：6：2　工場財団目録の記録の更正登記の申請手続

4：5：6：2：1　申請情報の内容

　工場財団目録の記録の更正登記をする場合の申請情報の内容は，次のとおりである。

①　登記の目的（工抵規則18条1項・不登令3条5号）

　「工場財団目録の記録更正」と記載する。

②　登記原因及びその日付（工抵規則18条1項・不登令3条6号）

　「錯誤」又は「遺漏」と記載する。その日付の記載は必要でない。

③　更正前及び更正後の物件の表示

　記録物件の表示の更正の場合には，更正前のその物件の表示をして（この表示は，工場財団目録におけるその物件の表示と符合していることを要する。），その更正後の物件の表示をする。

　なお，数個の工場をもって組成された工場財団の場合は，その物件の所

属する工場の名称を付記するのが相当である。

④ 申請人の表示（工抵規則18条1項・不登令3条1号，2号）

⑤ 添付情報の表示（不登規則34条1項6号）

⑥ 申請年月日及び登記所の表示（同項7号，8号）

⑦ 代理人の表示（不登令3条3号）

⑧ 登録免許税額（不登規則189条1項）

　　登録免許税は，財団の数を課税標準として，その1個につき6,000円である（登免税法別表第一・五・㈦）。

⑨ 工場財団の表示（工抵法21条3項，工抵規則18条2項）

4:5:6:2:2　添付情報

① （申請書の写し）

② 表示の更正又は滅失若しくは分離の更正登記をする場合の変更目録又は追加目録

　　工場財団目録に記載した物件の表示を更正すべき場合の更正登記の申請をする場合には，更正後のその物件を表示した変更目録（更正目録）を，錯誤により滅失又は分離による登記をしたことによる更正登記の申請をする場合には，その物件の表示をした追加目録を提供する。

③ 抵当権者の承諾証明情報（工抵法15条，38条2項）

　　工場財団目録の記録の更正登記の申請をする場合には，抵当権者全員のその更正登記をすることについての承諾を証する情報を提供すべきである。

④ 会社法人等番号（不登令7条1項1号イ）

⑤ 代理権限証明情報（工抵規則18条1項，不登令7条1項2号）

⑥ 印鑑証明書（不登令19条）

4:5:6:3　工場財団目録の記録の更正登記の手続

　　工場財団目録の記録の更正登記の手続としては，①表示の更正の場合には，表示の変更登記の手続に準じ，②錯誤による滅失又は分離による登記を更正する場合には，新たにその物件を追加した場合の手続に準じ，③財団に

属していない物件が目録に記載されたのを更正する場合には，分離による目録の記録の変更登記に準じて，それぞれ更正登記をする。

4：5：7　工場財団目録の記録の変更更正登記の効力

4：5：7：1　表示の変更又は滅失による変更登記

　工場財団目録の記録物件の表示に変更が生じ，又はそれが滅失したことによりする変更登記は，すでに生じている事実を工場財団目録に反映させるためのものであって，第三者対抗要件となるものではない（精義下1466）。組成物件の表示を真実に合致させ，又は滅失したことにより存在しない物件が目録に記録されている不都合を除くためにするものである。

4：5：7：2　分離による変更登記

　工場財団に属するものを抵当権者の承諾を得て財団から分離したときは，抵当権は，そのものにつき消滅するが，この場合にする変更登記は，その物件が財団に属しないものとなることの要件と解すべきである。

4：5：7：3　追加による変更登記

　追加による変更登記は，既述（4：5：3）のように，その追加物件が財団の組成物件となるための要件であって，変更登記により初めてその物件が財団に属するに至るのである。

4：5：7：4　更正登記の効力

① 　表示の更正登記の場合は，表示の変更登記と同一の効力を有するのであり，錯誤により滅失又は分離の登記をしたことを是正する場合の更正登記は，その物件が工場財団に属していることの要件と解すべきである。更正登記がされなければ財団に属していないことになる。

② 　財団に属させることのできない物件を属させたことによる更正登記については，

　　a 　組成物件とすることができないもの（工抵法11条各号掲記の物件でないもの）については，更正登記をしなくても，その物件が工場財団に属していない関係は同じであって，公示上それを明らかにする登記にすぎない。

b　登記又は登録の制度のない動産以外の第三者の所有物件が目録に記録され，これを更正する登記については，その登記をしなくてもその物件が工場財団に属していないのであるから，財団に属しなくなることの要件でもない。

③　所有権以外の第三者の権利又は差押え等の目的となっているため組成物件としての適格を欠いているもの（登記又は登録の制度のない動産以外の物件）については，その第三者の権利又は差押え等の登記又は登録がされている限り，更正登記をして財団目録の記録から除かれなくても，第三者の権利又は差押え等は失効しない。しかし，その第三者の権利又は差押え等の登記又は登録がされていないときは，財団目録の記録から除かれない間にその工場財団について権利の登記を受けた第三者に対しては，その物件の上の所有権以外の権利又は差押え等を主張することができないことになる。

4：6　工場財団の表題部の変更更正登記

工場財団登記簿には，工場財団の表示として，工場財団の組成工場ごとに，工場の名称及び位置，主たる営業所並びに営業の種類を記録する（工抵法20条2項，21条）。そのほか，各別の所有者に属する数個の工場について設定された工場財団については，各工場の所有者の氏名又は名称も記録する（工抵規則24条2項）。

工場財団の表題部の変更登記とは，工場財団登記簿に登記された工場財団の表示に変更が生じた場合に，登記記録の表示を変更後の表示に合致させるための登記である（同規則27条1項）。

4:6:1　工場財団の表題部の変更更正登記をすべき場合

4:6:1:1　工場財団の組成工場の表示事項の変更

①工場の名称が変更した場合，②工場の位置が変更した場合（工場の拡張等により工場の中心的な場所が変更した場合など），③主たる営業所が変更した場合（所在に変更が生じた場合）④営業の種類が変更した場合（他の営

業に変更し又は他の営業が追加された場合など）は，工場財団登記簿に登記されている表示事項に変更が生じたのであるから，工場財団の表題部の変更登記を申請する。

4:6:1:2　組成工場の追加

①　Ａ工場について設定されている工場財団について，Ｂ工場に属する組成物件をその工場財団に追加して所属させた場合（注）又は甲工場の拡張等によって甲乙２個の工場となった場合（4:5:3）には，工場財団登記簿にＢ工場についての名称及び位置，主たる営業所並びに営業の種類を追加表示（登記）すべきである。

　このような工場財団の表題部の変更登記は，Ｂ工場に属する組成物件をその工場財団に属させる工場財団目録の記録の変更登記の申請と同時に（連件で）しなければならない（昭45.8.20民三200号民事局第三課長回答）。

②　Ａ工場について設定されている工場財団について，Ａ工場が拡張等によって２個以上の工場となった場合には，その各工場についての名称，位置等を工場財団の表示として登記するために，工場財団の表題部の変更登記を申請する。

　この場合には，表題部の変更登記の申請と同時に，工場財団目録を工場ごとに作成しなければならないので，工場財団目録の記録の変更登記を申請しなければならない。すなわち，従前の工場財団目録に記録されている組成物件を各工場ごとの工場財団目録に分けて記録し，これを工場財団目録の記録の変更登記を申請する場合に提供することになる。登記の目的は，工場財団目録を「変更目録（各工場ごとの目録）のとおりに変更する登記」と記載する。

　（注）　Ｂ工場について新たな工場財団を設定する方法もあるが，より簡便な方法である。

4:6:1:3　組成工場の減少

① 　A工場及びB工場について設定されている工場財団について，B工場に属する組成物件の全部が分離された場合，B工場が工場財団の組成工場であるための必要物件（不動産，地上権及び不動産賃借権）の全部が滅失又は消滅した場合，その他B工場がその工場財団の組成工場でなくなった場合には，その工場財団の表示からB工場に関する表示事項を除く必要がある。

　　このような工場財団の表題部の変更登記は，B工場の組成物件の分離又は滅失等による工場財団目録の記録の変更登記の申請と同時に申請しなければならない。

② 　B工場がA工場に吸収された場合には，B工場の組成物件をA工場の組成物件とするための工場財団目録の記録の変更登記を申請すると同時に，工場財団の表示からB工場に関する表示事項を除く（それに伴いA工場の表示事項に変更が生じた場合のその表示の変更も併せて）工場財団の表題部の変更登記を申請しなければならない。登記原因は，B工場のA工場への吸収であり，B工場の組成物件であったものの表示を掲げたA工場の財団目録の追加目録を提供する。

4:6:2　工場財団の表題部の更正登記をすべき場合

　工場財団の表題部の更正登記は，工場財団登記簿に記載されている工場財団の表示について錯誤又は遺漏がある場合に，これを是正する登記であるが，この登記をすべき場合は，次のとおりである。

4:6:2:1　工場の表示事項の誤り又は遺漏

　工場財団の表示として，組成工場について登記されている工場の名称及び位置，主たる営業所並びに営業の種類の記載に誤りがある場合又は遺漏がある場合には，それを是正するために，工場財団の表題部の更正登記を申請すべきである。

4:6:2:2　工場の個数の誤り

① 　数個の工場であるのにもかかわらず，1個の工場として工場財団の表示

がされている場合には，その表題部の登記を数個の工場につき設定される工場財団とすべきであるから，工場財団の表題部の更正登記を申請しなければならない。そして，1個の工場としての従前の工場財団目録を数個の工場ごとに作成して工場財団目録の記録の更正登記も同時に申請しなければならない。

② 1個の工場であるにもかかわらず，数個の工場として工場財団の表示がされている場合には，工場財団の表題部の更正登記を申請しなければならない。そして，従前の数個の工場ごとに作成されている工場財団目録を1個の工場についての工場財団目録に改めるため，工場財団目録の記録の更正登記も同時に申請しなければならない。

4:6:3 工場財団の表題部の変更更正登記の申請手続

4:6:3:1 申請情報の内容

工場財団の表題部の変更更正登記の申請情報の内容は，工抵法21条1項第1号から3号までに掲げる事項及び工抵規則18条1項に規定する事項のほか，変更更正後の登記事項である（工抵規則27条1項）。次のとおりである。

① 登記の目的（工抵規則18条1項，不登令3条5号）

「工場財団の表題部変更（又は更正）」と記載する。

② 登記原因及びその日付（工抵規則18条1項，不登令3条6号）

a 工場の表題部の変更登記の場合には，「工場の名称（又は位置）の変更」「主たる営業所の変更」，「営業の変更」等と記載して，その事実が生じた日を記載する。

b 1個の工場の組成物件の全部の分離（又は組成物件である要件の喪失）又は滅失の場合には，「何工場分離（又は滅失）」と記載して，その分離された日（分離による目録の記録の変更登記の日）又は滅失の日を記載する。

c 1個の工場が数個の工場となった場合は，「何工場分割」又は「工場追加」と記載し，又は数個の工場が1個の工場となった場合は，「何工場合併」と記載して，その日付を記載する。

d　工場財団の表題部の更正登記については，登記原因として，「錯誤」
　又は「遺漏」と記載し，その日付は記載しない。

③　申請人の表示（工抵規則18条1項・不登令3条1号，2号）

④　添付情報の表示（不登規則34条1項6号）

⑤　申請年月日及び登記所の表示（同項7号，8号）

⑥　代理人の表示（不登令3条3号）

⑦　登録免許税額（不登規則189条1項）

　工場財団の表題部の変更更正の登記の登録免許税は，財団の数を課税標準として，その1個につき6,000円であるから（税法別表第一・五・㈦），この登録免許税額を記載する。

⑧　工場財団の表示（工抵法21条3項，工抵規則18条2項）

　工場財団の表示として，変更更正前の工場財団を表示し（登記番号も記載する。），次に変更更正後の工場財団を表示する。

4:6:3:2　添付情報

①　（申請書の写し）

②　抵当権者の承諾証明情報（工抵法15条，38条2項）

③　会社法人等番号（不登令7条1項1号イ）

④　代理権限証明情報（工抵規則18条1項，不登令7条1項2号）

⑤　印鑑証明書（不登令19条）

4:6:4　表題部の変更更正登記の実行手続

　表題部の変更更正登記の記録をするには，変更又は更正に係る登記事項のみを記録する（工抵規則27条1項）。

4:7　工場財団の分割

　工場財団の分割とは，数個の工場について設定された1個の工場財団を，分割の登記によって2個以上の工場財団とすることである（工抵法42条ノ2第1項）。工場財団は，1個の不動産とみなされるが，土地又は建物のようにこれを物理的に分割することはできない。2個以上の工場について設定され

た工場財団を工場を基準として2個以上の工場財団とすることが工場財団の分割である。組成工場の追加（4:6:1:2）は，工場財団を1個のままとする場合である。

4:7:1　工場財団の分割の意義

工場財団の分割は，抵当権の目的となっている工場財団の余剰担保価値を利用するために，新たな工場財団を形成して，新たな抵当権を設定できるようにすることである。例えば，甲工場財団に設定された抵当権の債権額が一部弁済等により減少した場合，甲工場財団から余剰担保価値を切り離して乙工場財団を形成し，新たに第1順位の抵当権を設定できるようにする。

そのためには，乙工場財団については，分割前の甲工場財団に設定された既存の抵当権の効力が及ばないようにする必要があるので，既存の抵当権は，分割後の甲工場財団のみに存続し，分割後の乙工場財団については，消滅するものとしている。

しかも，分割後の乙工場財団については，新たに抵当権を設定するだけではなく，これを追加担保として他の丙工場財団に合併し，又は数個の工場財団の分割により作られた数個の工場財団を合併して，大きな1個の丁工場財団とし，抵当権を設定することもできる。

4:7:2　工場財団の分割の要件

「工場ノ所有者ハ数箇ノ工場ニ付設定シタル一箇ノ工場財団ヲ分割シテ数箇ノ工場財団ト為スコトヲ得」るが（工抵法42条ノ2第1項），抵当権の目的となっている甲工場財団を分割してその一部を乙工場財団とする場合は，抵当権者が乙工場財団について抵当権の消滅を承諾しなければ分割することができない（同条3項）。工場財団の分割の要件は，次のとおりである。

4:7:2:1　数個の工場について設定されている工場財団であること

① 工場財団の分割は，数個の工場について設定された工場財団について認められるのであって，1個の工場について設定された工場財団は，分割することができない。工場財団は，工場施設を一体として担保化しようとするものであるから，工場を単位として，1個又は数個の工場について設定

されたものであることが必要である（工抵法8条1項前段）。

② その工場財団が1個の工場について設定されているか又は数個の工場について設定されているかは，工場財団登記簿の登記記録の表題部の記録によることになる。

　　すなわち，その表題部には，工場財団の表示として「工場の名称及び位置，主たる営業所並びに営業の種類」が記録されるので（工抵規則18条2項），工場財団の分割の登記を申請できるのは，その工場財団の登記記録の表題部に工場財団の表示として数個の工場が記録されている場合である。

③ その工場財団が設定された当時は1個の工場であったが，後に数個の工場となった場合には，工場財団の表題部の変更登記を申請して数個の工場についての工場財団の表示に改めたうえで，工場財団の分割の登記を申請する。

④ 1個の工場についての工場財団を数個の工場についての工場財団とする変更更正登記を申請する場合には，工場財団目録についても，その記録の変更更正として工場ごとに別つづりの工場財団目録に改めなければならない。

4:7:2:2　抵当権者が分割後の特定の工場財団を除く他の工場財団について抵当権の消滅を承諾すること

① 甲工場財団を分割してその一部を乙工場財団とした場合には，抵当権は，乙工場財団につき消滅する（工抵法42条ノ2第2項）。例えば，工場財団を分割して甲，乙，丙3個の工場財団とした場合，新たに登記記録を設けて登記される乙，丙2個の工場財団については抵当権が消滅し，甲工場財団のみに抵当権が残ることとなる。したがって，抵当権の目的となっている甲工場財団の分割は，特定の工場財団（分割後の甲工場財団）を除くその他の分割後の工場財団のすべて（乙，丙工場財団）について抵当権者が抵当権の消滅を承諾しなければできない（同条3項）。抵当権者が複数の場合は，各抵当権者が，分割により抵当権の消滅を承諾する分割後の工場

財団は，同一である必要があることはいうまでもない。

② 担保付社債信託法による社債の担保として抵当権が設定されている工場財団を分割する場合，抵当権者は受託会社であるから（担信法35条），抵当権消滅の承諾権者は，受託会社であるが，分割後の特定の1個の工場財団を除くその他の工場財団について抵当権が消滅することは，「担保の変更」（同法41条1項）に当たるから，受託会社がその消滅を承諾するについては，社債権者集会の決議が必要である（同条2項）。

4：7：3　工場財団の分割登記の申請手続

工場財団は，分割の登記をすることによって分割されるので（工抵法42条ノ4），工場財団の分割は，その登記が効力発生要件である。

4:7:3:1　申請情報の内容

工場財団の分割登記を申請する場合の申請情報の内容は，次のとおりである。

① 登記の目的（工抵規則18条1項，不登令3条5号）

「工場財団分割」と記載する。

② 登記原因及びその日付

工場財団の分割は，その登記をすることによって効力が生ずるから，登記原因は存在しない。したがって，「登記原因及びその日付」は記載しない。

③ 申請人の表示（工抵規則18条1項・不登令3条1号，2号）

工場財団の所有権の登記名義人を表示する。

④ 添付情報の表示（不登規則34条1項6号）

⑤ 申請年月日及び登記所の表示（同項7号，8号）

工場財団の分割登記の管轄登記所は，分割しようとする工場財団の管轄登記所（その工場財団が登録されている登記所）である。分割後の工場財団のうちに，組成する工場がその管轄登記所の管轄地内に存在しなくなる場合にも，分割前の工場財団の管轄登記所に申請すべきである。

⑥ 代理人の表示（不登令3条3号）

⑦　登録免許税額（不登規則 189 条 1 項）

工場財団の分割登記の登録免許税は，「変更の登記」に該当するものとして，財団（分割前）の数を課税標準として，1 個につき 6,000 円である（税法別表第一・五・㈦）。

⑧　分割前の工場財団の表示（工抵法 21 条 1 項）

工場財団の分割登記の申請情報には，分割しようとする工場財団を表示する。この工場財団の表示としては，数個の工場についての「工場の名称及び位置」，「主たる営業所」，「営業の種類」を記載するが，これらの事項の表示は，いずれも登記簿上の分割前の工場財団の表示と一致していなければならない（注）。なお，工場財団の登記番号を付記する。

（注）　登記簿に記録されている工場財団の表示事項が現在の事項と異なっているときは，まず工場財団の表題部の変更登記を申請し，登記簿における表示を現在の表示に合致させたうえで，その表示を申請書に記載すべきである。登記簿上工場財団が 1 個の工場につき設定されているように記録されているが，それが数個の工場に変更しているか，当初から数個の工場であるにもかかわらず誤って登記されている場合は，工場財団の表題部の変更更正登記を申請すべきである。

⑨　分割後の工場財団の表示（工抵法 42 条ノ 5 前段）

分割後の工場財団の表示として，各分割後の工場財団につき「工場の名称及び位置」，「主たる営業所」及び「営業の種類」を記載する。この場合も分割後の工場財団が 2 個以上の工場で組成されるときは，2 個以上の工場についての各表示事項を記載すべきである。

なお，分割後の工場財団のうち抵当権の存続する工場財団（それは常に 1 個である。）については，旧財団準則 26 条 2 項のような規定はないが，従前の工場財団の登記番号を付記する。

⑩　抵当権の消滅する工場財団の表示

分割前の工場財団に抵当権の登記がされているときは，分割によって抵

当権の消滅する工場財団を明らかにしなければならないので，分割後の工場財団の表示に，抵当権の消滅する工場財団である旨を付記する（工抵法42条ノ5後段）。

4:7:3:2 添付情報

工場財団の分割登記の申請をする場合に提供すべき情報は，次のとおりである。

① 申請書の写し

工場財団の分割登記には，登記原因が存在せず，したがって，これを証する書面は存しないから，申請書の写しを添付する。この場合には，分割後の当該工場財団の工場財団目録の写しを併せて提供すべきである。ただし，登記済証の交付を希望しない場合は，提供する必要はない。

② 抵当権者の承諾証明情報（工抵法42条ノ2第3項，42条ノ5後段）

抵当権の目的となっている工場財団を分割するには，分割後の特定の1個の工場財団を除くその他の工場財団について抵当権の消滅することを抵当権者が承諾することを要する。

この承諾証明情報は，工場財団を分割することの承諾ではなく，分割後のどの工場財団につき抵当権の消滅を承諾しているかを明らかにしたものでなければならない。

[様式11] 「抵当権者の承諾証明情報」

承諾書

○市○町○番地

　　甲　株式会社　御中

当行は，下記の工場財団分割後の乙工場財団につき抵当権が消滅することを承諾します。

平成○年○月○日

　　　　　　　　　　　　○市○町○丁目○番○号

　　　　　　　　抵当権者　株式会社○○銀行

　　　　　　　　　代表取締役　何　　　　某

　　　　　　　記

1　分割前の工場財団（登記番号第○○号）

　(1)　甲株式会社A工場（甲市）

　(2)　甲株式会社B工場（甲市）

　(3)　甲株式会社C工場（乙市）

2　分割後の工場財団

　（甲工場財団の表示）甲株式会社A工場（甲市）

　（乙工場財団の表示）甲株式会社B工場（甲市）

　　　　　　　　　　　甲株式会社C工場（乙市）

3　抵当権の表示

　　　何法務局何出張所　平成○年○月○日受付第○○○○号

(注)　工場財団の表示は，略記した。

③　社債権者集会の決議を証する書面等

　分割しようとする工場財団に設定されている抵当権が，担保附社債信託法による社債の担保である場合には，分割により抵当権の消滅を承諾するのは，抵当権者である受託会社である。この抵当権の消滅の承諾は，同法第41条における「担保の変更」の契約（における承諾）に該当することは，すでに述べたとおりである（4：7：2：2）。

　そこで承諾が適法にされたことを明らかにするため，抵当権の消滅の承諾を証する情報（工抵法42条ノ5）として，社債権者集会の決議（担信法32条1号）のあったことを証する情報をさらに提供すべきかが問題となる。社債権者集会の決議は，「担保の変更」契約の効力要件でないとしても実質的な担保権者である社債権者の保護のために提供すべきであると解する

（精義下 1479）。

④　分割後の工場財団の管轄登記所の指定を証する情報

　　工場財団を分割した場合に，分割後の工場財団でその組成する工場がすべて分割登記の管轄登記所の管轄地内に存在しなくなるものがある場合には，その工場財団の本来の（すなわち工抵法 17 条により定まる）管轄登記所にその分割後の工場財団の登記記録等を移送すべきである。

　　いずれの登記所に移送すべきか明らかでない工場財団を生ずる分割登記の申請については，申請の前に工抵法 17 条 2 項により分割後のその工場財団の管轄登記所の指定を受けて，その指定のあったことを証する情報を分割登記の申請情報と併せて提供しなければならない（工抵規則 19 条）。

⑤　会社法人等番号（不登令 7 条 1 項 1 号イ）

⑥　代理権限証明情報

⑦　印鑑証明書（不登令 19 条）

　　［様式 5］　工場財団管轄登記所指定申請書（4：4：1：3）

4：7：4　工場財団の分割登記の実行手続

4:7:4:1　分割登記の実行手続

　　工場財団の分割登記の実行手続については，工抵法 42 条ノ 6 並びに工抵規則 27 条及び 28 条に規定されている。

4:7:4:1:1　表題部の登記

①　分割後の工場財団の登記記録（登記用紙）として新たな登記記録を設け（工抵規則 28 条 1 項），その表題部に申請の受付の年月日及び分割後の工場財団の表示として，その組成工場の「工場の名称及び位置，主たる営業所並びに営業の種類」を記録して，その記録の末尾に「分割により分割前の工場財団（登記番号をもって「登記第何号」と記録するのが適当であろう。）の登記記録から移した」旨を記録しなければならない（工抵法 42 条ノ 6 第 1 項）。そして，登記番号を記録する。

②　抵当権の登記がされている工場財団の分割登記の場合は，新しい登記記録に移す分割後の乙工場財団については，抵当権が全て消滅する。すなわ

ち，「乙工場財団」とは，同法42条ノ2第2項における「乙工場財団」を受けて規定されているのである。そして，この場合には，同法8条3項の規定の適用関係を明らかにするため，抵当権の消滅する工場財団の新しい登記記録の表題部に「分割により抵当権が消滅した旨及びその年月日」を記録しなければならない（工抵規則28条2項）。

③ 甲工場財団についての抵当権の登記の全部が抹消されているときは，新たに設けた分割後の乙工場財団の登記記録の表題部に，「抵当権の登記の全部が抹消されている旨及びその年月日」を記録しなければならない（工抵規則28条3項）。

④ 分割前の甲工場財団の登記記録の表題部に，分割前の工場財団を組成していた工場から新しい登記記録に移された分割後の工場財団を組成する工場を除いた残余工場の工場財団の表示をし，その末尾に分割によって他の工場を分割後の乙工場財団の登記記録（登記第何号と記録する。）に移した旨を記録して，前の分割前の工場財団の表示を抹消する記号を記録しなければならない（工抵法42ノ6第3項）。

4:7:4:1:2　権利部（甲区事項欄）の登記

① 新たに登記記録を設けた分割後の乙工場財団の表示をした登記記録の権利部（甲区事項欄）には，分割前の甲工場財団の登記記録の権利部（甲区事項欄）から所有権に関する登記（所有権の保存登記の年月日を含む。）を転写し，申請の受付年月日及び受付番号を記録し，順位番号欄に番号を記録しなければならない（工抵法42条ノ6第4項）。この場合，登記記録に登記官の識別番号を記録する措置（登記官印）をする（工抵規則29条4項）。

② 分割前の甲工場財団を組成する2個以上の工場の所有者が異なるときは，乙工場財団の登記記録に，甲工場財団の登記記録のうち乙工場財団を組成する工場の所有者に関する事項のみを転写し，分割の登記に係る申請受付の年月日及び受付番号を記録しなければならない（工抵規則30条1項）。この場合，登記官は，甲工場財団の登記記録に，その旨を当該所有権の登記についてする付記登記によって記録し，かつ，甲工場財団を組成する工

場の所有者以外の所有者に関する事項を抹消する記号を記録しなければならない（同条2項）。

③　抵当権の目的である工場財団の分割の場合には，新しい登記記録に移記する分割後の工場財団については分割によって抵当権は消滅するから，権利部（乙区事項欄）に抵当権に関する登記を転写する必要はない。また，甲工場財団の抵当権の登記について，乙工場財団につき抵当権が消滅した旨の付記をする必要はない。

4:7:4:1:3　工場財団目録の分離

工場財団の分割登記をするときは，分割前の工場財団の工場財団目録（各工場ごとに別つづりとなっている。）のうち，分割後の各工場財団に属する工場についての工場財団目録を分離して，それぞれ分割後の工場財団の工場財団目録としなければならない（工抵法42条ノ6第2項）。

この場合の手続としては，分割後の各工場財団の工場財団目録（表紙）に分割前の工場財団（登記番号により表示する。）の分割により分離した旨，申請の受付の年月日及び受付番号及び乙工場財団の登記番号を記録し，その目録に記録されている分離前の登記番号（分割前の工場財団の登記番号）を抹消する記号を記録しなければならない（工抵規則29条1項）。この場合，登記官は，甲工場財団の目録に，乙工場財団の目録を分離した旨を記録しなければならない（同条3項）。

4:7:4:1:4　工場図面の処理

工場財団目録の分離手続をしたときは，登記官は，分割後の乙工場財団を組成する工場図面に，その工場財団の登記番号及び分離前の登記番号を抹消する記号を記録しなければならない（工抵規則29条2項）。

4:7:4:2　移送手続

工場財団の分割の登記をした場合に，分割後の乙工場財団の組成工場がその登記所の管轄区域内にないことになったときは，登記官は，分割の登記をした後，遅滞なく，乙工場財団を管轄する登記所に，乙工場財団に関する登記記録及びその附属書類（工場図面を含む。）又はその謄本並びに工場財団

目録を移送する（工抵規則 31 条，財団準則 7 条）。

4：8　工場財団の合併

4：8：1　工場財団の合併の意義

　工場財団の合併とは，同一の所有者に属する数個の工場財団を合併登記によって 1 個の工場財団とすることである（工抵法 42 条ノ 3 第 1 項本文）。この制度は，抵当権の目的となっている工場財団に，抵当権の目的となっていない工場財団を担保として追加するとか，抵当権の目的となっていない数個の工場財団を併せて 1 個の工場財団をつくり，これに債権額の大きな抵当権を設定するためのものである。

　したがって，合併後の工場財団に関する抵当権の法律関係の複雑化を防止するために，「合併セントスル工場財団ノ登記記録ニ所有権及抵当権ノ登記以外ノ登記アルトキ又ハ合併セントスル数個ノ工場財団ノ内二個以上ノ工場財団ニ付既登記ノ抵当権アルトキ」は工場財団の合併を認めないこととし（同項ただし書），「工場財団ヲ合併シタルトキハ抵当権ハ合併後ノ工場財団全部ニ及ブ」（同条 2 項）として，追加担保の場合の実際上の要求に合致させることにしている。

　すなわち，合併しようとする数個の工場財団のすべてに抵当権の登記がないか，又はそのうちの 1 個の工場財団のみが抵当権の登記がある場合にのみ合併することができる。

　1 個の財団について登記された抵当権の効力が合併後の財団の全部に及ぶ効果を生ずるのである。

4：8：2　工場財団の合併の要件

　工場財団の合併は，実際に必要性のある場合に限り認め，その他の場合には法律関係が複雑となることを防ぐ趣旨から制限されている。工場財団の合併ができるのは，次の三つの要件がすべて充足された場合にのみであって，いずれの一つの要件を欠いても合併ができない。

　なお，合筆の登記制限（不登法 41 条 6 号）及び敷地権である旨の登記（同法

46条）の規定は，工場財団については適用がない。

① 合併しようとする工場財団が同一の所有者に属すること

工場財団は，各別の所有者に属する数個の工場につき設定できるが（工抵法8条1項後段），各別の所有者に属する数個の工場財団の合併は認められない。もっとも，同一の数人の所有者の共有関係にある数個の工場財団は，その共有関係が本来の共有関係，すなわち工場財団の設定前からすべての組成物件について共有関係にあったために工場財団についても共有関係にある場合であると，各別の所有者に属する数個の工場について工場財団を設定したために共有関係にある場合とを問わずに，合併することができる。

② 合併しようとする工場財団のいずれの登記記録にも所有権及び抵当権の登記以外の登記がないこと

「合併セントスル工場財団ノ登記記録ニ所有権及抵当権ノ登記以外ノ登記アルトキ」は工場財団の合併ができない（工抵法42条ノ3第1項ただし書）。

ここで「所有権及抵当権ノ登記」とは，所有権の保存及び移転登記，抵当権の設定，移転及び変更登記等をいい，「所有権及抵当権ノ登記以外ノ登記」とは，所有権又は抵当権の処分制限の登記，例えば，民事執行法による差押えの登記，民事保全法による仮差押えの登記，仮処分の登記，国税徴収法等による差押えの登記及び所有権又は抵当権に関する仮登記等をいう。

なお，工場財団の表題部の変更更正登記，所有権又は抵当権の登記名義人の表示の変更更正登記は，厳密には「所有権及抵当権ノ登記」に含まれないといえるが，合併を制限する趣旨からは，「所有権及抵当権ノ登記以外ノ登記」には該当しないと解し，これらの登記がされている工場財団の合併は可能であることはいうまでもない。

③ 合併しようとする数個の工場財団のうち2個以上の工場財団に抵当権（根抵当権を含む。）の登記がないこと

「合併セントスル数箇ノ工場財団ノ内二個以上ノ工場財団ニ付既登記ノ抵当権アルトキ」は，工場財団の合併は認められない（工抵法42条ノ3第1項ただし書）。すなわち，合併しようとする数個の工場財団のすべてが既登記の抵

当権（根抵当権を含む。）の目的となっていないか又はそのうち1個の工場
財団のみが既登記の抵当権の目的となっている場合には合併できる。しか
し，合併しようとする工場財団のうちに既登記の抵当権の目的となっている
工場財団が2個以上あるときは合併することはできない。もちろん，抵当権
の設定登記がされている工場財団が1個のみであれば，その同一の工場財団
に数個の抵当権の登記がされていても差し支えない。

　なお，抵当権の目的となっている工場財団が2個以上の場合に合併を認め
ないというのは，その抵当権が既登記の場合である。抵当権の目的となって
いるが，その設定登記のされていない工場財団は，合併の制限を受けないこ
とはいうまでもない。

Q & A 6

工場財団の抵当権が各財団ごとに設定されている場合の合併

Q　数個の工場財団に同一の債権を担保するための抵当権の設定登記
　がされているが，抵当権は，財団ごとに別々に設定されている場
　合，工場財団の合併はできますか。

A　このような合併は，権利関係が複雑になる弊害はないし，手続上
　の便宜から1個の工場財団とする実益もないではないが，合併は認
　められません。この場合には，抵当権者の承諾を得て，1個の工場
　財団を除くその他の工場財団について，まず抵当権の登記を抹消し
　て，既登記の抵当権の目的となっている工場財団を1個とした後に
　合併登記をすれば，合併後の工場財団の全部に抵当権の効力が及び
　ますから，抵当権者の権利を害することもなく，合併が可能になり
　ます。

4:8:3　工場財団の合併登記の申請手続

4:8:3:1　管轄登記所

①　同一の登記所の管轄に属する数個の工場財団を合併する場合

合併しようとする数個の工場財団がすべて同一の登記所の管轄に属している場合（管轄指定により管轄権を有する場合であっても差し支えない。）には，その登記所に合併の登記を申請する。

② 既登記の抵当権の目的である1個の工場財団がある場合

既登記の抵当権の目的となっている甲工場財団（合併の場合には，このような工場財団は常に1個である。）と抵当権の目的となっていない乙（丙）工場財団とを合併しようとするときは，合併登記の手続を簡略化するため，甲工場財団の管轄登記所を合併登記の管轄登記所としている（工抵法17条3項ただし書）。したがって，この場合は，管轄指定の必要はなく，甲工場財団の管轄登記所に合併登記の申請をする。

③ 管轄登記所を異にするが，既登記の抵当権の目的となっていない数個の工場財団を合併する場合

既登記の抵当権の目的である工場財団を含まない，しかも管轄登記所を異にする数個の工場財団を合併しようとする場合には，合併登記の管轄登記所の指定を受けた登記所が管轄登記所となる（工抵法17条3項本文・2項）。

この場合の管轄登記所の指定は，各工場財団を組成する工場の所在地を管轄する各登記所のうちから合併についての管轄登記所を指定するのではなく，合併しようとする各工場財団を現に管轄している登記所のうちから指定する。

4:8:3:2　申請情報の内容

工場財団の合併登記を申請する場合の申請情報の内容は，次のとおりである。

① 登記の目的（工抵規則18条1項，不登令3条5号）

「工場財団合併」と記載する。

② 登記原因及びその日付

工場財団の合併は，工場財団の合併の登記がされたときに効力が生ずるから，登記原因及びその日付は記載しない

③ 申請人の表示（工抵規則18条1項・不登令3条1号，2号）

　工場財団の所有権の登記名義人を表示する。この表示は，合併しようと
する各工場財団の所有権の登記名義人の表示と符合している必要がある。

④ 添付情報の表示（不登規則34条1項6号）

⑤ 申請年月日及び管轄登記所の表示（同項7号，8号）

⑥ 代理人の表示（不登令3条3号）

⑦ 登録免許税額（不登規則189条1項）

　工場財団の合併登記の登録免許税は，関係財団（合併前）の数を課税標
準として，その1個につき6,000円であるから，2個の工場財団を合併す
る場合は1万2,000円と記載する（税法別表第一・五・㈦）。

⑧ 工場財団の表示（工抵法21条）

　a　合併前の工場財団の表示

　　合併しようとする工場財団を表示する。その表示としては，その工場
財団を組成する工場について工抵法21条各号掲記の事項を記載するが，
その記載事項は，各工場財団の登記簿における表示と一致していなけれ
ばならない。この場合，合併しようとする工場財団の登記番号も記載す
べきである。

　　この表示が申請当時の現況と合致していない場合には，まず工場財団
の表題部の変更又は更正登記を申請して，その表示を現況に合致させ，
その変更又は更正後の表示を記載する。

　b　合併後の工場財団の表示

　　合併後の工場財団を表示する。この場合の表示としては，合併後の工
場財団の組成工場ごとに，工抵法21条各号掲記の事項を記載する。

4:8:3:3　添付情報

　工場財団の合併登記の申請をする場合に提供すべき情報は，次のとおりで
ある。

① 申請書の写し

　工場財団の分割登記には，登記原因が存在せず，したがって，これを証

する書面は存しないから，申請書の写しを添付する。この場合には，分割後の当該工場財団の工場財団目録の写しを併せて提供すべきである。ただし，登記済証の交付を希望しない場合は，提供する必要はない。

② 管轄指定を証する情報

すべて抵当権の目的となっていない，しかも管轄登記所を異にする数個の工場財団の合併の場合には，合併登記の管轄登記所の指定を要することは既述（4：8：3：1③）のとおりであるから，この場合には，管轄指定のあったことを証する情報（工抵規則19条，4：4：1：3）を提供しなければならない。

③ 会社法人等番号（不登令7条1項1号イ）

④ 代理権限証明情報

4：8：4　工場財団の合併登記の実行手続

4：8：4：1　工場財団が数個の登記所の管轄に属する場合の他の登記所への通知及び他の登記所からの移送手続

4：8：4：1：1　他の登記所への通知

合併しようとする工場財団のうちに，合併登記の申請のあった登記所以外の他の登記所の管轄に属するものがあるときは，登記官は，その登記所にその管轄に属する工場財団につき合併登記の申請があった旨を通知しなければならない（工抵規則32条1項，財団準則11条）。この手続の目的は，他の登記所に対して，その財団についての合併の要件を審査させ，その財団の登記記録及び工場財団目録を移送させるためである。

4：8：4：1：2　通知を受けた登記所の移送手続等

通知を受けた登記所の登記官は，その工場財団の登記記録を審査し，それに「所有権ノ登記以外ノ登記」がされていないときは，その工場財団の登記記録及びその附属書類（申請書及びその添付情報，工場図面を含む。）又はその謄本並びに工場財団目録を通知を発した管轄登記所に移送する（工抵規則32条2項本文）。ただし，登記記録に「所有権の登記以外のもの」がされているときは，速やかに所有権の登記以外の登記がされている旨を通知を発し

た管轄登記所に通知しなければならない（工抵規則 32 条 2 項ただし書，3 項，財団準則 12 条）。

「所有権の登記以外のもの」が登記されているときは，このような財団を含む工場財団の合併登記の申請は，違法であり却下されるべきものであって，登記記録等の移送手続をするまでもない。

4:8:4:2 合併登記の実行手続

管轄登記所を異にする数個の工場財団の合併の場合は，通知及び移送手続が必要なので，その合併登記の申請の受付後に受け付けられた他の不動産の登記申請は，受付番号が後であっても，不登法 20 条の規定にかかわらず先に登記を実行して差し支えない。しかし，合併しようとする工場財団についての登記の申請については，その合併登記の申請についての処分（却下又は登記実行）の後にすべきことはいうまでもない。

工抵規則 32 条 1 項の規定による通知を受けた他の登記所においては，その通知を受けた後は，その工場財団に関する登記の申請又は嘱託を不登法 25 条 2 号の規定により却下すべきである。

4:8:4:2:1 合併登記をする登記記録（登記用紙）

合併登記をすべき登記記録（登記用紙）は，合併しようとする工場財団のうち既登記の抵当権の目的となっている甲工場財団の登記記録である。抵当権の目的となっている工場財団がないときは，いずれの工場財団の登記記録に合併登記をしても差し支えない。

移送を受けた登記記録（登記用紙）があるときは，それには合併登記をしないで，管轄に属する工場財団の登記記録に合併登記をするのが適当であろう。

4:8:4:2:2 表題部の登記

① 合併登記をすべき甲工場財団の登記記録の表題部には，申請の受付年月日を記載し，次いで合併後の工場財団の表示をし，その末尾に「合併により合併前の乙（丙）等の工場財団の登記記録（登記第何号又は何地方法務局登記第何号）から移記した」旨を記録して，前の表示（合併前の工場財

団の表示）を抹消する記号を記録する（工抵法42条ノ7第1項）。

② 合併された乙工場財団（その登記記録が閉鎖される工場財団）が抵当権の登記の全部抹消されたものである場合には，甲工場財団の登記記録の表題部に，その合併前の工場財団が抵当権の登記の全部の抹消されたものである旨及びその抹消（最後の抹消）の年月日を記録しなければならない（工抵規則33条1項）。

　　この記録をする理由は，合併後の工場財団につき消滅の時期を登記記録上明確にさせるためである（工抵法8条3項）。後述するように，合併後の工場財団についての6箇月の期間（同法10条，8条3項）に関しては，合併前の各工場財団について最も長い残存期間によるものと解するべきだからである。

　　しかし，合併しようとする工場財団がすべて所有権の保存登記後抵当権設定の登記を受けたことのない場合には，権利部（甲区事項欄）に移記される所有権に関する事項（所有権の保存登記の年月日も含まれる。）により所有権の保存登記の時期が明確になり，6箇月の期間の起算点も明確になるが，抵当権の登記がいったんされた後に全部抹消された場合には，移記される所有権に関する登記のみでは，抵当権の登記が全部抹消された時期が分からないから（合併登記においては権利部（乙区事項欄）の移記手続はない。），抵当権の登記の全部抹消された年月日を表題部に記録して，6箇月の期間の起算点を登記記録上明確にする（精義下1495）。

③ 工場財団の分割により抵当権の消滅した工場財団の合併の場合は，すでにその工場財団の登記記録の表題部に分割により抵当権の消滅した旨及びその年月日が記録されており（工抵規則28条2項），この記録が合併登記により移記されるから，特別にその旨の記録をする必要はない。

4:8:4:2:3　権利部（甲区事項欄）の登記

　合併登記をする登記記録中権利部（甲区事項欄）には，他の工場財団の登記記録から所有権に関する登記を移記し，その移した旨及びその移記した登記がその工場財団であった部分のみに関する旨並びに申請の受付年月日及び

受付番号を記録して，登記官の識別番号を記録する措置をしなければならない（工抵法42条ノ7第4項，工抵規則33条5項）。

4:8:4:2:4　他の登記記録の閉鎖

合併登記をした甲工場財団の登記記録以外の合併しようとする乙（丙）工場財団の登記記録（他の登記所から移送を受けた登記記録を含む。）を閉鎖する。すなわち，その登記記録の表題部に合併により合併登記をした登記記録（合併後の登記第何号工場財団の登記記録）に移記した旨（閉鎖の事由）及びその年月日を記録して，乙工場財団の表示を抹消する記号を記録するほか，登記官の識別番号を記録（実際の取扱いは，登記官が捺印し，さらに工場財団の表示を朱抹して，これを工場財団登記簿から除去し，これを工場財団閉鎖登記簿に編綴する。）しなければならない（工抵法42条ノ7第3項，不登規則8条，工抵規則33条5項）。

4:8:4:2:5　工場財団目録

工場財団の合併登記をしたときは，合併した各工場財団の工場財団目録（4:3:1）に合併後の工場財団の目録とした旨（工抵法42条ノ7第2項参照），合併登記の申請の受付年月日及び受付番号，合併後の工場財団の登記番号を記録して，合併前の登記番号を抹消する記号を記録しなければならない（工抵規則33条3項）。

4:8:4:2:6　工場図面

合併登記をした登記記録に登記されていた工場財団以外の合併前の工場財団に関する工場図面（4:3:2）には，合併後の工場財団の登記番号を記録し，合併前の登記番号を抹消する記号を記録しなければならない（工抵規則33条4項）。

4:9　工場財団の抵当権に関する登記

4:9:1　工場財団の抵当権に関する特則

工場財団を目的とする抵当権の効力等に関して，工抵法は，次の特則を設けている。

① 抵当権の効力の及ぶ目的物

　　工場に属する土地又は建物が工場財団の組成物件である場合には，別段の定めがない限り，その土地又は建物に付加して一体を成す物及び備付けの機械，器具その他工場の用に供する物に，工場財団の抵当権の効力が及ぶ（工抵法16条1項・2項）。このことは，それらの機械，器具等が財団の組成物件（財団目録記載の物件）でない場合に限るのである（付加物は組成物件にはならない。）。財団の組成物件であれば，財団の抵当権の効力の及ぶのは当然であり，しかも別段の定めによってもその効力を及ぼさないものとすることはできない。

　　組成物件でない付加物及び組成物件とされていない（財団目録に記録されていない）機械，器具等は，分離され，又は備付けの廃止された場合は，抵当権の追及力もなく，抵当権の効力は消滅する。

② 法定地上権の成立

　　土地及びその地上の建物が工場の所有である場合において，その土地又は建物のみが財団の組成物件とされ，財団の抵当権の実行により土地又は建物が買受人の所有となったときは，その建物のための地上権が設定されたものとみなされる（工抵法16条1項・民法388条）。

③ 組成物件の土地上の建物の一括競売

　　土地が財団の組成物件である場合において，その後に土地上に建物が築造されたが，建物が組成物件とされないときでも，財団の抵当権が実行されたときは，その建物も併せて競売の対象となる（工抵法16条1項・民法389条）。

④ 地役権の要役地が組成物件の場合の地役権の随伴性

　　地役権の要役地（民法281条）が財団の組成物件である場合，その地役権を財団の組成物件とすることはできないが，財団の抵当権の効力は及び，抵当権実行による要役地の買受人は地役権を取得する（工抵法16条2項）。

⑤ 組成物件である地上権の放棄

　　地上権が財団の組成物件の場合に，地上権者がその権利を放棄しても，

財団の抵当権者に対抗することはできない（工抵法16条3項・民法398条）。

⑥　組成物件である動産に対する抵当権の追及力

財団の組成物件で登記又は登録制度のない動産（機械，器具等で財団目録の記録物件）について抵当権者の承諾を得ないで備付けを廃止した場合は，工抵法5条を類推適用して，抵当権は消滅せず，第三取得者に引き渡されても，善意，無過失，平穏，公然でない限り，抵当権を追及することができると解すべきである（精義下1498）。

4:9:2　抵当権の設定登記手続

4:9:2:1　申請時期

工場財団の所有権の保存登記は，その登記後6箇月内に抵当権の設定登記を受けないときはその効力を失い，工場財団は消滅する（工抵法10条）。したがって，抵当権の設定登記のされていない工場財団を目的とする抵当権の設定登記を申請する場合，その工場財団について抵当権の設定登記のされたことのないものについては6箇月内に，抵当権の登記が全部抹消され，又は工場財団の分割により抵当権の消滅したものについては抵当権の登記の全部の抹消又は分割登記の後6箇月内に，それぞれ抵当権の設定登記を申請しなければならない（同法8条3項，10条）。

なお，抵当権の登記がされている限り，工場財団は存続するから，このような工場財団については，いつでも抵当権の設定登記を申請することができる。

4:9:2:2　申請情報の内容

申請書の表題は，「登記申請書（工場財団）」と記載する。抵当権の設定登記の申請情報は，不登法59条各号，83条1項各号及び88条1項各号に掲げる事項である（工抵規則18条1項，不登令3条各号（7号，8号及び11号ヘを除く。），不登令別表55申請情報）。

①　登記の目的（工抵規則18条1項，不登令3条5号）

「工場財団抵当権設定」と記載する。「工場財団」の表記もするのが良いと考える。共同担保の場合は，「工場財団共同抵当権設定」と記載する。

② 登記原因及びその日付（工抵規則18条1項，不登令3条6号）

　　抵当権の設定登記における「登記原因及びその日付」は，その抵当権によって担保される債権を特定させるに足りる事項を記載し，その債権を担保するための抵当権の設定契約である旨及びその設定契約の成立の日を記載する。

　　例えば，契約により発生する債権の場合は，「平成○年○月○日金銭消費貸借同日設定」のように記載する。

③ 債権額（不登法83条1項1号，不登令別表55申請情報イ）

　　その抵当権により担保されるべき債権額を必ず記載する。

　　元本及び利息（将来発生する分でも差し支えない。）を合計した総額を被担保債権として抵当権を設定する場合は，その合計額を債権額として記載し，元本債権と利息債権の内訳を記載する。

④ 利息その他の特約事項（不登法88条1項各号，不登令別表55申請情報ロ）

　　「登記原因」に「利息に関する定め」，「損害の賠償額に関する定め」，「債権に付したる条件」等のほか，土地又は建物が財団の組成物件で付加物はもちろん備付けの機械，器具等が組成物件でない場合の「別段の定め」（工抵法16条1項・2条1項（2項で準用する場合を含む。）ただし書）の規定によるものがあるときは，これらの定めを記載する。

⑤ 債務者の表示（不登法83条1項2号，不登令別表55申請情報イ）

　　抵当権の被担保債権の債務者を表示する。第三者が債務者のためにその所有の工場財団に抵当権を設定するいわゆる物上保証の場合はもちろん，抵当権設定者が債務者である場合も，債務者を表示する。

⑥ 申請人の表示（工抵規則18条1項，不登令3条1号，2号）

　　申請人として，登記権利者である抵当権者と登記義務者である抵当権設定者（工場財団の所有権の登記名義人を表示する（3：5：5：1））。

　　なお，銀行等が抵当権者である場合には，その取扱支店を記載して，登記を受けることができる。

　　抵当権者（債権者）が2人以上である場合（抵当権で担保される債権を

数人で共有する場合）には，その持分を記載する（不登法 59 条 4 号）。ただ
し，信託契約による社債のための抵当権の設定登記を申請する場合に，受
託会社が多数（共同受託）のときでも，持分は，その性質上記載しない
（4：9：4：2：1⑥）。

⑦　代理人の表示（工抵規則 18 条 1 項，不登令 3 条 2 号）

⑧　添付情報（3：5：5：3）の表示（不登規則 34 条 1 項 6 号）

⑨　申請年月日（同項 7 号）

⑩　登記所の表示（同項 8 号）

⑪　課税標準の金額及び登録免許税（不登規則 189 条 1 項）

　　抵当権の設定登記の登録免許税額の課税標準の金額として債権金額とそ
の税額を記載する。この場合の登録免許税は，債権額の 1,000 分の 2.5 で
ある（税法別表第一・五・㈡）。

a　同一の債権を担保するための共同担保の旨の登記（民法 398 条の 16）を
する数個の共同抵当権の設定登記を同時に申請する場合には，1 個の抵
当権の設定登記とみなして，債権額を課税標準の金額とし，その 1,000
分の 2.5 の登録免許税を納付すれば足りる（税法 13 条 1 項）。また，その
目的物が不動産及び工場財団等で税率が異なるときは，そのうち最も低
い税率による（同項後段）。

b　管轄登記所を異にする数個の工場財団等について，共同担保の旨の登
記をする共同抵当権の設定登記をする場合の登録免許税は，最初に登記
をする甲登記所において，債権額を課税標準の金額としてその 1,000 分
の 2.5 の登録免許税を納付し，次いで乙登記所に申請する場合におい
て，既に甲登記所において登録免許税を納付して共同抵当権の設定登記
を受けたことを証する情報（税法 13 条 2 項，税法施行規則 11 条）を提供し
たときは，乙登記所での登録免許税は，設定の登記を受ける物件 1 個に
つき 1,500 円となる（税法 13 条 2 項）。

c　管轄登記所を異にする税率の異なる不動産及び工場財団等について共
同抵当権の設定登記をする場合，先に税率の低い工場財団について共同

抵当権の設定登記をすれば，債権額の 1,000 分の 2.5 に相当する登録免許税を納付し，後にする不動産等の登記については，1 個につき 1,500円の登録免許税を納付すれば足りる。

　なお，同一の債権を担保するための数個の共同抵当権の登録免許税についての特則は，その設定が同時にされた場合のみならず，追加担保として後に設定契約のされた場合にも適用される。

⑫　工場財団の表示（工抵法 21 条 3 項，工抵規則 18 条 2 項）

　抵当権の目的である工場財団の表示として，「工場の名称及び位置，主たる営業所並びに営業の種類」を記載し，その工場財団の登記番号を付記する。

⑬　共同抵当物件の表示（不登法 83 条 1 項 4 号）

a　同一の債権を担保するため，2 個以上の工場財団等（工場財団に限らない。）について抵当権（共同抵当）の設定登記を申請する場合には，共同担保の目的である他の工場財団等を表示しなければならない。

b　所有者を異にする 2 個以上の工場財団等を共同担保として抵当権を設定した場合（例えば，甲工場財団は債務者の所有に属し，乙工場財団は第三者所有の物上保証である場合），登記原因は同一でないが，実務上は，同一の申請書で抵当権の設定登記を申請することが認められている（昭 39. 3. 7 民事甲 588 号民事局長通達）。

c　1 個又は数個の工場財団等について抵当権の設定契約（A 契約）をし，その登記が未了のうちに，同一の債権を担保するため他の 1 個又は数個の工場財団等について抵当権の追加設定契約（B 契約）をした場合において，全部の抵当権の設定登記を申請するときは，A 契約と後の B契約とは登記原因の日付を異にするが，全部の工場財団等（同一の登記所の管轄に属するものに限る。）について一の申請で抵当権の設定登記をすることも認められているので（同通達），これらの場合も，不登法 83 条 1 項 4 号の規定による記載をするまでもない。登記原因及びその日付の表示は，各工場財団ごとに特定する必要がある。

d　追加担保の場合の既登記抵当権の表示

　1個又は2個以上の工場財団等について抵当権の設定登記（A契約）
をした後，同一の債権を担保するため別個の工場財団その他の物件につ
いて抵当権の設定登記（B契約）を申請する場合（B契約が既登記の抵
当権と同時に又は時を異にし，又は設定者を異にしてされた場合を含
む。）には，既にされている抵当権の設定登記（A契約。他の登記所の
管轄のものも含む。）を表示するに足りる事項を記載しなければならな
い（工抵規則26条1号，不登令別表55申請情報ハ）。

　この表示としては，工場財団にあっては，Aの登記に係る登記番号
（管轄登記所を異にするときは，その登記所も表示する。）及び順位番号
並びに共同担保目録があるときはその共同担保目録の記号及び目録番号
を申請情報の内容とする（工抵規則26条1号）。その他の物件（不動産）
については，「不動産の所在及び地番若しくは家屋番号並びに順位番号」
を記載する。

　なお，甲登記所管轄の甲工場財団と乙登記所管轄の乙工場財団を共同
担保として抵当権を設定し，甲登記所にその設定登記を申請する場合，
共同担保の乙登記所の管轄物件を表示する必要はなく，乙登記所の管轄
物件についての設定登記の申請は，追加担保として取り扱うべきである
（3：5：5：2　Q&A2）

4:9:2:3　添付情報

　工場財団の抵当権設定登記を申請する場合は，次の掲げる情報を提供しな
ければならない（3：5：5：3）。

① 登記識別情報又は登記済証等

　抵当権設定者（登記義務者）である工場財団の所有権の登記名義人が，
その工場財団の所有権の保存又は移転の登記を受けたときの登記済証を添
付する。当分の間，登記識別情報（不登法2条14号）の交付はされない。

② 登記原因証明情報（不登法61条，不登令7条1項5号ロ，不登令別表55添付情
報）

登記原因証明情報としては，どのような債権を担保するためにどのような工場財団等について抵当権が設定されたかを明らかにする金銭消費貸借兼工場財団抵当権設定契約証書を，契約書がないとき（又は作成しなかったとき）は，当事者において工場財団抵当権設定契約の内容を記載した書面を作成して提供する。

　利息，遅延損害金その他の事項の登記を申請する場合には，登記原因証明情報にこれらの事項が記載されていなければならない。

③　登記原因について第三者の許可，同意又は承諾が必要であるときは，その第三者が許可等をしたことを証する情報（不登令7条1項5号ハ）

④　会社法人等番号（不登令7条1項1号）

⑤　債権者代位により債権者が債務者に代位して抵当権の設定登記を申請するときは，その代位原因を証する情報（不登法59条7号）。

⑥　追加担保の場合の前登記の証明書（不登令別表56添付情報ロ，不登準則112条）

⑦　代理権限証明情報（工抵規則21条，不登令7条1項2号）

⑧　印鑑証明書（不登令16条2項，3項）

⑨　申請書の写し

　登記済証の交付を希望しない場合は提供する必要はない。

⑩　共同担保目録（不登法83条2項，不登規則166条〜170条，3：5：5：3⑪）

4：9：3　抵当権の設定登記の実行手続

　抵当権の設定登記の手続は，工場財団の保存登記の後最初にする場合は，工抵法37条の規定による特別の手続を必要とするが，そのほかに異なる点はない。

4：9：3：1　却下事由の有無の審査

　工場財団の抵当権の設定登記の申請は，「不登法第25条ニ掲ケタル場合ノ外第10条ノ期間ヲ経過シタル場合」にはこれを却下しなければならない（工抵法36条）。

①　「10条ノ期間ヲ経過シタル場合」の規定の適用があるのは，工場財団の

所有権の保存登記の後最初にする抵当権の設定登記の申請の場合であって，抵当権の設定登記がされた工場財団につきさらに抵当権の設定登記を申請する場合には適用がない。すなわち，工場財団の保存登記後6箇月内に抵当権の設定登記をしないときは，その保存登記は効力を失い，工場財団は消滅する（工抵法10条）。したがって，工場財団の登記後6箇月経過後に最初にされる抵当権の設定登記の申請は，抵当権そのものが実体上消滅しているから，当然却下される。

② 工場財団は，抵当権の登記が全部抹消され，又は工場財団の分割により抵当権が消滅した後6箇月内に新たな抵当権の設定の登記を受けないときは消滅するから（工抵法8条3項），その期間の経過により消滅した工場財団を目的とする抵当権の設定登記の申請は，不登法25条2号に該当するものとして，却下される。

4:9:3:2 登記の実行

① 抵当権の登記

却下事由がないときは，工場財団登記簿の権利部（乙区）に抵当権の設定登記がされる。抵当権の登記事項は，不登法59条各号に掲げるもののほか，同法83条1項のとおりである。2以上の不動産に関する権利を目的とするときは，登記官は，共同担保目録を作成することができる（不登法83条2項，不登規則166条，167条）。ただし，第三条指定を受けていない登記所においては，従前の例による（不登規則附則9条，10条）。

② 登記識別情報の通知又は登記済証の交付

登記官は，抵当権の設定登記をしたときは，速やかに，申請人があらかじめ通知を希望しない旨の申出をした場合等（不登規則64条）を除き，登記識別情報を通知しなければならない（不登法21条）。ただし，工場財団に関する登記については，当分の間，旧不登法に基づき，登記済証を交付しなければならない（不登法附則6条3項）。この場合，登記官は，登記原因証明情報又は申請書の写しに「申請の受付年月日，受付番号，順位番号及び登記済の旨」及び登記番号を記載し（旧工抵手続23条ノ2），登記官の印を

押捺して，これを登記権利者に交付しなければならない（旧不登法60条1項，工抵規則附則9条3項）。

③ 工抵法37条の手続

工場財団に属すべきものについて工抵法23条の記載又は記録（工場財団の又は追加による工場財団目録の記録の変更登記の申請があった旨の記録）があった後にされた差押え，仮差押え若しくは仮処分の登記若しくは登録又は先取特権の保存登記は，その工場財団について最初の抵当権の設定登記がされたときは，その効力を失う（工抵法31条，43条）。したがって，登記官が抵当権の設定登記をしたときは，それにより効力を失った差押え等の登記は抹消すべきである（同法37条）。

工抵法37条の規定は，すべての抵当権の設定登記をした場合に適用があるように読めるが，その手続は，工場財団の保存登記後最初にされる抵当権の設定登記の場合及び同法43条において準用される場合，すなわち抵当権の登記のされていない工場財団に工場財団目録の記録の変更登記により新たに物件が追加され，その後にその財団に抵当権の設定登記が初めてされる場合にのみ必要な手続である。

すなわち，その登記所の管轄に属する物件で，工抵法23条の記載又は登録のあった後にされた差押え，仮差押え，仮処分又は先取特権の保存登記は，職権で抹消する。次に，同条2項，4項（同法43条で準用する場合を含む。）の規定により，他の登記所又は特許庁等にその工場財団の又は追加による目録の記録の変更登記の申請があった旨を通知した場合は，その物件を組成物件とする工場財団につき抵当権の設定登記がされた旨を通知し，この通知を受けた登記所又は特許庁等は，効力を失った差押え等の登記又は登録がされている場合には，それを抹消しなければならない。

4：9：4　担保付社債のための抵当権の設定登記

担保付社債信託法（担信法）による担保付社債のための抵当権の設定登記については，信託法に関する不登法の信託の登記（注）の規定（不登法97条以下）は適用されず（担信法64条），担信法にその特則が設けられているほか

は，通常の抵当権の設定登記の手続による。

　担保付社債とは，社債の発行会社が保有する土地・工場・機械設備・船舶などの特定の物的財産に担保が付けられている債券をいう。これには，1銘柄の社債に一つの担保が付された「1回発行式社債」と，複数の社債にわたって担保が付された「分割発行式社債」がある。本債券を発行する場合には，担信法に基づき，社債の発行会社と信託銀行等との間で信託契約が結ばれる。そして，信託銀行等が受託会社となって，社債権者のために担保を管理すると共に社債管理業務を行い，万一，社債の元利金の支払が滞ったりした場合には，社債権者に代わって担保物権を処分するなどして元利金の支払に充当することができるというものである。

　　(注)　信託の登記に関しては，平成23年10月17日信託目録の電子化の指定が完了している（平23.10.3民二2341号民事局第二課長通知）。

4:9:4:1　抵当権についての特則

① 抵当権の成立

　一般の抵当権については，抵当権の附従性から債権の存在しない抵当権は存在せず，債権の成立前に抵当権は存在しない。しかし，社債の「発行会社」である委託会社と信託会社である受託会社との信託証書による信託契約によって設定される（担信法2条，18条1項）担保付社債のための抵当権は，社債成立前においてもその効力を生ずるから（同法38条），社債発行（債権成立）前にその設定登記をすることができる。

② 抵当権設定の登記権利者

　通常の抵当権についての債権者は，常に抵当権者であり，したがって，その設定登記の登記権利者である。しかし，担保付社債の抵当権についての債権者は，抵当権者ではなく，信託により総社債権者のために抵当権を保存及び実行する責めに任ずる受託会社が抵当権者となるから（担信法36条），抵当権設定の登記権利者は，受託会社である（同法61条）。

③　抵当権設定の信託契約の要式性

　　担保付社債のための抵当権の設定は，委託会社（抵当権設定者）と受託
会社（抵当権者）との信託契約によるが（担保法2条），この信託契約は，
信託証書による必要がある要式契約である（同法18条1項）。この担保の追
加又は変更の契約（同法40条，41条）も書面でする必要がある。

4:9:4:2　担保付社債全額発行の抵当権設定

4:9:4:2:1　申請情報の内容

「登記申請書（工場財団）」と記載し，工場財団の登記の申請であることが
分かるように記載する。

①　登記の目的（工抵規則18条1項，不登令3条5号）

　　「工場財団抵当権設定」と記載する。

②　登記原因（工抵規則18条1項，不登令3条6号）

　　「平成○年○月○日担保付社債信託契約」と記載する。

　　担保付社債信託法による社債のための抵当権の設定契約は，同法24条
の規定により，信託契約によることとされているので，登記原因は，社債
発行と社債に付する抵当権の設定契約とを併せた担保付社債信託契約であ
る（担信法18条，19条）。

③　社債の総額

　　不登法83条1項1号に掲げる債権額（不登令別表55申請情報イ）は，担保
付社債の総額「金何万円」と記載する（担信法62条1項，3項）。

④　社債の利率

　　信託証書に記載されている社債の利率「年何％」を記載する。

⑤　債務者

　　抵当権設定者が債務者であると否とにかかわらず，債務者（「発行会社」
（担信法2条1項））を表示する。

⑥　抵当権者

　　担保付社債の場合は，受託会社たる信託会社が登記権利者となるので
（担信法61条），抵当権者の表示として，当該会社の商号，本店を記載し

（工抵規則18条1項，不登令3条1号），代表者の氏名も記載する（工抵規則18条1項，不登令3条2号）。抵当権者である受託会社が2以上である共同受託の場合も，抵当権の共有持分がないから，持分は記載しない（昭35.12.9民事甲3074号民事局長回答）。

⑦　抵当権設定者

　　抵当権設定者の表示として，信託契約の委託会社すなわち社債の発行会社の商号，本店を記載する（注）。設定者が会社等の法人であるときは，その代表者の氏名も記載する（工抵規則18条1項，不登令3条2号）。

（注）　他の会社と合同して担保付社債を発行するときは，その旨及び各会社の負担部分を信託証書に記載又は記録しなければならない（担信法19条1項15号，同規則2条1号）。

⑧　課税標準の金額及び登録免許税

　　登録免許税の課税標準の金額を記載する（不登規則189条1項）。この金額は社債の総額とされている（税法別表第一・五・㈡）。この金額に1,000円未満の端数があるときは切り捨て，その全額が1,000円に満たないときは1,000円とする（税法15条）。

　　登録免許税額は，課税標準の1,000分の2.5とされている（税法別表第一・五・㈡）。この金額に100円未満の端数があるときはその端数を切り捨て（国税通則法119条1項），その金額が1,000円に満たないときは1,000円とする（税法19条）。

⑨　工場財団の表示

　　「登記番号第○○号」と記載したうえ，工場の名称及び位置，主たる営業所並びに営業の種類を記載する。

4:9:4:2:2　添付情報

　　抵当権設定登記を申請する場合は，次に掲げる情報を提供しなければならない。

① 登記識別情報又は登記済証

② 登記原因証明情報

　社債のための抵当権設定契約は必ず信託証書による要式行為であるから，物上担保付社債信託証書を提供する（工抵規則 21 条，不登令別表 55 添付情報）。

③ 会社法人等番号

④ 代理権限証明情報

⑤ 印鑑証明書

⑥ 申請書の写し

　登記済証の交付を希望しない場合は，提供する必要はない。

4:9:4:3　担保付社債分割発行の場合の社債総額についての抵当権設定

4:9:4:3:1　申請情報の内容

　担保付社債の総額を数回に分けて発行するとき（担信法 21 条 1 項）は，不登法 83 条 1 項 1 号，88 条及び 95 条の規定にかかわらず，担保付社債の総額，担保付社債の総額を数回に分けて発行する旨及び担保付社債の利率の最高限度のみを被担保債権に係る事項として記載する（担信法 62 条 2 項，3 項）。

　なお，抵当権者となる受託会社が 2 以上である共同受託の場合も，抵当権の共有持分がないから，持分の記載を要しない（4:9:4:2:1⑥）。

① 登記の目的（工抵規則 18 条 1 項，不登令 3 条 5 号）

　「工場財団抵当権設定」と記載する。

② 登記原因（工抵規則 18 条 1 項，不登令 3 条 6 号）

　「平成○年○月○日物上担保付社債信託契約」と記載する。

　担信法による社債のための抵当権の設定契約は，社債の総額を分割して発行する場合でも同法 2 条の規定により，信託契約によることとされているので，登記原因は，社債発行と社債に付する抵当権の設定契約とを併せた物上担保付社債信託契約である（担信法 18 条，19 条）。

③ 社債の総額　金何万円

　社債の総額を数回に分けて発行するときは，社債の総額，担保付社債の

総額を数回に分けて発行する旨及び担保付社債の利率の最高限度のみを記載する（担信法 62 条 2 項）。

④　本社債は，何回に分けて発行する。

⑤　社債の利率の最高限度　年何％

⑥　債務者

発行会社を記載する。

⑦　抵当権者

信託契約の受託会社を記載する（担信法 61 条）。

⑧　抵当権設定者

信託契約の委託会社（社債発行会社）を記載する。

⑨　登記を申請する日（不登規則 34 条 1 項 7 号）

⑩　登記を申請する工場財団を管轄する登記所の表示（同項 8 号）

⑪　代理人

⑫　課税標準の金額及び登録免許税

社債の総額を数回に分けて発行する場合の社債のための抵当権設定登記の登録免許税は，社債を発行するごとに後述の付記登記につき登録免許税を課するから，無税とされている（税法 14 条 1 項）。

⑬　工場財団の表示（登記番号第○○号）

4:9:4:3:2　添付情報

①　登記識別情報又は登記済証

②　登記原因証明情報

社債のための抵当権設定契約は，必ず信託証書による要式行為であるから，担保付社債信託証書を提供する（工抵規則 21 条，不登令別表 55 添付情報）。

③　会社法人等番号

④　印鑑証明書

⑤　代理権限証明情報

⑥　（申請書の写し）

4:9:4:4　担保付社債分割発行の場合の発行ごとの付記登記

　担保付社債を数回に分けて発行する場合に，社債を発行したときは，その回ごとに，その回の発行金額につき引受け又は募集の完了した日から2週間内に抵当権の設定登記の付記登記として，その回の発行金額及びその回の社債の利率を登記しなければならない（担信法63条1項，3項）。外国で社債を募集した場合は，登記の期間は，その完了の通知書の到達した日から2週間内に申請すればよい（同条2項）。

4:9:4:4:1　申請情報の内容

① 　登記の目的　「何番抵当権社債発行（付記）」

　　抵当権の登記に社債を発行した旨を記載する。

② 　登記原因及びその日付

　　「平成○年○月○日担保付社債信託及び平成○年○月○日社債発行契約平成○年○月○日第何回社債発行」が登記原因であり，その回の引受け又は募集の完了した日がその日付である（担信法63条1項，3項）。

③ 　第何回社債発行金額　金何万円

④ 　社債の利率　年何％

⑤ 　債務者

⑥ 　抵当権者

⑦ 　抵当権設定者

⑧ 　添付情報の表示

⑨ 　課税標準の金額及び登録免許税

　　課税標準の金額は，その回の社債発行金額である。

　　発行ごとの付記登記の登録免許税は，この登記を抵当権取得の登記，社債発行金額を債権額とみなして（税法14条1項後段），その回の発行金額の1,000分の2.5である（同法別表第一・五・(二)）。

⑩ 　工場財団の表示（登記番号）

4:9:4:4:2　添付情報

① 　登記識別情報又は登記済証

②　登記原因証明情報

最初の信託証書（担信法 18 条，19 条）及び発行ごとの契約書（信託証書に付記する。）（同法 21 条）である。社債の引受け又は募集の完了を証する書面は，提供する必要がない。

③　会社法人等番号

④　印鑑証明書

⑤　代理権限証明情報

⑥　（申請書の写し）

4：9：5　工場財団の根抵当権設定登記

根抵当権は，「設定行為で定める…一定の範囲に属する不特定の債権を極度額の限度において担保する」抵当権である（民法 398 条の 2 第 1 項）。

根抵当権も，債権者（根抵当権者）と根抵当権設定者（工場財団の所有権の登記名義人）との契約によって設定される。そして，根抵当権は，その登記をしなければ第三者に対抗することができないことも，抵当権と同じである。

根抵当権の設定登記の申請手続は，抵当権の設定登記（4：9：2）に準ずるので，根抵当権の設定登記申請に関する手続を説明するのみとする。

4：9：5：1　根抵当権の設定登記手続

根抵当権の設定登記申請手続は，抵当権との相違点を中心に記述する。

4：9：5：1：1　申請情報の内容

申請書の表題は，「登記申請書（工場財団）」と記載する。工場財団の根抵当権設定登記の申請情報は，不登法 59 条各号，83 条 1 項各号及び 88 条 1 項各号に掲げる事項である（工抵規則 18 条 1 項，不登令 3 条各号（7 号，8 号及び 11 号ヘを除く。），不登令別表 56 申請情報）。

①　登記の目的（工抵規則 18 条 1 項，不登令 3 条 5 号）

「工場財団根抵当権設定」と記載する。共同担保の場合は，「工場財団共同根抵当権設定」と記載する。共同担保の登記がされていることが，累積根抵当（民法 398 条の 18）ではなく，共同根抵当（398 条の 16）であることの

要件となる。

② 登記原因及びその日付（工抵規則18条1項，不登令3条6号）

「平成○年○月○日設定」と根抵当権を設定した旨とその契約の成立した日を記載する。

なお，共同担保の旨の登記（民法398条の16）をする数個の共同根抵当権の設定登記を申請する場合には，登記原因の日付を異にするときでも，同一の申請書で申請することができるが，この場合は，登記原因及びその日付について「後記のとおり」と記載し，各登記原因及びその日付は，工場財団の表示の末尾に記載する。

③ 極度額（不登法88条2項1号，不登令別表56申請情報ロ）

「極度額　金何万円」と記載する。共同担保の旨の登記をする場合は，極度額が同一でなければならない。

④ 債権の範囲（不登法88条2項1号，不登令別表56申請情報ロ）

「平成○年○月○日金銭消費貸借取引　銀行取引　手形債権　小切手債権」などと記載する。

なお，共同担保の旨の登記をする共同根抵当権の場合は，その全部について債権の範囲が同一でなければならない。

⑤ 確定期日（不登法88条2項3号，不登令別表56申請情報ロ）

確定期日を定めた場合には，その期日を「確定期日　平成○年○月○日」と記載する。元本の確定期日の定めがあるときはその定めを記載する。確定期日は，確定期日を定め又は変更した日から5年以内でなければならない（民法398条の6第3項）。

⑥ 債務者の表示（工抵規則18条1項，不登令別表56申請情報イ）。

⑦ 申請人の表示（根抵当権者及び根抵当権者）（工抵規則18条1項，不登令3条1号，2号）

なお，根抵当権の準共有（民法398条の14）の場合における根抵当権者間の優先弁済の割合についての特約（同条1項ただし書）があるときは，根抵当権者らの共同申請により（不登法89条2項），登記することができる（同

法88条2項4号)。

　また，共同担保である旨の登記（民法398条の16）をする数個の共同根抵当権の設定登記を申請する場合は，その設定者（工場財団等の所有権等の登記名義人）が同一人であるときも異なるときも，そして，その各根抵当権の設定契約の成立の日が同一であるときも異なるときも，同一の申請書で申請することができる。

　設定者（登記義務者）が異なるときは，登記義務者の表示として「後記のとおり」と記載し，各登記義務者の表示を各工場財団等の表示の末尾に記載する。

⑧　代理人の表示（工抵規則18条1項，不登令3条2号）

⑨　添付情報の表示（不登規則34条1項6号）

⑩　申請の年月日（同項7号）

⑪　登記所の表示（同項8号）

⑫　課税標準の金額及び登録免許税額（同規則189条1項）

　登録免許税の課税標準の金額を記載する。この金額は極度金額とされている。登録免許税額は，課税標準の金額の1,000分の2.5である（税法別表第一・五・㈡）。

⑬　工場財団の表示（工抵法21条3項，工抵規則18条2項）。

　工場の名称及び位置，主たる営業所並びに営業の種類を記載し，その登記番号を付記する。

Q & A 7

追加担保の場合の既登記共同根抵当権の表示

Q　既に1個又は数個の工場財団等について根抵当権（数個の場合は共同根抵当権）の設定登記を受けた後に，同一の債権を担保するため，他の1個又は数個の工場財団その他の物件を目的とする共同根抵当権を設定し，その設定の登記を共同担保の旨の登記とともに申請する場合，申請書には，既登記の根抵当権（又は共同根抵当権）

としてどのような事項を表示すべきでしょうか（不登法83条1項4号）。

A 　工場財団の場合は，その工場財団の登記番号（他の登記所の管轄のときはその登記所名も）と根抵当権の順位番号と既提出の共同担保目録のあるときは，その記号及び番号を記載し（工抵規則26条），その他の物件（不動産）については，「不動産の所在及び地番若しくは家屋番号並びに順位番号」を記載し，既提出の共同担保目録があるとき（既登記のものが数個の不動産を目的とする数個の場合）は，「記号及び目録番号」も記載します（不登令別表56申請情報ニ，不登規則168条，4：9：2：2⑬d）。

4:9:5:1:2　添付情報

工場財団の根抵当権設定登記を申請する場合は，次の掲げる情報を提供しなければならない。

① 　登記識別情報又は登記済証

② 　登記原因証明情報（不登法61条，不登令7条1項5号ロ，不登令別表56添付情報イ）

③ 　登記原因について第三者の許可，同意又は承諾を要するときは，その第三者が許可等をしたことを証する情報（不登令7条1項5号ハ）。

④ 　会社法人等番号（不登令7条1項1号）

⑤ 　債権者代位により債権者が債務者に代位して根抵当権の設定登記を申請する場合には，その代位原因を証する情報（不登法59条7号）。

⑥ 　追加担保の場合の前登記の証明書（不登令別表56添付情報ロ，不登準則112条）

⑦ 　代理権限証明情報（工抵規則21条，不登令7条1項2号）

⑧ 　所有権の登記名義人の印鑑証明書（不登令16条2項，3項，不登規則48条1項1号）

⑨ 　申請書の写し

登記済証の交付を希望しない場合は提供する必要はない。

⑩　共同担保目録（不登法83条2項，不登規則166条〜170条）（4：9：2：3⑩）

4:9:5:2　登記の実行

　根抵当権の設定登記は，抵当権に準じてすることができる（4：9：3：2）。

4:9:6　（根）抵当権の抹消

　抵当権の被担保債権が全部弁済，放棄又は免除等により消滅したときは，遅滞なくその抵当権の登記の抹消を申請しなければならない（工抵法44条ノ3）。

4:9:6:1　申請情報の内容

　工場財団の抵当権の抹消登記の申請においては，次に掲げる事項を申請情報の内容とする。

①　登記の目的（工抵規則18条1項，不登令3条5号）

　　その登記の抹消すべき抵当権を順位番号で表示し，「何番抵当権抹消」と記載する。

②　登記原因及びその日付（工抵規則18条1項，不登令3条6号）

　　債権の全額弁済の場合は，「平成○年○月○日弁済」と記載する。抵当権の放棄の場合は，「年月日（放棄の意思表示のあった日）放棄」と記載する。

③　申請人の表示

　　登記権利者（所有権の登記名義人）と登記義務者（抵当権者）を表示する（工抵規則18条1項，不登令3条1号，2号）。

④　代理人の表示（工抵規則18条1項，不登令3条2号）

⑤　添付情報（3：5：5：3）の表示（不登規則34条1項6号）

⑥　申請年月日（同項7号）

⑦　登記所の表示（同項8号）

⑧　登録免許税額（同規則189条1項）

　　財団の数を課税標準として，1個について6,000円である（税法別表第一・五・㈤）。

⑨　工場財団の表示（工抵法 21 条 3 項，工抵規則 18 条 2 項）

4:9:6:2　添付情報

　工場財団の所有権の抵当権の抹消登記の申請においては，次の情報を提供する。なお，その登記を抹消する抵当権を目的とする第三者の権利がされているときは，その第三者の承諾を証する情報（不登令 7 条 5 号ハ）を提供しなければならない。

①　登記識別情報又は登記済証（不登法 22 条）

②　登記原因証明情報（不登法 61 条）

　抵当権者が作成した弁済証書又は解除証書等を提供する。これらの書面を添付できない場合には，抵当権の消滅した内容を記載した報告形式の登記原因証明情報（［別記様式］抵当権弁済証書）を提供する（工抵規則 21 条，不登令別表 26 添付情報）。

③　会社法人等番号（不登令 7 条 1 項 1 号）

④　抵当権者の印鑑証明書（不登令 16 条 2 項）

⑤　代理権限証明情報（工抵規則 21 条，不登令 7 条 1 項 2 号）

⑥　申請書の写し

　登記済証の交付を希望しない場合は提供する必要はない。

［様式12］　「抵当権弁済証書」（登記原因証明情報）

　平成〇年〇月〇日〇〇法務局〇〇支局（出張所）受付第何号をもって登記された下記の工場財団に対する抵当権は，平成〇年〇月〇日弁済により消滅しました。

　平成〇年〇月〇日

　　　〇市〇町〇丁目〇番〇号

　　　　　　　　株式会社　甲銀行

　　　　　　　　代表取締役　何　某

　　　記

工場財団の表示（略）

4：10　工場財団の所有権の移転登記

4：10：1　意義

　工場財団は，1個の不動産とみなされ，所有権及び抵当権の目的となることができるから（工抵法14条2項本文），土地又は建物と同じ原因（売買，相続，会社合併等による一般承継等）によって所有権が移転する。そして，所有権の移転を第三者に対抗するためには，原則として，その登記を必要とする。

　工場財団の所有権の移転があったときは，その工場財団を組成する組成物件の所有権等についても，当然移転するが，権利移転の第三者対抗要件として登記，登録又は引渡しを必要とするものについては，第三者に対抗するためには，その登記，登録又は引渡しが必要である。

　もっとも，登記又は登録の制度のある物件については，財団に属した旨の登記又は登録がされていて，第三者の権利に関する登記がされない関係上，工場財団の移転に伴う移転の登記又は登録をしなくても，登記又は登録上第三者が出現することはないから，一般的に対抗要件を具備しないことによる不利益を受けることはない。しかし，工場財団の所有権の登記名義人とその工場財団に属する登記又は登録の制度のある組成物件の所有権その他の権利の登記又は登録の名義人を異にすることは不合理であるから，これらの組成物件についても，その移転の登記又は登録を申請すべきである。

　この場合には，「工場財団の所有権の移転」を登記原因とし（注），工場財団の登記事項証明書（登記簿謄本）を申請情報（申請書）の添付情報として提供する。

　なお，賃貸人の承諾を得て工場財団に所属させた賃借権の工場財団の売買等による特定承継に伴う移転について，改めて賃貸人の承諾を要するかどう

かについては，これを要しないものと解すべきである（精義下1524）。

（注）　ただし，会社分割（会社法2条29号，30号）の場合は，「工場財団の所有権の移転（会社分割）」とするのが相当である。これによって，その移転が会社分割に伴うものであり，特措法81条により税率の軽減がされるからである。

4：10：2　工場財団の所有権の移転登記の申請

　工場財団は，その保存登記により1個の不動産とみなされ（工抵法14条1項），かつ，所有権及び抵当権の目的とすることができるので，工場財団の売買等により所有権の移転登記をすることができる。しかし，工場財団の所有権を移転しても，工場財団を組成する組成物件についての所有権の移転登記がされたことにならないから，工場財団の所有権の移転登記をするとともに，組成物件である土地又は建物についても所有権の移転登記をしなければならない。

　工場財団の組成物件である土地又は建物の所有権の移転登記をする場合には，工場財団の所有権の移転登記を登記原因とし，工場財団の登記事項証明書を添付情報とするのが実務の取扱いである。

4：10：2：1　申請情報の内容

　工場財団の所有権の移転登記の申請においては，次に掲げる事項を申請情報の内容とする。

① 登記の目的（工抵規則18条1項，不登令3条5号）

　　「工場財団所有権移転」と記載する。

② 登記原因及びその日付（工抵規則18条1項，不登令3条6号）

　　原因が売買の場合は，「平成○年○月○日売買」と記載する。

③ 申請人の表示

　　登記権利者（所有権を取得した者）と登記義務者（工場財団の所有権の登記名義人）を表示する（工抵規則18条1項，不登令3条1号，2号）。

④ 代理人の表示（工抵規則18条1項，不登令3条2号）

⑤　添付情報の表示（不登規則 34 条 1 項 6 号）

⑥　申請年月日（同項 7 号）

⑦　登記所の表示（同項 8 号）

⑧　登録免許税額

　税法に規定がないため無税である。

⑨　工場財団の表示（工抵法 21 条 3 項，工抵規則 18 条 2 項）

4:10:2:2　添付情報

　工場財団の所有権の移転登記の申請においては，次の情報を提供する。

①　登記識別情報又は登記済証（不登法 22 条）

②　登記原因証明情報

　工場財団の所有種の移転登記の登記原因（売買等）を証する書面（契約書）が存するときは，その書面を提供し，書面のないときは，当事者が作成した［別記様式］登記原因証明情報（不登法 61 条）を提供する（不登令 7 条 1 項 5 号ロ，不登令別表 30 添付情報イ）。

③　会社法人等番号（不登令 7 条 1 項 1 号）

④　所有権の登記名義人の印鑑証明書（不登令 16 条 2 項，不登規則 48 条 1 項 1 号）

⑤　登記権利者の住所証明書（工抵規則 21 条，不登令別表 30 添付情報ロ）

⑥　代理権限証明情報（工抵規則 21 条，不登令 7 条 1 項 2 号）

⑦　申請書の写し

　登記済証の交付を希望しない場合は提供する必要はない。

［様式13］　「登記原因証明情報」

　1　当事者

　　　　　買主（権利者）乙（略）

　　　　　売主（義務者）甲（略）

　2　工場財団の表示（略）

3　登記の原因となる事実又は法律行為

　⑴　乙は，甲に対して，平成○年○月○日，本件工場財団を売り渡した。

　⑵　よって，本件工場財団の所有権は，同日，乙から甲に移転した。

平成○年○月○日○○法務局○○支局（出張所）

上記の登記原因に相違ありません。

　　　　　　　買主（権利者）乙

　　　　　　　売主（義務者）甲

4：10：3　所有権の移転登記の実行手続

　工場財団の所有権の移転登記の実行手続については，一般の土地又は建物の所有権の移転登記の実行手続と変りない。工場財団登記簿の目録には，所有権の移転登記を受けた新所有者の氏名又は名称を記録し（従前の氏名又は名称を朱抹し），備考欄にその旨及び年月日を記録しなければならない点が異なる（旧工抵手続3条の5）。

4：10：4　登記名義人の表示変更の登記

　工場財団の所有権の登記名義人又は抵当権の登記名義人等の表示（氏名又は名称及び住所又は主たる事務所）に変更が生じたときは，登記名義人の表示の変更登記を申請すべきである。また，その表示に錯誤又は遺漏があるときは，登記名義人の表示の更正登記を申請すべきである。

　これらの登記の申請手続及び実行手続は，一般の土地又は建物の権利の登記名義人の場合と同様である。ただし，所有権の登記名義人の表示の変更（又は更正）登記をした場合には，工場財団登記簿の目録の記録につき所要の変更手続をしなければならない（工抵法39条，旧工抵手続3条ノ5）。

4：11　工場財団の競売（又は公売）による登記

4：11：1　工場財団の一括競売（又は公売）の場合

　工場財団を一括して（個々のものとしてでなく）競売（又は公売）したときは，裁判所（又は税務官公署）は，不動産の競売又は公売の場合と同様に，その所有権の移転登記，競売（又は公売）により消滅した権利の登記の抹消及び差押えの登記の抹消を嘱託する。

　同時にその工場財団の組成物件である土地，建物（地上権，不動産賃借権を含む。），船舶，工業所有権，自動車又はダム使用権について競落人（又は買受人）の権利の取得の登記又は登録を登記所又は関係機関に嘱託しなければならない（工抵法47条1項）。

4：11：2　工場財団を個々のものとして競売（又は公売）した場合

　工抵法46条の規定により工場財団を個々のものとして競売（又は公売）した場合には，裁判所（又は税務官公署）は，売却した個々の組成物件で登記又は登録のあるものについては，買受人の取得の登記又は登録を登記所又は関係機関に嘱託すると同時に，その物件についての工抵法23条及び34条の規定によりされた記録（登記）の抹消も併せて嘱託しなければならない（工抵法47条2項・1項）。

　同時にその工場財団の消滅の登記を嘱託しなければならない（工抵法47条2項）。この場合の工場財団の消滅の登記は，工抵法44条ノ2の規定による工場財団の消滅の登記と異なり，抵当権の登記及び差押えの登記を存置したまま，その嘱託をして差し支えない。

4：12　工場財団の消滅

4：12：1　工場財団の消滅する場合

　工場財団は，工場設備等を一体として抵当権の目的とするために認められるものであって，抵当権の目的となっていない工場財団は，存続させる必要はない。しかし，工場財団を設定するには，多額の費用と複雑な手続を要す

るので，いったん設定された工場財団については，できる限り抵当権の目的として利用させて，その存続を図ることとしている。

また，工場財団の組成物件については，その一体性に反するおそれのある組成物件の個々的な処分を原則として禁止し，第三者の組成物件に対する権利行使を制限し，ある場合には第三者の権利を犠牲にしている。したがって，工場財団の存続及びその消滅については，抵当権のために認められる本来の存在意義と，組成物件についての権利行使の制限，すなわち第三者の利害との調和を図るようにしなければならない。

そこで，工抵法は，次の場合には，いずれも工場財団は消滅するとしている。

① 工場財団の所有権の保存登記後6箇月内に抵当権の設定登記をしないとき（同法10条）

② 工場財団の抵当権の登記が全部抹消された後6箇月内に新たな抵当権の設定登記をしないとき（同法8条3項）

③ 工場財団の分割により抵当権の消滅する乙工場財団（同法42条ノ2第2項）につき抵当権の消滅後6箇月内に新たな抵当権の設定登記をしないとき（同法8条3項）

④ 工場財団の所有者が工場財団の消滅登記を申請したとき（同法44条ノ2）

なお，抵当権の登記が全部抹消された後6箇月内に登記をしないときとは，最後の抵当権の登記が抹消された時から起算するから，抵当権の実体上の消滅とは関係がない。そのため，実体上抵当権が消滅していても抹消登記をしない限り，工場財団は存続することになり不合理である。そこで，抵当権が消滅したときは，当事者は，遅滞なく，その登記の抹消を申請しなければならないものとされている（同法44条ノ3）。

4:12:1:1 工場財団の所有権の保存登記後6箇月内に抵当権の設定登記をしないとき（①の場合）

工場財団は，所有権の保存登記後6箇月内（注）に抵当権の設定登記をしないときは，その効力を失う（工抵法10条）。工場財団の設定は，抵当権の目

的とするために，第三者の権利行使等を制限してまで認められるものである
にもかかわらず，その後（工場財団の設定後）6箇月を経過してもなお抵当
権の設定登記をしないときは，工場財団を存続させることにより第三者の権
利を侵害するおそれがあるから，所有権の保存登記を失効させて，工場財団
を消滅させるのである。

すなわち，工場財団の所有権の保存登記がされると，その所有者は，工場
財団の組成物件について個々的な処分が禁止されるのみならず（同法13条2
項），次のような状況になる。

① 第三者は，個々の組成物件に対する差押え等ができなくなるし，工場財
団を組成する動産（登記又は登録あるものを除く。）について，工抵法24
条所定の公告期間内に申出をしなかった第三者の権利は存在しないものと
見なされ，差押え，仮差押え若しくは仮処分は，その効力を失う（同法25
条本文）。

② 工抵法23条の規定により工場財団の所有権の保存登記の申請があった
旨の記録又は記載がされた後に差押えの登記がされた組成物件について
は，工場財団の所有権の保存登記の効力が失われない間は，売却許可決定
をすることができない（同法30条）。

③ 工抵法23条の規定による記録又は記載後にした差押え，仮差押え又は
仮処分の登記若しくは登録又は先取特権の保存登記は，抵当権の設定登記
があるときは，その効力を失う（同法31条）。

このように，抵当権の設定登記をしないまま工場財団の効力を存続させる
ことは，第三者の利益を害するおそれがあるため，6箇月内に抵当権の設定
登記をしないときは，所有権の保存登記を失効させて，第三者の権利を保護
することとしている。

　(注) 工場財団の所有権の保存登記後6箇月というのは，民法140条の規定により初
　　　日（保存登記のされた日）は算入されず，その期間の満了するのは，民法143条
　　　の規定により6箇月目の最後の月の起算日に応当する日の前日の終了の時であ

り，もし最後の月に応当日がないときは，その月の末日の終了の時である。

Q & A 8

「抵当権の設定登記」にその仮登記を含むか

Q 「六箇月内ニ抵当権設定ノ登記ヲ受ケザルトキ」（工抵法10条）に所有権の保存登記が失効するという場合，その「抵当権の設定登記」には，抵当権の設定又は設定請求権の仮登記も含まれますか。

A 「登記所に対し提供しなければならない情報であって…法務省令で定めるものを提供することができないとき。」にされる工場財団の抵当権の設定の仮登記（不登法2条1号）は，工場財団を目的とする抵当権は存在しているが，登記申請に必要な手続上の要件が具備しない場合にされますから，抵当権の存在を前提として工場財団の存続を認めようとする工抵法の目的は達せられているわけです。仮登記であっても，工場財団の所有権の移転登記を失効させる必要はないものと考えて差し支えありません（昭14.8.16民事甲897号民事局長回答）。

しかし，抵当権の設定請求権の仮登記（同条2号）の場合は，工場財団を目的とする抵当権は，いまだ存在せず，将来成立する抵当権の順位を保全するためにされるものですから，その請求権のみが存在する工場財団を第三者の権利行使を制限してまで存続させる必要はありません。したがって，このような抵当権設定請求権の仮登記（同条2号の仮登記）がされたとしても，6箇月内に本登記がされない限り，所有権の保存登記は，その効力を失うものと解されます（昭40.4.20民事三発419号民事局第三課長回答）。

4 工場財団 **273**

Q & A 9

抵当権の登記のない工場財団の合併と工抵法 10 条の関係

Q 所有権の保存登記の時を異にする甲工場財団と乙工場財団を合併したが抵当権の設定登記をしていない場合，合併後の工場財団は，いつまでに抵当権の設定登記をしないと所有権の保存登記の効力を失うのでしょうか。

A 工場財団は，弊害のない限り，抵当権の目的として利用すべきですから，最も新しくされた合併前の工場財団の所有権の保存登記の時から工抵法 10 条所定の 6 箇月の期間を起算するのが妥当と考えます。すなわち，合併前の甲工場財団の所有権の保存登記後 6 箇月以上経過していても，乙工場財団について 6 箇月を経過していなければ，合併後の工場財団は消滅しないものと解します。

4:12:1:2 工場財団の抵当権の登記が全部抹消された後 6 箇月内に新たな抵当権の設定登記をしないとき（②の場合）

工場財団は，抵当権の登記が全部抹消された後 6 箇月内に新たな抵当権の設定登記をしないときは消滅する（工抵法 8 条 3 項）。工場財団は，抵当権の存在を前提としてその存続が認められるものであるから，抵当権の存在しない工場財団の存続を制限して，工場財団の消滅時期を抵当権の登記の全部抹消された時から 6 箇月後とし，さらに，抵当権の登記の全部抹消された工場財団を 6 箇月内に限り新たな担保に供することができるものとしているのである。

4:12:1:3 工場財団の分割により抵当権が消滅した後 6 箇月内に新たに抵当権の設定登記をしないとき（③の場合）

抵当権の目的となっている工場財団の分割により抵当権の消滅する分割後の乙工場財団（工抵法 42 条ノ 2 第 2 項）は，抵当権の消滅した時から 6 箇月内に新たな抵当権の設定登記をしないときは消滅するが（同法 8 条 3 項），この

抵当権の消滅する乙工場財団は，新たな抵当権の目的とするために分割された
ものであるから，その事情は新たに工場財団を設定した場合と同様である。したがって，このような工場財団についても，6箇月内に新たな抵当権
の設定登記をしないときは消滅する。

　なお，抵当権が設定されたが，その登記のされていない工場財団を分割し
た場合には，実体上抵当権の消滅した時から6箇月を起算するのではなく
て，抵当権が存しない場合と同様に，分割前のその工場財団の所有権の保存
登記の時から起算すべきである。

4:12:1:4　工場財団の消滅登記をしたとき（④の場合）

　抵当権の登記が全部抹消された工場財団又は分割により抵当権の消滅した
工場財団については，その所有者は，所有権の登記以外の登記がされていな
い場合に限り，工場財団の消滅登記を申請することができる（工抵法44条ノ
2）。工場の所有者が工場財団を抵当権の目的とする必要がないとき又は工
場財団の組成物件を単独で処分したいとき等工場財団を存続させておくこと
を欲しない場合は，工場財団の消滅登記を申請して，工場財団を消滅させる
ことができるのである。そこで，工抵法8条3項は，このような申請による
工場財団の消滅登記をしたときは，工場財団が消滅するとしている。

4:12:2　工場財団の消滅登記手続

4:12:2:1　意義

　工場財団が，その所有権の保存登記の失効（工抵法10条）又は抵当権の登
記の全部の抹消後若しくは工場財団の分割登記による抵当権の消滅後6箇月
内に新たな抵当権の設定登記をしないことによって消滅した場合には，その
工場財団の登記記録にその旨を記録しなければならない（同法48条1項）。し
かし，工場財団について抵当権の登記が全部抹消されたとき又は抵当権が工
場財団の分割登記により消滅したときに，所有者が6箇月の経過による工場
財団の消滅を待たないで，その工場財団を消滅させようとする場合には，工
場財団の消滅登記を申請することができる（同法44条ノ2本文）。ただし，そ
の工場財団の登記記録に所有権以外の登記があるときは，この限りでない

（同条ただし書）。

4:12:2:2　消滅登記の要件

　工場財団の消滅登記を申請することができる場合は，次のとおりである。

① 　抵当権の登記の全部が抹消された工場財団であるか又は工場財団の分割によって抵当権が全部消滅したものであること。

　　工場財団の所有権の保存登記をした後，抵当権の登記がされていないだけの工場財団については，6箇月の期間満了前には消滅の登記を申請することができないと解すべきである。

② 　所有権の登記以外の登記がされていないこと。

　　所有権の登記以外の登記とは，所有権の移転又は移転請求権の仮登記，差押え，仮差押え，仮処分等の処分制限の登記，抵当権に関する登記，抵当権の設定又は設定請求権の仮登記をいう。

4:12:2:3　消滅登記の申請手続

4:12:2:3:1　申請情報の内容

　工場財団の消滅登記の申請情報の内容は，次のとおりである。

① 　登記の目的（工抵規則18条1項，不登令3条5号）

　　「工場財団消滅」と記載する。

② 　登記原因及びその日付

　　工場財団の消滅登記については，その登記が工場財団の消滅の成立要件である（工場財団がその消滅登記により消滅する。）から，登記原因は存しないので，登記原因及びその日付の記載を要しない。

③ 　申請人の表示（工抵規則18条1項，不登令3条1号）

　　工場財団の消滅登記は，工場財団の所有権の登記名義人（又はその相続人など）の申請によってのみするのであって，それ以外の第三者が債権者代位等により申請することができない（昭31.6.14民事甲1273号民事局長通達第三㈡）。

④ 　添付情報の表示

⑤ 　申請年月日

⑥　登記所の表示

⑦　代理人の表示

⑧　登録免許税額

　　工場財団の消滅登記の登録免許税は，「登記の抹消」として，1件（工場財団1個）につき6,000円である（税法別表第一・五・㈦）。

⑨　工場財団の表示（工抵法21条）

　　消滅登記を申請しようとする工場財団を表示すべきであるが，この表示としては，工場の名称及び位置，主たる営業所，営業の種類をその工場財団の組成工場ごとに記載する。

4:12:2:3:2　添付情報

　　工場財団の消滅登記の申請をする場合には，次に掲げる情報を提供しなければならない。

①　（申請書の写し）

②　登記原因証明情報（不登法61条）

　　工場財団消滅の場合は，登記原因を証する書面は初めから存在しないが，工場財団を消滅させる事由はあるので，その事由を記載した報告的な登記原因証明情報（原本）を提供すべきである。

③　会社法人等番号

④　代理権限証明情報

[様式14]　「登記原因証明情報（抄）」

　登記の原因となる事実又は法律行為

　⑴　当該工場財団に設定されていた抵当権設定登記は，平成〇年〇月〇日抹消の登記がされた。

　⑵　よって，本件工場財団に設定されている抵当権の登記が全部抹消されたので，工場財団の消滅登記を申請するものである。

4:12:2:4 消滅登記の実行手続

工場財団の消滅の登記をするときは，登記記録の表題部の登記事項を抹消する記号を記録し，その登記記録を閉鎖しなければならない（工抵規則35条）。

この場合には，工場財団目録の用紙及び工場図面の適宜の箇所に「年月日登記記録閉鎖」と記載する（昭31.6.14民事甲1273号民事局長通達第二㊂）。

表題部に消滅登記をする場合の記載事項については，明文の規定がないが，申請受付の年月日，受付番号，登記の目的として消滅登記である旨を記載すべきであろう。登記原因は存在しないからその記載は必要ないし，登記の年月日の記載も必要ない。

消滅登記により登記記録を閉鎖した場合には，工抵法44条の規定による手続をすべきである（工抵法48条2項）。

4：13　工場財団に関する登記申請書

登記申請書は，工場財団の保存登記の申請書においてその概略を説明し，その余の申請書については，必要事項のみを説明し，注記も省略する。

4:13:1　工場財団の所有権の保存登記

これは，各別の所有者に属する2個の工場で保存登記をする場合である（4：4）。

　　　登記申請書（工場財団）（注1）

登記の目的　所有権保存（注2）

所　有　者　○市○町○番地

　　　　　　甲　株式会社（注3）

　　　　　　（会社法人等番号　1234-56-789012）

　　　　　　　代表取締役　甲　　某

　　　　　　○市○町○番地

　　　　　乙　株式会社

　　　　（会社法人等番号　2345-67-891234）

　　　　　　代表取締役　乙　　某

添付情報

　　　会社法人等番号又は登記事項証明書（注4）　代理権限証明情報

（注5）　工場図面（注6）　工場財団目録（注7）　管轄登記所指定書

（注8）（申請書の写し）（注9）

□登記識別情報の通知を希望しません（注10）。

□登記済証の交付を希望しません（注11）。

平成○年○月○日申請（注12）　○○法務局○○支局（出張所）（注13）

代　理　人　　○市○町○番○号

　　　　　　　司法書士法人○○

　　　　　　（会社法人等番号　1234-56-789034）

　　　　　　　代表社員　　丙　　某　　印（注14）

　　　　　　　連絡先の電話番号○○-○○○○-○○○○（注15）

登録免許税　　金何円（注16）

工場財団の表示（注17）

　(1)　工場の名称及び位置

　　　　何工場

　　　　○市○町○番地

　　　主たる営業所

　　　　○市○町○番地

　　　営業の種類

　　　　○○の製造

　　　　　　工場所有者　甲株式会社

　(2)　工場の名称及び位置

　　　　何工場

　　　　○市○町○番地

4　工場財団　**279**

```
　　　　主たる営業所
　　　　　○市○町○番地
　　　　営業の種類
　　　　　○○の加工
　　　　　　　工場所有者　乙株式会社
```

（**注1**）　申請書の表題は，「登記申請書」（工場財団）と記載し，工場財団の登記の申請であることが分かるように記載する。

（**注2**）　登記の目的（工抵規則18条1項，不登令3条5号）は，「所有権保存」と記載する。

（**注3**）　所有者の表示として，申請人（工場所有者）の氏名又は名称及び住所を記載し（工抵規則18条1項，不登令3条1号），所有者が会社等の法人であるときは，その代表者の氏名も記載する（工抵規則18条1項，不登令3条2号）。また，申請人が代理人を選任しないで自ら申請するときは，申請人の氏名（法人の場合は代表者の氏名）の次に押印する（不登令16条1項）。

　　　　なお，個人が工場財団登記のオンライン指定された登記所に申請する場合において，住民票コード（住基法7条13号）を記載したときは，住所証明情報（住民票の写し）を提供する必要はない（工抵規則21条，不登令9条，不登規則36条4項・附則15条1項）。

（**注4**）　所有者が会社法人等番号を有する法人の場合には，資格証明情報の提供に代えて，会社法人等番号を提供しなければならない（不登令7条1項1号）。ただし，申請人が代表者の資格を証する登記事項証明書（作成後1箇月以内のもの）を提供したときは，会社法人等番号の提供は必要でない（不登令7条1項1号，不登規則36条1項各号，2項）。

　　　　なお，申請する登記所が，①法人の登記を受けた登記所と同一であり，かつ，法務大臣が指定した登記所以外のものである場合，②①の登記所に準ずるものとして法務大臣が指定した登記所である場合，③支配人その他の法令の規

定により登記の申請をすることができる法人の代理人が，法人を代理して登記を申請する場合は，提供する必要はない（不登規則36条1項1号・2号）。

（注5） 代理人によって登記を申請するときは，その代理権限を証する情報を提供する（工抵規則21条，不登令7条1項2号）。代理人が会社等の法人の場合は，法人の代表者の資格証明情報を提供することになるが（工抵規則21条，不登令7条1項1号），この資格証明情報の取扱いについては（注4）の場合と同様である。

（注6） 工場財団の所有権保存登記を申請するときは，工場図面を提供しなければならない（工抵規則21条）。工場図面は，工場ごとに作成しなければならないが（同規則22条2項），この図面には，工場に属する土地及び工作物については，それらの方位，形状及び長さ並びに重要な附属物の配置を記録する。また，地上権の目的である土地並びに賃借権の目的である土地及び工作物については，それらの方位，形状及び長さを記録する（同条1項）。また，工場の一部について工場財団を設定するときは，工場図面は，工場財団に属する部分とこれに属さない部分とを明確に区分して作成しなければならない（同条3項）。

　　工場図面には，作成の年月日を記録し，申請人が記名するとともに，その作成者が署名し，又は記名押印しなければならない（同条4項・不登規則73条，74条2項）。

（注7） 工場財団の所有権保存登記の申請を書面によって申請するときは，工場財団目録に記録すべき情報を記載した書面を提出しなければならない（工抵規則25条1項）。この書面には，申請人又はその代表者若しくは代理人（委任による代理人を除く。）が記名押印しなければならない（同条2項）。もし，この書面が2枚以上であるときは，申請人又はその代表者若しくは代理人（委任による代理人を除く。）は，各用紙に当該用紙が何枚目であるかを記載し，各用紙のつづり目に契印をしなければならない。ただし，申請人又はその代表者若しくは代理人（委任による代理人を除く。）が2人以上いるときは，そのうちの1人がすれば足りる（同条3項）。

（注8） 工場財団が数個の登記所の管轄に属する場合において，管轄指定を受けた場

合には，その指定書を添付する（工抵法 17 条 2 項，財団準則 5 条，工抵規則 19 条）。

（注9） 工場財団の登記の事務についてオンライン指定がされるまでの間は，申請書の写しを提供する。ただし，登記済証の交付を希望しない場合は提供する必要はない。

（注10） 登記識別情報の通知を希望しないときは□にチェックする。

（注11） 工場財団についてオンライン指定を受けていない登記所において登記済証の交付を希望しない場合には□にチェックする。

（注12） 登記を申請する日，すなわち，申請書を登記所に提出する日を記載する（不登規則 34 条 1 項 7 号）。

（注13） 登記を申請する工場財団を管轄する登記所の表示として，法務局若しくは地方法務局若しくはこれらの支局又はこれらの出張所を記載する（不登規則 34 条 1 項 8 号）。

（注14） 代理人によって登記を申請するときは，その代理人の氏名又は名称及び住所並びに代理人が法人の場合は代表者の氏名を記載し（工抵規則 18 条 1 項，不登令 3 条 2 号），押印する（不登令 16 条 1 項）。ただし，代理人が申請書に署名したときは，記名押印する必要はない（不登規則 47 条 1 号）。この記載は，（注 5）の委任状の受任者の表示と合致している必要がある（工抵法 27 条，不登法 25 条 4 号）。

（注15） 申請書の記載事項等に補正すべき点がある場合に，登記所の担当者から申請人又は代理人に連絡するための連絡先の電話番号を記載する（不登規則 34 条 1 項 1 号）。

（注16） 登録免許税額を記載する（不登規則 189 条 1 項）。登録免許税額は，工場の数に関係なく財団の数 1 個につき 3 万円である（税法別表第一・五・㈠）。

（注17） 工場財団の表示として次の事項を記載する（工抵法 21 条 3 項，工抵規則 18 条 2 項）。

① 工場の名称及び位置

工場の名称としては，工場の呼称すなわち通称を記載して差し支えなく，

会社の商号を記載する必要はない。

工場の位置については，工場に属する土地又は建物の全部の所在及び地番を記載する必要はなく，そのうち主要なものの所在及び地番のみを記載して差し支えない。

② 主たる営業所

主たる営業所については，当該工場の営業に関する主たる営業所を記載する。法人の本店又は主たる事務所を記載する必要はない。

③ 営業の種類

営業の種類としては，当該工場で現に行っている営業の種類を記載する。法人の目的を記載する必要はない。

[様式３]「工場財団目録」(工抵規則25条別記第二号)（4：3：1：2：5)
[様式４]「工場図面」(財団準則附録第17号)（財団準則30条，4：3：2)
[様式５]「管轄登記所指定申請書」(財団準則2条1項，4：4：1：3)
[様式６]「管轄登記所指定書」(財団準則附録第1号)（財団準則5条，4：4：1：3)

4：13：2　分離又は滅失による工場財団目録の記録変更（4：5：4，4：5：5)

登記申請書（工場財団）（注1)

登記の目的　工場財団目録の記録変更（注2)

原　　因　平成○年○月○日分離（又は滅失）（注3)

分離（又は滅失）した物件の表示（注4)

　鉄鋼旋盤1台　○○会社製造

申　請　人　○市○町○番地

　　　　（会社法人等番号　1234-56-789045)

　　　　　　甲　株式会社

代表取締役　何　某

添付書類

　会社法人等番号　承諾証明情報（印鑑証明書付）（注5）　工場図面

（注6）　代理権限証明情報（申請書の写し）

平成○年○月○日申請　○○法務局○○支局（出張所）

代　理　人　（略）

登録免許税　　金何円（注7）

工場財団の表示（登記番号第○○号）（略）

（注1）　申請書の表題は，「登記申請書」（工場財団）と記載し，工場財団の登記の申
　　　　　請であることが分かるように記載する。

（注2）　登記の目的（工抵規則18条1項，不登令3条5号）は，「工場財団目録の記
　　　　　録の変更」と記載する。

（注3）　登記原因及びその日付（工抵規則18条1項，不登令3条6号）は，抵当権
　　　　　者の同意を得て分離した日及び「分離」の旨を記載する。滅失の場合は，物件
　　　　　が現実に滅失した日を記載する。

（注4）　分離又は滅失した物件の表示として，分離又は滅失にかかる物件を記載す
　　　　　る。

（注5）　抵当権者の承諾を証する情報として抵当権者承諾証明情報又はこれに代わる
　　　　　べき裁判があったことを証する情報を提供する（工抵法38条2項）。この抵当
　　　　　権者の承諾書には印鑑証明書を添付する。

（注6）　分離にかかる組成物件の配置を示した工場の図面に変更が生じた場合には，
　　　　　その分離による変更後の工場図面を提出する（工抵規則34条1項）。

（注7）　登録免許税額を記載する（不登規則189条1項）。登録免許税額は，財団1
　　　　　個につき6,000円である（税法別表第一・五・㈐）。

［様式10］　「抵当権者の承諾証明情報」（4：5：4：2：2）

4：13：3　工場財団の表題部の変更・更正（分割，合併を除く。）（4：6）
4：13：3：1　主たる営業所又は工場の名称の変更

　　　　　登記申請書（工場財団）

登記の目的　工場財団の表題部の変更（注1）

原　　　因　平成〇年〇月〇日主たる営業所移転（工場の名称変更）
　　　　　　　（注2）

変更後の事項

　主たる営業所（注3）　〇市〇町〇番地

　（工場の名称（注3）　甲株式会社B工場）

申　請　人

　〇市〇町〇番地

　　甲　株式会社

　　（会社法人等番号　1234-56-789045）

　　　　代表取締役　何　某

添付書類

　　会社法人等番号　代理権限証明情報（申請書の写し）

□登記済証の交付を希望しません

平成〇年〇月〇日申請　〇〇法務局〇〇支局（出張所）

代　理　人　（略）

登録免許税　　金何円（注4）

工場財団の表示（略）

（注1）　登記の目的（工抵規則18条1項，不登令3条5号）は，「主たる営業所移転
　　　　（工場の名称変更）」又は「工場財団表示変更」と記載する記載例も見受けられ
　　　　るが，「工場財団の表題部の変更」と記載するのが相当である（工抵規則27条

の見出し）。

（注2） 登記原因は，主たる営業所移転又は工場の名称変更の旨と原因日付を記載する（工抵規則 18 条 1 項，不登令 3 条 6 号）。ただし，この登記原因と日付は登記簿には記録されない（財団準則 26 条）。

（注3） 変更後の事項として，変更後の主たる営業所又は工場の名称を記載する。

（注4） 登録免許税額を記載する（不登規則 189 条 1 項）。登録免許税額は，財団の 1 個につき 6,000 円である（税法別表第一・五・㈦）。

4:13:3:2　組成工場の追加又は減少

　　　　登記申請書（工場財団）
登記の目的　　工場財団の表題部の変更（注1）
原　　　因　　工場追加又は分離（注2）
追加又は分離する工場の表示（略）
申　請　人（略）
添付書類
　　会社法人等番号　代理権限証明情報（申請書の写し）
平成○年○月○日申請　○○法務局○○支局（出張所）
代　理　人（略）
登録免許税　　金何円（注3）
工場財団の表示（略）

（注1） 登記の目的（工抵規則 18 条 1 項，不登令 3 条 5 号）は，「工場の追加又は分離」又は「工場財団表示変更」と記載する記載例も見受けられるが，「工場財団の表題部の変更」と記載するのが相当である（工抵規則 27 条の見出し）。

（注2） 登記原因は，工場を追加又は分離した旨を記載する（工抵規則 18 条 1 項，

不登令3条6号)。この場合，原因日付を記載する必要はない（昭45.８.20民三200号民事局第三課長回答)。この登記原因は登記簿には記録されない（財団準則26条)。

また，必ず追加又は分離による工場財団目録の記録変更の登記を併せてしなければならない（前掲回答)。

（注３） 登録免許税額を記載する（不登規則189条1項)。登録免許税額は，財団の数1個につき6,000円である（税法別表第一・五・(七))。

4:13:4 工場財団の分割（4:7:3）

これは，分割後の工場財団の組成工場が他の登記所の管轄に属する場合である。

　　　　登記申請書（工場財団）
登記の目的　工場財団の分割（注１）
申　請　人（略）
添付書類
　会社法人等番号　承諾証明情報（印鑑証明書付）（注２）　管轄登記所指定書（注３）　代理権限証明情報（申請書の写し）
平成○年○月○日申請　○○法務局○○支局（出張所）
代　理　人（略）
登録免許税　　金何円（注４）
工場財団の表示（注５）
分割前の工場財団（登記番号第○○号）
　①　甲株式会社Ａ工場の表示（略）
　②　甲株式会社Ｂ工場の表示（略）
　③　甲株式会社Ｃ工場の表示（略）
分割後の工場財団

①　抵当権の残る工場財団

　　甲株式会社Ａ工場の表示（略）

②　抵当権の消滅する工場財団

　　(1)　甲株式会社Ｂ工場の表示（略）

　　(2)　甲株式会社Ｃ工場の表示（略）

　　　　（乙法務局西出張所）（注６）

（注１）　登記の目的（工抵規則18条1項，不登令3条5号）は，「工場財団の分割」と記載する。工場財団の分割は，工場財団の分割の登記がされたときに初めて効力が生じるから，登記原因は記載しない。

（注２）　抵当権の登記がある甲工場財団を分割してその一部を乙工場財団とした場合は，乙工場財団については抵当権が消滅する。その場合には，乙工場財団について抵当権が消滅することの抵当権者の承諾証明情報［様式11］（4：7：3：2）を提供しなければならない（工抵法42条ノ5）。

（注３）　分割後の工場財団を組成する2工場（Ｂ工場，Ｃ工場）が別々の登記所の管轄地内に存する場合において，これを1個の工場財団として登記するときは，その分割後の工場財団の登記管轄をいずれの登記所とするか，あらかじめ法務大臣等に対し管轄指定の申請［様式5］（4：4：1：3）を行い，その指定を受ける必要がある（工抵法17条2項）。そして，工場財団の分割登記申請情報には，これを証する管轄登記所指定書［様式6］（4：4：1：3）を提供する（工抵規則19条）。

（注４）　登録免許税額を記載する（不登規則189条1項）。登録免許税額は，分割後の工場財団の個数に関係なく，分割前の工場財団1個につき6,000円である（税法別表第一・五・㈦）。

（注５）　工場財団の表示として分割前の工場財団の表示と分割後の工場財団を表示する（不登法42条ノ5，工抵法21条3項，工抵規則18条2項）。

（注６）　分割される工場が他の登記所の管轄に属する場合には，その登記所を表示す

るのが便利であろう。

[様式11] 「抵当権者の承諾証明情報」（4：7：3：2）

[様式5] 「工場財団管轄登記所指定申請書」（4：4：1：3）

[様式6] 「工場財団管轄登記所指定書」（4：4：1：3）

4：13：5 工場財団の合併の登記（4：8：3）

これは，同一の登記所の管轄に属する工場財団の合併（抵当権の登記がある場合）の例である。

登記申請書（工場財団）

登記の目的 工場財団の合併（注1）

申 請 人

　　○市○町○番地

　　　　甲 株式会社

　　　　（会社法人等番号 1234-56-789056）

　　　　　代表取締役 何 某

添付情報

　　会社法人等番号 代理権限証明情報 （申請書の写し）

平成○年○月○日申請 ○○法務局○○支局（出張所）

代 理 人（略）

登録免許税 金何円（注2）

工場財団の表示（注3）

　合併前の工場財団（抵当権のある工場財団登記番号第50号）

　　　A工場の表示 （略）

　合併前の工場財団（抵当権のない工場財団登記番号第60号）

　　　B工場の表示 （略）

　合併後の工場財団（登記番号第50号）

　　　　　A工場の表示（略）

　　　　　B工場の表示（略）

（注１）　登記の目的（工抵規則18条1項，不登令3条5号）は，「工場財団の合併」
　　　　と記載する。工場財団の合併は，工場財団の合併の登記がされたときに初めて
　　　　効力が生じるのであるから，登記原因は記載しない。

（注２）　登録免許税額を記載する（不登規則189条1項）。登録免許税額は，合併し
　　　　ようとする工場財団の数1個につき6,000円（税法別表第一・五・(七)）であ
　　　　る。したがって，2個の工場財団を合併する場合には12,000円となる。

（注３）　工場財団の表示として合併前の工場財団の表示と合併後の工場財団を表示す
　　　　る（工抵法42条15）。

4:13:6　工場財団の所有権の移転登記（4:10:2）

　　　　　登記申請書（工場財団）
登記の目的　工場財団所有権移転（注1）
原　　　因　平成○年○月○日売買（注2）
権　利　者　（略）
義　務　者　（略）
添付情報
　登記識別情報又は登記済証　登記原因証明情報（注3）　会社法人等
番号　印鑑証明書（住所証明書）　代理権限証明情報　（申請書の写し）
（注4）
平成○年○月○日申請　○○法務局○○支局（出張所）
代　理　人　（略）

```
┌─────────────────────────────────────────────────────────┐
│                                                           │
│   工場財団の表示（登記番号第○○号）（略）                  │
│                                                           │
└─────────────────────────────────────────────────────────┘
```

（**注1**）　登記の目的（工抵規則 18 条 1 項，不登令 3 条 5 号）は，「工場財団所有権移転」と記載する。登録免許税は無税である。

（**注2**）　登記原因及びその日付（工抵規則 18 条 1 項，不登令 3 条 6 号）として，売買契約の成立した日（所有権移転時期の留保の特約がある場合はその特約の条件が成就した日，第三者の許可等が権利変動の効力要件とされている場合はその許可等のあった日）及び「売買」の旨を記載する。

（**注3**）　売買の場合の登記原因証明情報は，契約の内容（当事者及び対象物件が明らかなもの）を記載した売買契約書（「売買代金の支払時に所有権が移転する」とする特約がある場合は，売買代金の領収書又は売主が作成した代金を受領した証明書を含む。）がこれに当たる。

　　契約書を提供できない場合は，当事者が作成した登記原因証明情報を提供する（工抵規則 21 条，不登令別表 30 添付情報イ）。この登記原因証明情報は，原本を提供しなければならない。

（**注4**）　工場財団の登記の事務についてオンライン指定がされるまでの間は，申請書の写しを添付する。ただし，登記済証の交付を希望しない場合は添付する必要はない。

［**様式13**］　「登記原因証明情報」（4：10：2：2）

4：13：7　工場財団の抵当権に関する登記
4：13：7：1　抵当権設定（4：9：2）

```
┌─────────────────────────────────────────────────────────┐
│                                                           │
│       登記申請書（工場財団）                                │
│   登記の目的　工場財団抵当権設定（注1）                     │
│   原　　　因　平成○年○月○日金銭消費貸借同日設定（注2）    │
│                                                           │
└─────────────────────────────────────────────────────────┘
```

4　工場財団　291

債　権　額　金何万円（注3）

利　　　息　年何％（年365日日割計算）（注4）

損　害　金　年何％（注5）

債　務　者（略）

抵 当 権 者（略）

設　定　者（略）

添付書類

　登記識別情報又は登記済証　登記原因証明情報（注6）　会社法人等番号　代理権限証明情報　印鑑証明書（申請書の写し）

平成○年○月○日申請　○○法務局○○支局（出張所）

代　理　人（略）

課 税 価 格　金何万円（注7）

登録免許税　　金何円（注8）

工場財団の表示（略）

（注1） 登記の目的（工抵規則18条1項，不登令3条5号）は，「工場財団抵当権設定」と記載する。

（注2） 登記原因及びその日付（工抵規則18条1項，不登令3条6号）として，被担保債権の発生原因とその日付及び抵当権設定契約の成立した日を記載する。

（注3） 債権額として被担保債権額を記載する（工抵規則18条1項，不登令別表55申請情報イ）。

（注4） 利息に関する定めがあるときはその定めを記載する（工抵規則18条1項，不登令別表55申請情報ロ）。

（注5） 損害金の定めがあるときはその定めを記載する（工抵規則18条1項，不登令別表55申請情報ロ）。

（注6） 登記原因証明情報として，抵当権設定契約書又は登記原因を記載した書面を提供する（工抵規則21条，不登令別表55添付情報）。

（**注7**）　登録免許税の課税価格を記載する（不登規則 189 条 1 項）。この金額は債権
金額とされている（税法別表第一・五・㈡）。この金額に 1,000 円未満の端数
は切り捨て（国税通則法 118 条 1 項），その全額が 1,000 円に満たないときは
1,000 円とするとされている（税法 15 条）。

（**注8**）　登録免許税額を記載する（不登規則 189 条 1 項）。この金額は，（注7）に記
載した課税価格の 1,000 分の 2.5 である（税法別表第一・五・㈡）。この金額
に 100 円未満の端数があるときはその端数を切り捨て（国税通則法 119 条 1
項），その金額が 1,000 円に満たないときは 1,000 円とする（税法 19 条）。

4:13:7:2　根抵当権設定（4:9:5）

登記申請書（工場財団）

登記の目的　工場財団根抵当権設定（**注1**）

原　　　因　平成〇年〇月〇日設定（**注2**）

極　度　額　金何万円（**注3**）

債権の範囲　平成〇年〇月〇日金銭消費貸借取引　銀行取引　手形債権
小切手債権（**注4**）

確定期日　　平成〇年〇月〇日（**注5**）

債　務　者　（略）

根抵当権者　（略）

設　定　者　（略）

添付書類
　　登記識別情報又は登記済証　登記原因証明情報（**注6**）　会社法人等
番号　代理権限証明情報　印鑑証明書（申請書の写し）

平成〇年〇月〇日申請　〇〇法務局〇〇支局（出張所）

代　理　人　（略）

課　税　価　格　金何万円（**注7**）

> 登録免許税　　金何円（注8）

（注1）　登記の目的（工抵規則 18 条 1 項，不登令 3 条 5 号）は，「工場財団根抵当権設定」と記載すればよい。

（注2）　登記原因及びその日付（工抵規則 18 条 1 項，不登令 3 条 6 号）として，根抵当権を設定した旨とその契約の成立した日を記載する。

（注3）　極度額を記載する（工抵規則 18 条 1 項，不登令別表 56 申請情報ロ）。

（注4）　債権の範囲を記載する（工抵規則 18 条 1 項，不登令別表 56 申請情報ロ）。

（注5）　元本の確定期日の定めがあるときは，その定めを記載する（工抵規則 18 条 1 項，不登令別表 56 申請情報ロ）。なお，確定期日は，確定期日を定め又は変更した日から 5 年以内でなければならない（民法 398 条の 6 第 3 項）。

（注6）　登記原因証明情報として，根抵当権設定契約書又は登記原因を記載した書面を提供する（工抵規則 21 条，不登令別表 56 添付情報）。

（注7）　登録免許税の課税価格を記載する（不登規則 189 条 1 項）。この金額は，極度金額とされている（税法別表第一・五・㈡）。この金額に 1,000 円未満の端数があるときは切り捨て，その全額が 1,000 円に満たないときは，1,000 円とする（税法 15 条）。

（注8）　登録免許税額を記載する（不登規則 189 条 1 項）。この金額は，（注7）に記載した課税価格の 1,000 分の 2.5 とされている（税法別表第一・五・㈡）。この金額に 100 円未満の端数があるときはその端数を切り捨て（国税通則法 119 条 1 項），その金額が 1,000 円に満たないときは 1,000 円とする（税法 19 条）。

4:13:7:3　担保付社債分割発行の場合の社債総額についての抵当権設定
（4:9:4:3）

> 登記申請書（工場財団）

登記の目的　工場財団抵当権設定（注1）

原　　　因　平成○年○月○日物上担保付社債信託契約（注2）

社債の総額　　金何万円（注3）

本社債は何回に分けて発行する（注3）

社債の利率の最高限度　　年何％（注3）

債　務　者（略）

抵当権者（略）（注4）

設　定　者（略）（注5）

添付情報

　　登記識別情報又は登記済証　登記原因証明情報（注6）　会社法人等
番号　代理権限証明情報　印鑑証明書（申請書の写し）

平成○年○月○日申請　○○法務局○○支局（出張所）

代　理　人（略）

登録免許税　　登録免許税法第14条第1項（注7）

工場財団の表示（略）

（注1）　登記の目的（工抵規則18条1項，不登令3条5号）は，「工場財団抵当権設
定」と記載する。

（注2）　担保付社債信託法による社債のための抵当権の設定契約は，社債の総額を分
割して発行する場合でも同法2条の規定により，信託契約によることとされて
いるので，登記原因（工抵規則18条1項，不登令3条6号）は，社債発行と
社債に付する抵当権の設定契約とを併せた物上担保社債信託契約である（担信
法18条・19条）

（注3）　社債の総額を数回に分けて発行するときは，申請書には社債の総額，担保付
社債の総額を数回に分けて発行する旨及び担保付社債の利率の最高限度のみを
記載する（担信法62条2項）。

（注4）　抵当権者の表示として，物上担保付社債の場合は，受託会社である信託会社

が登記権利者となる（担信法 61 条）。

（注5） 抵当権設定者の表示として，信託契約の委託会社すなわち社債の発行会社を記載する。

（注6） 社債のための抵当権設定契約は必ず信託証書による要式行為であるから，物上担保付社債信託証書を登記原因証明情報として提供する（工抵規則 21 条，不登令別表 55 添付情報）。

（注7） 社債の総額を数回に分けて発行する場合の社債のための抵当権設定登記の登録免許税は，税法第 14 条第 1 項の規定により無税とされているので，その旨を記載する。

4:13:7:4　社債を分割発行した場合の付記登記（4:9:4:4）

　　　　登記申請書（工場財団）

登記の目的　何番抵当権社債発行（付記）（注1）

原　　因　平成○年○月○日物上担保付社債信託及び平成○年○月○日社
　　　　　債発行契約同年○月○日第何回社債発行（注2）

第何回社債発行金額　　金何万円（注3）

社債の利率　　年何％（注4）

債　務　者（略）

抵 当 権 者（略）

設　定　者（略）

添付情報

　登記識別情報又は登記済証　登記原因証明情報（注5）　会社法人等
番号　代理権限証明情報　印鑑証明書（申請書の写し）

平成○年○月○日申請　○○法務局○○支局（出張所）

代　理　人（略）

課 税 価 格　金何万円（注6）

登録免許税　　金何円（注7）

工場財団の表示（略）

（注1）　登記の目的（工抵規則18条1項，令3条5号）は，抵当権の登記に社債を
　　　　発行した旨を記載する。

（注2）　登記原因は，信託契約に基づくその回の社債発行契約であり，日付は，その
　　　　回の社債の金額の合計額につき発行の完了した日である（担信法63条1項）。

（注3）　その回の担保付社債の金額の合計額を記載する（担信法63条1項）。

（注4）　担保付社債の利率を記載する。

（注5）　社債のための抵当権設定契約は必ず信託証書による要式行為であるから，登
　　　　記原因証明情報として物上担保付社債信託証書を提供する（工抵規則21条，
　　　　不登令別表55添付情報）。

（注6）　登録免許税の課税価格を記載する（不登規則189条1項）。この金額は，そ
　　　　の回の社債発行金額とされている（税法別表第一・五・㊁）。この金額に
　　　　1,000円未満の端数があるときは切り捨て，その全額が1,000円に満たないと
　　　　きは1,000円とする（税法15条）。

（注7）　登録免許税額を記載する（不登規則189条1項）。この金額は，（注6）に記
　　　　載した課税価格の1,000分の2.5とされている（税法別表第一・五・㊁）。こ
　　　　の金額に100円未満の端数があるときはその端数を切り捨て（国税通則法119
　　　　条1項），その金額が1,000円に満たないときは1,000円とする（税法19条）。

4:13:7:5　抵当権の抹消登記（4:9:6）

　　　　登記申請書（工場財団）

登記の目的　何番抵当権抹消（注1）

原　　　因　平成○年○月○日弁済（注2）

4 工場財団 **297**

> 権 利 者（略）
> 義 務 者（略）
> 添付情報
> 　登記識別情報又は登記済証　登記原因証明情報（注3）　会社法人等
> 番号　代理権限証明情報（申請書の写し）
> 平成○年○月○日申請　○○法務局○○支局（出張所）
> 代 理 人（略）
> 登録免許税　　金何円（注4）
> 工場財団の表示（略）

（注1）　登記の目的（工抵規則18条1項，令3条5号）は，抵当権の抹消登記であ
　　　　る旨と抹消する抵当権を順位番号等で特定する。その場合，抹消する抵当権を
　　　　受付年月日と受付番号で特定する方法もある。

（注2）　登記原因（工抵規則18条1項，不登令3条6号）は，抵当権の消滅原因と
　　　　その日付を記載する。

（注3）　抵当権者が作成した弁済証書又は解除証書等を登記原因証明情報として提供
　　　　する。これらの書面を提供できない場合には，抵当権の消滅した内容を記載し
　　　　た報告形式の登記原因証明情報［様式12］を提供する。

（注4）　登録免許税額を記載する（不登規則189条1項）。登録免許税額は，財団1
　　　　個につき6,000円である（税法別表第一・五・(七)）。

［様式12］　「抵当権弁済証書」（4：9：6：2）

4：13：8　工場財団の消滅登記（4：12：2）

> 　　　　登記申請書（工場財団）
> 登記の目的　工場財団消滅（注1）

```
┌─────────────────────────────────────────────────────────┐
│ 申　請　人（略）（注2）                                      │
│ 添付情報                                                    │
│　登記原因証明情報（注3）　会社法人等番号　代理権限証明情報（申  │
│ 請書の写し）                                                │
│ 平成○年○月○日申請　○○法務局○○支局（出張所）              │
│ 代　理　人（略）                                            │
│ 登録免許税　　金何円（注4）                                  │
│ 工場財団の表示（略）                                         │
└─────────────────────────────────────────────────────────┘
```

（注1）　登記の目的（工抵規則18条1項，不登令3条5号）は，「工場財団消滅」と記載する。

（注2）　申請人として，工場財団の所有者を記載する（工抵規則18条1項，不登令3条1号）。

（注3）　工場財団消滅の場合は，登記原因を証明する情報は初めから存在しないが，工場財団を消滅させる事由はあるので，それらの事由を記した報告的な［様式14］登記原因証明情報（4:12:2:3:2）を提出すべきである。この報告的な登記原因証明情報は必ず原本を提供しなければならない。

（注4）　登録免許税額を記載する（不登規則189条1項）。登録免許税額は，財団1個につき6,000円である（税法別表第一・五・㈦）。

［様式14］「登記原因証明情報」（4:12:2:3:2）

5 工場抵当法の問題点と改正案

5：1 工場抵当の課題

工場抵当が民法における抵当権と異なる主な点は，①工場に限定される。②第三条目録がある。③抵当権の追求力である（なお，1：2：3：5）。

① 工抵法2条は，工場抵当権は，工場に属する土地又は建物についてのみ設定できると規定している。そのため，建設業・卸売業・小売業・サービス業など，工場に属する土地又は建物を有しない企業は，工場抵当権を活用できない。

② 第三条目録が登記簿の一部とみなされることにより，さまざまな対抗問題が生じている。例えば，工場に属する土地建物に二つの工場抵当権が設定された場合において，その機械器具等に対する抵当権の優先順位は，抵当権自体の設定登記によって定まるものであるか，それとも第三条目録の記載の前後によって定まるものであるかという問題である。

　これについては，判例が採用する対抗要件説と公示説が対立していたが，大勢としては，対抗要件説によることで一致している（3：5：4）。

　対抗要件説とは，第三条目録が登記簿の一部とみなされる点を厳格に捉えるものであり，機械器具に工場抵当法の効力が及んでいることを第三者に対抗するためには，当該機械器具が第三条目録に記録されていなければならず，機械器具に対する抵当権の順位は，工場に属する土地建物に対する抵当権の順位とは関係なく，目録の提出又はその変更登記の先後によることとなるとするものである。

　この結果，工場抵当は，第三条目録に記録されない限り，第三者に対抗できないことになり，民法による抵当権が従物にその効力を及ぼすことを抵当権設定登記によって対抗できることと比較して，その効力が限定されたといえる（池田258）。

③ 第三条目録に掲げた事項に変更が生じたときは，工場の所有者は，遅滞

なく目録の変更登記を申請すべきである（工抵法3条2項，同法38条ないし42条）が，工場備付けの機械器具等は煩雑に入れ替えられるのが通常であり，工場の所有者は，費用と時間を要する目録変更には消極的にならざるを得ない。そのため，第三条目録の内容と実際に備付けの状況とが異なっていることが多いのが実情である。

④　民法における抵当権設定前後に付加された従物が主物たる抵当不動産に比して極端に高額である場合には，抵当権の効力の遮断を認める説が有力である。

　　これに対して，工場抵当権では，高価な従物であっても第三条目録に記載すれば，当該従物に対して抵当権の効力が否定されることを防ぐことができる。この点は，工場資産の包括担保化を図るものであり，民法における抵当権よりも優れた点といえる。

⑤　工抵法5条は，工場の所有者の同意を得ないで抵当権の目的である土地又は建物に付加して一体をなす物をその土地又は建物から分離し，また，その土地又は建物に備え付けられた機械器具その他工場の用に供する物の備付けを廃止したうえ，第三取得者に引き渡された後でも，抵当権の効力を認め，工抵法49条の罰則と相まって抵当権者の権利を保護している（2：6：2：3，3：3：2）。ただし，その追求力は，動産取引の安全から民法の即時取得（民法192条ないし194条）の成立までとしている。追求力の条文化によって，現行民法における抵当権で解釈が分かれていた分離・搬出に関する見解の統一化を図ることができたといえる。即時取得成立までは工場資産の包括担保化を確実に図ることができる点でも，現行民法における抵当権よりも優れているといえよう。

⑥　工場抵当権の場合，常にその変更を第三条目録に反映させなければならないという点が費用・時間を要し，複雑である点は否めない。しかし，第三条目録に記録することにより高価な従物に対する効力否定が可能となり，包括担保化か達成できる（追求力が働くのは第三条目録に記載された機械器具等に限定されない。）。もっとも，判例が対抗要件説を採る以上，

複雑な権利関係を生ずることは否定できない。

⑦ 工場抵当制度は，抵当権の効力が及ぶ物を目録に記録して公示する制度を維持するメリットはないので，廃止してもよいのではないかという見解がある。その理由は，次のとおりである。

　a　目録に記載することにより，民法上の抵当権では効力の及ばない物件に対しても効力が及ぶようになるといえない。

　b　目録が公示されることにより，民法上の抵当権よりも追及力が強化されるともいえない。

　c　民法上の抵当権に関して現在要望されていることについては，目録制度により解決するよりも，他の手段による解決のほうが適切である。しかも，目録制度を維持する限り，ある不動産に設定されている複数の抵当権の間で目録の記載内容が一致していなかったり，目的物を追加する変更が下位の抵当権の目録から行われ，その後上位の抵当権の目録が変更された場合には，配当手続が複雑になる。

　そうであるならば，財団抵当諸法の改正の際には工場抵当制度は廃止ないしは見直しをしてはどうか，というものである（大山Ⅱ85）。

5：2　工場財団制度の課題

　工場財団が工場に限定される点は，工場抵当と同じであるが，工場財団目録には地上権，賃借権，工業所有権，ダム使用権も記録できる点が異なる。これら資産がすべて工場財団として組成されれば，これら一体資産は一個の不動産とみなされ（工抵法14条1項），工場抵当よりも包括担保化が図られる。

　しかし，工場財団の組成物件については「任意選択主義」が採用されており，工場の所有者は，工抵法11条に掲げる物のすべてを工場財団の組成物件とする必要はない。例えば，高価な従物で，かつ生産に必要な資産を工場財団に組成せず，譲渡担保等他の担保権の対象とすることができる。

　他人の権利の目的となっている物は，組成物件とはできない（工抵法13条

1項）。工場財団は，必ずしも企業資産の包括担保化を果たすものとはいえないのである。

　また，機械器具等の分離・搬出にあっては，条文上・判例上，民法192条の適用が否定されており，包括担保化が第三者によって阻害されることなく維持されるものとなっていたが，最高裁判所（二小）判決（最二小判昭39.9.15民集15-8-2172）によって即時取得が認容されたことにより，分離・搬出によって包括担保化が工場抵当程度に後退したといわれている。

　経済産業省の報告書（5：5）では，財団抵当制度の問題点として，このほか次の点を挙げている。

① 　工場所有者等，一定の事業者にしか利用できない制度設計になっているため，商業・サービス業等に属するのほとんどはこの制度を利用できない。

② 　財団組成物件が企業施設のうち，物的設備と物権的権利に限られており，著作権など工業所有権以外の知的財産権は，財団組成物件とすることができない。

③ 　通信ケーブル設備のように核となる不動産等が存在しない場合や賃貸人の承諾が得られず賃借権を財団組成物件に組み込めない場合もある。このような場合にも一体として収益を生み出す生産設備として財団抵当制度同様の制度が利用できるようにしたいが，財団組成に際しては核となる不動産や賃借権の存在が必要とされているために，財団抵当制度は利用できない。

④ 　財団目録制度を採用しており，目録に記録がないものには抵当権の効力は及ばないし，第三者に対する対抗力も認められないため，大規模で変動の著しい企業施設では財団目録の作成，変更手続が煩雑で費用も膨大になる。

5：3　企業担保権

企業担保権は，財団抵当制度の欠陥補正を目的として，担保物件として企

業資産全体を一体として捉える担保権者となる金融機関の意向を反映して，昭和33年に企業担保法により創設された。

企業担保権は，次の特徴を持っている。

① 設定者は，株式会社に限定する（企業担保法1条）。

② 設定者の総財産を一体として担保化する（同条）。

③ 設定段階において担保目的物の増減変動を許容するため，設定後に株式会社に帰属した財産も当然に担保の目的に組み入れられる（同法2条）。

④ 被担保債権は，株式会社の社債に限定する（同法1条）。

⑤ 設定は，公正証書でしなければならない（同法3条）。

⑥ 公示方法は，株式会社登記簿に登記する（同法4条）。

しかし，企業財産の特定物件について強制執行又は担保権が実行される場合，企業担保権に優先弁済権は認められていない。企業担保権は，一般の先取特権，特別の先取特権，質権又は抵当権のすべてに劣後する（同法7条）ため，企業担保権者が優先するのは，一般の無担保債権者に限られることになる（同法2条）。

このように効力の弱い担保権となってしまった企業担保権は，プロジェクト・ファイナンス（5：5）における利用には適していないため，設定されることはほとんどないのが現状である。ちなみに企業担保権の登記は，平成24年に1件，21年に1件あるのみである。

5：4　動産譲渡登記制度

5：4：1　制度の趣旨

これまで述べてきた現行担保制度を見直す中で，企業が保有する在庫商品や機械設備等担保としてあまり活用されてこなかった（活用できなかった。）動産を活用した資金調達の一手法が法制化された。

従来，動産を活用した資金調達の具体的な方法としては，企業が動産を譲渡担保に供して金融機関等から融資を受ける方法と動産を流動化・証券化目的で譲渡し，譲渡代金として資金を取得する方法とがある。いずれの方法に

おいても動産自体は，譲渡後も企業の直接占有下に置かれたままとされ，占有改定（民法183条）という外形的には判然としない公示方法によって対抗要件を具備するしかなかったため，後日，占有改定の有無や先後をめぐって紛争を生ずるおそれがあった。

　そこで，このようなおそれを極力解消し，動産を活用した企業の資金調達の円滑化を図るため，平成16年11月25日に「債権譲渡の対抗要件に関する民法の特例等に関する法律の一部を改正する法律」が成立し，法令名を「動産及び債権の譲渡の対抗要件に関する民法の特例等に関する法律」（以下「動登法」という。）と改めて，平成17年10月3日から動産譲渡登記制度の運用が開始された。この制度の実施に関しては，動産・債権譲渡登記令，同規則のほか動産・債権譲渡登記事務取扱手続準則（平26.12.22民商128号通達）及びオンライン登記申請等に関する事務取扱規程（平26.3.3民商15号通達）がある。

　なお，債権譲渡登記は，平成10年10月から運用されている。

5：4：2　動産譲渡登記を取り扱う登記所

　動産譲渡登記を取り扱う登記所（動産譲渡登記所）は，東京法務局（民事行政部動産登録課）が指定され（動登法5条），全国の動産譲渡登記に関する事務を取り扱っている。

　また，譲渡人の本店（主たる事務所）の所在地を管轄する登記所に動産譲渡登記事項概要ファイル（同法7条1項）が備えられ，動産譲渡登記所からの通知に基づき，譲渡人の商号（名称）本店（主たる事務所）及び譲渡の概括的な内容（譲渡された動産を特定する事項は含まれない。）が記録される（同条2項）。

　なお，譲渡人が外国会社であって，日本における営業所を複数有するときは，動産譲渡登記の申請書において示された営業所の所在地を管轄する登記所に対してのみ通知される（同法5条2項，7条2項3号）。

5：4：3　登記の対象及び効力

　動産譲渡登記の対象は，法人が有する動産の譲渡に限定されている（動登法1条）。個人はできない。譲渡の目的（担保目的譲渡か又は真正譲渡か）については，特に制限はない。

　動産譲渡登記がされると，動産の譲渡について引渡し（民法178条）があったものとみなされ，対抗要件を具備する（動登法3条）。したがって，同一動産について二重譲渡がされた場合の譲受人相互間の優劣は，登記の先後によって決定され，また，動産譲渡登記と民法178条の引渡しが競合した場合の譲受人相互間の優劣は，登記がされた時と引渡しがされた時の先後によって決定されることとなる（注）。

　なお，動産譲渡登記は，動産の譲渡の事実を公示することを目的とするものであって，動産の存在やその所有権の帰属を公示することを目的とするものではない。

　また，動産譲渡登記は，動産の譲渡ごとに独立の登記として動産譲渡登記ファイルに記録されるので（動登法7条），登記された動産がさらに転々譲渡されて登記された場合においてもその動産が転々譲渡されていく経緯が1個の登記で公示されるわけではない。

　（注）　動産譲渡登記では，「登記の年月日」のほか，「登記の時刻」も記録されるため（動登規則16条1項4号），登記により対抗要件を備えた時期も明確に公示される。

5：4：4　動産の特定方法について

　譲渡の対象となる動産を特定し，公示するための情報としては，必須の記録事項である「譲渡に係る動産を特定するために必要な事項」（動登法7条2項5号）と当事者が任意に記録することのできる「有益事項」とがある。

　「譲渡に係る動産を特定するために必要な事項」の記録の方法としては，a動産の特質によって特定する方法と，b動産の保管場所の所在地によって

特定する方法の二つがあり，いずれかの方法を選択することができる（動登規則8条）。

　在庫商品など日々内容が変動する（流動）集合動産の場合には，通常，ｂの方法により登記され，原則として，保管場所にある同種類の動産のすべてが譲渡に係る動産となり，当該保管場所に搬入された時点で動産譲渡登記の効力が及ぶことになる。

　なお，対象となる動産の種類により，ａ，ｂいずれの方法によっても特定することが可能な動産の場合，その特定方法は，申請人（譲渡人及び譲受人）が決定する。

　また，動産の種類については，その種類ごとに通番を設ける必要がある。例えば，「油圧式プレス機」と「貴金属製品」とでは，取引通念上明らかに動産の種類が異なるので，それぞれ通番を分けて登記をする。「指輪」「イヤリング」及び「ネックレス」については，取引通念上，貴金属製品としては同種類であるといえるので，「貴金属製品」又は「指輪，イヤリング，ネックレス」と表記して，一つの通番で登記をすることが可能である。

　（法務省のホームページによる www.moj.go.jp'MINJI/DOUSANTOUKI/seido.html）

5：4：5　問題点

　この制度が発足して10年余り経過するが，利用者側からは，次のような問題点が指摘されている（例：内閣府規制改革会議：第18回創業・IT等ワーキング・グループ議事概要・平26．2．24：www8.go.jp/kisei-kaikaku/kaigi…/summary0224.pdf）

①　変更更正登記及び申請後の補正ができない。

②　順位・付記登記ができない。

③　動産の特定方法が厳格すぎる。

④　オンライン申請の別送方式が認められていない。

⑤　法人以外の者（個人事業主など）を譲渡人とする登記ができない。

⑥　登記簿が譲渡人ごとに構成されているため，二重登記の存在を否定できない。

　なお，このほか動産譲渡登記のされた譲渡が，先行してされた占有改定（民法178条，183条）を原因とする担保目的の譲渡に優先するように改正されたい，という提案も出たが，これについては，「対抗要件相互間の優先決定基準を錯綜させる，制度の乱用が頻発しかねないなどの問題点があることから，導入は相当でないとされたところです。」という検討結果が出ている。

5：5　プロジェクト・ファイナンス

　工場抵当法の制度は，近年，プロジェクト・ファイナンス（Project Finance，以下「PF」という。）など現代的な金融の形態への対応を迫られている。そこで，PFを行う際に，債務者の資産を包括的に担保にとりやすいようにするために，財団抵当制度等の見直しが提言された。その代表的なものとして企業法制研究会（担保制度研究会）の報告書（注）がある。この報告書は，財団抵当諸法の改正とともに工場抵当をリニューアルした制度を実現すべきことを提言している。

　この「報告書」は，『プロジェクト・ファイナンスの実行力を担保するための手法としての担保制度の改革提言』であり，従来の民法上の「担保」概念とは異なる担保制度であるといわれている（近江幸治「財団抵当制度拡張・改善のための立法課題」ジュリスト238-53）。

> **（注）**　企業法制研究会（担保制度研究会）報告書～「不動産担保」から「事業の収益性に着目した資金調達へ」～（平成15年1月）（http://www.meti.go.jp/index.html）

　PFとは，融資元利の返済原資を融資先企業の信用力や担保価値に依存して融資を行うコーポレートファイナンス（企業金融）とは異なり，プロジェクト（ある特定の事業）について，そのプロジェクトから生じる収益

（キャッシュフロー）に限定して融資を行う資金調達手法をいう。プロジェクト自体の価値を審査することで，プロジェクトのリスクを正確に把握し，リスクを低減できるメリットがある。主に大規模な土木工事，海外資源の開発等大型のプロジェクトやPFI事業（注）において用いられる手法で，事業を行うために設立された特別目的会社（SPC）に対して融資を行う場合が多い。

（注）「PFI（Private Finance Initiative：プライベート・ファイナンス・イニシアティブ）」とは，公共施設等の建設，維持管理，運営等を民間の資金，経営能力及び技術的能力を活用して行う手法である。これにより，国や地方公共団体等が直接実施するよりも効率的かつ効果的に公共サービスを提供できる事業については，PFI手法を活用して実施する。

PFIの導入により，国や地方公共団体の事業コストの削減，より質の高い公共サービスの提供が期待され，我が国では，「民間資金等の活用による公共施設等の整備等の促進に関する法律」（PFI法）が平成11年7月に制定され，PFI事業の枠組みが設けられた。

PF（注）における担保の「方法としては，個々のプロジェクト資産ごとに（例えば，不動産は抵当権，動産は譲渡担保権などと）個別の担保権を設定する方法も考えられるが，主要なプロジェクト資産に対して一括して担保権を設定し得る（工場抵当法に基づく）工場財団抵当権を用いることが簡便である。ただし，工場財団抵当権が設定できない場合も存在するため，その場合には，不動産は抵当権，動産は譲渡担保権等と個別に担保権を設定せざるを得ないと思われる。

（注）PFは，数百億円規模でないと行われないといわれている。そうすると中小企業が，この制度を活用することはできないことになる。

これを資産ごとに検討すると，不動産については，基本的には工場財団抵当権を設定するものとし，例外的に工場財団抵当権を設定可能となる前の段階において暫定的に抵当権等で個別に対処することとする。いずれの場合においても，不動産利用権については，（例えば，公共団体の使用許可や使用貸借契約などは担保目的物とすることが困難であることから），あらかじめ，地上権など担保権を設定することが可能な形態で不動産使用権を取得し，これを登記しておくことが重要である。

動産については，大型の機器・什器は，工場財団抵当権（ただし，上記の不動産と同様，工場財団抵当権設定可能前の段階においては暫定的に譲渡担保権）を設定するものとし，（工場財団目録に記録することが適当でない）小型の在庫・部品等は，集合動産譲渡担保権を設定することとする。譲渡担保権の対抗要件については，SPC（特別目的会社）が担保目的物を直接占有する場合は占有改定（民法183条）により，第三者が担保目的物を直接占有する場合は指図による占有移転（184条）により，具備する必要があろう。

それにしても次のような問題は残る。

① 工場財団抵当権の対象となる財団に組み込むためには，財団目録に記録する必要があるが，例えば，消耗品などは，その都度，目録を変更することは困難であるから，事実上財団に組み込むことはできない。

② 工場財団抵当権を設定する場合は，いったん，工場財団組成の登記をした後に，抵当権設定登記をしなければならず，時間が掛かる。

③ 不動産については，登記済みのものでないと工場財団に組み込めず，動産については，工場財団に組み込むためには1箇月の公告期間が必要なことから，融資実行時までに，すべてのプロジェクト資産に工場財団抵当権を設定することはかなり困難を伴う。

5：6　経産省モデルの検討

経産省モデルには，工場抵当をモデルとした「事業設備抵当」と，工場財団をモデルとした「事業設備財団」が，そしてSPC（特定目的会社）等の

一定の設定者を対象とし，企業担保権をモデルとした第2案（「一定の設定者が保有する全資産が担保対象となる制度」（新しい包括的担保制度の創設））がある。

「事業設備抵当」は，事業設備に属する動産で，事業設備として備え付けられているものに限定している。事業設備は，第2案における生産に必要な動産（設備）に匹敵するものと思われる。また，設定者の権利に属しない動産をも目録に記録した場合を想定した議論を行っていくべきであると指摘されている。その結果によっては，従物理論の緩和が期待できるが，企業資産の包括担保化を確実にするためには，生産に必要な動産（設備）のうち付加一体物を除き，すべてについて目録に記録することが強制されなければならない。さらに目録と抵当権との関係を複雑化しないためには，対抗要件説はとらず，公示説で解釈されることが実務上必要であろうといわれている。

「事業設備財団」は，工場財団とほぼ同様の物が対象となっているが，事業実施に必要な物権的権利や著作権も対象となっていることから，範囲がやや広い。また，中心になる不動産や賃借権がなくとも設定できるし，任意売却においても一体化が図られる可能性を有している。ただし，包括担保化を確実に図るためには，財団組入れを任意とせず，強制とする必要がある。

「事業設備抵当」「事業設備財団」のいずれも，原材料等の集合動産や売掛代金債権を対象としないものの，生産に必要な動産（設備）を包括担保化できる可能性を有する。

なお，目録への記録方法，変更手続，その費用等の点が制度普及の鍵となるであろう。

第2案は，SPC等一定の設定者を想定しているが，企業資産すべての「包括担保化」を図ることができる。

5：7　企業資産の包括担保化

企業としての経済的一体価値を保持するためには，資本・労働をも含めて保持されなければならないが，M&Aなどの企業売買にあっては不可能であ

る。

そこで，資本・労働までを包括担保化することはできないが，その他企業資産の包括担保化を可能とする担保権として経産省モデルの第2案に注目することになる。この案は，SPC等，企業資産を完全に包括担保化することを要する場合に有効である。しかしこうなると一方で要綱案の目的を達することができない。すなわち，第2案は，一般企業における短期の運転資金等の借入等の資金ニーズを満たすための担保権の設定を認めていないのである。確かに短期の運転資金の貸出に当たって，包括担保権たる第2案における後順位担保権者として登記を得れば貸出金を担保することができるかもしれないが，企業価値は日々変動するため確実とはいえない。

なお，法務省における企業担保・財団法制の見直し作業については，企業担保・財団法制研究会において，平成18年12月に中間的な問題点の整理を終えた後，検討は中断したままになっているようである（金融法務事情編集部「包括担保法制の検討状況」金法1792-9参照）。

5：8　登記事務処理方法に関する提案

はしがきで述べたように，工場抵当法は，平成16年の不動産登記法の大改正に伴って改正された。一般の登記手続については，登記記録が記録される登記簿は，磁気ディスクで調整され，平成20年3月に完了し，同年1月には，オンライン申請の特例方式（添付情報は書面で提出することができる。）も可能となり，不動産登記法附則3条1項による指定（「第3条指定」（工抵規則附則3条1項））登記所は，存在しないことになった。

これに対して，工場抵当法に関する登記手続は，ほとんど改正前のままとなっており，経過措置として，旧規定により生じた効力を妨げない，あるいは旧規定を適用するとしている（2：4）。そのため，工場抵当法に関する登記手続をする場合などには，現行法のほか，旧工場抵当法及び旧工場抵当登記取扱手続並びに改正前の不動産登記法及び不動産登記法施行細則などをチェックする必要がある。もっとも，平成27年4月1日から工場財団（第

三条目録を含む。）の登記簿，目録，工場図面などはコンピュータシステムに登録されている画像データを利用して謄抄本を作成することができるようになっている。

不登法は，第3条指定を登記所ごとに指定することとしているが，工場財団その他の登記については，12年間に指定を受けた登記所は存在しない状態が続いており，今後の見通しも立っていないようである。

そこで，工場財団等の登記手続については，次のように取り扱ってはどうであろうか。

① 所有権の保存登記の申請があったものについては，すべて，本則（工抵規則5条，40条等）に基づく登記手続をする。

② 既登記の財団については，申請がある都度，登記簿及び目録を本則に基づいて改整したうえ，登記をする。

③ 一定期間を経て，なお登記の申請がない財団については，職権抹消の可否を検討したうえ，改整し，又は財団登記簿の閉鎖（工抵法48条1項）をする。

このような措置がとれれば，第3条指定を受けている登記所であるか否か等を調査する必要がなくなり，自然に新不登法及び改正工抵法に基づき登記手続をすることができるのではないかと考えるが，いかがであろうか。誤解があるとすれば，御容赦願いたい。

資　料

* 工場抵当法改正経過
* 工場抵当登記取扱手続・
　工場抵当登記規則(対照表)
* 主要条文索引
* 判例索引
* 先例索引
* 事項索引

工場抵当法改正経過　315

工場抵当法（明治三十八年三月十三日法律第五十四号）

第一条　本法ニ於テ工場ト称スルハ営業ノ為物品ノ製造若ハ加工又ハ印刷若ハ撮影ノ目的ニ使用スル場所ヲ謂フ
② 　営業ノ為電気若ハ瓦斯ノ供給又ハ電気通信役務ノ提供ノ目的ニ使用スル場所ハ之ヲ工場ト看做ス営業ノ為放送法（昭和二十五年法律第百三十二号）ニ謂フ基幹放送又ハ一般放送（有線電気通信設備ヲ用ヒテテレビジョン放送ヲ行フモノニ限ル）ノ目的ニ使用スル場所亦同ジ

旧②　営業ノ為電気又ハ瓦斯ノ供給ノ目的ニ使用スル場所ハ之ヲ工場ト看做ス

　　　　　　　　　　　　　　　　　　　　　昭和 27 年 6 月 14 日法律第 192 号

旧②　営業ノ為電気又ハ瓦斯ノ供給ノ目的ニ使用スル場所ハ之ヲ工場ト看做ス営業ノ為放送法ニ謂フ放送ノ目的ニ使用スル場所亦同ジ

　　　　　　　　　　　　　　　　　　　　　昭和 59 年 12 月 25 日法律第 87 号

旧②　営業ノ為電気若ハ瓦斯ノ供給又ハ電気通信役務ノ提供ノ目的ニ使用スル場所ハ之ヲ工場ト看做ス営業ノ為放送法ニ謂フ放送ノ目的ニ使用スル場所亦同ジ

　　　　　　　　　　　　　　　　　　　　　昭和 60 年 6 月 25 日法律第 75 号

旧②　営業ノ為電気若ハ瓦斯ノ供給又ハ電気通信役務ノ提供ノ目的ニ使用スル場所ハ之ヲ工場ト看做ス営業ノ為放送法（昭和二十五年法律第百三十二号）ニ謂フ放送又ハ有線テレビジョン放送法（昭和四十七年法律第百十四号）ニ謂フ有線テレビジョン放送ノ目的ニ使用スル場所亦同ジ

　　　　　　　　　　　　　　　　　　　　　平成元年 6 月 28 日法律第 55 号

旧②　営業ノ為電気若ハ瓦斯ノ供給又ハ電気通信役務ノ提供ノ目的ニ使用スル場所ハ之ヲ工場ト看做ス営業ノ為放送法（昭和二十五年法律第百三十二号）ニ謂フ放送（委託シテ其ノ放送番組ヲ放送セシムルコトヲ含ム）又ハ有線テレビジョン放送法（昭和四十七年法律第百十四号）ニ謂フ有線テレビジョン放送ノ目的ニ使用スル場所亦同ジ

平成 22 年 12 月 3 日法律第 65 号

第二条　工場ノ所有者カ工場ニ属スル土地ノ上ニ設定シタル抵当権ハ建物ヲ除クノ外其ノ土地ニ附
加シテ之ト一体ヲ成シタル物及其ノ土地ニ備附ケタル機械, 器具其ノ他工場ノ用ニ供スル物ニ及
フ但シ設定行為ニ別段ノ定アルトキ及民法第四百二十四条ノ規定ニ依リ債権者カ債務者ノ行為ヲ
取消スコトヲ得ル場合ハ此ノ限ニ在ラス

②　前項ノ規定ハ工場ノ所有者カ工場ニ属スル建物ノ上ニ設定シタル抵当権ニ之ヲ準用ス

第三条　工場ノ所有者カ工場ニ属スル土地又ハ建物ニ付抵当権ヲ設定スル場合ニ於テハ不動産登記
法（平成十六年法律第百二十三号）第五十九条各号, 第八十三条第一項各号並ニ第八十八条第一
項各号及第二項各号ニ掲ゲタル事項ノ外其ノ土地又ハ建物ニ備付ケタル機械, 器具其ノ他工場ノ
用ニ供スル物ニシテ前条ノ規定ニ依リ抵当権ノ目的タルモノヲ抵当権ノ登記ノ登記事項トス

②　登記官ハ前項ニ規定スル登記事項ヲ明カニスル為法務省令ノ定ムルトコロニ依リ之ヲ記録シタ
ル目録ヲ作成スルコトヲ得

③　第一項ニ抵当権ノ設定スル登記ヲ申請スル場合ニ於テハ其ノ申請情報ト併セテ前項ノ目録ニ記
録スベキ情報ヲ提供スベシ

④　第三十八条乃至第四十二条ノ規定ハ第二項ノ目録ニ之ヲ準用ス

旧第三条　工場ノ所有者カ工場ニ属スル土地又ハ建物ニ付抵当権設定ノ登記ヲ申請スル場合ニ
於テハ其ノ土地又ハ建物ニ備附ケタル機械, 器具其ノ他工場ノ用ニ供スル物ニシテ前条ノ規
定ニ依リ抵当権ノ目的タルモノノ目録ヲ提出スヘシ

②　第二十二条第二項, 第三十五条及第三十八条乃至第四十二条ノ規定ハ前項ノ目録ニ之ヲ準
用ス

平成 16 年 6 月 18 日法律第 124 号

第四条　第二条第一項但書ニ掲ケタル別段ノ定アルトキハ之ヲ抵当権ノ登記ノ登記事項トス

②　抵当権設定ノ登記ノ申請ニ於テハ法務省令ヲ以テ定ムル事項ノ外前項ノ別段ノ定ヲ申請情報ノ
内容トス

旧第四条　第二条第一項但書ニ掲ケタル別段ノ定アルトキハ抵当権設定ノ登記ノ申請書ニ之ヲ
記載スヘシ

平成 16 年 6 月 18 日法律第 124 号

第五条　抵当権ハ第二条ノ規定ニ依リテ其ノ目的タル物カ第三取得者ニ引渡サレタル後ト雖其ノ物
ニ付之ヲ行フコトヲ得

②　前項ノ規定ハ民法第百九十二条乃至第百九十四条ノ適用ヲ妨ケス

第六条 工場ノ所有者カ抵当権者ノ同意ヲ得テ土地又ハ建物ニ附加シテ之ト一体ヲ成シタル物ヲ土地又ハ建物ト分離シタルトキハ抵当権ハ其ノ物ニ付消滅ス

② 工場ノ所有者カ抵当権者ノ同意ヲ得テ土地又ハ建物ニ備附ケタル機械, 器具其ノ他ノ物ノ備附ヲ止メタルトキハ抵当権ハ其ノ物ニ付消滅ス

③ 工場ノ所有者カ抵当権者ノ為差押, 仮差押又ハ仮処分アル前ニ於テ正当ナル事由ニ因リ前二項ノ同意ヲ求メタルトキハ抵当権者ハ其ノ同意ヲ拒ムコトヲ得ス

第七条 抵当権ノ目的タル土地又ハ建物ノ差押, 仮差押又ハ仮処分ハ第二条ノ規定ニ依リテ抵当権ノ目的タル物ニ及フ

② 第二条ノ規定ニ依リテ抵当権ノ目的タル物ハ土地又ハ建物ト共ニスルニ非サレハ差押, 仮差押又ハ仮処分ノ目的ト為スコトヲ得ス

第八条 工場ノ所有者ハ抵当権ノ目的ト為ス為一箇又ハ数箇ノ工場ニ付工場財団ヲ設クルコトヲ得数箇ノ工場カ各別ノ所有者ニ属スルトキ亦同シ

② 工場財団ニ属スルモノハ同時ニ他ノ財団ニ属スルコトヲ得ス

③ 工場財団ハ抵当権ノ登記ガ全部抹消セラレタル後若ハ抵当権ガ第四十二条ノ二第二項ノ規定ニ依リ消滅シタル後六箇月内ニ新ナル抵当権ノ設定ノ登記ヲ受ケザルトキ又ハ第四十四条ノ二ノ規定ニ依ル登記ヲ為シタルトキハ消滅ス

旧③ 工場財団ハ抵当権ノ消滅ニ因リテ消滅ス

昭和 27 年 6 月 14 日法律第 192 号

第九条 工場財団ノ設定ハ工場財団登記簿ニ所有権保存ノ登記ヲ為スニ依リテ之ヲ為ス

第十条 工場財団ノ所有権保存ノ登記ハ其ノ登記後六箇月内ニ抵当権設定ノ登記ヲ受ケサルトキハ其ノ効力ヲ失フ

旧第十条 工場財団ノ所有権保存ノ登記ハ其ノ登記後二箇月内ニ抵当権設定ノ登記ヲ受ケサルトキハ其ノ効力ヲ失フ

昭和 27 年 6 月 14 日法律第 192 号

第十一条 工場財団ハ左ニ掲クルモノノ全部又ハ一部ヲ以テ之ヲ組成スルコトヲ得

一 工場ニ属スル土地及工作物

二 機械, 器具, 電柱, 電線, 配置諸管, 軌条其ノ他ノ附属物

三 地上権

四 賃貸人ノ承諾アルトキハ物ノ賃借権

五 工業所有権

六 ダム使用権

（6号・新設）昭和 32 年 3 月 31 日法律第 35 号

第十二条　工場ニ属スル土地又ハ建物ニシテ所有権ノ登記ナキモノアルトキハ工場財団ヲ設クル前其ノ所有権保存ノ登記ヲ受クヘシ

旧第十二条　工場ニ属スル土地又ハ建物ニシテ未登記ノモノアルトキハ工場財団ヲ設クル前其ノ所有権保存ノ登記ヲ受クヘシ

昭和 35 年 3 月 31 日法律第 14 号

第十三条　他人ノ権利ノ目的タルモノ又ハ差押，仮差押若ハ仮処分ノ目的タルモノハ工場財団ニ属セシムルコトヲ得ス

②　工場財団ニ属スルモノハ之ヲ譲渡シ又ハ所有権以外ノ権利，差押，仮差押若ハ仮処分ノ目的ト為スコトヲ得ス但シ抵当権者ノ同意ヲ得テ賃貸ヲ為スハ此ノ限ニ在ラス

第十三条ノ二　道路運送車両法（昭和二十六年法律第百八十五号）ニ依ル自動車ニシテ軽自動車，小型特殊自動車及二輪ノ小型自動車以外ノモノ（以下自動車ト称ス）又ハ小型船舶の登録等に関する法律（平成十三年法律第百二号以下小型船舶登録法ト称ス）ニ依ル小型船舶（以下小型船舶ト称ス）ハ道路運送車両法又ハ小型船舶登録法ニ依リ登録ヲ受クルニ非ザレバ工場財団ニ属セシムルコトヲ得ズ

（新設）昭和 26 年 6 月 1 日法律第 188 号

旧第十三条ノ二　道路運送車両法（昭和二十六年法律第百八十五号）ニ依ル自動車ニシテ軽自動車及二輪ノ小型自動車以外ノモノ（以下自動車ト称ス）ハ同法ニ依リ登録ヲ受クルニ非ザレバ工場財団ニ属セシムルコトヲ得ズ

昭和 38 年 7 月 15 日法律第 149 号

旧第十三条ノ二　道路運送車両法（昭和二十六年法律第百八十五号）ニ依ル自動車ニシテ軽自動車，小型特殊自動車及二輪ノ小型自動車以外ノモノ（以下自動車ト称ス）ハ同法ニ依リ登録ヲ受クルニ非ザレバ工場財団ニ属セシムルコトヲ得ズ

平成 13 年 7 月 4 日法律第 102 号

第十四条　工場財団ハ之ヲ一箇ノ不動産ト看做ス

② 工場財団ハ所有権及抵当権以外ノ権利ノ目的タルコトヲ得ス但シ抵当権者ノ同意ヲ得テ之ヲ賃貸スルハ此ノ限ニ在ラス

第十五条　工場ノ所有者カ抵当権者ノ同意ヲ得テ工場財団ニ属スルモノヲ財団ヨリ分離シタルトキハ抵当権ハ其ノモノニ付消滅ス

② 第六条第三項ノ規定ハ前項ノ場合ニ之ヲ準用ス

第十六条　第二条，民法第三百七十一条，第三百八十八条及第三百八十九条ノ規定ハ土地又ハ建物カ抵当権ノ目的タル工場財団ニ属スル場合ニ之ヲ準用ス

② 民法第二百八十一条ノ規定ハ要役地カ抵当権ノ目的タル工場財団ニ属スル場合ニ之ヲ準用ス

③ 民法第三百九十八条ノ規定ハ地上権カ抵当権ノ目的タル工場財団ニ属スル場合ニ之ヲ準用ス

第十七条　工場財団ノ登記ニ付テハ工場所在地ノ法務局若ハ地方法務局若ハ此等ノ支局又ハ此等ノ出張所カ管轄登記所トシテ之ヲ掌ル

② 工場ガ数箇ノ登記所ノ管轄地ニ跨ガリ又ハ工場財団ヲ組成スル数箇ノ工場ガ数箇ノ登記所ノ管轄地内ニ在ルトキハ申請ニ因リ法務省令ノ定ムルトコロニ依リ法務大臣又ハ法務局若ハ地方法務局ノ長ニ於テ管轄登記所ヲ指定ス

③ 前項ノ規定ハ合併セントスル工場財団ガ数個ノ登記所ノ管轄ニ属スル場合ニ之ヲ準用ス但シ合併セントスル数個ノ工場財団ノ内既登記ノ抵当権ノ目的タルモノアルトキハ其ノ工場財団ノ登記ヲ管轄スル登記所ヲ以テ管轄登記所トス

旧第十七条　工場財団ノ登記ニ付テハ工場所在地ノ<u>区裁判所又ハ其ノ出張所ヲ以テ管轄登記所トス</u>

昭和 24 年 5 月 31 日法律第 137 号

旧② 　<u>不動産登記法第八条第二項ノ規定ハ工場カ数箇ノ登記所ノ管轄地ニ跨カリ又ハ工場財団ヲ組成スル数箇ノ工場カ数箇ノ登記所ノ管轄地内ニ在ル場合ニ之ヲ準用ス</u>

昭和 35 年 3 月 31 日法律第 14 号

旧② 　<u>工場カ数箇ノ登記所ノ管轄地ニ跨カリ又ハ工場財団ヲ組成スル数箇ノ工場カ数箇ノ登記所ノ管轄地内ニ在ルトキハ申請ニ因リ法務局又ハ地方法務局ノ長ニ於テ管轄登記所ヲ指定ス但シ数箇ノ法務局又ハ地方法務局管内ノ登記所ノ管轄区域ニ跨ガルトキハ法務大臣ニ於テ之ヲ指定ス</u>

昭和 50 年 12 月 26 日法律第 90 号

> 旧第十七条　工場財団ノ登記ニ付テハ工場所在地ノ法務局若ハ地方法務局又ハ其ノ支局若ハ出張所カ管轄登記所トシテ之ヲ掌ル
>
> 平成 11 年 12 月 22 日法律第 160 号

> （3 項・新設）平成 16 年 6 月 18 日法律第 124 号

第十七条ノ二　削除（平成 16 年 6 月 18 日法律第 124 号）

> 旧第十七条ノ二　工場財団ヲ分割スル場合ニ於テ分割後ノ工場財団ニシテ其ノ登記所ノ管轄地内ニ之ヲ組成スル工場ナキニ至ルモノアルトキハ登記所ハ分割ノ登記ヲ為シタル後遅滞ナク其ノ工場財団ニ関スル登記用紙及其ノ附属書類又ハ其ノ謄本並ニ工場財団目録ヲ前条ノ規定ニ依ル其ノ工場財団ノ管轄登記所ニ移送スベシ
>
> （新設）昭和 27 年 6 月 14 日法律第 192 号

第十七条ノ三　削除（平成 16 年 6 月 18 日法律第 124 号）

> 旧第十七条ノ三　前条ノ規定ハ第三十八条第一項ノ登記ヲ為ス場合ニ於テ工場財団ヲ組成スル工場ガ其ノ登記所ノ管轄地内ニナキニ至ルトキニ之ヲ準用ス
>
> （新設）昭和 27 年 6 月 14 日法律第 192 号

第十七条ノ四　削除（平成 16 年 6 月 18 日法律第 124 号）

> 旧第十七条ノ四　第十七条第二項ノ規定ハ合併セントスル工場財団ガ数箇ノ登記所ノ管轄ニ属スル場合ニ之ヲ準用ス但シ合併セントスル数箇ノ工場財団ノ内既登記ノ抵当権ノ目的タルモノアルトキハ其ノ工場財団ノ登記ヲ管轄スル登記所ヲ以テ管轄登記所トス
> ②　前項ノ場合ニ於テ合併ノ登記ノ申請アリタルトキハ管轄登記所ハ其ノ旨ヲ他ノ登記所ニ通知スベシ前項ノ通知ヲ受ケタル登記所ハ合併スベキ工場財団ニ関スル登記用紙及其ノ附属書類又ハ其ノ謄本並ニ工場財団目録ヲ遅滞ナク管轄登記所ニ移送スベシ但シ其ノ登記用紙ニ所有権ノ登記以外ノ登記アルトキハ此ノ限ニ在ラズ
> ③　前項但書ノ場合ニ於テハ遅滞ナク其ノ旨ヲ管轄登記所ニ通知スベシ
>
> （新設）昭和 27 年 6 月 14 日法律第 192 号

第十八条　各登記所ニ工場財団登記簿ヲ備フ

第十九条　工場財団登記簿ハ一個ノ工場財団ニ付一登記記録ヲ備フ

旧第十九条　工場財団登記簿ハ一箇ノ工場財団ニ付一用紙ヲ備フ

平成 16 年 6 月 18 日法律第 124 号

第二十条　工場財団登記簿ハ其ノ一登記記録ヲ表題部及権利部ニ分ツ
② 表題部ニハ工場財団ノ表示ニ関スル事項ヲ記録ス
③ 権利部ニハ所有権及抵当権ニ関スル事項ヲ記録ス

旧第二十条　工場財団登記簿ハ其ノ一用紙ヲ登記番号欄，表題部及甲乙ノ二区ニ分チ表題部ニ
表示欄，表示番号欄ヲ設ケ各区ニ事項欄，順位番号欄ヲ設ク
② 登記番号欄ニハ各財団ニ付登記簿ニ始メテ登記ヲ為シタル順序ヲ記載ス
③ 表示欄ニハ工場財団ノ表示ヲ為シ及其ノ変更ニ関スル事項ヲ記載シ表示番号欄ニハ表示欄
ニ登記事項ヲ記載シタル順序ヲ記載ス
④ 甲区事項欄ニハ所有権ニ関スル事項ヲ記載ス
⑤ 乙区事項欄ニハ抵当権ニ関スル事項ヲ記載ス
⑥ 順位番号欄ニハ事項欄ニ登記事項ヲ記載シタル順序ヲ記載ス

昭和 26 年 4 月 20 日法律第 150 号

旧第二十条　工場財団登記簿ハ其ノ一用紙ヲ表題部及甲乙ノ二区ニ分チ表題部ニ表示欄，表示
番号欄ヲ設ケ各区ニ事項欄，順位番号欄ヲ設ク
② 表示欄ニハ工場財団ノ表示ヲ為シ及其ノ変更ニ関スル事項ヲ記載シ表示番号欄ニハ表示欄
ニ登記事項ヲ記載シタル順序ヲ記載ス

昭和 35 年 3 月 31 日法律第 14 号

旧第二十条　工場財団登記簿ハ其ノ一用紙ヲ表題部及甲乙ノ二区ニ分チ各区ニ事項欄，順位番
号欄ヲ設ク
② 表題部ニハ工場財団ノ表示ニ関スル事項ヲ記載ス
③ 甲区事項欄ニハ所有権ニ関スル事項ヲ記載ス
④ 乙区事項欄ニハ抵当権ニ関スル事項ヲ記載ス
⑤ 順位番号欄ニハ事項欄ニ登記事項ヲ記載シタル順序ヲ記載ス

平成 16 年 6 月 18 日法律第 124 号

第二十一条　工場財団ノ表題部ノ登記事項ハ左ノ事項トス

一　工場ノ名称及位置

二　主タル営業所

三　営業ノ種類

四　工場財団ヲ組成スルモノ

②　登記官ハ前項第四号ニ掲ゲタル事項ヲ明カニスル為法務省令ノ定ムルトコロニ依リ之ヲ記録シタル工場財団目録ヲ作成スルコトヲ得

③　登記ノ申請ニ於テハ法務省令ヲ以テ定ムル事項ノ外第一項第一号乃至第三号ニ掲ゲタル事項ヲ申請情報ノ内容トス

旧第二十一条　登記ノ申請書ニハ不動産登記法第三十六条<u>第三号乃至第八号</u>ニ掲ケタル事項ノ外左ノ事項ヲ記載スヘシ

昭和 35 年 3 月 31 日法律第 14 号

旧第二十一条　<u>登記ノ申請書ニハ不動産登記法第三十六条第一項第二号乃至第七号ニ掲ケタル事項ノ外左ノ事項ヲ記載スヘシ</u>

一～三　（略）

平成 16 年 6 月 18 日法律第 124 号

第二十二条　工場財団ニ付所有権保存ノ登記ヲ申請スル場合ニ於テハ法務省令ヲ以テ定ムル情報ノ外其ノ申請情報ト併セテ工場財団目録ニ記録スヘキ情報ヲ提供スヘシ

（3 項・新設）昭和 27 年 6 月 14 日法律第 192 号

旧第二十二条　<u>工場財団ニ付所有権保存ノ登記ヲ申請スル場合ニ於テハ不動産登記法第三十五条第一項ニ掲ケタル書面ノ外工場財団目録ヲ提出スヘシ</u>

②　<u>前項ノ目録ニハ工場財団ヲ組成スルモノノ表示ヲ掲ケ申請人之ニ署名、捺印スヘシ</u>

③　<u>数箇ノ工場ニ付工場財団ヲ設クル場合ニ於テハ第一項ノ目録ハ工場毎ニ之ヲ調製スヘシ</u>

平成 16 年 6 月 18 日法律第 124 号

第二十三条　所有権保存ノ登記ノ申請アリタルトキハ其ノ財団ニ属スヘキモノニシテ登記アルモノニ付テハ登記官ハ職権ヲ以テ其ノ登記記録中権利部ニ工場財団ニ属スヘキモノトシテ其ノ財団ニ付所有権保存ノ登記ノ申請アリタル旨、申請ノ受付ノ年月日及受付番号ヲ記録スヘシ

②　前項ニ掲ケタルモノカ他ノ登記所ノ管轄ニ属スルトキハ前項ノ規定ニ依リ記録スヘキ事項ヲ遅

滞ナク管轄登記所ニ通知スヘシ

③　前項ノ通知ヲ受ケタル登記所ハ第一項ノ手続ヲ為シ其ノ登記事項証明書ヲ通知ヲ為シタル登記
所ニ送付スヘシ但シ其ノ登記事項証明書ニハ抹消ニ係ル事項ヲ記載スルコトヲ要セス

④　前三項ノ規定ハ工業所有権, 自動車, 小型船舶又ハダム使用権カ工場財団ニ属スヘキ場合ニ之
ヲ準用ス但シ通知ハ之ヲ特許庁又ハ国土交通大臣（小型船舶登録法第二十一条第一項ニ規定スル
登録測度事務ヲ小型船舶検査機構ガ行フ場合ニ於テハ小型船舶ニ関シ小型船舶検査機構以下同
ジ）ニ為スヘシ

旧④　前三項ノ規定ハ工業所有権カ工場財団ニ属スヘキ場合ニ之ヲ準用ス但シ通知ハ之ヲ特許
局ニ為スヘシ

昭和26年6月1日法律第188号

旧④　前三項ノ規定ハ工業所有権又ハ自動車カ工場財団ニ属スヘキ場合ニ之ヲ準用ス但シ通知
ハ之ヲ特許庁又ハ管轄陸運局長ニ為スヘシ

昭和32年3月31日法律第35号

旧第二十三条　所有権保存ノ登記ノ申請アリタルトキハ其ノ財団ニ属スヘキモノニシテ登記ア
ルモノニ付テハ登記官吏ハ職権ヲ以テ其ノ登記用紙中相当区事項欄ニ工場財団ニ属スヘキモ
ノトシテ其ノ財団ニ付所有権保存ノ登記ノ申請アリタル旨, 申請書受付ノ年月日及受付番号
ヲ記載スヘシ

昭和38年7月9日法律第126号

旧④　前三項ノ規定ハ工業所有権, 自動車又ハダム使用権カ工場財団ニ属スヘキ場合ニ之ヲ準
用ス但シ通知ハ之ヲ特許庁, 管轄陸運局長又ハ建設大臣ニ為スヘシ

昭和44年8月1日法律第68号

旧④　前三項ノ規定ハ工業所有権, 自動車又ハダム使用権カ工場財団ニ属スヘキ場合ニ之ヲ準
用ス但シ通知ハ之ヲ特許庁, 運輸大臣又ハ建設大臣ニ為スヘシ

平成11年12月22日法律第160号

旧④　前三項ノ規定ハ工業所有権, 自動車又ハダム使用権カ工場財団ニ属スヘキ場合ニ之ヲ準

用ス但シ通知ハ之ヲ特許庁又ハ国土交通大臣ニ為スヘシ

平成 13 年 7 月 4 日法律第 102 号

旧第二十三条　所有権保存ノ登記ノ申請アリタルトキハ其ノ財団ニ属スヘキモノニシテ登記ア
ルモノニ付テハ登記官ハ職権ヲ以テ其ノ登記用紙中相当区事項欄ニ工場財団ニ属スヘキモノ
トシテ其ノ財団ニ付所有権保存ノ登記ノ申請アリタル旨，申請書受付ノ年月日及受付番号ヲ
記載スヘシ
②　前項ニ掲ケタルモノカ他ノ登記所ノ管轄ニ属スルトキハ前項ノ規定ニ依リ記載スヘキ事項
ヲ遅滞ナク管轄登記所ニ通知スヘシ
③　前項ノ通知ヲ受ケタル登記所ハ第一項ノ手続ヲ為シ其ノ登記簿ノ謄本ヲ通知ヲ為シタル登
記所ニ送付スヘシ但シ其ノ謄本ニハ抹消ニ係ル事項ヲ記載スルコトヲ要セス
④　（略）

平成 16 年 6 月 18 日法律第 124 号

第二十四条　前条ノ場合ニ於テ登記官ハ官報ヲ以テ工場財団ニ属スヘキ動産ニ付権利ヲ有スル者又
ハ差押，仮差押若ハ仮処分ノ債権者ハ一定ノ期間内ニ其ノ権利ヲ申出ツヘキ旨ヲ公告スヘシ但シ
其ノ期間ハ一箇月以上三箇月以下トス
②　前項ノ公告ハ所有権保存ノ登記ノ申請カ期間ノ満了前ニ却下セラレタルトキハ遅滞ナク之ヲ取
消スヘシ

旧第二十四条　前条ノ場合ニ於テ登記官吏ハ官報ヲ以テ工場財団ニ属スヘキ動産ニ付権利ヲ有
スル者又ハ差押，仮差押若ハ仮処分ノ債権者ハ一定ノ期間内ニ其ノ権利ヲ申出ツヘキ旨ヲ公
告スヘシ但シ其ノ期間ハ一箇月以上三箇月以下トス

昭和 38 年 7 月 9 日法律第 126 号

第二十五条　前条第一項ノ期間内ニ権利ノ申出ナキトキハ其ノ権利ハ存在セサルモノト看做シ差
押，仮差押又ハ仮処分ハ其ノ効力ヲ失フ但シ所有権保存ノ登記ノ申請カ却下セラレタルトキ又ハ
其ノ登記カ効力ヲ失ヒタルトキハ此ノ限ニ在ラス

第二十六条　第二十四条第一項ノ期間内ニ権利ノ申出アリタルトキハ遅滞ナク其ノ旨ヲ所有権保存
ノ登記ノ申請人ニ通知スヘシ

第二十六条ノ二　前三条ノ規定ハ登記又ハ登録アル動産ニ付テハ之ヲ適用セス

（新設）昭和 26 年 6 月 1 日法律第 188 号

第二十七条 所有権保存ノ登記ノ申請ハ不動産登記法第二十五条ニ掲ケタル場合ノ外左ノ場合ニ於テ之ヲ却下スヘシ

　一　登記簿若ハ登記事項証明書又ハ登録ニ関スル原簿ノ謄本（道路運送車両法第二十二条第一項ノ規定ニ依ル登録事項等証明書又ハ小型船舶登録法第十四条ノ規定ニ依ル原簿ニシテ磁気ディスクヲ以テ調製シタル部分ニ記録シタル事項ヲ証明シタル書面ヲ含ム以下同ジ）ニ依リ工場財団ニ属スヘキモノカ他人ノ権利ノ目的タルコト又ハ差押，仮差押若ハ仮処分ノ目的タルコト明白ナルトキ

　二　工場財団目録ニ記録スヘキ情報トシテ提供シタルモノカ登記簿若ハ登記事項証明書又ハ登録ニ関スル原簿ノ謄本ト抵触スルトキ

　三　工場財団ニ属スヘキ動産ニ付権利ヲ有スル者又ハ差押，仮差押若ハ仮処　分ノ債権者カ其ノ権利ヲ申出テタル場合ニ於テ遅クトモ第二十四条第一項ノ期間満了後一週間内ニ其ノ申出ノ取消アラサルトキ又ハ其ノ申出ノ理由ナキコトノ証明アラサルトキ

旧一　登記簿若ハ其ノ謄本又ハ登録ニ関スル原簿ノ謄本ニ依リ工場財団ニ属スヘキモノカ他人ノ権利ノ目的タルコト又ハ差押，仮差押若ハ仮処分ノ目的タルコト明白ナルトキ

昭和 44 年 8 月 1 日法律第 68 号

旧一　登記簿若ハ其ノ謄本又ハ登録ニ関スル原簿ノ謄本（道路運送車両法第二十二条第一項ノ規定ニ依ル登録事項等証明書ヲ含ム以下同ジ）ニ依リ工場財団ニ属スヘキモノカ他人ノ権利ノ目的タルコト又ハ差押，仮差押若ハ仮処分ノ目的タルコト明白ナルトキ

平成 13 年 7 月 4 日法律第 102 号

旧第二十七条　所有権保存ノ登記ノ申請ハ不動産登記法第四十九条ニ掲ケタル場合ノ外左ノ場合ニ於テ之ヲ却下スヘシ

　一　登記簿若ハ其ノ謄本又ハ登録ニ関スル原簿ノ謄本（道路運送車両法第二十二条第一項ノ規定ニ依ル登録事項等証明書又ハ小型船舶登録法第十四条ノ規定ニ依ル原簿ニシテ磁気ディスクヲ以テ調製シタル部分ニ記録シタル事項ヲ証明シタル書面ヲ含ム以下同ジ）ニ依リ工場財団ニ属スヘキモノカ他人ノ権利ノ目的タルコト又ハ差押，仮差押若ハ仮処分ノ目的タルコト明白ナルトキ

　二　工場財団目録ニ掲ケタルモノノ表示カ登記簿若ハ其ノ謄本又ハ登録ニ関スル原簿ノ謄本ト牴触スルトキ

　三　（略）

平成 16 年 6 月 18 日法律第 124 号

第二十八条　登記官カ所有権保存ノ登記ノ申請ヲ却下シタルトキハ第二十三条第一項ノ規定ニ依リテ為シタル記録ヲ抹消スヘシ

② 他ノ登記所，特許庁又ハ国土交通大臣ニ所有権保存ノ登記ノ申請アリタル旨ヲ通知シタル場合ニ於テハ其ノ申請ヲ却下シタル旨ヲ遅滞ナク通知スヘシ

③ 前項ノ通知ヲ受ケタル登記所，特許庁又ハ国土交通大臣ハ第二十三条第三項又ハ第四項ノ規定ニ依リテ為シタル記録又ハ記載ヲ抹消スヘシ

旧② 他ノ登記所又ハ特許局ニ所有権保存ノ登記ノ申請アリタル旨ヲ通知シタル場合ニ於テハ其ノ申請ヲ却下シタル旨ヲ遅滞ナク通知スヘシ

旧③ 前項ノ通知ヲ受ケタル登記所又ハ特許局ハ第二十三条第三項又ハ第四項ノ規定ニ依リテ為シタル記載ヲ抹消スヘシ

昭和 26 年 6 月 1 日法律第 188 号

旧② 他ノ登記所，特許庁又ハ陸運局長ニ所有権保存ノ登記ノ申請アリタル旨ヲ通知シタル場合ニ於テハ其ノ申請ヲ却下シタル旨ヲ遅滞ナク通知スヘシ

旧③ 前項ノ通知ヲ受ケタル登記所，特許庁又ハ陸運局長ハ第二十三条第三項又ハ第四項ノ規定ニ依リテ為シタル記載ヲ抹消スヘシ

昭和 32 年 3 月 31 日法律第 35 号

旧第二十八条 登記官吏カ所有権保存ノ登記ノ申請ヲ却下シタルトキハ第二十三条第一項ノ規定ニ依リテ為シタル記載ヲ抹消スヘシ

昭和 38 年 7 月 9 日法律第 126 号

旧② 他ノ登記所，特許庁，陸運局長又ハ建設大臣ニ所有権保存ノ登記ノ申請アリタル旨ヲ通知シタル場合ニ於テハ其ノ申請ヲ却下シタル旨ヲ遅滞ナク通知スヘシ

旧③ 前項ノ通知ヲ受ケタル登記所，特許庁，陸運局長又ハ建設大臣ハ第二十三条第三項又ハ第四項ノ規定ニ依リテ為シタル記載ヲ抹消スヘシ

昭和 44 年 8 月 1 日法律第 68 号

旧② 他ノ登記所，特許庁，運輸大臣又ハ建設大臣ニ所有権保存ノ登記ノ申請アリタル旨ヲ通知シタル場合ニ於テハ其ノ申請ヲ却下シタル旨ヲ遅滞ナク通知スヘシ

旧③ 前項ノ通知ヲ受ケタル登記所，特許庁，運輸大臣又ハ建設大臣ハ第二十三条第三項又ハ第四項ノ規定ニ依リテ為シタル記載ヲ抹消スヘシ

平成 11 年 12 月 22 日法律第 160 号

> 旧第二十八条　登記官カ所有権保存ノ登記ノ申請ヲ却下シタルトキハ第二十三条第一項ノ規定
> ニ依リテ為シタル記載ヲ抹消スヘシ
> ②　（略）
> ③　前項ノ通知ヲ受ケタル登記所，特許庁又ハ国土交通大臣ハ第二十三条第三項又ハ第四項ノ
> 規定ニ依リテ為シタル記載ヲ抹消スヘシ
> 平成 16 年 6 月 18 日法律第 124 号

第二十九条　工場財団ニ属スヘキモノニシテ登記又ハ登録アルモノハ第二十三条ノ記録又ハ記載ア
リタル後ハ之ヲ譲渡シ又ハ所有権以外ノ権利ノ目的ト為スコトヲ得ス

> 旧第二十九条　工場財団ニ属スヘキモノニシテ登記又ハ登録アルモノハ第二十三条ノ記載アリ
> タル後ハ之ヲ譲渡シ又ハ所有権以外ノ権利ノ目的ト為スコトヲ得ス
> 平成 16 年 6 月 18 日法律第 124 号

第三十条　第二十三条ノ記録又ハ記載アリタル後差押ノ登記又ハ登録アリタル場合ニ於テハ所有権
保存ノ登記ノ申請カ却下セラレサル間及其ノ登記カ効力ヲ失ハサル間ハ売却許可決定ヲ為スコト
ヲ得ス

> 旧第三十条　第二十三条ノ記載アリタル後競売申立ノ登記アリタル場合ニ於テハ所有権保存ノ
> 登記ノ申請カ却下セラレサル間及其ノ登記カ効力ヲ失ハサル間ハ競落ヲ許ス決定ヲ為スコト
> ヲ得ス
> 昭和 26 年 6 月 1 日法律第 188 号

> 旧第三十条　第二十三条ノ記載アリタル後競売申立ノ登記又ハ登録アリタル場合ニ於テハ所有
> 権保存ノ登記ノ申請カ却下セラレサル間及其ノ登記カ効力ヲ失ハサル間ハ競落ヲ許ス決定ヲ
> 為スコトヲ得ス
> 昭和 54 年 3 月 30 日法律第 5 号

> 旧第三十条　第二十三条ノ記載アリタル後差押ノ登記又ハ登録アリタル場合ニ於テハ所有権保
> 存ノ登記ノ申請カ却下セラレサル間及其ノ登記カ効力ヲ失ハサル間ハ売却許可決定ヲ為スコ
> トヲ得ス
> 平成 16 年 6 月 18 日法律第 124 号

第三十一条　第二十三条ノ記録又ハ記載アリタル後ニ為シタル差押，仮差押若ハ仮処分ノ登記若ハ
　登録又ハ先取特権ノ保存ノ登記ハ抵当権設定ノ登記アリタルトキハ其ノ効力ヲ失フ

> 旧第三十一条　第二十三条ノ記載アリタル後ニ為シタル差押，仮差押若ハ仮処分ノ登記又ハ先
> 　取特権ノ保存ノ登記ハ抵当権設定ノ登記アリタルトキハ其ノ効力ヲ失フ
> 　　　　　　　　　　　　　　　　　　　　　　　　　　昭和 26 年 6 月 1 日法律第 188 号

> 旧第三十一条　第二十三条ノ記載アリタル後ニ為シタル差押，仮差押若ハ仮処分ノ登記若ハ登
> 　録又ハ先取特権ノ保存ノ登記ハ抵当権設定ノ登記アリタルトキハ其ノ効力ヲ失フ
> 　　　　　　　　　　　　　　　　　　　　　　　　　平成 16 年 6 月 18 日法律第 124 号

第三十二条　前条ノ規定ニ依リ差押，仮差押又ハ仮処分ノ登記又ハ登録カ其ノ効力ヲ失ヒタルトキ
　ハ裁判所ハ利害関係人ノ申立ニ因リ差押，仮差押又ハ仮処分ノ命令ヲ取消スヘシ

> 旧第三十二条　前条ノ規定ニ依リ差押，仮差押又ハ仮処分ノ登記カ其ノ効力ヲ失ヒタルトキハ
> 　裁判所ハ利害関係人ノ申立ニ因リ差押，仮差押又ハ仮処分ノ命令ヲ取消スヘシ
> 　　　　　　　　　　　　　　　　　　　　　　　　　　昭和 26 年 6 月 1 日法律第 188 号

第三十三条　工場財団ニ属スヘキ動産ハ第二十四条第一項ノ公告アリタル後ハ之ヲ譲渡シ又ハ所有
　権以外ノ権利ノ目的ト為スコトヲ得ス
②　第二十四条第一項ノ公告アリタル後差押アリタルトキハ第三十条ノ規定ヲ準用ス
③　第二十四条第一項ノ公告アリタル後差押，仮差押又ハ仮処分アリタル場合ニ於テ抵当権設定ノ
　登記アリタルトキハ差押，仮差押又ハ仮処分ハ其ノ効力ヲ失フ

第三十四条　登記官カ所有権保存ノ登記ヲ為シタルトキハ其ノ財団ニ属シタルモノノ登記記録中権
　利部ニ工場財団ニ属シタル旨ヲ記録スヘシ
②　第二十三条第二項乃至第四項ノ規定ハ前項ノ場合ニ之ヲ準用ス但シ登記事項証明書又ハ登録ニ
　関スル原簿ノ謄本ノ送付ヲ要セス

> 旧第三十四条　登記官吏カ所有権保存ノ登記ヲ為シタルトキハ其ノ財団ニ属シタルモノノ登記
> 　用紙中相当区事項欄ニ工場財団ニ属シタル旨ヲ記載スヘシ
> 　　　　　　　　　　　　　　　　　　　　　　　　　　昭和 38 年 7 月 9 日法律第 126 号

工場抵当法改正経過　　**329**

> 旧第三十四条　登記官カ所有権保存ノ登記ヲ為シタルトキハ其ノ財団ニ属シタルモノノ登記用
> 紙中相当区事項欄ニ工場財団ニ属シタル旨ヲ記載スヘシ
> ②　第二十三条第二項乃至第四項ノ規定ハ前項ノ場合ニ之ヲ準用ス但シ登記簿又ハ登録ニ関ス
> ル原簿ノ謄本ノ送付ヲ要セス
> 　　　　　　　　　　　　　　　　　　　　　　　　　　　　平成 16 年 6 月 18 日法律第 124 号

第三十五条　削除（平成 16 年 6 月 18 日法律第 124 号）

第三十六条　工場財団ノ抵当権設定ノ登記ノ申請ハ不動産登記法第二十五条ニ掲ケタル場合ノ外第
　十条ノ期間ヲ経過シタル場合ニ於テ之ヲ却下スヘシ

> 旧第三十六条　工場財団ノ抵当権設定ノ登記ノ申請ハ不動産登記法第四十九条ニ掲ケタル場合
> ノ外第十条ノ期間ヲ経過シタル場合ニ於テ之ヲ却下スヘシ
> 　　　　　　　　　　　　　　　　　　　　　　　　　　　　平成 16 年 6 月 18 日法律第 124 号

第三十七条　登記官カ抵当権設定ノ登記ヲ為シタルトキハ第三十一条ノ規定ニ依リ効力ヲ失ヒタル
　登記ヲ抹消スヘシ
②　第二十三条第二項乃至第四項ノ規定ハ前項ノ場合ニ之ヲ準用ス但シ登記事項証明書又ハ登録ニ
　関スル原簿ノ謄本ノ送付ヲ要セス

> 旧②　第二十三条第二項及第三項ノ規定ハ前項ノ場合ニ之ヲ準用ス但シ登記簿謄本ノ送付ヲ要
> セス
> 　　　　　　　　　　　　　　　　　　　　　　　　　　　　昭和 26 年 6 月 1 日法律第 188 号

> 旧第三十七条　登記官吏カ抵当権設定ノ登記ヲ為シタルトキハ第三十一条ノ規定ニ依リ効力ヲ
> 失ヒタル登記ヲ抹消スヘシ
> 　　　　　　　　　　　　　　　　　　　　　　　　　　　　昭和 38 年 7 月 9 日法律第 126 号

> 旧②　第二十三条第二項乃至第四項ノ規定ハ前項ノ場合ニ之ヲ準用ス但シ登記簿又ハ登録ニ関
> スル原簿ノ謄本ノ送付ヲ要セス
> 　　　　　　　　　　　　　　　　　　　　　　　　　　　　平成 16 年 6 月 18 日法律第 124 号

第三十八条 工場財団目録ニ掲ケタル事項ニ変更ヲ生シタルトキハ所有者ハ遅滞ナク工場財団目録ノ記録ノ変更ノ登記ヲ申請スヘシ

② 前項ノ登記ノ申請ヲスルニハ其ノ申請情報ト併セテ抵当権者ノ同意ヲ証スル情報又ハ之ニ代ルヘキ裁判ガアリタルコトヲ証スル情報ヲ提供スヘシ

旧第三十八条 工場財団目録ニ掲ケタル事項ニ変更ヲ生シタルトキハ所有者ハ遅滞ナク工場財団目録ノ記載ノ変更ノ登記ヲ申請スヘシ

② 前項ノ登記ノ申請書ニハ抵当権者ノ同意書又ハ之ニ代ルヘキ裁判ノ謄本ヲ添附スヘシ

平成 16 年 6 月 18 日法律第 124 号

第三十九条 工場財団ニ属スルモノニ変更ヲ生シ又ハ新ニ他ノモノヲ財団ニ属セシメタルニ因リ変更ノ登記ヲ申請スルトキハ変更シタルモノ又ハ新ニ属シタルモノヲ工場財団目録ニ記録スル為ノ情報ヲ提供スヘシ

（3 項・新設）昭和 27 年 6 月 14 日法律第 192 号

旧② 前項ノ規定ニ依リ提出シタル目録ハ工場財団目録ニ編綴シ登記官吏其ノ綴目ニ契印スヘシ

昭和 38 年 7 月 9 日法律第 126 号

旧第三十九条 工場財団ニ属スルモノニ変更ヲ生シ又ハ新ニ他ノモノヲ財団ニ属セシメタルニ因リ変更ノ登記ヲ申請スルトキハ変更シタルモノ又ハ新ニ属シタルモノ表示ヲ掲ケタル目録ヲ提出スヘシ

② 前項ノ規定ニ依リ提出シタル目録ハ工場財団目録ニ編綴シ登記官其ノ綴目ニ契印スヘシ

③ 第二十二条第三項ノ規定ハ第一項ノ目録ニ之ヲ準用ス

平成 16 年 6 月 18 日法律第 124 号

第四十条 工場財団ニ属スルモノニ変更ヲ生シタルニ因リ変更ノ登記ノ申請アリタルトキハ前ノ目録ニ其ノモノニ変更ヲ生シタル旨，申請ノ受付ノ年月日及受付番号ヲ記録スヘシ

旧第四十条 工場財団ニ属スルモノニ変更ヲ生シタルニ因リ変更ノ登記ノ申請アリタルトキハ前ノ目録中其ノモノノ表示ノ側ニ其ノモノニ変更ヲ生シタル旨，申請書受付ノ年月日及受付番号ヲ記載スヘシ

工場抵当法改正経過　　**331**

平成 16 年 6 月 18 日法律第 124 号

第四十一条　新ニ他ノモノヲ財団ニ属セシメタルニ因リ変更ノ登記ノ申請アリタルトキハ前ノ目録ニ新ニ他ノモノヲ財団ニ属セシメタル旨，申請ノ受付ノ年月日及受付番号ヲ記録スベシ

旧第四十一条　新ニ他ノモノヲ財団ニ属セシメタルニ因リ変更ノ登記ノ申請アリタルトキハ前ノ目録ノ末尾ニ新ニ他ノモノヲ財団ニ属セシメタル旨，申請書受付ノ年月日及受付番号ヲ記載スヘシ

平成 16 年 6 月 18 日法律第 124 号

第四十二条　工場財団ニ属シタルモノカ滅失シ又ハ財団ニ属セサルニ至リタルニ因リ変更ノ登記ノ申請アリタルトキハ目録ニ其ノ登記ノ目的タルモノカ滅失シ又ハ財団ニ属セサルニ至リタル旨，申請ノ受付ノ年月日及受付番号ヲ記録シ其ノモノノ表示ヲ抹消スル記号ヲ記録スベシ

旧第四十二条　工場財団ニ属シタルモノカ滅失シ又ハ財団ニ属セサルニ至リタルニ因リ変更ノ登記ノ申請アリタルトキハ目録中其ノ登記ノ目的タルモノノ表示ノ側ニ其ノモノカ滅失シ又ハ財団ニ属セサルニ至リタル旨，申請書受付ノ年月日及受付番号ヲ記載シ其ノモノノ表示ヲ朱抹スヘシ

平成 16 年 6 月 18 日法律第 124 号

第四十二条ノ二　工場ノ所有者ハ数箇ノ工場ニ付設定シタル一箇ノ工場財団ヲ分割シテ数箇ノ工場財団ト為スコトヲ得
②　抵当権ノ目的タル甲工場財団ヲ分割シテ其ノ一部ヲ乙工場財団ト為シタルトキハ其ノ抵当権ハ乙工場財団ニ付消滅ス
③　前項ノ場合ニ於ケル工場財団ノ分割ハ抵当権者ガ乙工場財団ニ付抵当権ノ消滅ヲ承諾スルニ非ザレバ之ヲ為スコトヲ得ズ

（新設）昭和 27 年 6 月 14 日法律第 192 号

第四十二条ノ三　工場ノ所有者ハ数個ノ工場財団ヲ合併シテ一個ノ工場財団ト為スコトヲ得但シ合併セントスル工場財団ノ登記記録ニ所有権及抵当権ノ登記以外ノ登記アルトキ又ハ合併セントスル数個ノ工場財団ノ内二個以上ノ工場財団ニ付既登記ノ抵当権アルトキハ此ノ限ニ在ラズ
②　工場財団ヲ合併シタルトキハ抵当権ハ合併後ノ工場財団ノ全部ニ及ブ

（新設）昭和 27 年 6 月 14 日法律第 192 号

旧第四十二条ノ三　工場ノ所有者ハ<u>数箇</u>ノ工場財団ヲ合併シテ<u>一箇</u>ノ工場財団ト為スコトヲ得
但シ合併セントスル工場財団ノ<u>登記用紙</u>ニ所有権及抵当権ノ登記以外ノ登記アルトキ又ハ合
併セントスル<u>数箇</u>ノ工場財団ノ内<u>二箇</u>以上ノ工場財団ニ付既登記ノ抵当権アルトキハ此ノ限
ニ在ラズ
②　（略）

平成 16 年 6 月 18 日法律第 124 号

第四十二条ノ四　工場財団ノ分割又ハ合併ハ其ノ登記ヲ為スニ依リテ之ヲ為ス

（新設）昭和 27 年 6 月 14 日法律第 192 号

第四十二条ノ五　前条ノ登記ヲ申請スル場合ニ於テハ工場財団ノ分割又ハ合併ヲ申請情報ノ内容ト
シ仍ホ既登記ノ抵当権ノ目的タル工場財団ノ分割ノ登記ヲ申請スル場合ニ於テハ分割後抵当権ノ
消滅スル工場財団ヲ表示シ且其ノ申請情報ト併セテ第四十二条ノ二第三項ノ規定ニ依ル抵当権者
ノ承諾アリタルコトヲ証スル情報ヲ提供スベシ

（新設）昭和 27 年 6 月 14 日法律第 192 号

旧第四十二条ノ五　前条ノ登記ノ<u>申請書</u>ニハ工場財団ノ<u>分合</u>ヲ記載シ仍ホ既登記ノ抵当権ノ目
的タル工場財団ノ分割ノ登記ヲ申請スル場合ニ於テハ分割後抵当権ノ消滅スル工場財団ヲ表
示シ且第四十二条ノ二第三項ノ規定ニ依ル抵当権者ノ承諾アリタルコトヲ証スル<u>書面ヲ添附</u>
スベシ

平成 16 年 6 月 18 日法律第 124 号

第四十二条ノ六　甲工場財団ヲ分割シテ其ノ一部ヲ乙工場財団ト為ス場合ニ於テ分割ノ登記ヲ為ス
トキハ登記記録中表題部ニ分割ニ因リテ甲工場財団ノ登記記録ヨリ移シタル旨ヲ記録スベシ
②　前項ノ場合ニ於テハ甲工場財団ノ目録中乙工場財団ニ属スベキ工場ノ目録ヲ分離シテ之ヲ乙工
場財団ノ目録ト為スベシ
③　前二項ノ手続ヲ為シタルトキハ甲工場財団ノ登記記録中表題部ニ残余工場ノ表示ヲ為シ分割ニ
因リテ他ノ工場ヲ乙工場財団ノ登記記録ニ移シタル旨ヲ記録シ前ノ表示ヲ抹消スル記号ヲ記録ス
ベシ
④　第一項ノ場合ニ於テハ乙工場財団ノ登記記録中権利部ニ甲工場財団ノ登記記録ヨリ所有権ニ関
スル登記ヲ転写シ申請ノ受付ノ年月日及受付番号ヲ記録シ登記官ヲ明カナラシムル措置ヲ為スベ
シ

工場抵当法改正経過　　**333**

（新設）昭和 27 年 6 月 14 日法律第 192 号

旧第四十二条ノ六　甲工場財団ヲ分割シテ其ノ一部ヲ乙工場財団ト為ス場合ニ於テ分割ノ登記ヲ為ストキハ登記用紙中表示欄ニ分割ニ因リテ甲工場財団ノ登記用紙ヨリ移シタル旨ヲ記載スベシ

旧③　前二項ノ手続ヲ為シタルトキハ甲工場財団ノ登記用紙中表示欄ニ残余工場ノ表示ヲ為シ分割ニ因リテ他ノ工場ヲ乙工場財団ノ登記用紙ニ移シタル旨ヲ記載シ前ノ表示及其ノ番号ヲ朱抹スベシ

昭和 35 年 3 月 31 日法律第 14 号

旧④　第一項ノ場合ニ於テハ乙工場財団ノ登記用紙中甲区事項欄ニ甲工場財団ノ登記用紙ヨリ所有権ニ関スル登記ヲ転写シ申請書受付ノ年月日及受付番号ヲ記載シ登記官吏捺印スベシ

昭和 38 年 7 月 9 日法律第 126 号

旧第四十二条ノ六　甲工場財団ヲ分割シテ其ノ一部ヲ乙工場財団ト為ス場合ニ於テ分割ノ登記ヲ為ストキハ登記用紙中表題部ニ分割ニ因リテ甲工場財団ノ登記用紙ヨリ移シタル旨ヲ記載スベシ

②　（略）

③　前二項ノ手続ヲ為シタルトキハ甲工場財団ノ登記用紙中表題部ニ残余工場ノ表示ヲ為シ分割ニ因リテ他ノ工場ヲ乙工場財団ノ登記用紙ニ移シタル旨ヲ記載シ前ノ表示ヲ朱抹スベシ

④　第一項ノ場合ニ於テハ乙工場財団ノ登記用紙中甲区事項欄ニ甲工場財団ノ登記用紙ヨリ所有権ニ関スル登記ヲ転写シ申請書受付ノ年月日及受付番号ヲ記載シ登記官捺印スベシ

平成 16 年 6 月 18 日法律第 124 号

第四十二条ノ七　甲工場財団ト乙工場財団トヲ合併スル場合ニ於テ合併ノ登記ヲ為ストキハ甲工場財団（合併セントスル工場財団ノ内既登記ノ抵当権ノ目的タルモノアルトキハ其ノ工場財団）ノ登記記録中表題部ニ合併ニ因リテ乙工場財団ノ登記記録ヨリ移シタル旨ヲ記録シ前ノ表示ヲ抹消スル記号ヲ記録スベシ

②　前項ノ場合ニ於テハ甲工場財団ノ目録及乙工場財団ノ目録ヲ合併後ノ工場財団ノ目録ト為スベシ

③　乙工場財団ノ登記記録中表題部ニハ合併ニ因リテ甲工場財団ノ登記記録ニ移シタル旨ヲ記録シ乙工場財団ノ表示ヲ抹消スル記号ヲ記録スベシ

④　甲工場財団ノ登記記録中甲区事項欄ニ乙工場財団ノ登記記録ヨリ所有権ニ関スル登記ヲ移シ其ノ登記ガ乙工場財団タリシ部分ノミニ関スル旨，申請ノ受付ノ年月日及受付番号ヲ記録シ登記官

ヲ明カナラシムル措置ヲ為スベシ

（新設）昭和 27 年 6 月 14 日法律第 192 号

旧第四十二条ノ七　甲工場財団ト乙工場財団トヲ合併スル場合ニ於テ合併ノ登記ヲ為ストキハ甲工場財団（合併セントスル工場財団ノ内既登記ノ抵当権ノ目的タルモノアルトキハ其ノ工場財団）ノ登記用紙中<u>表示欄</u>ニ合併ニ因リテ乙工場財団ノ登記用紙ヨリ移シタル旨ヲ記載シ前ノ表示及<u>其ノ番号</u>ヲ朱抹スベシ

旧③　乙工場財団ノ登記用紙中<u>表示欄</u>ニハ合併ニ因リテ甲工場財団ノ登記用紙ニ移シタル旨ヲ記載シ乙工場財団ノ表示及<u>其ノ番号</u>ヲ朱抹シ其ノ登記用紙ヲ閉鎖スベシ

昭和 35 年 3 月 31 日法律第 14 号

旧④　甲工場財団ノ登記用紙中甲区事項欄ニ乙工場財団ノ登記用紙ヨリ所有権ニ関スル登記ヲ移シ其ノ登記ガ乙工場財団タリシ部分ノミニ関スル旨，申請書受付ノ年月日及受付番号ヲ記載シ<u>登記官吏</u>捺印スベシ

昭和 38 年 7 月 9 日法律第 126 号

旧第四十二条ノ七　甲工場財団ト乙工場財団トヲ合併スル場合ニ於テ合併ノ登記ヲ為ストキハ甲工場財団（合併セントスル工場財団ノ内既登記ノ抵当権ノ目的タルモノアルトキハ其ノ工場財団）ノ登記用紙中表題部ニ合併ニ因リテ乙工場財団ノ<u>登記用紙</u>ヨリ移シタル旨ヲ<u>記載シ</u>前ノ表示ヲ<u>朱抹スベシ</u>

②　（略）

③　乙工場財団ノ<u>登記用紙</u>中表題部ニハ合併ニ因リテ甲工場財団ノ<u>登記用紙</u>ニ移シタル旨ヲ<u>記載シ</u>乙工場財団ノ表示ヲ<u>朱抹シ其ノ登記用紙ヲ閉鎖スベシ</u>

④　甲工場財団ノ<u>登記用紙</u>中甲区事項欄ニ乙工場財団ノ<u>登記用紙</u>ヨリ所有権ニ関スル登記ヲ移シ其ノ登記ガ乙工場財団タリシ部分ノミニ関スル旨，<u>申請書</u>受付ノ年月日及受付番号ヲ<u>記載シ登記官</u>捺印スベシ

平成 16 年 6 月 18 日法律第 124 号

第四十三条　第二十三条乃至第三十四条及第三十七条ノ規定ハ新ニ他ノモノヲ財団ニ属セシメタルニ因リ変更ノ登記ノ申請アリタル場合ニ之ヲ準用ス

第四十四条　工場財団ニ属シタルモノニシテ登記アルモノカ滅失シ又ハ財団ニ属セサルニ至リタルニ因リ変更ノ登記ノ申請アリタルトキハ其ノモノノ登記記録中権利部ニ其ノ旨ヲ記録シ第二十三

条及第三十四条ノ記録ヲ抹消スヘシ

② 前項ニ掲ケタルモノカ他ノ登記所ノ管轄ニ属スルトキハ其ノモノカ滅失シ又ハ財団ニ属セサル
ニ至リタル旨ヲ遅滞ナク管轄登記所ニ通知スヘシ

③ 前項ノ通知ヲ受ケタル登記所ハ第一項ノ手続ヲ為スヘシ

④ 前三項ノ規定ハ工場財団ニ属シタル工業所有権，自動車，小型船舶若ハダム使用権カ消滅シ又
ハ財団ニ属セサルニ至リタル場合ニ之ヲ準用ス但シ通知ハ之ヲ特許庁又ハ国土交通大臣ニ為スヘ
シ

旧④　前三項ノ規定ハ工場財団ニ属シタル工業所有権カ消滅シ又ハ財団ニ属セサルニ至リタル
場合ニ之ヲ準用ス但シ通知ハ之ヲ特許局ニ為スヘシ

昭和 26 年 6 月 1 日法律第 188 号

旧④　前三項ノ規定ハ工場財団ニ属シタル工業所有権若ハ自動車カ消滅シ又ハ財団ニ属セサル
ニ至リタル場合ニ之ヲ準用ス但シ通知ハ之ヲ特許庁又ハ陸運局長ニ為スヘシ

昭和 32 年 3 月 31 日法律第 35 号

旧④　前三項ノ規定ハ工場財団ニ属シタル工業所有権，自動車若ハダム使用権カ消滅シ又ハ財
団ニ属セサルニ至リタル場合ニ之ヲ準用ス但シ通知ハ之ヲ特許庁，陸運局長又ハ建設大臣ニ
為スヘシ

昭和 44 年 8 月 1 日法律第 68 号

旧④　前三項ノ規定ハ工場財団ニ属シタル工業所有権，自動車若ハダム使用権カ消滅シ又ハ財
団ニ属セサルニ至リタル場合ニ之ヲ準用ス但シ通知ハ之ヲ特許庁，運輸大臣又ハ建設大臣ニ
為スヘシ

平成 11 年 12 月 22 日法律第 160 号

旧④　前三項ノ規定ハ工場財団ニ属シタル工業所有権，自動車若ハダム使用権カ消滅シ又ハ財
団ニ属セサルニ至リタル場合ニ之ヲ準用ス但シ通知ハ之ヲ特許庁又ハ国土交通大臣ニ為スヘ
シ

平成 13 年 7 月 4 日法律第 102 号

旧第四十四条　工場財団ニ属シタルモノニシテ登記アルモノカ滅失シ又ハ財団ニ属セサルニ至リタルニ因リ変更ノ登記ノ申請アリタルトキハ其ノモノノ登記用紙中相当区事項欄ニ其ノ旨ヲ記載シ第二十三条及第三十四条ノ記載ヲ抹消スヘシ

②～④　（略）

平成 16 年 6 月 18 日法律第 124 号

第四十四条ノ二　工場財団ニ付抵当権ノ登記ガ全部抹消セラレタルトキ又ハ抵当権ガ第四十二条ノ二第二頂ノ規定ニ依リ消滅シタルトキハ所有者ハ工場財団ノ消滅ノ登記ヲ申請スルコトヲ得但シ其ノ工場財団ノ登記記録ニ所有権ノ登記以外ノ登記アルトキハ此ノ限ニ在ラズ

（新設）昭和 27 年 6 月 14 日法律第 192 号

旧第四十四条ノ二　工場財団ニ付抵当権ノ登記ガ全部抹消セラレタルトキ又ハ抵当権ガ第四十二条ノ二第二頂ノ規定ニ依リ消滅シタルトキハ所有者ハ工場財団ノ消滅ノ登記ヲ申請スルコトヲ得但シ其ノ工場財団ノ登記用紙ニ所有権ノ登記以外ノ登記アルトキハ此ノ限ニ在ラズ

平成 16 年 6 月 18 日法律第 124 号

第四十四条ノ三　工場財団ヲ目的トスル抵当権ガ消滅シタルトキハ当事者ハ遅滞ナク其ノ登記ノ抹消ヲ申請スベシ

（新設）昭和 27 年 6 月 14 日法律第 192 号

第四十五条　工場財団ノ差押，仮差押又ハ仮処分ハ工場所在地ノ地方裁判所ノ管轄トス

②　民事訴訟法（平成八年法律第百九号）第十条第二項及第三項ノ規定ハ工場カ数箇ノ地方裁判所ノ管轄地ニ跨カリ又ハ工場財団ヲ組成スル数箇ノ工場カ数箇ノ地方裁判所ノ管轄地内ニ在ル場合ニ之ヲ準用ス

旧第四十五条　工場財団ノ差押，仮差押又ハ仮処分ハ工場所在地ノ区裁判所ノ管轄トス

②　民事訴訟法第二十六条ノ規定ハ工場カ数箇ノ区裁判所ノ管轄地ニ跨カリ又ハ工場財団ヲ組成スル数箇ノ工場カ数箇ノ区裁判所ノ管轄地内ニ在ル場合ニ之ヲ準用ス

昭和 24 年 5 月 31 日法律第 137 号

旧②　民事訴訟法第二十四条ノ規定ハ工場カ数箇ノ地方裁判所ノ管轄地ニ跨カリ又ハ工場財団ヲ組成スル数箇ノ工場カ数箇ノ地方裁判所ノ管轄地内ニ在ル場合ニ之ヲ準用ス

工場抵当法改正経過　　**337**

平成 8 年 6 月 26 日法律第 110 号

第四十六条　裁判所ハ抵当権者ノ申立ニ因リ工場財団ヲ箇箇ノモノトシテ売却ニ付スヘキ旨ヲ命スルコトヲ得

旧第四十六条　裁判所ハ抵当権者ノ申立ニ因リ工場財団ヲ箇箇ノモノトシテ競売又ハ入札ニ付スヘキ旨ヲ命スルコトヲ得

昭和 54 年 3 月 30 日法律第 5 号

第四十七条　民事執行法（昭和五十四年法律第四号）第八十二条（之ヲ準用シ又ハ其ノ例ニ依ル場合ヲ含ム）ノ規定ニ依リ登記ノ嘱託ヲ為スヘキ場合ニ於テハ裁判所書記官ハ同時ニ工場財団ニ属シタル土地，建物，船舶，工業所有権，自動車又ハダム使用権ニ付買受人ノ取得シタル権利ノ登記又ハ登録ヲ管轄登記所，特許庁又ハ国土交通大臣ニ嘱託スヘシ
② 　前項ノ規定ハ前条ノ規定ニ依ル売却アリタル場合ニ之ヲ準用ス此ノ場合ニ於テハ工場財団ノ消滅ノ登記並ニ第二十三条及第三十四条ノ記録ノ抹消ヲモ嘱託スルコトヲ要ス

旧第四十七条　民事訴訟法第七百条又ハ競売法第三十三条ノ規定ニ依リ登記ノ嘱託ヲ為スヘキ場合ニ於テ工場財団ノ抵当権カ競落ニ因リ消滅シタルトキハ裁判所ハ同時ニ工場財団ニ属シタル土地，建物，船舶又ハ工業所有権ニ付第二十三条及第三十四条ノ記載ノ抹消及競落人ノ取得シタル権利ノ登記又ハ登録ヲ管轄登記所又ハ特許局ニ嘱託スヘシ

昭和 26 年 6 月 1 日法律第 188 号

旧第四十七条　民事訴訟法第七百条又ハ競売法第三十三条ノ規定ニ依リ登記ノ嘱託ヲ為スヘキ場合ニ於テ工場財団ノ抵当権カ競落ニ因リ消滅シタルトキハ裁判所ハ同時ニ工場財団ニ属シタル土地，建物，船舶，工業所有権又ハ自動車ニ付第二十三条及第三十四条ノ記載ノ抹消及競落人ノ取得シタル権利ノ登記又ハ登録ヲ管轄登記所，特許庁又ハ管轄陸運局長ニ嘱託スヘシ

昭和 32 年 3 月 31 日法律第 35 号

旧第四十七条　民事訴訟法第七百条又ハ競売法第三十三条ノ規定ニ依リ登記ノ嘱託ヲ為スヘキ場合ニ於テ工場財団ノ抵当権カ競落ニ因リ消滅シタルトキハ裁判所ハ同時ニ工場財団ニ属シタル土地，建物，船舶，工業所有権，自動車又ハダム使用権ニ付第二十三条及第三十四条ノ記載ノ抹消及競落人ノ取得シタル権利ノ登記又ハ登録ヲ管轄登記所，特許庁，管轄陸運局長又ハ建設大臣ニ嘱託スヘシ

昭和 35 年 3 月 31 日法律第 14 号

旧第四十七条　民事訴訟法第七百条又ハ競売法第三十三条ノ規定ニ依リ登記ノ嘱託ヲ為スヘキ
　　場合ニ於テハ裁判所ハ同時ニ工場財団ニ属シタル土地，建物，船舶，工業所有権，自動車又
　　ハダム使用権ニ付競落人ノ取得シタル権利ノ登記又ハ登録ヲ管轄登記所，特許庁，管轄陸運
　　局長又ハ建設大臣ニ嘱託スヘシ

昭和 44 年 8 月 1 日法律第 68 号

旧第四十七条　民事訴訟法第七百条又ハ競売法第三十三条ノ規定ニ依リ登記ノ嘱託ヲ為スヘキ
　　場合ニ於テハ裁判所ハ同時ニ工場財団ニ属シタル土地，建物，船舶，工業所有権，自動車又
　　ハダム使用権ニ付競落人ノ取得シタル権利ノ登記又ハ登録ヲ管轄登記所，特許庁，運輸大臣
　　又ハ建設大臣ニ嘱託スヘシ
②　前項ノ規定ハ前条ノ規定ニ依ル競売又ハ入札アリタル場合ニ之ヲ準用ス此ノ場合ニ於テハ
　　工場財団ノ消滅ノ登記並ニ第二十三条及第三十四条ノ記載ノ抹消ヲモ嘱託スルコトヲ要ス

昭和 54 年 3 月 30 日法律第 5 号

旧第四十七条　民事執行法（昭和五十四年法律第四号）第八十二条（之ヲ準用シ又ハ其ノ例ニ
　　依ル場合ヲ含ム）ノ規定ニ依リ登記ノ嘱託ヲ為スヘキ場合ニ於テハ裁判所書記官ハ同時ニ工
　　場財団ニ属シタル土地，建物，船舶，工業所有権，自動車又ハダム使用権ニ付買受人ノ取得
　　シタル権利ノ登記又ハ登録ヲ管轄登記所，特許庁，運輸大臣又ハ建設大臣ニ嘱託スヘシ

平成 11 年 12 月 22 日法律第 160 号

旧②　前項ノ規定ハ前条ノ規定ニ依ル売却アリタル場合ニ之ヲ準用ス此ノ場合ニ於テハ工場財
　　団ノ消滅ノ登記並ニ第二十三条及第三十四条ノ記載ノ抹消ヲ嘱託スルコトヲ要ス

平成 16 年 6 月 18 日法律第 124 号

第四十八条　工場財団登記簿ハ所有権保存ノ登記カ其ノ効力ヲ失ヒタルトキ又ハ第八条第三項ノ規
　　定ニ依リ工場財団ガ消滅シタルトキハ其ノ登記記録ニ其ノ旨ヲ記録スベシ
②　第四十四条ノ規定ハ前項ノ場合ニ之ヲ準用ス

旧第四十八条　工場財団登記簿ハ所有権保存ノ登記カ其ノ効力ヲ失ヒタルトキ又ハ抵当権ノ登
　　記カ全部抹消セラレタルトキハ其ノ用紙ヲ閉鎖スヘシ

工場抵当法改正経過　**339**

昭和 27 年 6 月 14 日法律第 192 号

旧第四十八条　工場財団登記簿ハ所有権保存ノ登記カ其ノ効力ヲ失ヒタルトキ又ハ第八条第三
　　項ノ規定ニ依リ工場財団ガ消滅シタルトキハ其ノ用紙ヲ閉鎖スヘシ
②　（略）

平成 16 年 6 月 18 日法律第 124 号

第四十八条ノ二　削除（平成 16 年 6 月 18 日法律第 124 号）

（新設）昭和 63 年 6 月 11 日法律第 81 号

第四十九条　工場ノ所有者ガ譲渡又ハ質入ノ目的ヲ以テ本法ノ規定ニ依リテ抵当権ノ目的タル動産
　ヲ第三者ニ引渡シタルトキハ一年以下ノ懲役又ハ十万円以下ノ罰金ニ処ス
②　法人ノ代表者又ハ法人若ハ人ノ代理人使用人其ノ他ノ従業者ガ其ノ法人又ハ人ノ業務又ハ財産
　ニ関シ前項ノ違反行為ヲ為シタルトキハ行為者ヲ罰スルノ外其ノ法人又ハ人ニ対シ同項ノ罰金刑
　ヲ科ス

旧第四十九条　工場ノ所有者又ハ法律ニ依リ之ニ代リテ一切ノ行為ヲ為ス権限ヲ有スル者カ譲
　　渡又ハ質入ノ目的ヲ以テ第二条ノ規定ニ依リ抵当権ノ目的タル物ヲ第三者ニ引渡シ又ハ引渡
　　サシメタルトキハ十五日以上二月以下ノ重禁錮ニ処ス
②　前項ニ規定シタル行為ト雖刑法ニ正条アルモノハ刑法ニ従フ

昭和 27 年 6 月 14 日法律第 192 号

第五十条　前条ノ罪ハ告訴アルニ非ザレバ公訴ヲ提起スルコトヲ得ズ

旧第五十条　工場ノ所有者カ抵当権ノ目的ト為シタル物又ハ抵当権ノ目的ト為シタル工場財団
　　ニ属スル物ヲ毀損シ又ハ毀損セシメタルトキハ刑法第四百十七条乃至第四百二十三条ノ例ニ
　　照シ各一等ヲ減ス

昭和 27 年 6 月 14 日法律第 192 号

旧第五十条　前条ノ罪ハ告訴ヲ待テ之ヲ論ズ

平成7年5月12日法律第91号

附　則（明治 38 年 6 月勅令第 187 号）
　　明治 38 年 7 月 1 日から施行
本法施行ノ期日ハ勅令ヲ以テ之ヲ定ム

附　則（昭和 24 年 5 月 31 日法律第 137 号）
　　昭和 24 年 6 月 1 日から施行

附　則（昭和 26 年 4 月 20 日法律第 150 号）
　　昭和 26 年 7 月 1 日から施行

附　則（昭和 26 年 6 月 1 日法律第 188 号）
　　昭和 27 年 4 月 1 日から施行

附　則（昭和 27 年 6 月 14 日法律第 192 号）
　　公布の日から施行

附　則（昭和 32 年 3 月 31 日法律第 35 号）
　　昭和 32 年 4 月 1 日から施行

附　則（昭和 35 年 3 月 31 日法律第 14 号）
　　昭和 35 年 4 月 1 日から施行

附　則（昭和 38 年 7 月 9 日法律第 126 号）
　　昭和 39 年 4 月 1 日から施行

附　則（昭和 38 年 7 月 15 日法律第 149 号）
　　昭和 38 年 10 月 15 日から施行

附　則（昭和 44 年 8 月 1 日法律第 68 号）
　　昭和 45 年 3 月 1 日から施行

附　則（昭和 50 年 12 月 26 日法律第 90 号）
　　公布の日から施行

附　則（昭和 54 年 3 月 30 日法律第 5 号）
　　昭和 55 年 10 月 1 日から施行

附　則（昭和 59 年 12 月 25 日法律第 87 号）
　　昭和 60 年 4 月 1 日から施行

附　則（昭和 60 年 6 月 25 日法律第 75 号）
　　公布の日から施行

附　則（昭和 63 年 6 月 11 日法律第 81 号）
　　昭和 63 年 7 月 1 日から施行

附　則（平成元年 6 月 28 日法律第 55 号）
　　平成元年 10 月 1 日から施行

附　則（平成 7 年 5 月 12 日法律第 91 号）
　　平成 7 年 6 月 1 日から施行

附　則（平成 8 年 6 月 26 日法律第 110 号）
　　平成 10 年 1 月 1 日から施行

附　則（平成 11 年 12 月 22 日法律第 160 号）
　　平成 13 年 1 月 6 日から施行

附　則（平成 13 年 7 月 4 日法律第 102 号）
　　平成 14 年 4 月 1 日から施行

附　則（平成 16 年 6 月 18 日法律第 124 号）
　　平成 17 年 3 月 7 日から施行

附　則（平成 22 年 12 月 3 日法律第 65 号）
　　平成 23 年 6 月 30 日から施行

工場抵当登記取扱手続（明治三十八年六月二十六日司法省令第十八号）最終改正年月日：昭和六三年八月二五日法務省令第三七号	工場抵当登記規則（平成 17 年 2 月 28 日法務省令第 23 号）最終改正：平成 23 年 3 月 25 日法務省令第 5 号	
	* 3 条指定を受けていない事務 • 有効：附則 3 条 2 項：2 条〜3 条ノ 6, 16 条, 19 条ノ 7, 28 条 整備法 7 条 2 項：旧法 19 条, 20 条 財団準則記の 4：旧財団準則 8 条〜10 条, 37 条 • 読替え：附則 3 条 3 項〜5 項：登記記録→登記用紙, 抹消する記号を記録→朱抹, 識別番号を記録→登記官印を押印 • 工場財団目録等：附則 6 条〜：つづり込み帳を備える等 ***** 3 条指定日から適用；5 条, 40 条, 法 19 条, 20 条	
第一条　工場抵当法ニ依ル登記ニ付テハ本令ニ別段ノ定アルモノヲ除ク外不動産登記法施行細則ノ規定ニ依ル	第 1 条　工場抵当法（以下「法」という。）第 4 条第 2 項の法務省令で定める事項は, 不動産登記令（平成 16 年政令第 379 号）第 3 条各号（第 10 号及び第 11 号へを除く。）に掲げる事項とする。	
第二条　工場財団登記簿ハ附録第一号様式ニ依ル表紙及附録第二号様式ニ依ル目録ヲ附シ工場財団ノ登記用紙ヲ編綴シテ之ヲ調製スベシ	法 18 条, 19 条	
第三条　登記用紙ノ表題部, 甲区及乙区ハ附録第三号様式ニ依リ之ヲ調製スベシ	法 20 条	
二　不動産登記法施行細則第五十二条ノ規定ニ依ル場合ニ於テハ同条ノ共同人名票ハ附録第四号様式ニ依リ之ヲ調製スベシ	×	
第三条ノ二　登記用紙ハ登記番号ノ順序ニ従ヒ工場財団登記簿ニ之ヲ編綴スベシ	×	
第三条ノ三　登記用紙ノ毎葉ノ登記	第 5 条　登記官は, 工場財団につい	

番号欄ニハ各工場財団ニ付始メテ登記ヲ為シ又ハ管轄転属ニ因リ移送ヲ受ケタル順序ヲ記載スベシ	て初めて登記をし、又は管轄転属によって移送を受けたときは、工場財団の登記記録の表題部に、これらの順序に従って登記番号を記録しなければならない。
旧法20条3項，4項（不登規4条4項）	2 工場財団の登記記録の権利部は、甲区及び乙区に区分し、甲区には所有権に関する登記の登記事項を記録するものとし、乙区には抵当権に関する登記の登記事項を記録するものとする。
	第6条 工場財団の登記に係る不動産登記規則（平成17年法務省令第18号）の規定の適用については，同令の規定（同令第1条第九号を除く。）中「不動産所在事項」とあり，及び同令第181条第2項第四号中「法第34条第1項各号及び第44条第1項各号（第六号及び第九号を除く。）に掲げる事項」とあるのは、「工場の名称及び位置，主たる営業所並びに営業の種類」とする。
第三条ノ四 登記簿ノ目録ニハ登記簿ニ登記用紙ヲ編綴スル毎ニ登記番号，所有者ノ氏名又ハ名称及ビ編綴ノ年月日ヲ記載シ登記官捺印スベシ	×
第三条ノ五 所有権移転ノ登記又ハ所有者ノ表示変更ノ登記ヲ為シタルトキハ登記簿ノ目録ニ新氏名又ハ新名称ヲ記載シ従前ノ氏名又ハ名称ヲ朱抹シ備考欄ニ其旨及年月日ヲ記載シ登記官捺印スベシ	×
第三条ノ六 閉鎖登記簿ハ附録第五号様式ニ依ル表紙及附録第二号様式ニ依ル目録ヲ附シ閉鎖シタル工場財団ノ登記用紙ヲ編綴シテ之ヲ調製スベシ 二 第三条ノ四並ニ不動産登記法施行細則第七条第二項及第三項ノ規定ハ閉鎖登記簿ニ之ヲ準用ス	×

第四条　工場財団所有権保存ノ登記ヲ申請スルニハ工場抵当法第二十二条ニ掲ケタル書面ノ外工場ノ図面ヲ提出スヘシ	第21条　法第22条の法務省令で定める情報は，不動産登記令第7条第1項第一号から第三号まで，第五号イ及びハ並びに第六号（同令別表の28の項添付情報欄ニに係る部分に限る。）に掲げる情報並びに次条に規定する工場図面とする。	財団準則30条
二　前項ノ図面ハ工場毎ニ之ヲ作製スヘシ	第22条2項　工場図面は，工場ごとに作成するものとする。	
第五条　各別ノ所有者ニ属スル数箇ノ工場ニ付工場財団所有権保存ノ登記ヲ申請スル場合ニ於テハ工場抵当法第二十一条第一号乃至第三号ノ事項ニ付各所有者ノ氏名又ハ名称ヲ記載スヘシ	第24条1項　所有者を異にする二以上の工場について工場財団の所有権の保存の登記を申請する場合には，法第21条第1項第一号から第三号までに掲げる事項及び第18条第1項に規定する事項のほか，当該所有者の氏名又は名称を申請情報の内容とする。	
第五条ノ二　工場抵当法第十七条第二項，第十七条ノ二又ハ第十七条ノ三ノ場合ニ於テ登記ヲ申請スルトキハ申請書ニ管轄登記所ノ指定アリタルコトヲ証スル書面ヲ添付スヘシ	第19条　法第17条第2項（同条第3項において準用する場合を含む。）の規定により管轄登記所の指定がされた場合において，登記の申請をするときは，管轄登記所の指定があったことを証する情報をその申請情報と併せて登記所に提供しなければならない。	財団準則附録第1号
第六条　工場財団目録ノ記載ハ後十条ノ規定ニ従フヘシ	×	
第七条　土地ニ付テハ郡，市，区，町村，字及ヒ地番ヲ記載スヘシ	第7条1項　工場財団目録に土地を記録するときは，当該土地の所在する市，区，郡，町，村及び字並びに当該土地の地番を記録するものとする。	
第八条　建物ニ付テハ其ノ家屋番号ヲ建物以外ノ工作物ニ付テハ其ノ種類，構造及面積又ハ延長ヲ記載シ且其ノ所在ノ土地ヲ表示スヘシ	2　工場財団目録に建物を記録するときは，当該建物の所在する市，区，郡，町，村，字及び土地の地番（区分建物である建物にあっては，当該建物が属する一棟の建物の所在する市，区，郡，町，村，字及び土地の地番）並びに家屋番号を記録するものとする。	
	3　工場財団目録に建物以外の工作	

第九条　機械，器具，電柱，電線，配置諸管，軌条其ノ他ノ附属物ニ付テハ其ノ種類，構造，箇数又ハ延長ヲ記載シ若製作者ノ氏名又ハ名称，製造ノ年月，記号，番号其ノ他同種類ノ他ノ物ト区別スルニ足ルヘキ特質アルトキハ其ノ特質ヲモ記載スヘシ

二　軽微ナル附属物ノ記載ハ概括シテ之ヲ為スコトヲ得

第十条　登記シタル船舶ニ付テハ船舶登記規則第七条第一号乃至第四号ニ掲ケタル事項ヲ記載スヘシ

―

第十一条　地上権ニ付テハ第七条ニ掲ケタル事項ノ外其ノ地上権ノ登記ノ順位番号ヲ記載スヘシ

物を記録するときは，次に掲げる事項を記録するものとする。

一　工作物の所在する市，区，郡，町，村，字及び土地の地番

二　種類

三　構造

四　面積又は延長

第8条　工場財団目録に機械，器具，電柱，電線，配置諸管，軌条その他の附属物を記録するときは，次に掲げる事項を記録するものとする。ただし，工場財団目録に軽微な附属物を記録するときは，概括して記録することができる。

一　種類

二　構造

三　個数又は延長

四　製造者の氏名又は名称，製造の年月，記号，番号その他同種類の他の物と識別することができる情報があるときは，その情報

第9条　工場財団目録に船舶（船舶登記令（平成17年政令第11号）の規定により登記した船舶をいう。以下同じ。）を記録するときは，同令第11条第一号から第五号までに掲げる事項を記録するものとする。

2　工場財団目録に小型船舶の登録等に関する法律（平成13年法律第102号）の規定により登録した小型船舶を記録するときは，同法第6条第2項に規定する船舶番号及び同項第一号から第四号までに掲げる事項を記録するものとする。

第10条　工場財団目録に地上権を記録するときは，第7条第1項に規定する事項のほか，その地上権の登記の順位番号を記録するものとする。

2項新設

工場抵当登記取扱手続・工場抵当登記規則（対照表）　**345**

第十二条　不動産又ハ登記シタル船舶ノ賃借権ニ付テハ第七条，第八条又ハ第十条ニ掲ゲタル事項ノ外其ノ賃借権ノ登記ノ順位番号ヲ其ノ他ノ賃借権ニ付テハ第八条，第九条又ハ第十四条ノ二ニ掲ゲタル事項ノ外存続期間，借賃及其ノ支払時期，設定ノ年月日並ニ賃貸人ノ氏名又ハ名称及住所ヲ記載スヘシ

第十三条　（削除済み）

第十四条　工業所有権ニ付テハ其ノ権利ノ種類，名称，番号及原簿登録ノ年月日ヲ記載スヘシ

二　工業所有権ニ関スル専用実施権，通常実施権，専用使用権又ハ通常使用権ニ付テハ其ノ権利ノ範囲並ニ本権ノ種類，名称，番号，原簿登録ノ年月日及其ノ権利者ノ氏名又ハ名称及住所ヲ記載スヘシ

第十四条ノ二　道路運送車両法ニ依ル自動車ニシテ軽自動車，小型特殊自動車及二輪ノ小型自動車以外ノモノニ付テハ車名及ビ型式，車台番号，原動機ノ型式，自動車登録番号及ビ使用ノ本拠ノ位置ヲ記

第11条　工場財団目録に不動産又は船舶の賃借権を記録するときは，第7条第1項若しくは第2項又は第9条第1項に規定する事項のほか，その賃借権の登記の順位番号を記録するものとする。

2　工場財団目録に不動産及び船舶以外の物に関する賃借権を記録するときは，第7条第3項，第8条，第9条第2項又は第13条に規定する事項のほか，次に掲げる事項を記録するものとする。

一　賃料

二　存続期間又は賃料の支払時期の定めがあるときは，その定め

三　設定の年月日

四　賃貸人の氏名又は名称及び住所

第12条　工場財団目録に工業所有権を記録するときは，次に掲げる事項を記録するものとする。

一　権利の種類

二　権利の名称

三　特許番号又は登録番号

四　登録の年月日

2　工場財団目録に工業所有権についての専用実施権，通常実施権，専用使用権又は通常使用権を記録するときは，次に掲げる事項を記録するものとする。

一　権利の範囲

二　本権の種類及び名称

三　本権の特許番号又は登録番号

四　登録の年月日

五　本権の権利者の氏名又は名称及び住所

第13条　工場財団目録に道路運送車両法（昭和26年法律第185号）第2条第2項の規定による自動車（軽自動車，小型特殊自動車及び二輪の小型自動車を除く。）を記録するときは，次に掲げる事項を

載スベシ	記録するものとする。 一　車名及び型式 二　車台番号 三　原動機の型式 四　自動車登録番号 五　使用の本拠の位置
第十四条ノ三　ダム使用権ニ付テハダム使用権登録令（昭和四十二年政令第二号）第二十五条第一項第一号乃至第四号ニ掲ゲタル事項ヲ記載スベシ	第14条　工場財団目録にダム使用権を記録するときは，ダム使用権登録令（昭和42年政令第2号）第25条第1項第一号から第四号までに掲げる事項を記録するものとする。
旧法22条3項	第15条　工場財団目録は，二以上の工場について工場財団を設定するときは，工場ごとに作成するものとする。
第十五条　数箇ノ工場ガ各別ノ所有者ニ属スル場合ニ於テハ各工場ノ工場財団目録ニハ工場ノ所有者ヲ記載スベシ	第16条　前条の場合において，当該二以上の工場の所有者が異なるときは，当該各工場の工場財団目録には，第7条から第14条までに掲げる事項のほか，当該工場財団目録に記録された工場の所有者の氏名又は名称を記録するものとする。
第十六条　工場財団目録ヲ作成スルニハ日本工業規格Ｂ列四番ノ強靭ナル用紙ヲ用ユヘシ	×（法21条2項）
旧法22条1項	第25条　工場財団の所有権の保存の登記の申請を書面申請によりするときは，申請人は，別記第二号様式による用紙に工場財団目録に記録すべき情報を記載した書面を提出しなければならない。
旧法22条2項	2　前項の書面には，申請人又はその代表者若しくは代理人（委任による代理人を除く。次項において同じ。）が記名押印しなければならない。
第十七条　工場財団目録ニハ其ノ毎葉ノ綴目ニ契印スベシ但シ申請人カ多数ナルトキハ其ノ一人ノ契印ヲ以テ足ル	3　第1項の書面が2枚以上であるときは，申請人又はその代表者若しくは代理人は，各用紙に当該用紙が何枚目であるかを記載し，各

	用紙のつづり目に契印をしなければならない。ただし，当該申請人又はその代表者若しくは代理人が二人以上あるときは，その一人がすれば足りる。	
	4 第15条の規定は，第1項の場合について準用する。	
旧法22条3項	**第22条** 工場図面には，次に掲げる事項を記録するものとする。	
第十八条 工場ノ図面ニハ工場ニ属スル土地及工作物ノ方位，形状及長サ並ニ重要ナル附属物ノ配置ヲ記載シ申請人之ニ署名，捺印スヘシ	一 工場に属する土地及び工作物については，それらの方位，形状及び長さ並びに重要な附属物の配置	
二 地上権ノ目的タル土地並ニ賃借権ノ目的タル土地及工作物ニ付テハ各其ノ方位，形状及長サヲ記載スヘシ	二 地上権の目的である土地並びに賃借権の目的である土地及び工作物については，それらの方位，形状及び長さ	
	2 工場図面は，工場ごとに作成するものとする。	工抵手続第四条二項
三 工場ノ一部ヲ以テ工場財団ヲ設クル場合ニ於テハ財団ニ属スル部分ト之ニ属セサル部分トヲ区分スヘシ	3 工場の一部について工場財団を設定するときは，工場図面は，工場財団に属する部分とこれに属さない部分とを明確に区分して作成しなければならない。	
—	4 不動産登記規則第73条及び第74条第2項の規定は，工場図面について準用する。	
第十八条ノ二 工場抵当法第三十八条第一項ノ登録ヲ申請スル場合ニ於テ工場ノ図面ニ変更アルトキハ変更後ノ図面ヲ提出スヘシ	第34条 工場財団目録の記録の変更の登記を申請する場合において，工場図面に変更があるときは，変更後の工場図面をその申請情報と併せて登記所に提供しなければならない。	
旧法20条2項 工場抵当法第三十九条ニ依リ提出シタル目録及第十八条ノ二ニ依リ提出シタル工場ノ図面ニハ申請書受付ノ年月日及受付番号ヲ記載スルヲ以テ足ル	2 登記官は，前項の申請（工場図面を添付情報とするものに限る。）に基づき登記をしたときは，当該工場図面に，申請の受付の年月日及び受付番号を記録しなければならない。	
第十九条 登記官カ工場抵当法第二十条第二項ニ依リ表題部ニ工場財団ノ表示ヲ為スニハ工場ノ名称，位置，主タル営業所及営業ノ種類	第21条1項	

ヲ記載スヘシ
二　第五条ノ場合ニ於テハ所有者ノ氏名又ハ名称ヲモ記載スヘシ

第十九条ノ二　前条ニ掲ゲタル事項ノ変更ノ登記ヲ申請スル場合ニ於テハ申請書ニ変更後ノ事項ヲ記載スヘシ

二　前項ノ登記ヲ為ストキハ変更前ノ事項ヲ朱抹スルコトヲ要ス
旧法17条ノ3（削除）

第十九条ノ三　工場抵当法第四十二条ノ六第一項ノ場合ニ於テ同法第四十二条ノ二第二項ニ依リ抵当権ガ消滅スルトキハ乙工場財団ノ登記用紙中表題部ニ分割ニ因リ抵当権ノ消滅シタル旨及其ノ年月日ヲ記載スヘシ
二　工場抵当法第四十二条ノ六第一項ノ場合ニ於テ甲工場財団ガ抵当権ノ登記ノ全部抹消セラレタルモ

第24条2項　登記官は，前項に規定する申請に基づく登記をするときは，工場財団の登記記録の表題部に当該所有者の氏名又は名称を記録しなければならない。

第27条　法第21条第1項各号に掲げる登記事項に関する変更の登記又は更正の登記の申請をする場合に登記所に提供しなければならない申請情報の内容は，法第21条第1項第一号から第三号までに掲げる事項及び第18条第1項に規定する事項のほか，変更後又は更正後の登記事項とする。

不登規則91条

第27条2項　第31条の規定は，法第38条第1項の登記をする場合において，工場財団を組成する工場が申請を受けた登記所の管轄区域内にないこととなったときについて準用する。

3　第25条の規定は，法第39条の登記の申請について準用する。

第28条　登記官は，甲工場財団を分割してその一部を乙工場財団とする分割の登記をする場合において，法第42条ノ6第1項の記録をするときは，乙工場財団について新たな登記記録を作成しなければならない。

2　前項の場合において，法第42条ノ2第2項の規定により抵当権が消滅するときは，職権で，乙工場財団の登記記録の表題部に，分割により抵当権が消滅した旨及びその年月日を記録しなければならない。

3　登記官は，第1項の場合において，甲工場財団についての抵当権の登記の全部が抹消されていると

ノナルトキハ乙工場財団ノ登記用紙中表題部ニ其ノ旨及其ノ年月日ヲ記載スベシ	きは，乙工場財団の登記記録の表題部に，その旨及びその年月日を記録しなければならない。	
第十九条ノ四　工場抵当法第四十二条ノ六第一項ノ場合ニ於テ甲工場財団ヲ組成スル数箇ノ工場ガ各別ノ所有者ニ属スルモノナルトキハ同条第四項ニ依リ所有権ニ関スル事項ヲ転写スルニハ乙工場財団ヲ組成スル工場ノ所有者ニ関スル部分ヲ転写スベシ	第30条　登記官は，法第42条ノ6第4項の規定により所有権に関する事項を転写する場合において，甲工場財団を構成する二以上の工場の所有者が異なるときは，乙工場財団の登記記録に，甲工場財団の登記記録のうち乙工場財団を構成する工場の所有者に関する事項を転写し，分割の登記に係る申請の受付の年月日及び受付番号を記録しなければならない。	第十四条ノ四第一項前段
此ノ場合ニ於テハ甲工場財団ノ登記用紙中所有権ノ登記ニ其ノ旨ヲ附記シ甲工場財団ヲ組成スル工場ノ所有者以外ノ所有者ニ関スル事項ヲ朱抹スベシ	2　登記官は，前項の場合には，甲工場財団の登記記録に，その旨を当該所有権の登記についてする付記登記によって記録し，かつ，甲工場財団を構成する工場の所有者以外の所有者に関する事項を抹消する記号を記録しなければならない。	第十四条ノ四第一項後段
旧法17条ノ2	第31条　甲工場財団を分割してその一部を乙工場財団とする分割の登記をする場合において，乙工場財団を構成する工場が申請を受けた登記所の管轄区域内にないこととなったときは，登記官は，分割の登記をした後，遅滞なく，乙工場財団を管轄する登記所に乙工場財団に関する登記記録及び工場財団登記簿の附属書類（電磁的記録に記録されている工場財団登記簿の附属書類を含む。次条第2項において同じ。）又はその謄本並びに工場財団目録を移送するものとする。	
旧法17条ノ4第2項	第32条　合併をしようとする工場財団が2以上の登記所の管轄区域内にある場合において，合併の登記の申請があったときは，当該申請を受けた登記所の登記官は，当	

	該工場財団を管轄する他の登記所にその旨を通知しなければならない。	
旧法17条ノ4第3項	2　前項の通知を受けた登記所の登記官は，遅滞なく，合併をする工場財団に関する登記記録及び工場財団登記簿の附属書類又はその謄本並びに工場財団目録を管轄登記所に移送するものとする。ただし，当該工場財団に関する登記であって所有権の登記以外のものがあるときは，この限りではない。	
旧法17条ノ4第1項ただし書，第4項	3　前項ただし書に規定する場合には，同項の登記官は，速やかに，その旨を第1項の通知をした登記所に通知するものとする。	
第十九条ノ五　工場抵当法第四十二条ノ七第一項ノ場合ニ於テ乙工場財団ガ抵当権ノ登記ノ全部抹消セラレタルモノナルトキハ甲工場財団ノ登記用紙中表題部ニ其ノ旨及其ノ年月日ヲ記載スベシ	第33条　登記官は，法第42条ノ7第1項の場合において乙工場財団についての抵当権の登記の全部が抹消されているときは，甲工場財団の登記記録の表題部に，その旨及びその年月日を記録しなければならない。	＋
	2　不動産登記規則第107条第1項の規定は，法第42条ノ7第1項の場合における甲工場財団の登記記録の記録方法について準用する。	
第十九条ノ六　工場抵当法第四十四条ノ二ニ依ル工場財団ノ消滅ノ登記ハ登記用紙中表題部ニ之ヲ為スベシ	第35条　登記官は，法第48条第1項の規定により工場財団が消滅した旨を記録するときは，当該工場財団の登記記録の表題部の登記事項を抹消する記号を記録し，当該登記記録を閉鎖しなければならない。	
第十九条ノ七　表題部ニ登記ヲ為シタルトキハ縦線ヲ画シテ余白ト分界スベシ	×	
第二十条　登記官カ登記ヲ為シタルトキハ工場財団目録及工場ノ図面ニ申請書受付ノ年月日，受付番号及登記番号ヲ記載スベシ	第17条（本文）　登記官は，工場財団目録を作成したときは，工場財団目録に申請の受付の年月日及び受付番号並びに登記番号を記録	＋

	しなければならない。	
	第23条 登記官は，所有権の保存の登記をしたときは，工場図面に，申請の受付の年月日及び受付番号並びに登記番号を記録しなければならない。	
	第34条2項 登記官は，前項の申請（工場図面を添付情報とするものに限る。）に基づき登記をしたときは，当該工場図面に，申請の受付の年月日及び受付番号を記録しなければならない。	+
二 工場抵当法第三十九条ニ依リ提出シタル目録及第十八条ノ二ニ依リ提出シタル工場ノ図面ニハ申請書受付ノ年月日及受付番号ヲ記載スルヲ以テ足ル	第17条 （ただし書き） 法第39条の規定により提供された工場財団目録に記録するための情報により作成した工場財団目録には，登記番号を記録することを要しない。	
—	第18条 法第21条第3項の法務省令で定める事項は，この省令に特別の定めがある場合を除き，不動産登記令第三条各号（第七号，第八号及び第十一号へを除く。）に掲げる事項とする。	
—	2 工場財団の登記の申請に係る不動産登記令の規定の適用については，同令の規定中「第3条第七号及び第八号に掲げる事項」とあるのは，「工場の名称及び位置，主たる営業所並びに営業の種類」とする。	
第二十条ノ二（前段） 工場抵当法第四十二条ノ六第二項ニ依リ目録ノ分離ヲ為スニハ乙工場財団ノ目録ニ甲工場財団ノ分割ニ依リ分離シタル旨，申請書受付ノ年月日，受付番号及乙工場財団ノ登記番号ヲ記載シ前登記番号ヲ朱抹スヘシ	第29条 登記官は，法第42条ノ6第2項の規定により工場財団目録の分離をするときは，乙工場財団の工場財団目録に，甲工場財団の分割により分離した旨，申請の受付の年月日及び受付番号，乙工場財団の登記番号並びに分離前の登記番号を抹消する記号を記録しなければならない。	二十条ノ二第一項前段
（後段） 此ノ場合ニ於テハ乙工場財団ニ属スル工場ノ図面ニ登記番号ヲ記載シ前登記番号ヲ朱抹スヘ	2 登記官は，前項の場合には，乙工場財団に属する工場の工場図面に，登記番号及び分離前の登記番	二十条ノ二第一項後段

シ

二　前項ノ場合ニ於テハ甲工場財団ノ目録ニ乙工場財団ノ目録ヲ分離シタル旨ヲ記載スベシ

—

三　工場抵当法第四十二条ノ七第二項ニ依リ甲工場財団ノ目録及乙工場財団ノ目録ヲ合併後ノ工場財団ノ目録ト為スニハ各目録ニ合併ニ依リ合併後ノ工場財団ノ目録ト為シタル旨、申請書受付ノ年月日、受付番号及合併後ノ工場財団ノ登記番号ヲ記載シ前登記番号ヲ朱抹スベシ此ノ場合ニ於テハ乙工場財団ニ属シタル工場ノ図面ニ登記番号ヲ記載シ前登記番号ヲ朱抹スベシ

四　登記官ハ工場財団ノ合併ノ登記ヲ完了シタルトキハ申請書ノ副本ニ登記済ノ旨ヲ記載シ登記所ノ印ヲ押捺シテ之ヲ申請人ニ還付スルコトヲ要ス

—

第二十条ノ三　不動産登記法（明治三十二年法律第二十四号）第百二十三条第一項ノ規定ニ依リ申請書ニ前ノ登記ヲ表示スルニハ共同担保目録ノ記号及ビ番号（共同担保目録ナキトキハ登記番号及ビ順位番号）ヲ記載スルヲ以テ足ル但シ

号を抹消する記号を記録しなければならない。

3　第1項の場合には、甲工場財団の工場財団目録に、乙工場財団の工場財団目録を分離した旨を記録しなければならない。

4　法第42条ノ6第4項の登記官を明らかにする措置は、登記記録に登記官の識別番号を記録する措置とする。

第33条3項　登記官は、法第42条ノ7第2項の規定により甲工場財団の工場財団目録及び乙工場財団の工場財団目録を合併後の工場財団の工場財団目録とするときは、各工場財団目録に、合併により合併後の工場財団目録とした旨、申請の受付の年月日及び受付番号、合併後の登記番号並びに合併前の登記番号を抹消する記号を記録しなければならない。

4　登記官は、前項の場合には、乙工場財団に属した工場の工場図面に、登記番号及び合併前の登記番号を抹消する記号を記録しなければならない。

×

5　法第42条ノ7第4項の登記官を明らかにする措置は、登記記録に登記官の識別番号を記録する措置とする。

第26条　工場財団について抵当権に関する登記の申請をする場合には、不動産登記令第3条第十三号に掲げる事項（次の各号に掲げる部分に限る。）に代えて、それぞれ当該各号に定める事項を申請情報の内容とする。（各号の内容省

根抵当権ノ設定ノ登記ノ申請書ニアリテハ登記番号及ビ順位番号ヲ記載シ共同担保目録アルトキハ其ノ記号及ビ番号ヲモ記載スルコトヲ要ス	略） 一　不動産登記令別表の55の項申請情報欄ハ 二　不動産登記令別表の56の項申請情報欄ニ 三　不動産登記令別表の58の項申請情報欄ハ 四　不動産登記令別表の58の項申請情報欄ヘ
第二十一条　登記官カ工場抵当法第十七条ノ四第二項，第四項，第二十三条第二項，第四項，第二十六条，第二十八条第二項，第三十四条第二項，第三十七条第二項，第四十三条，第四十四条第二項，第四項及第四十八条第二項ニ依リ通知ヲ為ストキハ其ノ要旨，通知ヲ受クル者及通知ヲ発スル年月日ヲ各種通知簿ニ記入スヘシ	準則11条〜22条（法44条2項）
第二十二条　登記官カ工場抵当法第十七条ノ四第二項，第四項，第二十三条第二項，第二十八条第二項，第三十四条第二項，第三十七条第二項，第四十三条，第四十四条第二項及第四十八条第二項ニ依リ通知ヲ受ケタルトキハ受付帳ニ通知事項ノ要旨，通知ヲ為シタル登記所ノ名称，受付ノ年月日及受付番号ヲ記載シ通知書ニ受付ノ年月日及受付番号ヲ記載スヘシ但シ通知事項ノ要旨ハ登記ノ目的欄ニ，通知ヲ為シタル登記所ノ名称ハ申請人ノ氏名欄ニ之ヲ記載スヘシ	×　　　　　　　　（法44条3項）
第二十三条　工場財団目録及工場ノ図面ハ工場財団ノ登記用紙ヲ閉鎖シタル時ヨリ三十年間之ヲ保存スヘシ	第36条　工場財団目録及び工場図面は，工場財団の登記記録を閉鎖した日から20年間保存しなければならない。
―	第37条　登記所には，工場図面つづり込み帳を備えるものとする。 2　工場図面つづり込み帳には，書面申請において提出された工場図

第二十三条ノ二　不動産登記法第六
十条ノ規定ニ依リ登記権利者ニ還
付スベキ登記原因ヲ証スル書面又
ハ申請書ノ副本ニハ登記番号ヲモ
記載スベシ

―

第二十三条ノ三　不動産登記法施行
細則第四十六条ノ規定ニ依ル場合
ニ於テ同条第一項第三号ノ事項ヲ
記載スルニハ登記番号ヲ記載スル
ヲ以テ足ル同令第六十七条ノ規定
ニ依ル場合ニ於テ同条第六号ノ事
項ヲ記載スルニ付亦同ジ
旧不登細則35条ノ3第2項

第二十四条　不動産登記法第六十三
条乃至第六十五条ノ規定ハ工場財
団ノ表示ニ関スル登記ニ付キ之ヲ
準用ス

二　前項ノ規定ニ依リ通知ヲ為スト
キハ各種通知簿ニ其ノ通知事項,
通知ヲ受クル者及ビ通知ヲ発スル

面をつづり込むものとする。

第38条　不動産登記法第21条本
文の規定により登記識別情報を通
知するとき又は不動産登記規則第
181条第1項の規定により登記が
完了した旨を通知するときは,登
記番号も通知するものとする

第34条2項　令第6条第1項に規
定する不動産識別番号は,不動産
番号とする。

×

第39条　工場に属する土地又は建
物の登記記録について登記事項証
明書の交付の請求をする場合にお
いて,法第3条第2項の目録に記
録された事項について証明を求め
るときは,不動産登記規則第193
条第1項各号に掲げる事項のほ
か,当該証明を求める旨も請求情
報の内容としなければならない。
2　工場財団の登記記録について登
記事項証明書の交付の請求をする
場合において,工場財団目録に記
録された事項について証明を求め
るときは,不動産登記規則第193
条第1項各号に掲げる事項のほ
か,当該証明を求める旨も請求情
報の内容としなければならない。
（第20条　工場財団の登記におけ
る不動産登記法第67条の規定の
適用については,同条第1項中
「権利に関する登記」とあるのは,
「登記」とする。）
不登準則117条

年月日ヲ記入スベシ		
第二十四条ノ二　登記用紙ヲ閉鎖スルニハ表題部ニ閉鎖ノ事由及ビ其ノ年月日ヲ記載シテ登記官捺印シ工場財団ノ表示ヲ朱抹スベシ	×	（不登規則8条）
第二十五条　工場抵当法第三条ノ場合ニ於テ土地又ハ建物ノ登記用紙中相当区事項欄ニ其ノ登記ヲ為ストキハ同条ニ依リテ目録ノ提出アリタルコトヲ記載スベシ	第2条　登記官は，法第3条第3項に規定する申請に基づく抵当権の設定の登記をするときは，当該抵当権の登記の末尾に，同条第2項の目録を作成した旨を記録しなければならない。	
第二十六条　第九条，第十六条，第十七条及第二十条ノ規定ハ工場抵当法第三条ノ目録ニ之ヲ準用ス	第3条　第8条及び第17条の規定は法第3条第2項の目録について，第8条及び第25条の規定は法第3条第3項に規定する目録に記録すべき情報について，それぞれ準用する。この場合において，第25条第1項中「別記第二号様式」とあるのは，「別記第一号様式」とする。	
第二十七条　工場抵当法第三条ノ目録ハ抵当権ノ登記ヲ抹消シタル時ヨリ三十年間之ヲ保存スベシ	第4条　法第3条第2項の目録は，抵当権の登記を抹消した日から20年間保存しなければならない。	
第二十八条　登記簿ノ謄本ノ交付ノ申請書ニ工場財団目録ノ謄本ヲ請求スル旨ノ記載ナキトキハ其ノ謄写ヲ為スコトヲ要セズ	第40条4項　工場財団の登記記録について登記事項証明書を作成する場合において，工場財団目録に記録された事項について証明を求める旨が請求情報の内容とされていないときは，工場財団目録に記録された事項の記載を省略するものとする。	
旧不登細則81条3項	第40条1項　工場に属する土地又は建物の登記記録について作成する登記事項証明書のうち法第3条第2項の目録に係る部分は，別記第一号様式によるものとする。	（不登規則197条2項）
第三十二条第二項　不動産登記法施行細則第八十一条第一項ノ規定ニ依ル書面ヲ作ルニハ登記記録ニ付テハ附録第六号様式ニ依リ工場財団目録ニ付テハ之ト同一ノ様式ニ依ルベシ	2　工場財団の登記記録について作成する登記事項証明書は，次の各号の区分に応じ，当該各号に定める様式によるものとする。ただし，登記記録に記載した事項の一部についての登記事項証明書につ	

	いては適宜の様式によるものとする。 一　工場財団の登記記録　別記第三号様式 二　工場財団目録　別記第二号様式	
旧不登細則35条ノ3第2項	3　工場に属する土地又は建物の登記記録について登記事項証明書を作成する場合において，法第3条第2項の目録に記録された事項について証明を求める旨が請求情報の内容とされていないときは，法第3条第2項の目録に記録された事項の記載を省略するものとする。	
—	**第41条**　工場財団の登記に関する不動産登記法第121条及び不動産登記令第21条第1項の規定の適用については，同項中「土地所在図」とあるのは，「工場図面」とする。	
—	**第42条**　この省令中「申請」，「申請人」及び「申請情報」には，それぞれ嘱託，嘱託者及び嘱託情報を含むものとする。	不登準則146条
第二十九条（以下省略）		以下省略

【主要条文索引】 （太字の見出しは重要事項）

●民法

85 条 ………………………………………… 1:2:3:1
86 条 ………………………………………… 1:2:3:1
87 条 ………………………………………… 1:2:3:2
　——1 項 ……………………………………… 3:5:4
　——2 項 ………………………………… **1:2:3:2**
176 条 ………………………………………………… 3:3
192 条 ……………………………………… 4:2:4:2:2
242 条 ………………………………………… 1:2:3:2
243 条 ………………………………………… 1:2:3:2
370 条 ………………… 1:2:3 / **1:2:3:2** / 2:6:2:1
370 条ただし書 ……………………………… 3:5:5:2
398 条の 2 ……………………………………… 3:5:6
　——第 1 項 …………………………………… 4:9:5
605 条 ………………………………………………… 4:1:1

●不動産登記法

21 条 ……………………………………………… 3:5:7
21 条本文 …………………………………… 4:4:2:2:5
25 条 ……………………………………… **4:4:2:1:1**
　——2 号 …………………………………… 4:2:3:1:2:2
59 条
　——1 項 …………………………………… 4:4:2:2:2
60 条 ………………………………………… 3:5:5:1
66 条 …………………… 3:3:1 / 3:3:2 / 3:6:2:2
83 条
　——1 項 …………………………………… 3:5:5:2
　——1 項 4 号 ……………………………… 3:5:5:2
　——2 項 …………………………………… 3:5:5:3
88 条
　——1 項 …………………………………… 3:5:5:2
附則 3 条 …………………………………………… 2:4:4

●不動産登記令

3 条
　——5 号 ……………………………………… 3:5:5:2
　——6 号 ……………………………………… 3:5:5:2
16 条
　——1 項 ……………………………………… 3:5:5:1

●不動産登記規則

8 条 ……………………………………………… 4:8:4:2:4
32 条 ……………………………… 4:1:2:2:4 / 4:5:4:3:3
62 条 ……………………………………………… 3:5:7
63 条 ……………………………………………… 3:5:7
64 条 ……………………………………………… 3:5:7
146 条 …………………………………………… 4:4:2:2:2
147 条 …………………………………………… 4:4:2:2:2
166 条～ 170 条 ……………………………… 3:5:5:3
168 条 ………………………………… 3:5:5:2 / 3:5:5:3
170 条 …………………………………………… 3:5:5:3
附則 4 条 2 項・旧細則 7 条 2 項 ……… 4:1:2:1

●不動産登記事務取扱手続準則

8 条 ……………………………………………… 4:5:4:3:3

●不動産登記法の施行に伴う関係法律の整備等に関する法律

3 条 ………………………………………………… 2:4:4
　——第 4 項 …………………………………… 2:4:4
6 条 ………………………………………………… 2:4:4
7 条 ………………………………………………… 2:4:4

●工場抵当法

1 条 ………………………………………………… 2:5
2 条
　……… 1:2:3 / 1:2:3:2 / 2:3 / 2:6:2:1 / 2:6:2:5 / **3:2** / 3:3:1 /

	3:4:1 / 3:5:4
——1項	1:2:3:5
——1項ただし書	3:5:6 / 3:6:2:6:4
——1項本文	3:6:1:1
3条	2:6:2:2 / 3:5:4 / 3:5:7 / 3:6:1:1
——1項	**3:5:2**
——2項	3:5:5:3
——2項, 3項	2:6:2:6
——4項	3:6:2:1
3条2項, 工抵規則2条	2:6:2:2
3条4項・38条	3:6:2:4
3条4項・38条1項	3:6:1:2 / 3:6:2:3
3条4項・38条2項	3:6:2:2
3条4項・38条～42条	
	2:6:2:2 / 3:6:2:4:2 / 3:6:2:6:4
3条4項・39条	3:6:2:4:4
4条	3:5:5:2
5条	2:6:2:3 / 3:3:2 / 3:4:2 / 5:1
——2項	4:2:4:2:2
5条2項・民法192条	3:6:2:3:4
6条	2:6:2:3 / 3:4:3
——2項	3:6:2:3:4 / 3:6:2:3:7 / 3:6:2:4:4
7条	2:6:2:4 / 3:4:4
8条	2:3
——1項	4:2:1:1 / 4:2:1:4
——1項後段	4:2:1:3
——1項前段	4:7:2:1
——2項	**4:2:3:3**
——3項	4:9:2:1 / 4:12:1:2
9条	4:2:1:6 / **4:4** / 4:4:2:2:2
10条	4:9:2:1 / 4:12:1:1
11条	4:2:1:5 / **4:2:2:1** / 4:2:3
——5号	4:2:2:2:5
12条	4:2:2:2:1 / 4:2:3:1:1 / 4:2:3:4
13条	4:2:4:2:3
——1項	4:2:2:1 / **4:2:3:1** / 4:2:3:1:2:1 / 4:2:3:2
——2項	**4:2:4:2:1** / 4:2:4:2:5 / 4:4:2:2
——2項ただし書	4:2:4:2:4

13条ノ2	4:2:2:2:2 / 4:2:3:1:1
14条	4:4
——2項	**4:1:1**
15条	4:5:4:2:2
16条	**4:9:1**
16条1項・2条	4:3:1:2:2
16条2項・民法281条	4:3:1:2:2
17条	**4:1:2:2** / 4:1:2:2:4
——1項, 2項	4:4:1:1
——3項	4:8:3:1
18条	**4:1:2:1**
19条	4:1:2:1
20条	1:2:2:2:1 / 4:1:2:1 / 4:3:1:3:2
——3項	4:1:1 / 4:4:2:2:2
21条	4:4:1:2 / 4:8:3:2
——1項	4:4:2:2:2 / 4:7:3:1
——1項4号	4:3:1:2:2
——2項	**4:3:1:1**
——3項	4:4:1:2
22条	4:2:3:1:1 / 4:4:2:2:3
23条	4:2:4:1:1 / **4:4:2:1:2**
——4項	4:2:2:2:5
24条	4:2:4:2:1 / 4:2:4:2:2 / 4:4:2:1:3
——1項	4:2:3:1:1
——2項	4:4:2:1:5
25条	4:2:3:1:1 / 4:2:3:2:2
25条本文	4:12:1:1
26条	4:4:2:1:3 / 4:4:2:1:4
26条ノ2	4:4:2:1:3
27条	4:2:3:1:2:1 / 4:2:3:1:2:2 / 4:2:3:2:1 / **4:4:2:1:4**
——1号, 2号	4:5:3:3:1
——3号	4:2:3:1:1
28条	4:4:2:1:5
29条	4:2:3:4 / **4:2:4:1:1** / 4:2:4:3 / 4:4:2:1:5
30条	4:2:4:1:1 / 4:4:2:1:5 / 4:12:1:1
31条	4:2:3:2:3 / 4:2:4:1:1 / 4:2:4:2:3 / 4:12:1:1
32条	4:2:4:1:1
33条	**4:2:4:1:2** / 4:2:4:2:2

主要条文索引　**359**

──1項 ‥‥‥‥‥‥‥‥‥‥‥4:4:2:1:5	43条・28条 ‥‥‥‥‥‥‥‥‥‥4:5:3:3:4
──2項 ‥‥‥‥‥‥‥‥‥‥‥4:4:2:1:5	43条・31条 ‥‥‥‥‥‥‥‥‥‥4:5:3:3:7
34条 ‥‥‥‥‥4:2:4:2:1 / 4:2:4:2:2 / 4:4:2:2:4	43条・34条 ‥‥‥‥‥‥‥‥‥‥4:5:3:3:6
36条 ‥‥‥‥‥‥‥‥‥‥‥‥‥4:9:3:1	43条・37条 ‥‥‥‥‥‥‥‥‥‥4:5:3:3:7
37条 ‥‥‥‥‥‥‥‥4:2:3:2:3 / **4:9:3:2**	44条 ‥‥‥‥‥‥‥‥‥‥‥‥‥4:5:4:3:2
38条 ‥‥‥‥‥‥‥‥3:6:2:3:5 / 4:5:5:1	──1項 ‥‥‥‥‥‥‥‥‥‥‥4:2:4:2:1
──1項 ‥‥‥‥‥‥‥‥‥‥‥**4:5:1**	44条・23条，34条 ‥‥‥‥‥‥4:2:3:2:3
──2項	44条ノ2 ‥‥‥4:5:5:2 / 4:12:1:4 / **4:12:2:1**
‥‥‥‥3:6:2:4:1 / 3:6:2:4:4 / 4:5:2:2:2 / 4:5:3:2:3 / 4:5:4:2:2	44条ノ3 ‥‥‥‥‥‥‥‥‥‥‥4:9:6
39条 ‥‥‥‥‥4:2:3:1:1 / 4:3:1:3:3 / 4:5:2:2:2 / 4:5:3:2:3	46条 ‥‥‥‥‥‥‥‥‥‥‥‥‥4:11:2
39条，40条 ‥‥‥‥‥‥‥‥‥‥**4:5:2:1**	47条
39条，41条 ‥‥‥‥‥‥‥‥‥‥**4:5:3:1**	──1項 ‥‥‥‥‥‥‥‥‥‥‥4:11:1
40条 ‥‥‥‥‥‥‥‥3:6:2:5 / 4:5:2:3:1	──2項・1項 ‥‥‥‥‥‥‥‥‥4:11:2
41条 ‥‥‥‥‥‥‥‥3:6:2:5 / 4:5:3:3:5	48条
42条 ‥‥3:6:2:5 / 4:2:3:1:2:1 / 4:3:1:3:3 / **4:5:4:1** / 4:5:4:3:1 /	──1項 ‥‥‥‥‥‥‥‥‥‥‥4:12:2:1
4:5:5:1	──2項 ‥‥‥‥‥‥‥‥‥‥‥4:12:2:4
42条ノ2	49条 ‥‥‥‥‥‥‥‥‥‥‥‥‥2:6:2:3
──第1項，3項 ‥‥‥‥‥‥‥4:7:2	
──第2項 ‥‥‥‥‥‥**4:7:2:2** / 4:12:1:3	**●工場抵当登記規則**
──第3項 ‥‥‥‥‥‥‥‥‥‥4:7:3:2	2条 ‥‥‥‥2:6:2:2 / 3:5:5:3 / 3:5:7 / 3:6:2:3:6
42条ノ3 ‥‥‥‥‥‥‥‥‥‥‥**4:8:1**	3条 ‥‥‥‥‥‥‥‥‥‥‥‥‥3:6:1:2
──第1項ただし書 ‥‥‥‥‥‥4:8:2	3条・8条 ‥‥‥‥‥‥‥3:6:1:2 / 3:6:2:3:1
42条ノ5 ‥‥‥‥‥‥‥‥‥‥‥4:7:3:1	3条・17条 ‥‥‥‥‥‥‥‥‥‥3:5:7
42条ノ5後段 ‥‥‥‥‥‥‥‥‥4:7:3:2	3条・25条2項，3項 ‥‥‥‥‥‥3:6:1:2
42条ノ6 ‥‥‥‥‥‥‥‥‥‥‥**4:7:4:1**	5条 ‥‥‥‥‥‥‥‥‥‥‥‥‥4:1:2:1
──第1項，第3項 ‥‥‥‥‥‥4:7:4:1:1	──1項 ‥‥‥‥‥‥‥‥‥‥‥4:4:2:2:2
──第2項 ‥‥‥‥‥‥‥‥‥‥4:7:4:1:3	6条 ‥‥‥‥‥‥‥‥‥‥‥‥‥4:4:2:2:2
──第4項 ‥‥‥‥‥‥‥‥‥‥4:7:4:1:2	7条 ‥‥‥‥‥‥‥‥‥‥‥‥‥4:3:1:2:3
42条ノ7	8条 ‥‥‥‥‥‥‥‥‥‥‥‥‥4:3:1:2:3
──第1項 ‥‥‥‥‥‥‥‥‥‥4:8:4:2:2	9条 ‥‥‥‥‥‥‥‥‥‥‥‥‥4:3:1:2:3
──第3項 ‥‥‥‥‥‥‥‥‥‥4:8:4:2:4	10条 ‥‥‥‥‥‥‥4:2:2:2:3 / 4:3:1:2:3
──第4項 ‥‥‥‥‥‥‥‥‥‥4:8:4:2:3	11条 ‥‥‥‥‥‥‥‥‥‥‥‥‥4:3:1:2:3
43条・23条 ‥‥‥‥‥‥‥‥‥‥4:5:3:3:2	──2項 ‥‥‥‥‥‥‥‥‥‥‥4:2:2:2:4
43条・24条・25条 ‥‥‥‥‥‥4:2:3:1:2:1	12条 ‥‥‥‥‥‥‥‥‥‥‥‥‥4:3:1:2:3
43条・24条1項 ‥‥‥‥‥‥‥‥4:5:3:3:3	13条 ‥‥‥‥‥‥‥‥‥‥‥‥‥4:3:1:2:3
43条・24条2項 ‥‥‥‥‥‥‥‥4:5:3:3:4	14条 ‥‥‥‥‥‥‥‥‥‥‥‥‥4:3:1:2:3
43条・26条 ‥‥‥‥‥‥‥‥‥‥4:5:3:3:3	15条 ‥‥‥‥‥‥‥‥‥‥‥‥‥4:3:1:2:1
43条・27条 ‥‥‥‥‥‥‥‥‥‥4:5:2:2:1	17条 ‥‥‥‥‥‥‥‥4:3:1:2:5 / 4:5:3:3:5

17条本文 ……………………………… 4:4:2:2:3
18条
——1項 ……… 3:5:5:2 / 4:4:1:2 / **4:9:2:2** / 4:9:5:1:1
——2項 …………………………………… 4:4:1:2
19条 …………………………… 4:5:4:2:2 / 4:7:3:2
21条 …………………………………………… 4:3:2
22条 ……………………………… 4:3:2 / 4:4:1:3
——3項 ……………………………………… 4:2:1:4
——4項 …………………………………………… 4:3:2
23条 …………………………………………… 4:3:2
24条 ……………………………………… 4:4:2:2:2
25条 ……………………………………… 4:3:1:2:4
——2項 ……………………………………… 3:5:5:3
26条
——1号 ………………………………………… 4:9:2:2
27条 …………………………………………… **4:7:4:1**
——1項 ……………………………………………… 4:6
27条2項・31条 ……………………………… 4:5:4:2:2
28条 ……………………… **4:7:4:1** / 4:7:4:1:1
29条
——1項, 3項 ………………………… 4:7:4:1:3
——2項 ………………………………………… 4:7:4:1:4
——4項 ………………………………………… 4:7:4:1:2
30条 …………………………………………… 4:7:4:1:2
31条 …………………… 4:1:2:2:4 / 4:1:2:2:4 / 4:7:4:2
32条 …………………………………………… 4:8:4:1:1
——2項ただし書, 3項 …………………… 4:8:4:1:2
33条
——1項 ………………………………………… 4:8:4:2:2
——3項 ………………………………………… 4:8:4:2:5
——4項 ………………………………………… 4:8:4:2:6
——5項 …………………………… 4:8:4:2:3 / 4:8:4:2:4
34条 ………… 4:3:1:2:5 / 4:5:2:2:2 / 4:5:2:3:2 / 4:5:3:3:5
——1項 ………………………………………… 4:5:4:2:2
35条 …………………………………………… 4:12:2:4
36条 …………………………………………… 4:3:1:2:4
38条 …………………………………………… 4:4:2:2:5
40条

——1項 ……………………………………………… 3:6:1:2
附則3条 ……………………………… 2:4:4 / 4:1:2:1
——4項 ……………………………………… 4:5:4:3:1
4条 …………………………………………………… 2:4:4
5条 ……………………………………… 2:4:4 / 4:1:2:1
6条 …………………… 2:4:4 / 4:3:1:3:1 / 4:4:2:2:3
——4項 ……………………………………… 4:3:1:1
——6項, 3項 ………………………………… 3:6:1:2
7条 …………………………………………………… 2:4:4
——1項 ……………………………………… 4:3:1:3:1
8条 …………………………………………………… 2:4:4
8条・不登規則附則3条 ………………… 4:3:1:3:4
9条 …………………………………………………… 2:4:4
——2項 ……………………………………… 4:4:1:3
——3項 ……………………………………… 4:4:2:2:5
9条1項・不登規則附則15条2項 …… 4:4:1:2

●財団登記事務取扱手続準則

2条 …………………………………………… 4:1:2:2:1
——3項 ……………………………… 4:1:2:2:2 / 4:4:1:1
3条 …………………………………………… 4:1:2:2:1
4条 …………………………………………… 4:1:2:2:1
7条 ……………………………………………… 4:7:4:2
8条
——1項 ……………………… 4:4:2:1:3 / 4:5:3:3:3
11条 …………………………………………… 4:8:4:1:1
12条 …………………………………………… 4:8:4:1:2
13条附録第9号 ………………………………… 4:4:2:1:2
14条附録第10号 ……………………………… 4:4:2:1:2
21条・13条 ……………………………… 4:5:3:3:2
24条 …………………………………………… 4:4:2:2:1
——1項, 2項 ……………………………… 4:4:2:2:2
29条 …………………………………………… 4:3:1:2:3
30条 …………………………………………………… 4:3:2
31条 …………………………………………………… 4:3:2

●整備法による改正前の工場抵当法

3条

主要条文索引　**361**

　　——1項 ……………………………2:4:1

17条ノ3・17条ノ2 ………………4:5:4:3:3

22条

　　——1項 ……………………………2:4:1

●工場抵当登記取扱手続

1条 …………………………………4:1:2:1

2条 …………………………………4:1:2:1

3条ノ4 ……………………………4:1:2:1

3条ノ5 ………………4:1:2:1／4:10:3

3条ノ6

　　——第1項 ……………………4:1:2:1

16条 …………………2:4:4／4:3:1:2:4

20条ノ2

　　——第4項 ………………………2:4:4

22条 ……………………………4:4:2:1:2

●観光施設財団抵当法

4条5号，5条 …………………4:2:2:2:2

●建設機械抵当法 ………………4:2:3:1:1

●会社法

2条

　　——29号，30号 ………………4:10:1

●商業登記法

7条 ……………………3:5:5:3／4:4:1:3

●担保付社債信託法

2条 …………………………………4:9:4:1

18条

　　——1項 …………………………4:9:4:1

32条

　　——1号 ………………………4:7:3:2

35条 ………………………………4:7:2:2

36条 ………………………………4:9:4:1

38条 ………………………………4:9:4:1

40条 ………………………………4:9:4:1

41条 …………………4:7:2:2／4:9:4:1

61条 ………………………………4:9:4:1

62条

　　——2項，3項 …………………4:9:4:3:1

63条

　　——1項，3項 …………………4:9:4:4

64条 …………………………………4:9:4

●民事執行法

38条1項 ……………………………4:2:4:2:5

61条 …………………………………………3:2

●租税特別措置法

81条 ………………………………………4:10:1

●国税徴収基本通達

第68条関係5 ……………………………3:4:4

第68条関係39 ………………………4:2:3:2:4

●特定多目的ダム法 …………………4:2:2:2:6

●特許法

77条

　　——3項 …………………………4:2:2:2:5

94条

　　——1項 …………………………4:2:2:2:5

【判例索引】（太字の見出しは重要事項）

大審判大 5 .12.18 大民 9 -1147 ………… 1:2:3:2

大審判昭 9 .12. 3 民録 26-1928 …… 2:6:2:1 / 3:3

最二小判昭 32.12.27 民集 11-14-2524

……………………………2:6:2:2 / 3:5:4

最二小判昭 36. 9 .15 民集 15- 8 -2172 ……5:2

最一小判昭 37. 5 .10 集民 60-589

……………………………… 2:6:2:1 / 3:3

最三小判昭 40. 5 . 4 民集 19- 4 -811 …· 1:2:3:2

最二小判昭 44. 3 .28 民集 23- 3 -699

……………………………1:2:3:2 / 3:5:4

東京高判昭 53.12.26 下民集 29-9 〜 12-397

…………………………… 1:2:3:4

最二小判昭 57. 3 .12 判時 1039-63 ………3:4:2

最一小判平 6 . 7 .14 民集 48- 5 -1126

………………………… **3:5:4** / 3:6:1:3

先例索引　**363**

【先例索引】（太字の見出しは重要事項）

大 13.4.30 民事 6815 号民事局長回答 ……2:5
昭 14.8.16 民事甲 897 号民事局長回答
　………………………………… 4:12:1:1
昭 24.9.15 民事甲 2052 号民事局長回答・通
　達…………………………… 4:2:1:5 / 4:2:2:1
昭 26.5.17 民事甲 1005 号民事局長通達
　………………………… 4:1:2:2:4 / 4:5:3:2:1
昭 26.10.22 民事甲 2050 号民事局長通達・回
　答 …………………………… 3:3:1 / 3:5:3
昭 26.10.22 民事甲 2050 号民事局長通達㈠
　………………………………… 3:6:2:3:2
昭 27.2.1 民事甲 104 号民事局長回答 ……2:5
昭 27.4.19 民事甲 481 号民事局長回答 ……2:5
昭 27.6.20 民事甲 854 号民事局長通達 ……2:5
昭 29.6.2 民事甲 1144 号民事局長通達
　………………………………… 3:5:5:2 / 3:7:1
昭 30.4.8 民事甲 683 号民事局長通達
　…………………………………… 3:5:5:2
昭 31.6.14 民事甲 1273 号民事局長通達第二
　㈢ ……………………………… 4:12:2:4
昭 31.6.14 民事甲 1273 号民事局長通達第三
　㈡ …………………………… 4:12:2:3:1
昭 31.12.24 民事甲 2892 号民事局長通達
　…………………………………… 4:2:2:2:4
昭 33.7.12 民事甲 1426 号民事局長心得通達
　一 ……………………………… 3:6:1:2 / 3:7:1
昭 33.7.12 民事甲 1426 号民事局長心得通達
　二 ………………………………………… 3:7:2
昭 33.7.12 民事甲 1426 号民事局長通達一
　…………………………………… 4:3:1:2:4
昭 33.7.12 民事甲 1426 号民事局長通達二
　………………………………… 3:5:5:3 / 4:4:1:3
昭 33.7.12 民事甲 1426 号民事局長通達三
　…………………………………… 3:5:5:3

昭 33.7.12 民事甲 1427 号民事局長通達
　…………………………………… 3:7:4 / 3:7:5
昭 33.7.15 民事甲 1428 号民事局長心得通達
　…………………………………… 3:2 / 3:3:3
昭 33.7.15 民事三発 346 号民事局第三課長
　事務代理回答 …………………………… 3:2
昭 33.11.4 民事甲 2284 号民事局長通達
　…………………………………… 3:6:1:2
昭 33.11.4 民事甲 2289 号民事局長回答
　………………………… 4:2:1:5 / 4:2:2:1
昭 34.7.25 民事甲 1567 号民事局長通達
　…………………………………… 3:5:5:2
昭 34.11.20 民事甲 2537 号民事局長回答
　…………………………………… 3:6:2:6:4
昭 34.11.26 民事甲 2541 号民事局長回答
　…………………………………… 3:5:5:2
昭 35.2.3 民事甲 252 号民事局長回答 ……2:5
昭 35.3.31 民事甲 785 号民事局長通達第七
　…………………………………… 4:2:2:2:5
昭 35.5.16 民事甲 1172 号民事局長回答
　………………………… 3:6:2:3:7 / 3:6:2:8
昭 35.12.9 民事甲 3074 号民事局長回答
　…………………………………… 4:9:4:2:1
昭 36.3.15 民三 192 号民事局第三課長回答
　…………………………………………… 2:5
昭 36.3.25 民事甲 676 号民事局長通達
　…………………………………… 3:5:5:2
昭 36.5.17 民事甲 1134 号民事局長通達
　………………………… 3:5:5:1 / 3:7:1
昭 36.9.28 民事三発 859 号民事局第三課長
　依命通知 ……………… 3:5:5:1 / 3:7:1
昭 37.7.13 民事甲 1988 号民事局長回答
　…………………………………………… 2:5
昭 37.10.4 民事甲 2804 号民事局長回答

·····················3:2／3:3／3:3:3

昭39.3.7民事甲588号民事局長通達
·····················3:5:5:2／4:9:2:2

昭40.12.17民事甲3433号民事局長回答四
·····················3:6:2:4／3:7:4

昭42.12.14民事三発1120号民事局第三課長
回答·····················2:5

昭44.8.16民事甲1657号民事局長通達
·····················3:5:5:2

昭45.8.20民三200号民事局第三課長回答
·····················4:6:1:2／4:13:3:2

昭46.4.6民事三発897号民事局第三課長
回答·····················4:2:3:1

昭46.8.17民三2758号民事局長回答·····2:5

昭46.10.4民事甲3230号民事局長通達

·····················3:5:5:2

昭47.3.24民事甲1311号民事局長回答··2:5

昭53.10.11民三5655号民事局第三課長通知
·····················4:2:2:2:1

昭55.8.1民三4692号民事局長通達
·····················4:2:2:2:2

平10.12.21民三2456号第三課長依命通知
·····················3:6:1:2

平17.3.2民二582号民事局長通達記の4
·····················2:4:4

平23.10.3民二2341号民事局第二課長通知
·····················4:9:4

平26.3.3民商15号通達·····················5:4:1

平26.12.22民商128号通達·····················5:4:1

事項索引　　**365**

【事項索引】(太字の見出しは重要事項)

［アルファベット］
PFI 事業 ………………………………5:5

［あ］
一抵当権一目録 ……………………… 3:6:1:2
一物一権主義 ……………………… 1:2:3:3 / 2:1

［か］
会社分割 ………………………………4:10:1
会社法人等番号 ……………3:5:5:3ほか / 4:4:1:3
画像データ化作業 …………………… 4:4:1:3
合併の制限 ……………………………4:8:2
管轄区域の変更 ……………………4:1:2:2:4
管轄指定書 …………………………… 4:4:1:3
管轄指定を証する情報 ………………4:5:4:2:2
管轄転属 ……………………………4:1:2:2:4
管轄登記所 …………**4:1:2:2** / 4:4:1:1 / 4:8:3:1
管轄登記所指定申請書 ……………4:1:2:2:1
管轄登記所の指定 ……………………4:7:3:2
機械器具等 …………………………… 1:2:3:4
企業資産の包括担保化 …………………5:7
企業担保権 ……………………………5:3
狭義の工場抵当 ……………………… 1:2:2:1
共同担保目録 …………**3:5:5:3**ほか / 4:9:3:2
共同抵当物件 ………………………… 3:5:5:2
供用物件…………… 1:2:3:2 / **2:6:2:1~4** / 3:6:1:1
共用物件の所属 ……………………… 4:2:2:3
経済産業省の報告書 …………………5:2
高価な従物 ………………… 1:2:3:4 / 5:1 / 5:2
航空機…………………………………4:2:2:2:2
公告手続 ……………………………4:4:2:1:3
公告の取消し ………………………4:4:2:1:5
工作物 …………………………………1:2:3:4
工場財団 ………………………………1:2:2:2

工場財団設定の範囲 ………………………**4:2:1**
工場財団抵当 ………………………………2:3
工場財団登記簿 ………………**4:1:2:1** / 4:3:1:3:2
工場財団登記簿への記録（記載）………4:4:2:2:2
工場財団の合併 ……………………………**4:8**
工場財団の競売（又は公売）による登記
　　…………………………………………4:11
工場財団の記録方法 ………………………4:3:1:2:3
工場財団の消滅 ……………………………4:5:5:2
工場財団の消滅する場合 ………………**4:12:1**
工場財団の所有権の移転登記 …………………4:10
工場財団の所有権の保存登記 …………… **4:4**
工場財団の組成物件 ………………………4:3:1:2:2
工場財団の抵当権に関する特則 ………**4:9:1**
工場財団の登記記録 …………………………1:2:2:2:1
工場財団の登記簿 …………………… **1:2:2:2:1**
工場財団の根抵当権設定登記 …………**4:9:5**
工場財団の表示 …………………… 4:4:1:2 / 4:8:3:2
工場財団の表題部の変更更正登記 ………**4:6**
工場財団の分割 …………………………… **4:7**
工場財団の分割の登記 ……………………4:1:2:2:4
工場財団目録 ……………………1:2:2:2:1 / **4:3:1:1**
工場財団目録及び工場図面への記録 …4:4:2:2:3
工場財団目録つづり込み帳 ………2:4:4 / 4:3:1:3:1
工場財団目録の記録の更正登記 …………4:5:6
工場財団目録の記録の変更更正登記の効力
　　…………………………………………**4:5:7**
工場財団目録の記録の変更登記 ………… **4:5**
工場財団目録未指定登記所 …… 2:4:4 / 4:3:1:1 /
　　　　　　　　　　　　　　　4:3:1:3:1 / 4:4:2:2:3
工場証明書 …………………………………3:5:3
工業所有権 ………………………………4:2:2:2:5
工場図面 ……………………………………**4:3:2**
工場抵当（狭義の工場抵当）………………2:3

工場抵当権の効力が及ばない物の定め
……………………………… 3:5:5:2

工場抵当法の立法理由 ……………………… **2:2**

工場に属する土地又は建物 ………………3:2

工場の意義 ……………………………………2:5

工場の一部 ……………………………… 4:2:1:4

工場の追加 ……………………………… 4:2:1:2

［さ］

債権譲渡登記 ……………………………… 5:4:1

先取特権 ……………………… 4:1:1 / 4:2:4:2:3

差押え ……………………… 4:1:1 / 4:2:3:2:1

差押債権者 …………………………… 4:2:3:2:3

差押えの効力が及ばない財産 …………… 3:4:4

事業設備財団 ……………………………… 5:6

事業設備抵当 ……………………………… 5:6

質権 ………………………………………2:1

社債権者集会の決議 …………………… 4:7:3:2

集合物 ………………………………… **1:2:3:3**

従物 …………………………………………3:5:4

主物と従物 …………………………… **1:2:3:2**

承諾証明情報 …… 3:6:2:2 / 3:6:2:3:6 / 4:4:1:3

処分制限の第三者対抗要件 ………… 4:2:4:2:2

所有権の保存登記 …………………… 1:2:2:2:2

信託 ………………………………………4:1:1

数個の工場 …………………………… 4:2:1:3

設備資産 ……………………………… **1:2:3:4**

組成工場の減少 ……………………… 4:6:1:3

組成工場の追加 ……………………… 4:6:1:2

組成物件の種類 ……………………… 4:2:2:2

組成物件の処分制限 ………………… **4:2:4**

組成物件の選定 ……………………… 4:2:2:1

組成物件の追加 ……………………… **4:5:3**

組成物件の「場所」 ………………… 4:2:1:5

組成物件の分離 ……………………… **4:5:4**

組成物件の変更 ……………………… **4:5:2**

組成物件の滅失 ……………………… **4:5:5**

組成物件の要件 ……………………… **4:2:3**

備付物 …………………………………… 2:6:2:5

備付物件 ………………………………… 3:5:4

［た］

第3条指定 …………………………… **2:4:4**

第6条指定 …………………………… **2:4:4**

対抗要件説 …………………………… 3:5:2 / 5:1

第三者に対する対抗要件 …………… 3:6:1:3

第三者の権利 …………………… 4:2:3:1:2:3

第三条目録 ………… **3:5:2** / 3:5:5:3ほか / **3:6:1** / 5:1

第三条目録つづり込み帳 …………… 3:6:1:2

第三条目録の記録の変更登記 ……… **3:6:2**

第三条目録の記録の変更登記の一部申請
…………………………………… 3:6:2:4:2

第三条目録の記録の変更登記の効力 …**3:6:2:6**

代理権限証明情報 ………………… 3:5:5:3ほか

他人の権利の目的である物 ……… 4:2:3:1:2:1

ダム使用権 ………………………… 4:2:2:2:6

担保付社債 ……………………………… 4:9:4

担保付社債全額発行 ………………… 4:9:4:2

担保付社債分割発行 ………………… 4:9:4:4

地上権 ……………………………… 4:2:2:2:3

賃借権 ……………………………………… 4:1:1

抵当権 ……………………………………2:1

抵当権者の承諾証明情報 …… **3:6:2:4:4** / 4:5:2:2:2 /
4:5:3:2:3 / 4:5:4:2:2 / 4:7:3:2

抵当権の消滅 ………………………… 3:4:3

抵当権の追及効 ……………………… 3:4:2

抵当権の附従性の緩和 ……………… 2:6:2:5

抵当証券発行の定め ………………… 3:5:5:2

登記原因証明情報 …… 3:5:5:3ほか / 3:6:2:4:4 / 4:9:2:3 /
4:9:4:2:2 / 4:9:4:3:2 / 4:9:4:4:2 / 4:9:6:2 / 4:10:2:2 / 4:12:2:3:2

登記識別情報 ……………………… 3:5:5:3ほか

登記識別情報の通知 ………………… 3:5:7

登記事項証明書 …………………… 3:5:5:3ほか

登記上の利害関係を有する第三者 …3:6:2:3:6

登記済証 …………………………… 3:5:5:3ほか

登記番号 ………………………………… 3:5:7

動産譲渡登記 ……………………………5:4
特別目的会社（SPC）……………………5:5
土地の定着物 ……………………… 1:2:3:1
土地又は建物の共有持分 ………………3:3:3

[は]
非対抗要件説・公示説 ………………3:5:2
付加一体物 ………………**2:6:2:1~4** / 3:6:1:1
付合物と付加一体物 ………………**1:2:3:2**

プロジェクト・ファイナンス ……………**5:5**
「分離」の性質 ……………………………4:3:1:3:3
閉鎖登記簿 ……………………………… 4:1:2:1

[ま]
みなし目録 ………………………………2:4:4
物 ……………………………………… 1:2:3:1
物に関する賃借権 ……………………4:2:2:2:4

工場抵当及び工場財団に関する登記

定価：本体 3,700 円（税別）

平成 28 年 11 月 30 日　初版発行
平成 29 年 8 月 21 日　初版第 2 刷発行

著　者　五　十　嵐　　徹

発 行 者　尾　中　哲　夫

発行所　日 本 加 除 出 版 株 式 会 社

本　　　社　郵便番号 171 - 8516
東 京 都 豊 島 区 南 長 崎 3 丁 目 16 番 6 号
T E L　(03) 3953 - 5757 (代表)
　　　　(03) 3952 - 5759 (編集)
F A X　(03) 3953 - 5772
U R L　http://www.kajo.co.jp/

営 業 部　郵便番号 171 - 8516
東 京 都 豊 島 区 南 長 崎 3 丁 目 16 番 6 号
T E L　(03) 3953 - 5642
F A X　(03) 3953 - 2061

組版　㈱亨有堂印刷所　／　印刷・製本　京葉流通倉庫㈱

落丁本・乱丁本は本社でお取替えいたします。
©T. IGARASHI 2016
Printed in Japan
ISBN978-4-8178-4350-0　C2032　¥3700E

JCOPY　〈出版者著作権管理機構　委託出版物〉
本書を無断で複写複製（電子化を含む）することは、著作権法上の例外を除き、禁じられています。複写される場合は、そのつど事前に出版者著作権管理機構（JCOPY）の許諾を得てください。
また本書を代行業者等の第三者に依頼してスキャンやデジタル化することは、たとえ個人や家庭内での利用であっても一切認められておりません。

〈JCOPY〉　H P：http://www.jcopy.or.jp/、e-mail：info@jcopy.or.jp
電話：03-3513-6969、FAX：03-3513-6979

土地区画整理の登記手続

五十嵐徹 著
2014年4月刊 A5判 272頁 本体2,500円+税 978-4-8178-4154-4

商品番号：40547
略　　号：土地区

- 土地区画整理事業における登記手続に特化した解説書。
- 事業の流れに沿って、図表や記載例、Q&Aを用いながら、関係する登記実務をわかりやすく解説。
- 主要条文や関係法令を細かに引用しているので、根拠をすぐに確認できる。

まちづくり登記法
都市計画事業に関係する登記手続

五十嵐徹 著
2012年11月刊 A5判 256頁 本体2,400円+税 978-4-8178-4033-2

商品番号：40487
略　　号：まち登

- 土地区画整理法に関する事業計画や、都市再開発に関する登記手続をまとめた希少な一冊。
- 都再法、密集法についての登記書式を収録。

第4版 マンション登記法
登記・規約・公正証書

五十嵐徹 著
2011年6月刊 A5判 508頁 本体4,100円+税 978-4-8178-3926-8

商品番号：40236
略　　号：マン登

- 表題登記から滅失登記までの手続について、口語体でやさしく解説。
- マンションの建替手続について詳細に解説。
- 47問のQ&Aコーナーでは、先を見越した内容の議論を展開。

日本加除出版

〒171-8516　東京都豊島区南長崎3丁目16番6号
TEL (03)3953-5642　FAX (03)3953-2061（営業部）
http://www.kajo.co.jp/